土地经济与利用

(第三版)

何 芳 编著

内 容 简 介

土地的作用和意义不言而喻。国家、地方政府、企业、家庭、个人等各类主体无不在其经济和社会活动中利用土地、关注土地，并分别在宏观、中观和微观等不同层面实施土地利用的规划、开发、利用、保护、整治、修复和管控；对土地进行投资、选址、开发和运营。土地活动的多样性、复杂性更凸显了研究土地经济与利用的重要性。本书凝结了作者多年教学经验、科研成果和实践积累，综合运用土地经济学、区域经济学、城市经济学、房地产投资与开发、城市规划、空间经济学、地理学等学科的相关研究成果，全面阐述了土地经济学及其相关理论、土地利用特别是城市土地开发利用原理、方法和应用。全书分为三篇。上篇为土地价值与市场，阐述土地价值及土地市场相关的经济理论。具体包括地租理论与应用、地价理论与应用、土地供求均衡与市场理论、土地增值利益分配理论与实践；中篇为土地利用与配置，阐述土地利用和开发的原理与方法。具体包括：区位理论与土地空间布局、城市土地区位选择与利用、土地报酬递减理论与集约利用、土地规模聚集理论与适度规模利用、城镇化与城镇用地发展、产业结构与土地利用、土地可持续利用与评价；下篇为土地制度与政策，阐述产权及地权制度、市场管理及相关制度和土地利用管控制度。具体包括土地产权与土地制度、土地市场管理及相关制度、土地开发利用管制制度、土地管理体制等内容。本书体系完整、结构严谨、内容丰富、资料详实，吸收了学科最近研究成果和国家在自然资源利用与管理、国土空间规划与管制、土地开发利用等领域的重点关注内容，尤其突出了城市土地经济与城市土地开发利用的理论与应用。

本书是全面系统阐述土地经济与利用的专业书籍，可作为土地资源管理、房地产、城市规划与管理、经济地理等专业的教材或参考资料。适合国土空间规划与管理、区域或城市建设、土地资源管理、资产管理，房地产投资、开发、经营与管理，自然资源开发利用与管理等领域从事研究、咨询和实务运作的专业人士，大专院校相关专业教师及科研人员和学生阅读。

图书在版编目(CIP)数据

土地经济与利用 / 何芳编著. —3 版. —上海：
同济大学出版社，2020
ISBN 978-7-5608-9151-4

Ⅰ. ①土… Ⅱ. ①何… Ⅲ. ①土地经济学-高等学校-教材 Ⅳ. ①F301

中国版本图书馆 CIP 数据核字(2020)第 027510 号

土地经济与利用（第三版）
何 芳 编著

责任编辑 姚烨铭　　**责任校对** 徐春莲　　**封面设计** 张 微

出版发行	同济大学出版社　　www.tongjipress.com.cn	
	(地址：上海市四平路1239号　邮编：200092　电话：021-65985622)	
经　销	全国各地新华书店	
排　版	南京文脉图文设计制作有限公司	
印　刷	常熟市华顺印刷有限公司	
开　本	787 mm×1092 mm　1/16	
印　张	21	
字　数	524 000	
版　次	2020年第3版　　2020年第1次印刷	
书　号	ISBN 978-7-5608-9151-4	
定　价	69.00元	

本书若有印装质量问题，请向本社发行部调换　　　版权所有　侵权必究

第三版前言

土地既是社会经济活动和自然生态不可或缺的要素,也是空间载体。土地的科学合理利用和节约集约利用是我国城镇化与社会经济高质量发展、生态环境质量提升的必要基础。土地利用涉及国家、地方政府、企业、家庭和个人等多主体行为,涉及国民经济各行各业发展和生态文明发展。经济社会发展对土地的需求与生态环境资源约束的矛盾长期存在。人类活动的多样性、复杂性更加凸显了研究土地经济与利用的重要性。土地经济原理和土地利用理论是指导不同主体在宏观、中观和微观等不同层面合理进行土地开发、利用、保护、整治和修复实践的依据。在我国改革开放和社会经济快速发展过程中,土地经济与利用理论得到很大发展。针对国家新一轮新型城镇化、城乡融合与乡村振兴、生态文明和可持续发展等多项战略目标,土地经济与利用理论还需要进一步完善、丰富和践行应用。

一、主导思想

作为第三次再版,本书重新编写的首要主导思想是,在第二版基础上,总结教学经验、学科研究成果和社会服务实践,结合国家发展战略和学科最新进展,丰富和完善土地经济与利用理论体系和内容体系。考虑到本版内容上做了增加和拓展,书名由《城市土地经济与利用》改为《土地经济与利用》。

其次,秉承前两版的内容组织原则,即以土地经济学的基本理论为基础内容,同时,综合城市经济学、空间经济学、产业经济学等相关理论,着重阐述城市土地投资、开发、利用相关的土地利用原理、规律及方法。因此,本书既有别于一般的土地经济学教程主要揭示土地利用过程中的人与人、人与地以及地与地的经济原理,也不同于一般的土地利用学教程,侧重宏观视角研究土地利用与外部环境的相互作用关系以及土地生态、经济与景观功能转化与实现。本书试图将土地经济学及其相关理论,与土地利用特别是城市土地开发利用原理相结合。

试图完成这种结合的原因有:①目前,大学所设置的房地产专业、土地管理专业、工程管理专业等相关专业的学生去政府土地管理部门或直接从事土地资源利用领域就业的很少,真正从事土地利用规划编制学生更少。绝大部分学生是去房地产开发与经营企业、房地产咨询机构、工程或规划咨询机构、金融保险机构等相关岗位工作。因此,本课程教授内容体系如何满足学生择业需求,满足城市建设和发展对本专业领域学生的知识结构需求,是笔者一直思考和力图协调的问题。②土地利用学多侧重在全域土地的开发利用保护和整治,偏向宏观区域层面基于资源生态和景观属性进行土地利用配置。土地经济学主要侧重土地利用过程中经济现象与行为的分析和解释。然而,市场经济和城镇化背景下,具有价值和资产属性的城市土地投资、开发与利用运营,迫切需要侧重微观层面的城市土地开发利用原理支撑。③从事与土地相关的理论研究与实践操作的专业人士,都需不同程度掌握、熟悉和了解土地经济与利用配置的相关内容,特别是城市土地利用规律及其相关经济原理。城市建设和规划工作者往往注重城市的形态规划，而忽视城市土地的经济问题以及该经济原理下形成的土地利用规律，导致会出现城市规划不能适应市场经济对土地配置需要而难以实施落地的问题。区域整体开发利用结构与布局设计，城市土地运营，房地产项目投资宏观与微观选址、项目开发定位与运营，城市更新，产业转型和发展等各项活动中，土地都是根本要素。土地利用的经济策划是项目成功的关键。这都需要土地经济与利用配置理论支撑。

二、内容构架

本版内容以土地资源与资产的配置手段（市场机制与政府规制）和配置原理为视角，将全书分为三篇。上篇为土地价值与市场，阐述土地价值及土地市场相关的经济理论；中篇为土地利用与配置，阐述土地利用和开发的原理与方法；下篇为土地制度与政策，阐述地权制度、市场管理及相关制度和土地利用管控制度。经济与利用的理论内容组织与完成土地利用配置的"定性质、定布局、定总量、定结构、定强度、定时序、定价格"所谓"七定"任务目标对接。三篇及其理论逻辑体系、与"七定"的关系及对应章节安排详见下图。

本书内容框架图

板块	原理	目的与应用	章节
土地价值与市场	地租理论	土地用途——定性定价	第二章
	地价理论	地价机制——定价格	第三章
	土地供求均衡与市场理论	市场机制——价格数量	第四章
	土地增值利益分配理论	利益分配——市场调控	第五章
土地利用与配置	区位及空间布局与选址理论	土地利用布局——定布局	第六、七章
	土地集约利用理论	土地利用集约度——定强度	第八章
	规模与聚集经济理论	土地利用规模——定总量	第九章
	城镇化与用地发展理论	土地利用时序——定时序	第十章
	产业结构演替理论	土地利用结构——定结构	第十一章
	可持续发展理论	土地可持续利用——目标	第十二章
土地制度与政策	土地产权与土地制度	地权管理制度	第十三章
	土地市场管理相关制度	市场配置 支持制度	第十四章
	土地开发利用管制制度	政府管控制度	第十五章
	土地管理体制	行政体制架构	第十六章

三、撰写特点

本书撰写积累了作者在本课程十几年教学过程中的教学经验、理论研究成果和社会服务经验，充分吸收了土地经济学、城市土地经济学、空间经济学、地理学、房地产投资与开发、区域和城市经济学、城市规划等学科的相关研究成果。内容组织上，充分体现了体系的全面完整性、结构组织的新颖性、学科的交叉性；内容撰写上充分体现资料的现势性、前沿性和实务应用性，吸收了学界与行业的最新研究成果、最新研究方向、最新政策和行业发展状况等。增加或强化了一般同类教材没有的内容，如土地增值规律与立体地价、城市各类用地选址与开发定位、各类用地规模利用、土地空间权、土地发展权及增值利益分配、TOD 导向土地利用模式、集体建设用地入市及利益分配、城市土地更新、土地资源资产核算、土地可持续评价、国土空间规划与国土空间用途管制等最新内容。此外，地租理论、土地价格理论内容里也增加了更深入的理论和应用分析；城市土地结构和空间演替、城市土地空间拓展模式等都是同类教材较少涉及的内容；增加了土地税收和土地金融的最新成果。然而，这些内容对土地、房地产、城市等专业研究和应用均具有指导意义。

本书每一章都设有"章前导读"和"思考题"，以帮助读者把握重点和深入思考。同时，一些内容安排专栏，作为基本原理的深化与实践案例应用的补充。

本书部分章节内容得到了研究生胡意翕、谭敏、龙国举、马俊、刘嘉蓉、瞿世欣和本科生章思佳、杨枫蕊等同学的更新整理和补充撰写，在此表示衷心感谢！

本书为全面系统阐述土地经济与利用的专业书籍，可作土地资源管理、房地产、城市规划与管理、经济地理等专业的教材或参考资料。适合从事国土空间规划与管理、区域或城市建设、土地资源管理、资产管理、房地产开发与管理、自然资源开发利用与管理等领域研究、咨询和实务操作的专业人士，大专院校相关专业教师及科研人员和学生阅读。

由于撰写时间紧促，本书肯定尚存更进一步的斟酌和完善空间；同时，由于作者自身的知识和水平的不足，书中难免有错误和疏漏之处，敬请广大读者批评指正，以促进作者今后进一步修正、补充和完善。

何　芳

2019 年 12 月于同济园

目　　录

第三版前言

第一章　绪论 ………………………………………………………………………… 1
　第一节　土地内涵与属性 ………………………………………………………… 1
　第二节　土地经济学 ……………………………………………………………… 5
　第三节　土地利用与配置 ………………………………………………………… 7
　思考题 …………………………………………………………………………… 14

上篇　土地价值与市场

第二章　地租理论与应用 ………………………………………………………… 17
　第一节　地租理论及发展历程 …………………………………………………… 17
　第二节　级差与绝对地租理论及应用 …………………………………………… 21
　第三节　农业竞标地租理论与土地配置 ………………………………………… 27
　第四节　城市竞标地租理论与土地配置 ………………………………………… 30
　专栏：居住阶层分异 ……………………………………………………………… 35
　思考题 …………………………………………………………………………… 38

第三章　地价理论与应用 ………………………………………………………… 39
　第一节　土地价格理论 …………………………………………………………… 39
　第二节　土地价格空间与增值规律 ……………………………………………… 43
　第三节　TOD导向地价与土地利用 ……………………………………………… 46
　专栏：轨道交通对住宅价格的影响实证 ………………………………………… 47
　第四节　地价与容积率、房价关系 ……………………………………………… 53
　思考题 …………………………………………………………………………… 59

第四章　土地供求均衡与市场理论 ……………………………………………… 60
　第一节　土地供给与需求 ………………………………………………………… 60
　第二节　土地市场运行机制 ……………………………………………………… 63
　第三节　土地市场发展与结构体系 ……………………………………………… 66
　第四节　城市土地使用权市场 …………………………………………………… 69
　专栏：城市土地一级市场发展 …………………………………………………… 71

第五节　集体土地使用权市场 ……………………………………………………… 76
　　专栏：我国集体土地流转市场状况 …………………………………………………… 78
　　思考题 ……………………………………………………………………………………… 82

第五章　土地增值利益分配理论与实践　84
　　第一节　土地利益相关者及增值构成 ………………………………………………… 84
　　第二节　土地增值收益分配理论与原则 ……………………………………………… 86
　　第三节　土地增值收益分配 ……………………………………………………………… 91
　　思考题 ……………………………………………………………………………………… 95

中篇　土地利用与配置

第六章　区位理论与土地空间布局　99
　　第一节　区位内涵及区位理论 …………………………………………………………… 99
　　第二节　农业区位论 ……………………………………………………………………… 102
　　第三节　工业区位论 ……………………………………………………………………… 105
　　第四节　中心地理论 ……………………………………………………………………… 107
　　第五节　城市土地空间布局模式 ………………………………………………………… 111
　　第六节　城市土地空间扩展模式 ………………………………………………………… 113
　　思考题 ……………………………………………………………………………………… 116

第七章　城市土地区位选择与利用　117
　　第一节　住宅用地区位选择与利用 ……………………………………………………… 117
　　第二节　商业用地区位选择与开发利用 ………………………………………………… 121
　　第三节　办公用地区位选择与开发利用 ………………………………………………… 133
　　第四节　工业用地区位选择与利用 ……………………………………………………… 138
　　思考题 ……………………………………………………………………………………… 144

第八章　土地报酬递减理论与集约利用　145
　　第一节　土地报酬递减理论与三阶段分析 ……………………………………………… 145
　　第二节　建设用地集约利用内涵与规律 ………………………………………………… 148
　　第三节　城市土地集约利用评价 ………………………………………………………… 152
　　第四节　土地混合利用 …………………………………………………………………… 156
　　思考题 ……………………………………………………………………………………… 158

第九章　土地规模聚集理论与适度规模利用　159
　　第一节　土地规模与聚集经济原理 ……………………………………………………… 159
　　第二节　城市土地适度规模利用 ………………………………………………………… 162
　　第三节　农业土地适度规模利用 ………………………………………………………… 167

思考题 ······ 170

第十章　城镇化与城镇用地发展 ······ 171
　　第一节　城镇化内涵与任务 ······ 171
　　专栏：我国人口城镇化与土地城镇化水平变化比较 ······ 175
　　第二节　城镇化数量演替规律 ······ 176
　　专栏：城市群 ······ 183
　　第三节　城镇化空间演替规律与用地发展 ······ 187
　　思考题 ······ 189

第十一章　产业结构与土地利用 ······ 190
　　第一节　产业结构及其变动规律 ······ 190
　　专栏：日本、美国、中国、上海三次产业结构变动比较 ······ 198
　　第二节　土地利用类型与结构 ······ 200
　　第三节　土地利用结构变动规律 ······ 206
　　思考题 ······ 209

第十二章　土地可持续利用与评价 ······ 210
　　第一节　可持续发展理论概述 ······ 210
　　第二节　土地可持续利用内涵与目标 ······ 214
　　第三节　土地可持续利用与评价 ······ 216
　　思考题 ······ 222

下篇　土地制度与政策

第十三章　土地产权与土地制度 ······ 225
　　第一节　土地制度概述 ······ 225
　　第二节　土地产权及结构体系 ······ 226
　　专栏：我国"空间权"的立法历程 ······ 237
　　第三节　土地产权制度 ······ 239
　　专栏：土地出让年期届满处置 ······ 242
　　第四节　土地征收与征用制度 ······ 249
　　专栏：国外及其他地区土地征收补偿借鉴 ······ 256
　　思考题 ······ 258

第十四章　土地市场管理及相关制度 ······ 259
　　第一节　土地市场管理制度 ······ 259
　　专栏：上海土地市场调控政策 ······ 266
　　第二节　土地储备制度 ······ 268

第三节　土地税收与金融制度 …………………………………………………… 272
　　　专栏：我国土地财政发展 ………………………………………………………… 284
　　第四节　土地资源资产价值核算制度 …………………………………………… 287
　　　专栏：国际自然资源价值核算体系 …………………………………………… 291
　　思考题 …………………………………………………………………………………… 293

第十五章　土地开发利用管制制度 …………………………………………… 294
　　第一节　土地用途管制制度 ……………………………………………………… 294
　　第二节　土地利用分区制度 ……………………………………………………… 301
　　　专栏："三区三线"实践 ………………………………………………………… 309
　　第三节　城市存量土地更新制度 ………………………………………………… 311
　　　专栏：上海城市土地更新政策 ………………………………………………… 314
　　思考题 …………………………………………………………………………………… 315

第十六章　土地管理体制 ………………………………………………………… 316
　　第一节　土地管理体制类型及发展 ……………………………………………… 316
　　第二节　土地管理组织架构与职能分工 ………………………………………… 318
　　思考题 …………………………………………………………………………………… 321

参考文献 ……………………………………………………………………………………… 322

第一章　绪　论

 章前导读

> 　　土地内涵与功能属性、土地利用与配置内涵及内容是本书的概念基础,土地经济学原理、土地利用与配置原理是本书的两块核心内容。
> 　　本章应重点掌握土地概念与内涵,土地的自然、资产和资本属性,土地经济学研究对象和研究内容,土地利用内涵与目标,土地利用配置内容与路径;熟悉传统规划体系及存在问题、国土空间规划产生及规划体系;了解土地经济学国内外发展情况及其与土地科学、城市经济学、城市土地经济学等相关学科的关系,国土空间规划的任务等。

第一节　土地内涵与属性

一、土地概念与功能

1. 土地内涵的界定

土地是人类社会赖以生存的基本资源。我国古代学者管仲定义土地为:"地者,万物之本源,诸生之根菀也。"17世纪英国古典经济学家威廉·配第(William Petty)认为:"劳动是财富之父,土地是财富之母。"

有关土地的概念自古至今国内外有过各种定义。基于不同目的、不同学科角度,如地学、经济学、生态学等,土地的概念在内涵和外延上均有一定的区别。

英国经济学家马歇尔认为:"土地是大自然无偿赠与人类的,以陆地、水、空气、光、热等形式存在的物质和力量。"

澳大利亚学者克里斯汀(C. S. Chrestin)等人在其所著的《综合考察方法论》中曾指出:"土地是指地表及所有对人类生存和成就有关的重要特征。""土地是地表上的一个立体垂直剖面,从空中环境直到地下的地质层,并包括动植物群体以及过去和现在与土地相联系的人类活动。"

美国伊利和莫尔豪斯在其《土地经济学原理》一书中认为:"经济学家使用土地这个词指的是自然的各种力量,或自然资源。它的意义不仅是土地的表面,还包括地面上下的东西。水也就被看成土地,因为它是一种自然资源。经济学上的土地是侧重于大自然所赋予的东西。"

1972年在荷兰瓦格宁根(Wageningen)召开的为农村进行土地评价的专家会议上所拟定的《土地与景观的概念及定义》一文中,提出"土地包含地球特定地域表面及其以上和以下的大气、土壤及基础地质、水文和植物。它还包含这一地域范围内过去和目前的人类活动的种种结果,以及动物就它们对目前和未来人类利用土地所施加的重要影响"。这一定义后来写进了联合国粮农组织1976年编写的《土地评价纲要》,影响最为广泛。

我们认为,土地是地球表层的特定地域,是由地貌、岩石、气候、水文、水文地质、土壤、植被、动物和人类活动的种种结果等各种要素组成的自然、经济、社会综合体。可从以下四个方面认识其本质内涵。

(1) 土地是地球表层特定地域。土地的水平范围包括陆地、内陆水域和滩涂;垂直范围取决于土地利用的空间尺度,包括地面空间、地上一定范围空间和地下一定范围空间。就农业用地而言,垂直空间为土壤母质层到植被冠层;就非农用地而言,垂直空间包括地下的可开发利用的岩石层到地上建筑物的顶部。它是一个动态的和法律的范畴,涉及土地的地上权(包括地上、地表和地下空间权)。

(2) 土地是由各要素组成的综合体。该综合体是一个生态经济社会系统。该系统要素包含地貌、岩石、气候、水文、水文地质、土壤、植被及动物等自然要素以及人类各种活动构成的经济与社会要素等。

(3) 土地具有资源和资产双重属性。土地一方面具备资源的使用价值属性,另一方面也具备经济的资产价值属性。

(4) 土地是一系列权利束。英国《牛津法律大辞典》对土地解释是:"在封建土地法中,把每个占有人在王室和某特定土地之间的保有土地在意念上的抽象概念称为地产,包括它保有的土地全部权利和利益。"权利特征是土地有别于一般物品的重要法律特征,完整的土地范畴不仅是土地实体,更是土地上依附的产权及其属性。这个意义上,可以称土地是由所有权、使用权、租赁权、抵押权、典当权、发展权和地役权等相关权利组成的权利束。

2. 土地相关概念辨识

(1) 土壤。土壤是指地球陆地表面具有肥力、能够生长植物的疏松表层。显然,土地的含义要比土壤广泛得多。

(2) 陆地。陆地只是土地的一个组成部分,与内陆水域和滩涂共同组成的土地水平空间范围。

(3) 国土。国土是指一国主权管辖内的版图,包括领土、领海和领空。土地属于国土的一部分。

(4) 国土资源。国土资源是一国主权管辖范围一切自然资源的总称,包括土地资源、海洋资源、气候资源、生物资源和矿产资源等自然资源。土地资源仅是国土资源的重要组成部分。广义上,国土资源除了包括自然资源外,还包括人口、经济、社会等资源。

(5) 房地产。房地产指可建造土地及附着物、建筑物(房屋或构筑物)及其定着设施(水暖电卫等各种设备)和相应的权益。简单地说,房地产等于地产加房产。

(6) 不动产。不动产是指不可移动的财产。根据我国《不动产登记条例》,纳入登记的不动产权利包括:集体土地所有权;房屋等建筑物、构筑物所有权;森林、林木所有权;建设用地使用权;宅基地使用权;海域使用权;地役权;耕地、林地、草地等土地承包经营权;法律规定需要登记的其他不动产权利。显然,我国政府官方所界定的不动产范围已经超过土地与房地产范畴。除了土地、房地产之外,海域、森林林木等其他需要登记的不动产均属于不动产范畴。

3. 土地功能

土地具有提供人类生存和发展的基本功能,即:承载功能、生产功能、提供生产和生活资料功能以及提供生态景观功能。

(1)承载功能。土地为各种生物以及建筑物、构筑物等非生物提供承载场所和空间,为人类生活和生产提供场所和空间。

(2)生产功能。土壤中包含的水分、空气及其他营养物质为万物的生长、繁殖提供了条件,土地所具备的生产功能为人类的生存和发展提供了必需的农畜产品。

(3)提供生产和生活资料功能。土地蕴藏着丰富的能源、矿产和建筑材料等资源,成为人类生产和生活中重要的资料仓库。

(4)提供生态景观功能。土地是所有生态要素和景观要素的重要载体。提供人类生存所需的生态环境和人类精神的美学感受。

二、土地资源属性与自然特性

1. 土地资源属性

顾名思义,资源是指生产资料与生活资料的来源。土地资源是最重要和不可或缺的自然资源。土地资源属性主要是强调土地的使用价值和效用特性。

2. 土地自然特性

基于资源视角,土地具有以下自然特性。

(1)位置固定性。土地的空间位置是固定的,不能移动。因此,土地利用具有典型的地域分异特征和区位特征。

(2)面积有限性。土地为不可再生资源。填海造地不能无限扩大土地面积,因此,人们必须节约集约利用土地,珍惜土地资源。

(3)质量的差异性。由于土地自身地质、地貌、土壤等土地要素条件和区位差异,土地的自然质量和经济质量均存在很大差异。因此,土地利用必须因地制宜,合理配置,并充分体现出土地利用的多样性特征。

(4)利用的耐久性。除土地之外的生活和生产性资料都会在使用中磨损,丧失其使用价值。土地资源的利用如同自然界其他资源一样,过度索取会带来整个土地生态经济系统的非良性循环。然而,只要合理利用和保护,农业土地反而会不断改良,永续利用;非农用地亦可反复利用,永无尽期。因此,我们提倡用可持续发展的理念指导土地的开发和利用,提高土地利用耐久性和持续性。

三、土地资产属性与经济特性

1. 土地资产属性

财产即任何有价值和被拥有的事物,具有产权特性。土地具有稀缺性和使用效用,且能形成有效需求,因此,土地具有价格,可成为一种财产,并具有资产属性。土地的资产属性是强调土地的产权和价值特性。需要指出的是,土地资产是专有名词,与企业财务中资产概念①是不同的。

2. 土地经济特性

基于土地资产属性视角,土地经济特性表现在以下几个方面。

(1) 土地的区位性。土地固定性决定了土地区位特征。区位不是一种简单的距离关系,而是多因素影响的空间关系的总和。从空间尺度来看,土地区位分为三个层次,即:宏观区位、中观区位和微观区位。宏观区位是反映土地所在城市或地域的区位特征,中观区位反映土地所在城市内部区域的区位特征,微观区位反映地块的位置特征。特定的区位条件决定着土地的价值、开发利用结构布局、利用强度等土地开发利用参照与定位。

(2) 土地供应稀缺性。土地数量的有限性决定了土地供应的稀缺性。稀缺性表现在:土地总量稀缺、某区域或区位土地稀缺、某种用途土地稀缺。城市土地供应在总量上虽然具有扩张的可能,但由于区域土地的农业和非农用地的争地矛盾,以及各类用地在土地自然供给短缺下的平衡,导致城市土地总量供给亦短缺。另外,城市土地由于面积的固定性和区位的唯一性,在特定地段会出现土地经济供给的相对稀缺,该固定位置的地块只能为一家高出价者垄断。伊利·莫尔豪斯说:"在这里面有个原理,即土地的高价利用有排挤土地低价利用的趋势。"正因如此,城市土地出现了相应的地价分布形态,城市各种用途的土地通过竞争达到合理的配置。土地供给的稀缺性突显了土地合理整体配置的重要性。

(3) 土地保值增值特性。土地保值特性是指地产价值具有抵消通货膨胀的特性。土地增值特性是指扣除通胀因素后,土地价格呈现上涨趋势的特征。对土地增值特性,学术上有不同观点:一种观点认为土地稀缺和土地需求的增加,必然导致土地价格长期呈现着上升趋势;另一种观点认为,随着经济周期性发展,土地价格也呈现出周期性波动特征,有升有降,总体螺旋式上升;还有一种观点认为,剔除通胀因素,土地价格呈现短期周期性波动长期平稳或只有微小升幅的特征。

(4) 土地权属可转移性。土地的位置固定性决定了土地交易的实质不是土地实体的交易,而是土地权属的流转交易。土地交易对象是土地的所有权、使用权、租赁权、抵押权和发展权等各项权利。因此,土地产权明晰和土地产权流转制度的完善是确保土地产权交易效率的基础。

(5) 土地规模聚集效应。随着资本、物质、人口在一定面积土地上聚集,会产生超出各单位效益总和的规模聚集效益,从而需要提高土地效率。地块具有利用的规模经济,地区具有地区化规模聚焦效应,城市具有都市化规模聚集效应。

(6) 土地报酬递减性与集约利用。在一定生产水平和技术条件下,随着对土地投入的增加,土地收益会呈现从递增到递减的现象,即土地报酬递减规律。农业土地生产的过程中,对土地的要素投入只能在一定的限度内,土地的受容量相对稳定且较小,土地报酬递减规律更具显著性。相对而言,城市土地受容量具有极大的空间。大量的人口、物质和资金可

---

① 企业财务中,企业资产指过去的交易、事项形成并由企业拥有或者控制的资源,归企业所有,属法人财产。企业资本指投资者的投入,归属股东或债权人所有。

以聚集到有限的城市土地上,形成高强度高聚集开发利用。然而,过度聚集会带来不可忽视的负外部效应以及一系列生态、社会甚至经济的负产出。因此,我们需要遵循土地报酬递减规律,确定合理的集约利用程度,提高土地利用质量。

(7) 土地利用效果的综合性。土地利用特别是城市土地利用是人类利用和改造自然的过程。土地作为生态经济系统的基础因子,彼此相互连接在一起,不能分割,不可移动。每块土地或每一区域的土地利用后果,不仅关系到本区域的经济、生态和社会效益,还影响到临近区域甚至整个城市、国家的经济、生态和社会效益,产生巨大的社会后果。因此,研究土地利用的影响效果并给予科学评价,是确保土地合理利用的重要环节,也是实施土地利用规制、监督和调控的重要依据。

四、土地资本属性与投机特性

(1) 会计学角度。资本指有价值并通过经营带来利润的财产,具有返还性、增值性、运动性及风险性等基本特征。土地的资本属性派生于土地资产属性,只有土地资产投入运营才能体现出资本属性。土地资产运营方式可以是出租、出售、入股、合作、资产证券化和土地信托,等等。

(2) 金融学角度。土地资产与金融资本的结合是土地资本属性的本质要义。土地价值由土地自然物质的虚拟价值和投入在土地的物化劳动构成的土地物质价值两部分组成。土地自然物质的价值具有虚拟性,导致土地可以承载大量货币,使土地往往成为金融资本运作的最佳介质。土地一旦捆绑上金融资本,很容易成为投机品,土地价格就会虚高,土地泡沫就极易形成。土地泡沫是指土地价格与土地价值的背离达到相对高的程度。由于土地的稀缺性和虚拟性、市场信息的不对称性、投机的预期性和投资的羊群效应等人类非理性行为,以及经济金融的周期性,在货币宽松情况下,往往容易形成土地泡沫,并成为经济金融风险的敞口。土地资产泡沫破碎,通常都会伴随着金融危机的爆发。1997年的东南亚金融危机、2008年美国的金融危机,都是源于资本逃离导致的土地和房地产泡沫破灭。

第二节 土地经济学

一、土地经济学发展

1. 国外发展

土地经济学作为一门独立的科学,产生于20世纪20年代。但在这之前,一些资产阶级古典经济学家就对土地经济的基本问题开始了研究。17世纪末,资产阶级古典经济学家威廉·配第第一次提出级差地租的概念,并对级差地租和土地价格等作了初步阐述。而后,杜尔阁、亚当·斯密、大卫·李嘉图等相继对若干土地经济问题进行了探讨。到了19世纪中叶,马克思与恩格斯在批判和继承资产阶级古典经济学理论的基础上,创立了构成马克思主义土地经济理论核心的人口理论、土地肥力理论、地租理论以及地价理论等。然而,这些研究大部分依附于政治经济学或其他学科。

直到 1924 年,美国经济学家伊利和莫尔豪斯合著的《土地经济学原理》的出版,标志着土地经济学开始成为一门独立的学科。从此,土地经济学的研究不断深入和完善。一些大学也陆续开设了土地经济学的课程。继伊利和莫尔豪斯之后,国外相继出版的土地经济学代表性专著有美国伊利与魏万尔合著《土地经济学》(1940 年)、美国雷纳的《土地经济学》(1940 年)、美国拉特克利夫的《城市土地经济学》(1949 年)、英国鲍尔钦和克威合作的《城市土地经济学》(1977 年)、美国巴洛维的《土地资源经济学》(1978 年)、美国歌德伯歌和钦洛依合著的《城市土地经济学》(1984 年)及日本野口悠纪雄著的《土地经济学》(1997 年)等。

2. 我国发展

(1) 起步阶段(1930—1949 年)。中国对土地问题的系统和专门研究始于 20 世纪 30 年代,几乎与伊利在美国倡导土地经济学研究为同一时期。1930 年张植的《土地经济学》出版,这是中国第一本土地经济学专著。之后有张丕介的《土地经济学》(1944 年)、刘潇然的《土地经济学》(上、下册)(1945 年)、朱剑农的《土地经济学》(1946 年)等。这一时期的著作,主要是介绍国外土地经济学理论。

(2) 停滞阶段(1949—1980 年)。中国土地经济学,尚处于初创阶段。新中国成立后,逐步消灭了土地私有制,致使不少人误解,认为土地问题已经解决,因此长期以来忽视对土地经济问题的研究。

(3) 复兴阶段(1978—1986 年)。直到 1978 年改革开放后,土地经济学才重新受到重视。1981 年,中国国土经济学研究会正式成立。1982 年再版了伊利和莫尔豪斯合著的《土地经济学》;1984 年出版了朱剑农专著《马克思主义地租理论概要》;1986 年北京土地经济学研究会编印了周诚主编的《土地经济学初编》。

(4) 发展繁荣阶段(1987—至今)。随着我国土地制度改革和经济发展,土地经济问题研究与实践不断深入,各大专院校、各专家学者的土地经济学著作不断涌现,土地经济学科得以发展和繁荣。我国土地经济学已经基本形成了一套核心理论体系。但是,土地经济学内容取舍还存在着百花齐放、百家争鸣的特点,土地经济学理论体系仍然在不断发展和完善中。

二、土地经济学研究对象与内容

1. 研究对象与学科性质

研究对象是指一门学科所研究的核心问题。土地经济学前辈伊利在他的《土地经济学》中提出:"土地经济学的起点是人口和土地关系,土地经济学研究人们对土地的利用,特别是由人和土地资源的关系所引起的人与人的关系。"因此,土地经济学的研究对象就是土地问题,亦即人地关系问题。具体讲,就是土地利用过程中发生的人与人、人与地、地与地之间的关系问题。人与人关系具体指土地产权和利益分配问题,属于生产关系范畴;人与地关系指人如何利用土地、处分土地和获取土地收益,既属于生产力范畴,又属于生产关系范畴;地与地关系指如何利用土地及利用之后所形成的土地数量、结构与空间关系,属于生产力范畴。

土地经济学就是运用经济学原理研究人类利用土地过程中所形成的土地问题,即人与人、人与地、地与地等人地关系问题。因此,土地经济学是经济学科的一个独立分支,是一门研究生产要素经济的应用经济学。

2. 研究内容

基于人地关系的三层解读,土地经济学研究领域也主要包括三个层面,即土地利用经济、土地价值与市场、土地制度。

土地利用经济是从经济角度研究土地资源和资产的合理利用及配置,侧重研究土地利用中发生的人与地、地与地之间的经济关系,属于土地利用技术层面。具体包括土地利用性质(用途)、土地利用空间布局与选址、土地利用规模、土地利用合理投入(集约利用)、土地开发保护和整治、土地利用规划以及土地利用计划等方面的经济问题。

土地价值与市场是研究土地利用过程中土地价值产生、土地产权转移、土地收益及其经济原理,侧重研究土地利用中发生的人与人、人与地之间的经济关系,属于土地利用市场配置层面。包括地租理论、土地价格理论、土地供需均衡、土地市场机制与运行规律、土地金融和土地税收(土地收益的二次分配),等等。

土地制度是研究土地产权分配与利用的相关法律规定与行为规范,侧重研究土地利用中发生的人与人、人与地之间的经济关系问题,属于土地利用的政府规制层面。具体包括土地所有制、土地使用制等产权制度,以及土地开发利用管制制度、市场管理制度、土地行政管理体制等。

第三节 土地利用与配置

一、土地利用内涵与目标

1. 土地利用内涵

人们利用土地的最终目的,不外是为了满足自身生存对物质资源的需要,主要表现在:一是向土地取得生产资源和生活资料,二是向土地索取活动场所、生产基地和建筑物基地。土地利用分为土地的生产性利用和非生产性利用。土地生产性利用主要将土地作为生产资料和劳动对象,以生产生物产品或矿物产品为主要目的。非生产性利用则主要利用土地的空间和承载力。抽象地看,土地利用是指人类通过特定的行为,以土地为对象或手段,利用土地的特性,获得物质产品和服务,满足自身生存与发展需要的经济活动过程,这一过程具有综合性。广义的土地利用包括土地开发、使用、保护、整治和修复过程。

土地开发,指对未利用的后备土地资源采取工程、生物和技术措施,将其投入经营和利用的活动;或使土地利用由一种利用状态变为另一种利用状态的开发活动,如将农地开发为城市建设用地。土地开发分为农用地开发、城镇土地开发和未利用后备土地开发。

土地使用,即狭义土地利用,指满足人类各种需要而面对土地的用途、结构、布局和强度等实施的一系列配置和利用。

土地保护,指对土地的可利用面积及其生产力的保护。具体包括两个方面,一是数量上保护土地,尤其是保护农业用地不被不合理占用;二是质量上保护,促使土地的质量提升。土地保护的基本任务有:①保护资源,包括耕地、林地、草地和水面等经济价值较高的土地资源；②保护环境，防止土地生态经济系统及环境恶化；③保护物种及自然历史纪念物。

土地整治，指通过采取工程、生物和技术措施，改造或改良土地的不良性状和土地利用条件，提高土地利用率和生产率的过程，以促使土地资源可持续利用。土地整治的类型包括，土地水土流失整治、土地盐碱化或次生盐碱化整治、土地沙化整治和土地潜育化或次生潜育化整治等。

土地修复，指在生产建设中对因挖损、塌陷、压占和污染造成破坏的土地采取治理措施，使其恢复到可供利用状态的活动。土地修复类型包括：①因露天采矿、挖沙、取土等对地表的直接挖损等活动，破坏了原有地形地貌的土地；②因地下开采等引起的地表沉陷土地；③因采矿、冶炼、发电等工矿企业生产排放的废弃物堆积压占而废弃的土地；④工业生产和生活造成污染的土地；⑤因交通、水利等工程压挖而毁坏遗弃的土地；⑥废弃宅基地复垦等。

土地整理，包括农地整理和市地整理。所谓农地整理指对田、水、路、林、村和其他零星土地采取综合治理和调整措施，以增加耕地及其他农业用地的有效面积，改善农业生产条件、居住条件和生态环境，提高土地利用率和产出率。市地整理指在城镇规划区内通过对城镇地块的调整，实现城市土地利用结构和布局的优化调整。旧城改造、开发区建设、存量土地盘活等均属于此范围。

需要说明的是，根据《全国土地整治规划（2011—2015年）》，广义上土地整治是指对低效利用、不合理利用和未利用的土地进行开发和整理，对生产建设污染、破坏和自然灾害损毁的土地进行恢复利用，以提高土地利用率和土地质量的活动。具体包括农用地整理、建设用地整理、土地复垦和土地修复等。

2. 土地利用目标

土地是自然、经济、社会的综合体，是个复杂的生态经济系统。一国或一个地区的土地资源通常都有多种利用的可能，又有对某些用途的限制。影响土地合理利用的因素有自然因素、社会因素、经济因素、技术因素和空间因素等多种因素。当今世界，人口不断增长，经济迅猛发展，土地供需矛盾日趋突出，与土地有关的粮食、资源、环境等问题日趋严重。因此，人类必须合理利用有限的土地资源。土地利用的目标就是通过土地利用合理配置，提高土地利用率、土地利用质量和土地投入产出率，取得土地利用的生态、经济和社会效益等综合效益最佳。

二、土地利用配置内涵与内容

1. 土地利用配置内涵

土地利用配置是指人类为满足经济、社会、生态综合发展的各类用途的土地需求，通过市场和政府手段实现土地资源与资产均衡分配和使用的过程。基于城乡范围划分，土地利用配置可以分为城市建设用地配置、农业用地配置和区域土地利用配置。

根据西方经济学的资源配置理论，理想条件下，如果人是以效率最大化为目标的理性人、人具有稳定的偏好，市场信息完全对称和交易没有成本，人们行为的结果总是能通过市场形成资源配置的均衡。资源均衡配置的最佳状态是形成帕累托最优，此时整体效率最佳。土地利用配置是一个涉足空间资源及其附属资源利用的复杂体系。该领域已经形成了一系列解释土地配置规律的相关理论体系,包括地租地价配置理论、土地用途配置理论、区位选址与布局模式、土地报酬递减与集约利用理论、土地规模经济理论和土地可持续发展理论,等等。

帕累托最优的各种前提假设都会因为各种因素影响而发生变化,市场机制实现帕累托最优永远只是理想状态。特别是,由于土地产权制度及其变迁需要政府规制,土地资源的紧缺和土地利用存在显著外部性效应,使得土地利用配置不可能通过市场手段独立完成,土地资源利用和配置过程必须要政府的直接介入。决策者会在各种假设条件下,通过所谓复杂的数学方法和模型以及科学决策方法,对土地资源实施规划配置或是政策引导市场配置。显然,决策者不是万能的,政策实施和市场也不是没有摩擦的,所以,土地资源配置帕累托最优永远是目标,土地资源的最优配置永远是个动态过程。

2. 土地利用配置内容

土地利用配置核心内容概括起来即"七定"。

(1) 定性质。确定土地利用的整体方向,完成土地开发利用性质定位。
(2) 定方式。确定土地的用途以及开发、利用、保护和整治修复类型。
(3) 定数量。确定土地利用总规模和分类规模。
(4) 定结构。确定各类土地用途及其结构配比。
(5) 定布局。确定各类用途的选址及其空间位置关系。
(6) 定强度。确定土地开发利用程度及各地块地上地下空间开发利用强度。
(7) 定时序。确定各类土地用途及空间区域的开发、利用、整治及修复的先后顺序。

三、土地利用配置机制与路径

1. 土地利用配置机制

土地利用配置机制主要有两种,即统一土地制度下的市场配置机制和政府配置机制。

1) 市场配置机制

市场机制是配置资源的最有效机制。通过土地供求和价值机制,实现资源优化配置过程。

2) 政府配置机制

政府配置机制主要包括地权管理机制、土地市场管理机制和土地利用管理机制等。

(1) 完善地权管理制度,奠定配置产权基础

地权管理包括土地调查、统计、登记等地籍管理和地权分配、土地确权、权属纠纷调处和监察等权属管理两大部分。通过地权管理从法律、行政上保证和控制土地的合理利用。如地权分配就是决定土地利用的重要基础,其主要解决土地所有权和使用权等产权制度问题。如,我国秦朝以前的井田制、英国16世纪的圈地运动、美国19世纪的宅地法和沙皇俄国的斯托雷平土地法令等,都是企图通过地权分配改进土地利用。当前,优化我国土地产权制度是实现土地合理配置的制度基础。

(2) 规范土地市场管理,发挥市场作用

通过建立公示地价体系和地价管理制度,规范土地出让、转让、出租和抵押等土地交易

制度,完善土地市场体系,为实现土地市场合理配置提供制度保障。

(3) 加强土地利用管理,提高政府配置效率

政府实施土地利用管理的主要任务包括编制和实施国土空间规划、实行土地利用计划管理与监督、建立耕地保护制度、生态保护与修复制度、空间用途管制制度等各相关利用管理制度,政府的科学规划可以体现公共利益、保护生态、规避市场失灵,提高土地配置的综合效益,促使土地利用公平公正。

2. 传统规划体系及存在的问题

1) 传统规划体系

我国传统规划体系可以基于空间视角分为非空间规划和空间规划两个系列,根据规划由上至下的作用等级分为全国与地方两大层次。

最高层次的非空间规划是国民经济和社会发展规划,它侧重于经济发展的远景目标、主要比例关系、规模及速度等指标,侧重经济的发展方面。各级政府制定的十年发展规划和五年发展规划便属于此类规划。非空间规划的第二层次是国家或各级地方政府及各部门国民经济发展规划或计划。

最高层次的空间规划指由各部门组织编制的全国层面的各类资源利用与保护的体现空间要素的规划,如全国国土规划纲要、全国土地利用规划、全国功能区规划、全国城镇体系规划、全国流域规划、全国海洋功能区规划、水资源利用规划和全国矿产资源规划等,详见图1-1。第二层次指各类全国空间规划指导下的省、市(区)、县等各级地方政府编制的各类下级规划。其中,地方城市总体规划是地方性各部门规划的协调性规划。地方土地利用总体规划则是地方各部门用地的协调性规划,尤其是协调城镇建设用地扩展与耕地保护的矛盾。

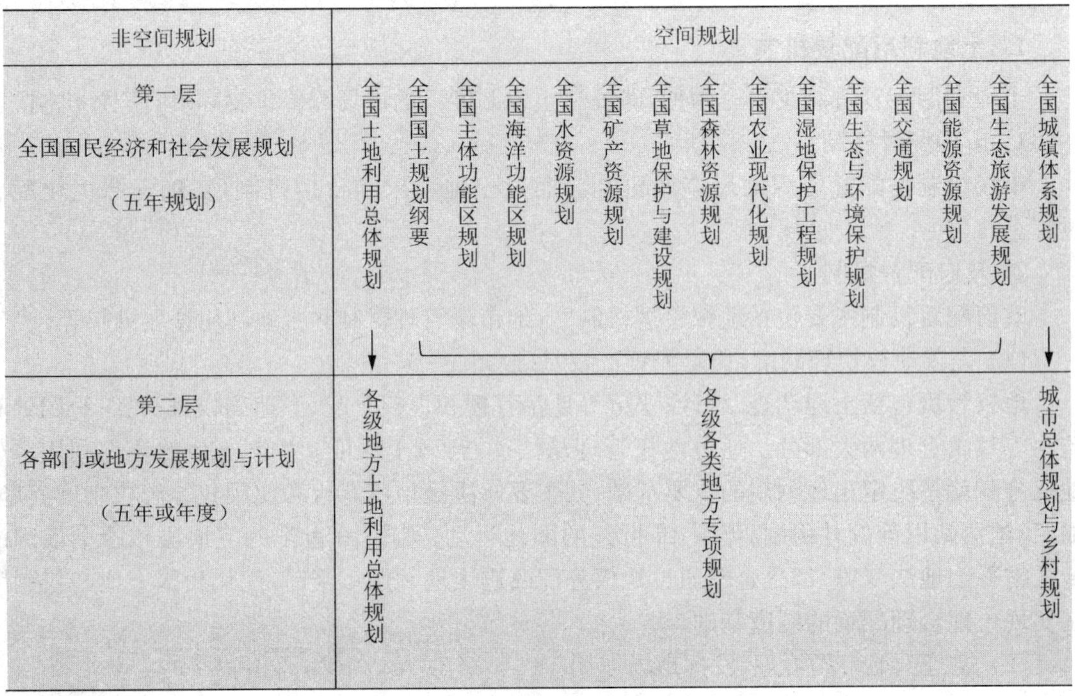

非空间规划	空间规划												
第一层 全国国民经济和社会发展规划 (五年规划)	全国土地利用总体规划	全国国土规划纲要	全国主体功能区规划	全国海洋功能区规划	全国水资源规划	全国矿产资源规划	全国草地保护与建设规划	全国森林资源规划	全国农业现代化规划	全国湿地保护工程规划	全国生态与环境保护规划	全国交通规划	全国能源资源规划	全国生态旅游发展规划	全国城镇体系规划
第二层 各部门或地方发展规划与计划 (五年或年度)	各级地方土地利用总体规划						各级各类地方专项规划								城市总体规划与乡村规划

图1-1 我国传统规划体系

土地利用规划在国外已经有两百多年的历史了，而真正得到重视却是在第二次世界大战之后。如今，不少国家都设有土地规划专门科研和行政机构，如德国的土地整理机构、英国的国土利用规划机构等。

我国土地利用规划的历史应从1954年黑龙江省红星国营农场规划算起，它标志我国第一次开始有组织地进行土地利用规划工作。但20世纪50年代的土地利用规划只包括两种类型，即国营农场土地规划和农业生产合作社土地规划，主要是解决小农经济遗留下的土地利用不合理现象和实现农业合作化后安排与集体生产有关的迫切需要解决的土地利用问题。1958年夏—1962年，我国处在人民公社化阶段，为了配合《关于人民公社若干问题决议》和《农业发展纲要40条》，土地利用规划主要用于合理安排农、林、牧、渔等各项用地，以适应水利化、机械化、电气化要求和贯彻农业八字方针需要。1960年3月17日，《人民日报》发表了人民公社要制定土地利用规划的社论。1963—1966年土地规划的任务是继续巩固人民公社经济，为实现农村技术改造创造土地组织条件，此时的土地利用规划主要侧重农田基本建设规划。"文化大革命"期间，除了在边远省区开展资源的考察工作外，土地规划研究基本处于停滞状态。

我国改革开放以后，迫切需要建立和完善合乎时代要求的土地利用规划体系。党的十一届三中全会上提出了"十分珍惜和合理利用每寸土地，切实保护耕地"的基本国策，并成立了直属国务院的土地管理专门机构——国家土地局。1986年国务院关于《加强土地管理，制止乱占耕地的通知》的7号文件和《中华人民共和国土地管理法》的颁布，使我国的土地事业重获新生，土地利用规划研究的必要性日显迫切。故而，我国开始在黑龙江省、淄博市、大冶县等省、市、县进行各层次土地利用规划的试点工作。在探索、试点的基础上，先后编制完成了全国土地利用总体规划方案和各省市县级土地利用总体规划（1987—2000年）。之后，又完成了规划年期1997—2010年和2006—2020年两次全国及地方政府土地利用总体规划修编工作。

城市规划从内容层面上包括：①城市职能规划，包括性质、规模、发展方向等；②城市用地规划，包括城市用地结构平衡、用地空间布局、利用强度和时序控制等内容；③城市交通规划，包括对内、对外交通规划；④城市市政公用设施规划，包括水、电、煤、通信等工程管线规划；⑤城市环境与景观规划，包括人口密度、空地率、绿地率等环境规划和城市视线走廊、空间组合建筑风格、建筑色彩等景观规划；⑥城市建筑规划，包括建筑出入口、建筑后退道路红线、建筑密度、建筑容积率、建筑高度、建筑类型及泊车位等。城市土地使用规划需要确定各项用地的种类、使用性质、功能分区、数量比例、空间布局、开发强度和时序等。通过用地规划，最终完成城市建设用地平衡表和用地规划布局图。

城市地块如何进行开发建设，受我国各级规划自上至下的层级体系管控，其管控顺序如下：国土空间规划—城镇体系规划—城市规划纲要（城市发展战略规划）—城市总体规划—分区规划—控制性详细规划—修建性详细规划—地块概念方案设计—初步设计—扩大初步设计—建筑工程设计—施工图设计—项目开发建设。

2）传统规划体系弊端

（1）多规并行、内容重叠冲突、相互掣肘，影响规划运行效率。据不完全统计，迄今我国具有法定依据的各类规划多达80种，没有法定依据、由各部门各地区自行组织编制的规划难以计数,导致规划落地衔接难度较大,规划"打架"现象时有发生。

(2) 规划层级日益增多,审批流程复杂,影响空间政策的统一性和有效性。规划层级间关系不尽合理,且国土空间规划缺位,助长各类规划无序增长。

(3) 规划职能和政府事权未完全对应。规划缺乏具体的实施手段和方法,地方规划朝令夕改、领导干预过多,影响规划的权威性和严肃性。

(4) 规划基础数据、技术标准不一,规划协调困难;规划法制化、规范化建设滞后,影响规划的公正性和科学性。针对复杂的传统规划体系,我国开始了构建和推行新的国土空间规划体系,实现多规合一。

3. 国土空间规划

1) 国土空间规划产生

2005—2010 年,国家发展和改革委员会编制完成《全国主体功能区规划》并获国务院批准实施。原国土资源部从 2009 年开始编制《全国国土规划纲要》,吸纳了《全国主体功能区规划》的成果,并在国家发改委的支持下完成了《全国国土规划纲要(2016—2030 年)》。

十八届三中全会(2012 年)、中央城镇化工作会议(2013 年)提出建立空间规划体系,推进规划体制改革,划定"三生"空间,落实用途管制,加快规划立法;《生态文明体制改革总体方案》(2015 年)提出加强空间治理,优化空间结构,整合各类空间性规划,构建全国统一、相互衔接、分级管理的空间规划体系;十八届五中全会(2015 年)提出以主体功能区规划为基础统筹各类空间性规划,推进"多规合一",提升国家空间治理能力和效率;2014—2016 年国家四部委共同开展市县"多规合一"试点工作(全国 28 个市县);《省级空间规划试点方案》(2017 年)要求摸清国土空间本底条件,划定"三区三线",注重开发强度管控和主要控制线落地,统筹各类空间性规划,编制统一的省级空间规划;《国务院政府机构改革方案》及自然资源部"三定"方案(2018 年)将主体功能区规划及城乡规划编制与管理统一归为自然资源部职责,提出建立空间规划体系并监督实施;《关于建立国土空间规划体系并监督实施的若干意见》(2019 年)正式全面启动我国国土空间规划编制工作,并于同年颁布新修订的《土地管理法》,其中增加第 18 条:"国家建立国土空间规划体系。经批准的国土空间规划是各类开发、保护和建设活动的基本依据。"

规划是为实现一定目标而预先安排行动步骤并不断付诸实践的过程。国土空间规划是落实新发展理念,坚持以人民为中心,促进高质量发展,满足人民追求美好生活的愿望,对国家空间开发、利用、保护和修复做出的一系列空间安排和空间治理。国土空间规划体现的是国家意志的约束性规划,其目的是实现国土空间开发保护更高质量、更有效率、更加公平和更可持续。

2) 国土空间规划体系

(1) 国土空间规划编制的"五级"分级体系

国土空间规划按照国家级、省级、市级、县级以及乡镇级五个层级进行编制。国家级规划侧重战略性,省级规划侧重协调性,市县级和乡镇级规划侧重实施性。市县级规划与乡镇规划可以合并编制,有的乡镇也可以以几个乡镇为单元进行编制。

(2) 国土空间规划的"三类"细分体系

指规划的细分类型,分为总体规划、详细规划、相关的专项规划。总体规划强调的是规划的综合性,是对一定区域如行政区全域范围涉及的国土空间保护、开发、利用和修复做全局性的安排。详细规划强调实施性,一般是在市县以下组织编制,是对具体地块用途和开发强度等做出的实施性安排。可用于实施国土空间用途管制、核发城乡建设项目规划许可。村庄规划首次被正式列入详细规划范畴。专项规划则是针对国民经济和社会发展的重点领域和薄弱环节、关系全局的重大问题编制的规划。

(3) 国土空间规划管理的"三阶段"运行体系

国土空间规划编审、规划实施、规划监督是规划全过程管控的三大阶段。规划编审阶段需要建立与事权对应、五级三类的编制技术标准体系和审批制度;规划实施阶段需要构建推进规划方案实施的行政、技术、经济手段和法规政策等实施保障与管理体系,更好地发挥规划的引领和管控作用,更好地服务于"放管服"改革,降低规划领域制度性交易成本;规划实施后需要构建规划评估监督体系,包括建立监测、评估、预警及反馈机制等。

3) 国土空间规划任务

(1) 统筹空间发展,实现多规合一。强调对城镇、农业和生态空间的整体管控,改变部门分治、多规打架的局面,即一本规划、一张蓝图。

(2) 严守发展底线,突出绿色发展。严格划定生态保护红线、永久基本农田保护红线、城镇开发边界,严格自然资源开展保护的约束性要求,以底线约束作为绿色发展的前提和基础。

(3) 实现规划编制审批体系、规划实施监督体系、法规政策体系以及技术标准体系四个子体系的统一。

(4) 实现国土空间规划在战略、制度、技术三个层面的统一,推进国土空间管制与国土空间治理体系构建与完善。

(5) 构建统一的基础信息平台和规划实施管控平台。

4) 国土空间规划主要内容

(1) 上一轮规划评估与"双评价"

上一轮规划评估指通过对上一轮相关规划及其实施效果进行数据采集、分析和评估,揭示当前国土空间配置特点及存在问题,为国土空间规划解决问题导向提供基础。

"双评价"指资源环境承载力评价和国土空间开发适宜性评价,是本轮国土规划编制的基础,目的是为了掌握国土资源潜力,核定城市发展的底线极限,用资源的约束来实现科学发展。

资源环境承载能力评价是国土空间规划编制的主要依据,是对自然资源和生态环境本底条件的综合评价,反映国土空间对承载开发、农业生产、生态保护的承载等级等。承载能力越高,越能够支撑经济社会发展,是建设用地布局的首选;承载能力越低,对经济社会发展的承载能力越弱,应作为生态保障,优先发挥保障作用。

国土空间开发适宜性评价,是反映国土空间对城镇开发、农业生产、生态保护承载的适宜程度,主要基于地理信息系统平台,通过对适宜性(基础性)指标和约束性指标以及要素的分析,针对国土开发过程中的约束和适宜程度,判断区域各类国土空间适合进行开发的适宜性等级。

（2）划定三线，协同三大空间

"三线"即生态保护红线、永久基本农田保护红线、城镇开发边界等管控边界。

"三大空间"即城镇、农业、生态空间。

城镇空间是指以城镇居民生产生活为主体功能的国土空间，对应的管控线即为城镇开发边界。城镇开发边界是一定时期内可以进行城镇开发和集中建设的地域空间边界。

农业空间是指以农业生产和农村居民生活为主体功能的国土空间。对应的管控线为永久基本农田保护红线，一般划定为政府部门确定的粮、棉、油生产基地内的耕地。

生态空间是针对具有自然属性、以提供生态服务或生态产品为主体功能的国土空间。对应的刚性管控线为生态保护红线，按照《生态保护红线划定指南》划定。

（3）整合和优化国土空间结构与布局

整合和优化各类专项空间要素在总体布局中的安排。明确生态文明建设的要求，生态优先、绿色发展，构建好生态网络和生态廊道，做好生态保护，实施生态环境的分区管控；完善基础设施和公共服务设施，做好住房、医疗、文化、体育、养老及教育等各方面的用地保障，使社区构建更加舒适宜居，有更多的公共开放空间；保证城市的安全，包括公共安全、防灾减灾安全，延续历史文脉，体现风貌特色和地域特征。

（4）制定国土空间规划实施措施与治理政策

空间规划是由技术逻辑向空间治理逻辑的转变，需要体现作为公共政策属性的政策性规划特点。加强技术性成果向政策性成果转变，通过政策和措施的研究，将规划的战略性、结构性、法定性和约束性意图得以实施。通过行政、市场、法律等多重手段，推动政府、社会、公民的多主体共同参与，实施国土空间管制，完善国土空间治理体系，提高国土空间治理能力。

思 考 题

1. 简述土地的含义和范围。
2. 简述土地与土壤、陆地、国土、房地产和不动产的区别。
3. 何谓土地资源、土地资产、土地资本？
4. 简述土地自然特性和经济特性。
5. 简述土地经济学、城市土地经济学、城市科学、城市经济学发展历程和关系。
6. 土地经济学的研究对象与内容是什么？
7. 简述土地利用的内涵及目标。
8. 简述土地利用配置概念与路径。
9. 何谓土地开发、利用、保护、整治和修复？
10. 土地利用配置的核心内容是什么？何谓土地利用配置"七定"？
11. 简述我国传统规划体系与存在的问题。
12. 简述国土空间规划体系的构建历程。
13. 简述国土空间规划体系和规划内容。

上篇
土地价值与市场

第二章 地租理论与应用

地租理论是土地经济学的经典理论,也是土地财产价值形成、土地有偿使用、土地用途与性质确定及土地利用空间配置等方面的解释性和应用性理论。代表性的地租理论有农村土地与城市土地级差地租理论、绝对地租理论和阿朗索竞标地租理论。

本章应重点掌握地租的相关概念及其基本分类,农地与城市级差地租、绝对地租和垄断地租的产生原因、条件及其应用,掌握阿朗索竞标地租理论及其对农地和城市土地的空间配置规律、住宅空间分异现象解释;熟悉各经典的地租理论及其主要观点、农地租金函数、制造业、商务办事机构、住宅用地的租金函数;了解地租理论发展历程。

第一节 地租理论及发展历程

一、地租概念及其分类

按地租形成的条件,地租可分为以下几类。

(1) 级差地租 I 。指由于土地肥沃程度的不同和距离市场远近的不同而带来的超额利润,可分为丰度地租和位置地租。

(2) 级差地租 II 。指由于土地投入程度不同而带来的超额利润,又称资本地租。

(3) 绝对地租。指不论租用什么样的土地都必须交纳的地租。

(4) 垄断地租。由于土地垄断带来的超额利润。

它们之间的关系如图 2-1 所示。随着土地上劳动生产率的提高,该优等土地上单位产品的个别生产价格下降,形成与劣等地决定的社会生产价格的差额增大,即级差地租增加。绝对地租量是劣等地必须交纳的租金水平,不受劳动生产率的影响,其量值为产品价值和产品价格的差异。垄断地租指垄断价格高于市场价格带来的超额利润,同等条件下垄断有可能形成最高租金。

大卫·李嘉图最早还提出丰度地租、

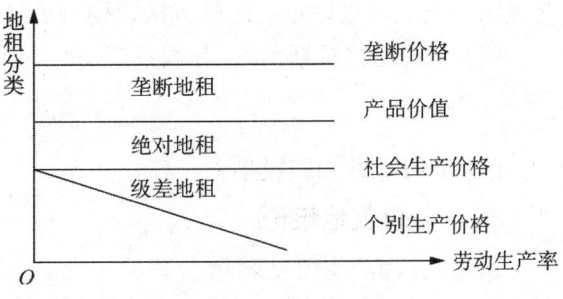

图 2-1 地租分类及形成

位置地租和资本地租的概念。丰度地租由于土地肥沃程度不同带来的超额利润；位置地租为由于距离市场远近的不同而带来的超额利润；丰度地租与位置地租即级差地租Ⅰ；资本地租：指由于增加资本投入带来的超额利润，即级差地租Ⅱ。另外，按照地租交纳的形式，地租可以分为实物租金和货币租金。

二、地租理论发展与代表学派

7世纪有学者就已开始对地租问题的研究，至今已经形成多个学派。它们从不同角度探索和阐述了地租形成原因和来源，从中也能看出地租理论的发展过程。其中，马克思、恩格斯创立劳动价值地租理论，是阐述地租形成机理的集大成者；阿隆索竞标地租理论则是从地块竞争角度阐述不同用途租金水平及空间分布形成机理，该理论具有广泛应用价值。

1. 自然力地租论

认为地租源泉是土地自然力。法国重农学派代表杜尔阁（1727—1781年）在1776年出版的《关于财富的形成和分配的考察》一书中指出，农业中存在着一种特殊的自然生产力，使得劳动者所生产出来的产品数量扣除为自己再生产劳动力所必须的数量还有剩余，这是自然恩赐的"纯产品"。他认为剩余是土地对劳动者的赐予，却为土地所有者占有，这就是地租，是土地所有者凭借其所有权获得的。亚当·斯密也认为地租和利润是由土地和资本创造的。英国资产阶级庸俗政治经济学的创始人托马斯·罗伯特·马尔萨斯(T. R. Mrlthus)代表土地贵族的利益，否认地租是土地所有权垄断的结果，认为"地租是自然对人类的赠予"。

2. 生产费用价值地租论

法国资产阶级庸俗政治经济学的创始人萨伊(J. B. Say)认为，价值是由劳动、资本、土地三个因素协调创造的，即企业利润 Y 为劳动 V、资本 C 和土地 L 的函数：

$$Y = f(V, C, L)$$

每个要素应得到相应的收入。劳动者得到工资，资本家得到利润，土地所有者得到地租。由于地租与土地等级 n、土地面积 S 有关，故上式各变量可分别用单位面积利润 y、单位面积活劳动投入 c 和单位面积土地级差收益 $f(n)$（n 是土地等级），代入有：

$$y = f(v, c, f(n))$$

通过对一定数量企业的调查，各级土地上取得足够数量的单位面积利润值、单位面积资金占用量、单位面积的工资额，选择合理的模型，可以剥离各级土地的级差地租。这也是早期我国在土地等级评定运用的方法。模型的选用有以下几种：

（1）运用道格拉斯函数，并假设 $f(n) = (1+r)^n$（r 为利润级差系数），则具体模型为

$$y = Ac^\alpha v^\beta (1+r)^n$$

（2）分级线性回归模型：$y = b_1 c + b_2 v + f(n)$

3. 劳动价值地租论

该理论认为，地租是剩余劳动的产物，是工人创造的超过平均利润的剩余价值（超额利润）。

威廉·配第(1623—1687)是英国古典政治经济学创始人,他在其名著《税赋论》中首次提出级差地租,指出地租是土地上生产的农作物所得的剩余收入。土地肥沃程度不同、耕作技术不同以及土地距市场的远近不同,地租也不同。威廉·配第对地租理论作出了开拓性贡献。

亚当·斯密(1723—1790)是英国古典政治经济学创始人之一,其代表作为 1776 年出版的《国民财富的性质和原因的研究》(简称《国富论》)。他提出一些矛盾观点:一方面认为地租是劳动创造,一方面又说地租和利润不是依赖工人的劳动,而是当作独立源泉由土地和资本创造的。

詹姆斯·安德森(1739—1808)是英国资产阶级经济学家,其代表作是《谷物法本质研究》。他最早研究了级差地租理论的基本特征,马克思称他为现代地租理论的真正创始人。他认为:①同一市场价格是地租形成的前提,指出是土地产品价格决定地租而不是地租决定土地产品价格;②分析了级差地租Ⅰ;③分析了级差地租Ⅱ。但他否认土地私有权垄断的存在,从而否认存在绝对地租。

屠能(1783—1850)是德国农业经济学家,其代表作是《孤立国》。他首次系统论证了土地位置与地租的关系,指出某种产品产地价格通常等于中心市场价格与产地至中心市场间运费的差额。这个运费实际上就是位置地租。

大卫·李嘉图(1772—1823)是英国古典政治经济学杰出代表及理论完成者,其代表作为 1817 年出版的《政治经济学及赋税原理》。他运用劳动价值论研究地租,完善了级差地租理论,并将地租分为丰度地租、位置地租与资本地租。提出:①地租产生的两个条件是:土地的有限性和土地肥沃程度及位置的差异;②土地产品的价格是由劣等地生产条件,即最大的劳动消耗决定的;③考察了级差地租Ⅱ。认为在土地报酬递减规律作用下,新投入耕种的劣等地产品价格决定市场价格,原耕种的土地就必然出现级差地租。但由于他未弄清产品价值和生产价格的差别以及土地所有权的垄断,因而错误地否认绝对地租存在。

卡尔·马克思(1818—1883)是劳动价值地租理论的集大成者,他全面分析了级差地租Ⅰ、级差地租Ⅱ、绝对地租产生的条件、原因和来源,认为地租是直接生产者在生产中所创造的剩余生产物被土地所有者占有的部分。地租是土地所有权在经济上的实现形式,是社会关系的反映。任何社会,只要存在着土地所有者和不占有土地的直接生产者,就有产生地租的基础。因此,地租既存在于奴隶社会、封建社会、资本主义社会,也存在于社会主义社会。但地租是个历史范畴,在不同的社会形态下,由于土地制度的不同,地租体现的社会生产关系也不同。

4. 剩余原则地租论

该理论属于现代西方经济学地租理论。它认为,地租是一种经济剩余,即总产值或总收益减去总要素成本或总成本之后余下的部分。代表人物是美国现代土地经济学家雷利·巴洛维。他在其《土地资源经济学——不动产学》中详细阐述了此理论。

如图 2-2 所示,当某农产品市场价格上升至 P,超过最低平均成本时,生产者为了取得最大利润,其产量应维持在 Q。这时,总收益为 $OPAQ$,总成本(指经济成本即生产成本与平均利润之和)为 $OCBQ$,剩余为图中斜线部分 S。此部分余额应归土地所有者,即地租。据

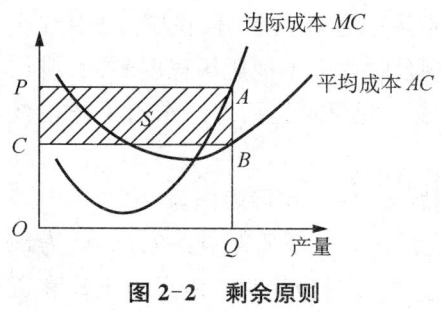

图 2-2 剩余原则

此,西方经济学认为,地租产生的直接原因是农产品价格的上涨,间接原因是土地具有相对稀缺性,无法满足人类对土地的需求。

如果我们将 P 看成社会生产价格,平均成本 AC 看成个别生产价格,剩余 S 就是马克思所说社会生产价格与个别生产价格的差额,即超额利润,为地租。可见,劳动价值论和剩余原则论是从不同角度阐述地租的产生和来源。

5. 供求平衡地租论

该理论认为土地供求决定地租水平。代表人物保罗·萨缪尔森是美国现代资产阶级经济学权威之一。他认为,地租是使用土地所付的代价。从整个社会来看,土地供给是固定的、无弹性的,土地供给曲线垂至于横轴,地租量完全取决于土地需求者之间的竞争。从某种用途考虑,土地供应具有弹性。如当种棉花收益超过一般水平时,原用作其他用途的土地就会转种棉花,造成棉花土地的供应曲线是向上倾斜的。地租水平取决于种植棉花土地的需求曲线和供应曲线的交点。当需求曲线为 D_0 上移至 D_1 时,地租 R 亦上升,如图 2-3 所示。

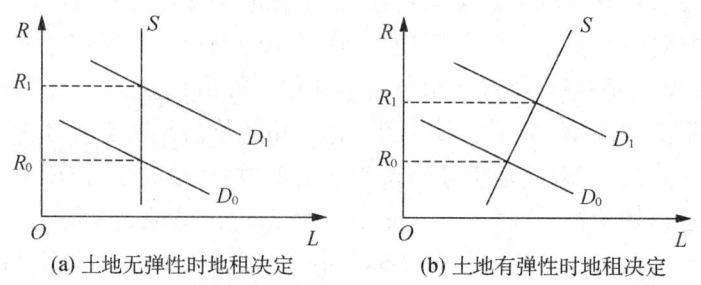

(a) 土地无弹性时地租决定　　　　(b) 土地有弹性时地租决定

图 2-3 地租水平的供求决定

6. 产权地租论

地租是土地所有权在经济上的实现。杜尔阁在《关于财富的形成和分配的考察》一书中指出,农业中存在着一种特殊的自然生产力,使得劳动者所生产出来的产品数量扣除为自己再生产劳动力所必须的数量还有剩余,这是自然恩赐的"纯产品",也是土地对劳动者的赐予,却为土地所有者占有,这就是地租,是土地所有者凭借其所有权获得的。马克思则明确指出,地租是土地所有权在经济上的实现。

7. 垄断地租论

除了级差地租和绝对地租外,还存在着垄断地租。垄断地租是由产品的垄断价格带来的超额利润转换而形成的地租。垄断价格决定地租水平。某些土地具有独特的自然条件或经济条件,其资源具有显著的稀缺性,造成土地上产品具有显著的优质性和稀缺性,实现产品垄断价格,并形成垄断地租。就农业用地而言,比如某些地区能够生产出优质的干鲜果品,而其他地区的自然条件则无法比拟,这些农产品的出售价格不仅可以大大超过社会生产价格,甚至可以超过其价值。就城市用地而言,某些地段的房地产拥有特别的资源,如临山、临江、临湖和临绿地等,就可以凭其独有的优质资源,提升销售价格,榨取消费者剩余,实现其价格的垄断。马克思说:"当我们说垄断价格时,一般是指这样一种价格,这种价格只由购买者的购买欲和支付能力决定,而与一般生产价格和产品价值所决定的价格无关。"

8. 阿朗索竞标地租论

20世纪60年代美国土地经济学家阿朗索(William Alonso)以区际均衡和区位边际收益等空间经济学理论为基础提出竞标地租理论。该理论认为,不同用途在不同区位具有不同的地租支付能力,并随距离城市中心的远近形成不同斜率(距离敏感度)的地租支付能力曲线。通常特定地块的地租或地价水平是由具有最高支付地租能力的用途决定。因为,对于同一区位的用途竞争,最终必然是价高者得,收益差的用途退出竞争,到那些它有足够能力与其他利用方式竞争的位置。该理论具有重要的应用价值,解释了不同用途地租(地价)不同、不同地段地租不同,以及城市土地的空间分布形态等诸多土地经济现象产生的原因。

第二节 级差与绝对地租理论及应用

一、农地地租理论

1. 级差地租Ⅰ产生条件、来源及原因

通常情况下,农业土地肥力和位置总是有所不同。农业工人在不同肥力和位置的土地上耕种,劳动生产率必然有差别。在优等土地上产量高,单位产品的个别生产价格低;相反,劣等土地上产量低,单位产品的个别生产价格高。面对同样的市场,同样的产品是按同一价格销售。

由于土地面积有限,特别是优、中等土地面积有限,仅仅把优、中等土地投入生产会造成市场对农产品的需求不能满足,因而,劣等地也必须投入农业生产。如果农产品的市场价格以中等地生产条件下的个别生产价格决定,则劣等地经营者无法获得平均利润,最终将会退出农业生产,进而导致农产品供不应求,市场价格上升,直至达到劣等地生产条件下的个别生产价格,保证劣等地经营者获取平均利润。因此,为了满足社会对农产品的需求,农产品的市场价格必须以劣等地的个别生产价格作为市场价格,即社会生产价格。因此,优、中等土地的经营者就能因为其单位产品个别生产价格低于社会生产价格而获得超额利润。这个超额利润是劳动者创造的剩余价值,但其形成的条件不是土地经营者的经营能力,而是土地的自然条件。该超额利润不能归属于土地经营者。在土地有限、所有权存在的条件下,只能归土地所有者所有,作为土地所有权的经济实现。

根据级差地租形成条件的差异,可以分为级差地租Ⅰ和级差地租Ⅱ,或称丰度地租、位置地租和资本地租。表2-1、表2-2、表2-3分别说明在土地肥力不同、距离市场远近不同以及投入资本程度不同的情况下,级差地租的形成过程和地租量大小。此过程的分析有两个基本条件:①个别生产价格基础是同等资本或同样利润,且假设平均利润率均为20%;②社会生产价格以劣等地为准。

表 2-1　土地肥力不同时级差地租Ⅰ的形成及地租量

土地等级	所耗资本（元）	平均利润（元）	产量（担）	个别生产价格（元）		社会生产价格（元）		级差地租（元）
				全部	每担	每担	全部	
劣等	100	20	4	120	30	30	120	0
中等	100	20	5	120	24	30	150	30
优等	100	20	6	120	20	30	180	60

对于同样肥力土地，虽然其劳动生产率相同，但由于距离市场远近不同，则会带来生产成本的差异，进而造成单位产品个别生产价格的差异。在保证最远土地经营者获得平均利润的情况下，距离市场近的土地经营者同样可以获得超额利润。

表 2-2　距离市场远近不同时级差地租Ⅰ的形成及地租量

土地远近	所耗生产资本（元）	所耗运输成本（元）	资本总支出（元）	利润（元）（平均利润率20%）	个别生产价格（元）	社会生产价格每担（元）	级差地租（元）
近	100	10	110	22	132	156	24
一般	100	20	120	24	144	156	12
远	100	30	130	26	156	156	0

表 2-3　级差地租Ⅱ的形成及地租量

土地等级	所耗资本（元）	平均利润（元）	产量（担）	个别生产价格（元）		社会生产价格（元）		级差地租（元）
				全部	每担	每担	全部	
劣等	100	20	4	120	30	30	120	0
优等	100	20	6	120	20	30	180	60（Ⅰ）
优等追加	100	20	7	120	17.14	30	210	90（Ⅱ）

如马克思所说，资本主义土地所有权对超额利润的创造没有任何的关系，它不是使这个超额利润创造出来的原因，而是使它转化为地租的原因。亦即，级差地租产生的条件是土地的自然力，产生的来源是劳动者创造的剩余价值即超额利润，产生的原因则是土地所有权和经营权的双重垄断。正是由于这种优越的土地自然条件被所有者和部分经营者垄断，使部分经营者只得经营劣等地，从而使优、中等地能够获得持久而稳定的超额利润。

表 2-4　农业土地级差地租与绝对地租产生条件、来源和原因

农业地租类型	条件	来源	原因
级差地租	自然条件（肥沃程度、距离市场远近、投入量不同）	产品的个别生产价格与社会生产价格的差额	土地有限而产生的经营权垄断 所有权垄断
绝对地租	农业资本有机构成低于社会平均资本有机构成 C/V	产品价值高于生产价格带来的超额利润（土地生产力）	土地所有权的垄断

2. 绝对地租产生条件、来源及原因

马克思在分析资本主义级差地租时,假定租种最劣等土地不交纳地租。然而,在土地私有制条件下,无论租种好地还是坏地,都必须交纳地租。这种不管租种什么样的土地都必须交纳的地租称绝对地租。马克思排除了绝对地租来源于农产品流通中的加价或是农业工人工资扣除的可能性。他认为,绝对地租的来源和原因的解释,说明农产品的价值高于生产价格的可能性。为此,马克思从社会资本有机构成入手进行分析,指出:"如果一个生产部门的资本有机构成低于社会平均资本有机构成,也就是说,该资本中投在工资上的可变资本与投在物质劳动条件上的不变资本比率,大于社会平均资本中可变资本和不变资本比率,那么,它的产品价值必然高于它的社会生产价格。"

在资本主义发展的一定阶段,农业生产技术装备落后于工业,农业部门资本有机构成低于工业部门,则农业产品价值高于社会生产价格的差额,并形成超额利润,此即为绝对地租的来源。

由表2-5可见,农业部门、工业部门之食品行业、纺织行业和机械行业具有不同的资本有机构成。在竞争市场环境下,最终会在整个工业部门形成平均利润率,即表中所示20%的利润率,同时形成120元的社会生产价格。但由于土地私有权的垄断,使得工业部门的资本向农业部门的转移存在一定限制和制约。因为,不向土地所有者缴纳绝对地租,资本就不能转向农业部门,即使最劣等的土地也是这样。由此,造成农业部门可以保留超额利润在农业部门内部,不参与工业部门的平均利润化过程。在剩余价值率为100%时,它们具有不同的利润和利润率,但由于工业生产资本容易转移,农产品的价值为140元,比社会生产价格高出20元。如果农产品按价值140元出售,则农业资本家获得20元的超额利润。

表2-5 绝对地租的形成及地租量

生产部门		资本有机构成	剩余价值(元)	商品价值(元)	利润率	平均利润率	生产价格(元)	绝对地租(元)
工业	食品	70C/30V	30	130	30%	20%	120	
	纺织	80C/20V	20	120	20%	20%	120	
	机械	90C/10V	10	110	10%	20%	120	
农业		60C/40V	40	140	40%	20%	120	20

可见,农业资本有机构成低于社会平均资本有机构成是农业中能够形成超额利润即绝对地租的条件;而土地私有权的垄断是上述超额利润保留在农业部门内部并使之转化为绝对地租的原因;绝对地租的来源则是产品价值与社会生产价格的差额(表2-4)。

马克思在19世纪六七十年代,根据当时资本主义国家的现实情况和特点,揭示了资本主义绝对地租的来源是农业资本有机构成低于工业,使得农产品价值高于社会生产价格,由此而产生的超额利润。实际上,20世纪中叶以后,发达资本主义国家的农业逐步实现了机械化和现代化,工农业资本有机构成的对比状况已经发生了变化。以美国为例,全国农场资产总额从1940年的529亿美元增加至1977年的6 548亿美元,增长了12倍多。农业资本投资达到12.1万美元/人,而工业资本投资平均每个职工不足10万美元。农业需要5~6美元生产性资本才能带来1美元收入,而钢铁业每销售1美元产品只要0.5美元固定资产投资。这表明发达资本主义国家农业资本有机构成不仅不低于且已经高于工业资本有机构成。

因此,现代农业绝对地租的来源解释应该寻求新的依据。对此,马克思也曾有所预见。他指出:随着技术的进步,当农业资本有机构成等于或高于工业资本有机构成时,绝对地租"在这种情况下,只能来自市场价格超过价值或生产价格的余额,简单地说,只能来自农产品的垄断价格"。但这个余额不是农民创造剩余价值的转移,而是从农产品收购商手中转移来的,是通过其他物质生产部门创造的剩余价值的再分配而来的。

二、城市地租理论

1. 城市级差地租产生的条件、来源及原因

城市土地不是利用土地自然生产能力,而是将其作为生产和生活的场所或空间。土地肥力对城市地租没有丝毫影响,但空间区位却是影响城市土地级差地租的主要因素。房地产的黄金条律就是"区位、区位、再区位"。因此,区位效益是城市级差地租产生的条件。区位效益由城市土地价值各种影响要素综合形成,具体包括聚集效益因素、规模效益因素、交通条件因素、基础设施和公共设施完备度因素以及环境因素等。

城市土地级差地租产生的来源,需要根据不同的土地用途来分析。

(1) 工业用地的级差地租来源

工业用地在生产中只起场地和承载作用。位置的好坏主要通过交通运输成本的节省影响工业企业获利水平。位于工业区内或距离市场较近或交通通达度好而降低工业生产成本,超额利润因为土地而形成,应归于土地所有者,此为工业级差地租。因此,工业用地级差地租的来源同样可以认为是个别生产价格和社会生产价格的差额,是工业生产商利润的扣除。

(2) 住宅用地的级差地租来源

住宅用地与工业用地一样,也是提供场地和承载作用,但它们所承载的产品的性质不相同。工业用地上建造厂房作为工业产品的生产空间,地租通过产品价格收回。而住宅用地上开发商建造房屋直接用来消费,地租由住宅消费者直接支付。因此,住宅用地地租源于住宅消费者的收入转移。该收入可以是消费者工资收入、财富收入或其他各种收入来源。住宅地租(地价)高低主要受交通便捷度、公共设施完备度、环境景观优美度等因素影响,这些因素即是住宅地租产生条件。

(3) 商业用地的级差地租来源

商业用地与工业用地具有同样的特点,即都是利用地上建筑物进行盈利活动。但前者是商品经营活动,后者是生产活动。商业地段的盈利水平主要受区位聚集效益和土地可达性的影响。假如同类商品的毛利相同(毛利=售价-进价),对于一特定地段,每天每平方米土地上毛利等于所有售出商品的毛利之和。因此,售出商品越多,土地上凝结利润越大。在商业活动繁华地段,人流多,售出商品多,每天每平方米土地上毛利高,形成超额利润高。该超额利润因土地而产生,应作为地租缴纳给土地所有者。因此,商业地租来源于商业人员创

造的超出最低销售量之上的销售而形成的超额利润。其大小取决于商品在该地段的销售量,所以商业级差地租产生的具体条件是土地区位的繁华度与聚集规模效益。

2. 城市绝对地租产生的条件、来源及原因

城市的绝对地租指租用城市最差土地所必须交纳的租金。马克思指出:"人们对土地、矿山、水域的私有权,使他们能够攫取、拦截和扣留在这个特殊生产领域即这个特殊投资领域的商品中包含的剩余价值超过平均利润的余额,并且阻止这个余额进入形成一般利润率的总过程。这个剩余价值甚至在一切工业企业中被拦截,因为不论什么地方,都要为使用土地付地租。"因此,城市绝对地租产生的原因同样是所有权的垄断。土地所有者不会白白出租其土地,只有支付给其租金,他才肯将土地租出去。

城市土地为非农用途,非农产业通常具有较高的生产率和剩余价值率。由此而形成的土地增值效益就是城市绝对地租的形成条件。城市用地的绝对地租对土地所有者来说,是土地带来的纯收益。但就全社会而言,只不过是对非农产业利润总量的部分扣除,是非农产业超额利润的转化形态。此部分扣除未包括级差地租扣除。非农产业的利润平均化是在扣除级差地租和绝对地租以后实现的。如表2-6所示。

表2-6 城市土地级差地租与绝对地租产生条件、来源和原因

地租类型	条件	来源	原因
城市级差地租	商业:聚集效益与繁华度 住宅:公共设施、交通、环境景观 工业:交通条件	商业:总销售量增加带来的超额利润 住宅:消费者收入的转移 工业:个别生产价格和社会生产价格的差额	所有权和使用权垄断
城市绝对地租	非农产业高生产率和剩余价值率而形成的土地增值效益	非农产业利润平均化前的利润总量的部分扣除	所有权垄断

三、地租理论的实践运用

1. 土地有偿使用制度理论基础

地租理论是社会主义制度下实行土地有偿使用的基础。中华人民共和国成立,建立了社会主义公有制。由于长期以来理论上的误解,认为土地公有制一旦建立,地租便不存在了。因此,我国一直实行土地的无偿使用制度。事实上,社会主义国家仍然存在着土地所有权和土地使用权的分离,仍然存在土地所有权和经营权的垄断,地租形成条件和来源仍然存在,即社会主义土地公有制下的地租范畴仍然存在。自1987年深圳第一块土地出让至今,我国已打破了土地无偿、无限期、无流动使用的"三无"制度,建立了土地的有偿、有限期、有流动使用的"三有"制度。实现了"三无"到"三有"制度的转变。

2. 土地使用税、租、费区别

我国长期以来土地税、费、租概念不清。有的认为城镇土地使用税就是地租,有的将地租称作土地使用费,等等。以上海为例,土地使用费为向外资或合资企业所使用土地而每年征收的一种费用。其本质就是地租,却以费的形式收缴。还有人认为,国家收取了土地出让金,就不应该再收取房地产税。将属于租金范畴的出让金与税混淆。

土地税是以土地或土地改良物的财产价值或财产收益或自然增值为征收对象，国家依据政治权力向土地使用权人强制性收取的费用，属于国民经济的二次分配。地租是政府以国有土地所有者代表的身份，依据财产权利向土地使用者以土地出让金或年租金等形式收取的土地成本，属于国民收入的首次分配。土地费是土地服务提供者即政府向服务收受者即土地使用者收取的各项收费，主要为政府的准公共产品服务提供成本补偿，如土地测量、土地勘察等费用、土地权证费等。

可见，土地税和地租的区别是明显的。①凭借的基础不同。土地税凭借的是国家政治权力，税收是强制和无偿的。地租凭借的是土地所有权，地租由市场决定，是变动和有偿的。地费凭借其劳动服务供给，具有有偿性。②分配层次不同。土地税属于国民收入的再分配，地租和地费属于国民收入的初次分配。③作用不同。土地税重在调节土地的所得和使用，实现公平。地租重在实现对土地资源利用的市场配置。详见表2-7所示。

表 2-7　土地税和地租、地费的区别

类型	土地税	地租	地费
凭借基础	国家政权	土地所有权	服务协议
主客体	国家与土地所有者或使用者	土地所有者与使用者	土地服务提供者与收受者
主客体关系	权利义务关系	经济关系	经济关系
收取对象	土地资源或资产价值	土地资产价值	土地服务项目
收取性质	强制性、无偿性	垄断性、有偿性	有偿性
国民收入分配层次	二次分配	初次分配	初次分配

3. 企业改制与土地资产显化

现代企业制度标志是产权清晰，权责明确、政企分开和管理科学。公司这种形式是国际通用的组织形式，是长期经验沉淀下的科学的组织形式。出资者以其出资额对公司承担责任或分享红利，公司以全部资产对公司债务承担责任，其本质特征是出资者所有权与企业法人财产权分离，通过这种方式建立的企业制度易于实现产权明晰、权责分明、政企分开和科学管理，公司具有独立的法人资格，自主经营，自负盈亏，自我发展，自我约束。

作为国有企业生产或经营的必须要素之一的土地，在传统土地使用制度下是政府通过行政划拨，由企业无偿、无限期、无流动使用。从产权清晰角度来看，"三无"制度至少存在三方面问题：第一，土地是一种生产要素，不同位置的土地，其价值不同，带来的效用也不同，土地的无偿使用，使企业无法合理进行核算，也不利于企业的公平竞争；第二，城市土地归国家所有，土地资产应是国有资产，然而国家利益从未实现，造成土地所有权名义上的国有，实际上的缺失，产权不清；第三，由于企业获得的是有限制的土地使用权，企业对土地不能像对其他资产一样随意处置，不具备对土地的法人财产权，限制了企业的独立自主经营。

根据地租理论，承认地租的存在，则可以通过地租或地租的资本化（地价）形式将土地真实价值注入企业经营成本构成中，成为企业经营的硬预算。完成从土地资源的实物形态向土地资产的价值形态转化，此所谓土地资产显化。

4. 城市存量土地盘活

通常我们将征收农用地进行城市开发的用地称作增量土地,与增量土地对应的原城市建设用地称为存量土地。所谓存量土地盘活是指通过多种模式与机制,实现存量土地级差地租(土地资产)的最大化和土地资源的优化配置。盘活存量土地具体途径有:旧城改造、工业用地退二进三、区域成片改造和楼宇功能更新,等等。土地盘活优化的重要经济基础就是存量土地级差地租挖潜。

5. 成本逼近法本质

使用成本法进行土地价格评估时,根据等量投资获得等量收益原则,成本法公式如下:

土地价格＝土地取得费＋土地开发成本＋管理费＋利息＋销售费＋利润＋营业税及其附加

根据地租理论,我们知道,对土地投入的增加会带来土地级差地租Ⅱ,因此,土地成本法的公式应改为:

土地价格＝土地取得费＋土地开发成本＋利息＋管理费＋销售费＋
利润＋营业税及其附加＋土地级差地租Ⅱ的资本化

土地级差地租Ⅱ的资本化就是开发带来的巨大土地增值部分,如农地开发为城市用地、原居住用地开发为商业用地等,这样的增值通常无法量化,所以,成本法评估结果难以真正测度土地市场价格,只能是逼近市场价格。

第三节 农业竞标地租理论与土地配置

一、线性土地租金函数——无要素替代

假设某县所有土地用来种植胡萝卜,并具有如下特征:
(1) 所有投入与产出价格由市场统一决定,即该地区所有物品的价格相同。
(2) 胡萝卜从农场以相同的运输费用率运往商业中心地市场销售。
(3) 市场是完全竞争的,所有农民获取正常的平均利润,超额利润为零。
(4) 所有土地是等肥力的,所有地方的生产成本相同。
则有农民种植每亩胡萝卜的投入产出关系如下:

$$超额利润 = P \times Q - C - t \times Q \times d \tag{2-1}$$

其中,P 为胡萝卜价格;Q 为每亩地胡萝卜产量;C 为每亩地投入的所有成本;t 为单位运输成本;d 为农场至市场的距离;R 为每亩地竞标租金。亦即:

$$R = P \times Q - C - t \times Q \times d \tag{2-2}$$

式(2-2)表明地租与距离市场的距离呈线性负相关关系,图2-4给出了农地竞标租金函数曲线,为一条斜向下的直线。

二、凸土地租金函数——要素替代

图 2-4 的土地竞标函数曲线为线性的,意味着不论租金为多少,农民的每亩地的投入比例和投入程度是不变的。实际上,对于经营灵活的农民,当土地租金增加时,他总会增加非土地的投入用来替代土地的投入,从而减少土地投入。

图 2-5 给出了生产同样产量的胡萝卜的不同要素投入组合,即等产量曲线。

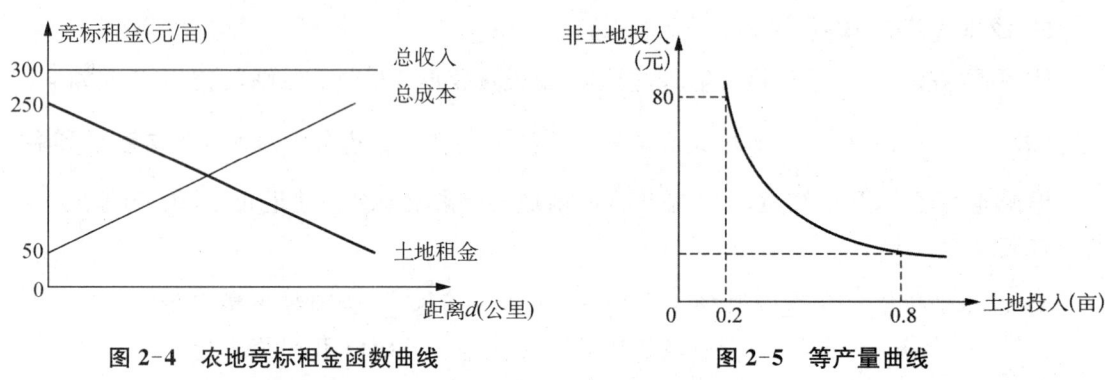

图 2-4　农地竞标租金函数曲线　　　　　图 2-5　等产量曲线

假设 3 公里处的地租为 80 元/亩,2 公里处土地租金为 100 元/亩,则使用 2 公里处 0.8 亩土地的租前超额利润为 80 元。若两农民分别经营该土地,其中,古板农民没有因为租金的增加而进行要素替代,亦即其承受土地租金仍为 100 元/亩;但由于土地租金的提高,灵活的农民转而增加非土地投入,将使用土地减少至 0.5 亩,此时保持原有总产量,设租前利润仍然 80 元,则该土地上单位土地面积产出由于增加了非土地投入而增加,此时该农民具备支付租金的能力提高为 160 元/亩。因此,灵活农民支付租金高于古板农民(图 2-6)。在土地稀缺情况下,土地所有者总是将土地出租给出价最高者。所以竞争和要素替代总是导致土地租金高于没有要素替代的土地租金,因此,土地线性租金函数变为非线性的凸土地租金函数(图 2-7)。

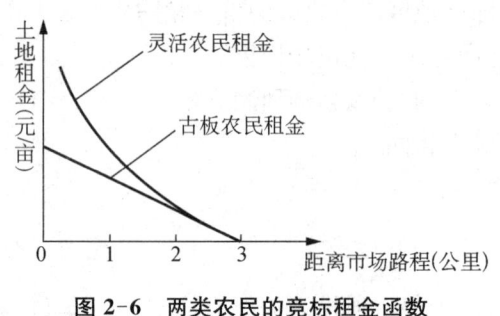

图 2-6　两类农民的竞标租金函数　　　　图 2-7　两类农民的竞标租金函数

三、土地租金与运输成本变化

如图 2-8 所示,原来的租金函数为 R_0,胡萝卜种植区的半径为 u_0,超过该距离,由于运输成本过高,农民连平均利润也赚不到,因此,将不会租种那里的土地。如果,在该区域建造

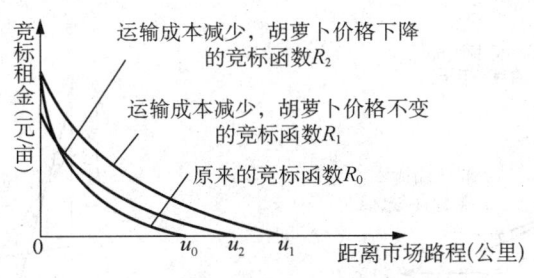

图 2-8 运输成本变化与土地租金

一条新的高速公路,减少了运输成本和单位运输费率 t,导致竞标租金函数曲线斜率降低,由此,竞标租金函数曲线由 R_0 变为 R_1。此时,胡萝卜的租种半径增加至 u_1。高速公路建造带来的收益落入土地所有者手中。原来的土地要求更高的租金,而边际耕地(u_0 与 u_1 之间)也开始租种,并获取租金。实际情况是,运输成本减少将增加胡萝卜供给,因为:

(1) 当租金上升时,农民将进一步用非土地要素来代替土地要素,从而达到节约耕地的目的,亩产量提高。

(2) u_0 与 u_1 之间的边际土地也被用来耕种,从而增加供给。

供给增加将会降低胡萝卜的市场价格,使每亩总收入减少,从而减少农民愿意为土地支付的租金,导致土地竞标曲线由 R_1 下移至 R_2。

所以,高速公路带来的利益由土地所有者和消费者分享。当然,如果交通改善使胡萝卜供应量增加不大时,则高速公路大部分收益将转入土地所有者手中。

同理,我们可以分析其他公共设施带来的土地效益(农业土地或非农土地)在土地所有者与消费者之间的分配问题。

四、农业用地空间配置

前面分析的是某区域生产一种作物时地租的分布状况。实际上,土地是多用途利用和多用途竞争的,不同作物运输强度与运输成本不同。由于运输成本关系,竞标曲线总是向下倾斜,运输费率越高,竞标租金函数曲线越陡峭。如果某种经营产品比较重,或者运输代价比较高,那么运输成本也比较高,其竞标租金函数曲线亦比较陡。例如:茄子和棉花相比,每亩土地有更高的产出,所以种茄子的农民有较高的运输成本和陡峭的竞标曲线,如图 2-9 所示。

一般具有较高运输成本的经营活动(较高的运输费用率和较高的产出量)占据着靠近市中心地区(或市场)的土地。我们假设有一个距离市场 1 公里的种植茄子的农民,与另一个距离市场 3 公里的种植棉花的农民互换位置,由于种植茄子的农民每亩产出有较高的运输成本,土地交换将增加茄子的运输成本,而且增加量要超过棉花运输成本的减少量。从社会整体角度看,资源没有实现优化配置。土地市场通过价格机制将中心地区土地分配给具有较高运输成本的经营活动,实现了总运输成本的最小化。由于靠近市场租金高,种植棉花的将种植地点迁离市场使租金的降低高于运输成本增加,直至边际租金减少量等于边际运输成本增加量,实现种植棉花总成本最低。如图 2-9 所示,d 公里范围以内土地经营高运输成本经营活动,如茄子;d 公里范围以外土地经营低运输成本经营活动,如棉花。

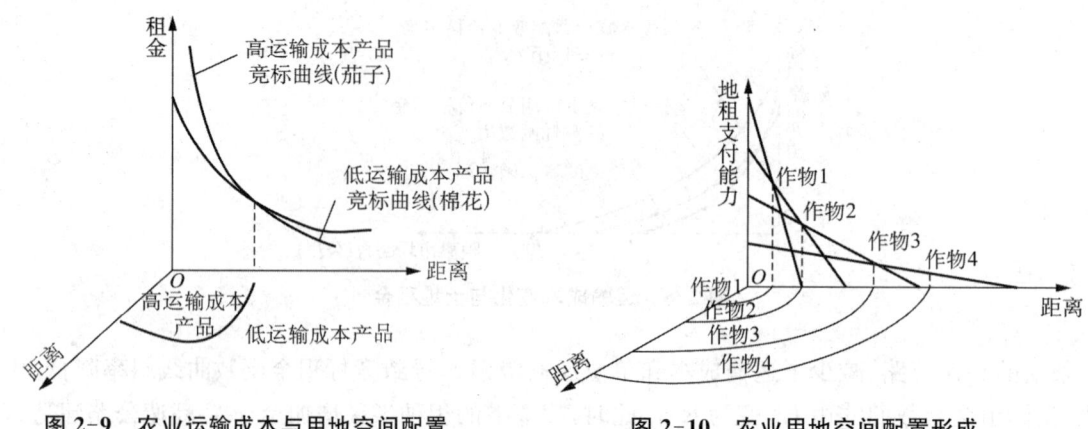

图 2-9　农业运输成本与用地空间配置　　　　图 2-10　农业用地空间配置形成

农业用地布局除了考虑交通运输费用影响之外,作物的收益水平、集约化程度也直接影响农业用地的竞争。通常运输费用高、集约化程度高、收益水平高的作物靠近城市中心具有更强的地租支付能力,从而布局在靠近城市中心地带。可利用竞标地租理论解释围绕城市周围农业用地的空间布局状况。如图 2-10 所示。

第四节　城市竞标地租理论与土地配置

20 世纪 60 年代,美国土地经济学家阿朗索是研究新古典主义地租理论和城市土地区位理论的杰出代表。他的突出贡献是引入区际均衡和区位边际收益等空间经济学理论,提出竞标地租观点,并以竞标地租函数来求取个别厂商的区位结构均衡点,进而解释金融业、商业、住宅、工业及郊区农业等各类用地在城市空间内形成的模型,作出城市租金梯度曲线和土地利用同心圆模式图。

阿朗索假定在一个均质平坦的平原上,仅有一个单核心的城市,市内交通便捷,可通达各个方向。城中的土地都可直接用于开发,并在市场上自由交易,且交易双方均为经济人,双方对土地市场均有充分的了解,都希望其愿望得到最大程度的满足(对开发商利润最大,对消费者效用即满意度最大)。

一、制造业的竞标地租函数

为了进行模型化分析,我们将复杂的客观对象做如下合理假设。

(1) 企业生产。企业用土地、资本、原材料、劳动力进行产品生产,其总产量相同。

(2) 价格。非土地投入生产要素价格和产品价格在国内市场是固定不变的竞争市场。企业可自由参与竞争,且在市场均衡情况下,每家企业的经济利润为零。

(3) 运输成本。运输成本与距离市中心远近成正比。

根据以上的假设,企业的选址是和距离市中心远近直接相关的。因此有:

企业利润＝总收入－非土地投入成本－土地投入成本－产品运输成本

其中:

总收入 = 产品价格 P × 生产量 Q
非土地投入为 C
运输成本 = 单位运输成本 t × 生产量 Q × 距市中心距离 d
土地成本 = 土地租金 $R(d)$ × 企业场地面积 S

在市场完全竞争情况下,企业的经济利润为零。亦即超额利润让渡给了土地所有者,所以:

$$企业利润 = P \times Q - C - t \times Q \times d - R(d) \times S = 0 \quad (2-3)$$

企业竞标租金:

$$R(d) = \frac{P \times Q - C - t \times Q \times d}{S} \quad (2-4)$$

不考虑要素技术替代,对式(2-4)中距离 d 求导:

$$R'(d) = -t \times Q/S < 0 \quad (2-5)$$

即随着距市中心距离的增加,竞标地租直线减少。竞标地租边际曲线线性的(图 2-11 中的 S1 曲线),竞标地租函数为线性函数。但当地租由远而近不断增加时,一般规律,企业总是想办法进行要素替代,减少土地利用面积,增加非土地投入成本,实行边际要素替代,用便宜的成本替代价格高昂的成本,以使其总成本减少,扩大其收益能力,客观上又扩大了其支付地租的能力。因此,土地竞标地租曲线因为要素替代由直线变为凸向原点的曲线(图 2-11 中的 S2 曲线),亦即工业竞标函数具有凸性。

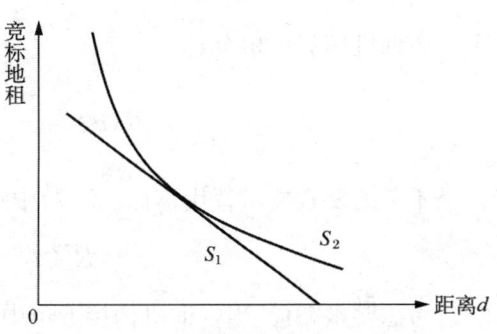

图 2-11 土地竞标地租曲线(或称租金支付能力曲线)

二、商务办事机构竞标地租函数

商务办事机构提供内容广泛的服务产品。通常,一般的办事机构具有如下重要特征:从事信息的专门采集、处理和发布。由于信息的时效性强,因此,需要办事机构具有迅速收集和发布信息的能力。同时,信息的连通性、关联性强,办事机构要获得畅通的信息渠道,还依赖于管理人员、机构雇员和客户之间的面对面接触。

基本假设如下:

(1) 设立办事处。咨询机构在固定地点设立办事处。
(2) 到市中心交通。咨询机构人员每次咨询需要到市中心一次。交通费用与距离成正比。
(3) 固定价格。咨询服务和非土地投入的价格是由国内市场决定的,且价格处处相同。

(4) 竞争市场。咨询机构可以自由地进入城市参与竞争,均衡状态下,所有咨询机构的经济利润为零。

(5) 要素替代。每一个机构都善于进行要素替代,当土地价格上升时,用非土地投入替代土地投入。

根据以上的假设,企业的选址是和距离市中心远近直接相关的。因此有:

机构利润 ＝ 总收入 － 非土地投入成本 － 土地投入成本 － 交通成本

其中:

总收入 ＝ 咨询价格 P × 咨询量 Q

非土地投入为 C

交通成本 ＝ 单位交通成本 t × 咨询量 Q × 距市中心距离 d

土地成本 ＝ 土地租金 $R(d)$ × 企业场地面积 S

在市场完全竞争情况下,企业的经济利润为零。亦即超额利润让渡给了土地所有者,所以:

$$咨询机构利润 = P \times Q - C - t \times Q \times d - R(d) \times S = 0 \tag{2-6}$$

咨询机构竞标租金:

$$R(d) = \frac{P \times Q - C - t \times Q \times d}{S} \tag{2-7}$$

不考虑要素技术替代,对式(2-7)中距离 d 求导:

$$R'(d) = -t \times Q / S < 0 \tag{2-8}$$

考虑要素替代,当咨询机构接近市中心时,就用非土地投入(资本和劳动力)替代相对昂贵的土地费用。换句话说,市中心附近的咨询机构总是安置在占地面积较小的高层办公楼内,这就是为什么市中心区域总是高楼林立的原因。由于要素替代,同样租金函数为凸函数,租金函数曲线为凸向市中心的减函数曲线。

考虑或不考虑要素替代的竞标地租曲线基本形式仍如图 2-11 所示。

三、住宅用地的竞标地租函数

1. 简单的住宅模型

同样,假设如下:

(1) 家庭成员只有一人在市中心上班;

(2) 家庭成员消费主要到市中心;

(3) 居民消费支出包括一般消费品、房屋(含土地)消费和交通消费三类;

(4) 所有家庭无差异的,有相同的收入和对土地、交通费、消费品(房屋)的相同偏好,以及均衡下具有相同效用;

(5) 上下班时间的机会成本等于零;

(6) 环境及公共设施情况城市内各个区域相同。

根据以上的假设，住宅的选址只与距离市中心远近直接相关。居民的收入主要用于购买非土地消费品、地租和交通费用。因此有：

居民收入＝非土地消费支出＋房租（主要为地租）＋交通费用

其中：

非土地消费支出＝消费品价格 P × 消费量 Q
交通费用为距市中心距离 d 的函数 $T(d)$
地租＝土地单位租金 $R(d)$ × 土地面积 S

则居民预算约束函数为

$$I = P \times Q + R(d) \times S + T(d) \tag{2-9}$$

其中：I 为居民收入。

则竞标租金：

$$R(d) = \frac{I - P \times Q - T(d)}{S} \tag{2-10}$$

不考虑消费替代，对式(2-10)中距离 d 求导，则：

$$R'(d) = -T'(d)/S \tag{2-11}$$

由于 $T(d)$ 随着距市中心距离的增加，为增函数，即 $T'(d) > 0$，故：

$$R'(d) = -T'(d)/S < 0 \tag{2-12}$$

即竞标地租直线为斜向下曲线，随着距市中心距离越远，地租越小。

考虑要素替代，实际上等于同时扩大了居民的收入支付效用，相对提高收入水平。某种意义上就是通过非土地成本的消费，扩大了其支付地租的能力。因此房屋租金函数曲线已经不是原先仅考虑通勤成本下的直线型竞标曲线（图 2-11 中曲线 S1），而是凸向原点的曲线（图 2-11 中曲线 S2），亦即竞标函数具有凸性。

若考虑聚集效应对地租支付能力的影响，则曲线的凸性加剧。聚集效应导致距离城市中心越近，聚集效益越高，企业和居民越愿意向城市中心争得一块立足之地，致使越是靠近城市中心，土地利用越拥挤，土地利用率越高，土地收益也越大，支付地租能力越强。

2. 简单住宅模型的变化

如果将简单住宅模型中的假设条件做些改变，则有如下变化（图 2-12）。

（1）每个家庭有两人去城市中心上班。则住处距离城市中心近将带来更多的交通成本的节约。均衡状态下，两人挣钱的家庭房屋租金函数将变得更陡。

（2）家庭有经常性的外出消费。则增加了家庭购物和娱乐的交通成本，同样会使家庭房屋租金函数将变得更陡。

（3）考虑上下班的时间成本。上下班的时间是以放弃工作或休闲为代价的。在国外，对上下班的区位研究表明，大多数人以介于 1/3～1/2 的工资率（每小时工资）来估计上下班时间成本。因此,如果考虑上下班的时间成本,靠近市中心居住能节省更多的上下班成本,对应的房屋租金函数应该更陡。

(4) 居民对住房的偏好。如对于大小不同的两个家庭,显然,大家庭对房屋的需求面积大,在两个家庭有相同工资收入的情况下,小家庭可在靠近城市中心处选择小型房屋,支付更高租金,因此小家庭的房屋租金函数更陡。实际上,分析家庭生命周期的不同阶段,可以发现住宅需求的相应规律。

(5) 公共服务和税收。公共服务好,税收少,人们愿意付出更高的租金,房屋租金函数更陡。

(6) 空气质量和环境。根据城市中心空气和环境质量的不同,房屋租金函数显现不同形态。空气质量好、环境好或房屋质量好、社区环境好等,租金函数均较陡。

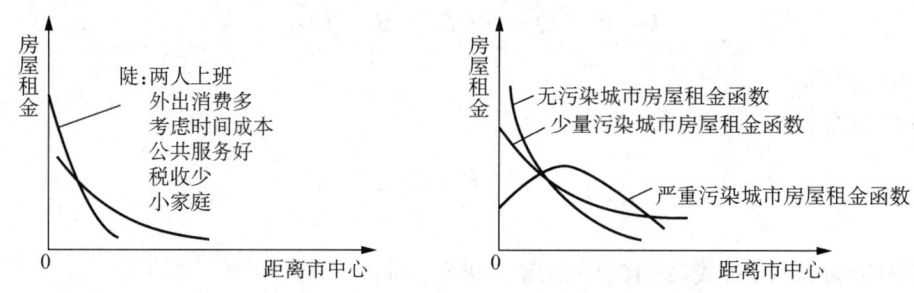

图 2-12 房屋租金函数曲线变化比较图

四、家庭收入与居住定位

1. 土地成本与上下班成本之间的均衡

根据简单住宅模型,一个家庭的区位选择主要受土地租金和上下班成本的影响。市中心昂贵的土地成本把城市居民引向土地成本低廉的郊区,郊区过高的上下班成本又将居民推向市中心。住宅区位的最终选择则是两者平衡的结果。

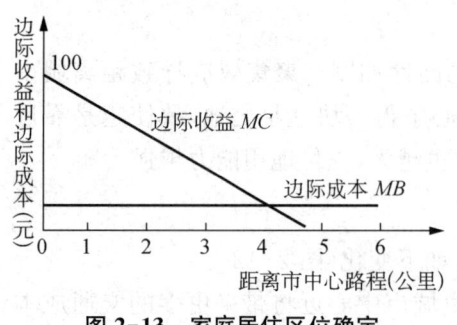

图 2-13 家庭居住区位确定

MC 表示某家庭的边际收益曲线,相当于外迁市中心 1 公里土地租金的减少量。因为土地租金函数是凸函数,所以土地租金以一个减少的比例下降。MB 表示某家庭的边际成本曲线,相当于外迁市中心 1 公里交通成本增加量。如图 2-13 所示,交通成本为 20 元/公里,土地总租金由 1 公里处约 100 元下降至 4.5 公里处 20 元。家庭均衡结果是边际成本等于边际受益的点,即约 4.5 公里处为该家庭的住宅区位选择。

富裕家庭高收入,支付地租能力强,土地消费面积大,边际收益越大,因此,土地消费的增加使富裕家庭边际收入曲线上移。通常富裕家庭的上下班成本也将高于贫穷家庭,即富裕家庭边际成本曲线上移。根据阿朗索收入分离理论,家庭对土地需求的收入弹性大于上下班交通成本的收入弹性,则有两条边际收益曲线相对间距大于两条边际成本曲线间距,均衡结果是贫穷家庭占据市中心住房,而富裕家庭居住在郊区,如图2-14所示。对于不受支付能力影响的高收入家庭,其居住选址主要受其居住偏好影响。

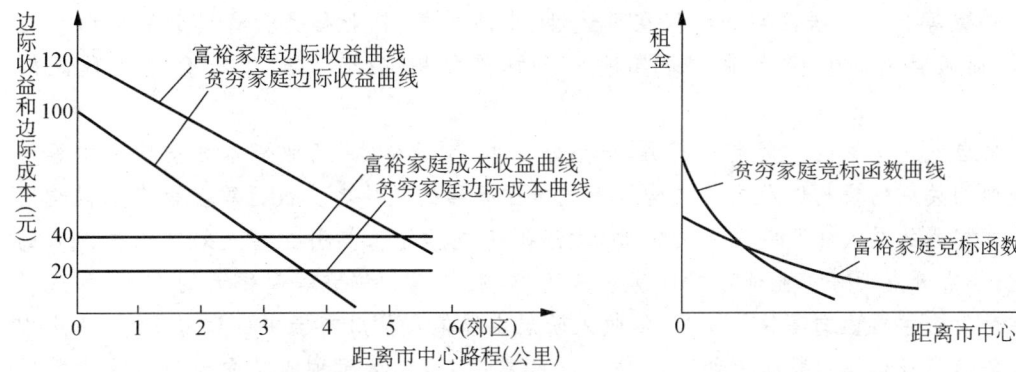

图2-14 阿朗索收入分离理论　　　　图2-15 家庭收入与竞标租金函数

2. 家庭收入与住宅土地竞标函数

城市居民收入分离现象也可以用房屋租金函数解释。贫穷家庭具有较陡峭的竞标租金函数,因此占据城市中心位置,如图2-15所示。

富裕家庭具有较平坦的竞标租金函数是源于城市中心的环境质量问题和房屋质量等问题。城市中心通常环境质量较差,房屋老化,交通拥挤。富裕家庭对开敞空间、绿地、空气等环境质量和居住品质的需求收入弹性大,为了得到更好的环境和居住质量,富裕家庭更愿意花钱。

 专　栏

居住阶层分异

由于城市居民家庭收入、社会地位、家庭生命周期、种族和文化状况的差别,造成了城市居住阶层的分异。住宅分化是城市中普遍存在的现象。历史上许多城市居民都是按照等级来居住的,如中世纪的欧洲城市以权利和社会等级而分区居住。统治阶级和富裕阶层住在市中心,一般居民住在市区外围。中国清代北京城等级十分严明,皇帝住在城中心的紫禁城,王爷及其他皇族人围绕紫禁城形成居住环,满族大臣和将领在其外形成另一个居住环,而满族平民和其他民族居住在外城。

随着社会的变革、经济发展与城市化的快速推进,城市中的居住分化不断变化。帕尔(Paul)研究指出,空间限制(时间与距离耗费)和社会限制(官方法规)是形成不同城市居住模式的两个基本限制因素。新马克思主义学者哈维(Harvey)曾系统地研究了西方城市居住区的社会—经济分化现象,认为这是阶级的重构、资本积累和阶级斗争状况在城市空间上的具体体现,是资本主义消除内部矛盾并重塑阶级关系的手段。

在欧美国家,居住空间的分异表现出多种形式。如,与种族歧视相关联的同一种族各自形成纯化的居住区和不同种族间的居住隔离区;城市内城衰败使城市贫困阶层聚

居中心区和中高收入阶层居住郊区化;中高收入阶层重返城市中心区形成内城居住中产阶级化;以及不同社会经济地位、种族在城市中心区形成高贵化和贫困化社区相邻的并置等。不同居住空间不仅在可达性、生活质量、就业和受教育机会等方面存在差异,而且具有社会经济地位差异的社会标签作用,从而导致了社会极化现象的产生。

来自发达国家的大量事实表明,与金融资本、工业资本、商业资本和土地资本等资本流动相关联的机构以及公共机构是形成居住差异的领导者。银行等金融资本机构出于资本积累的最大化和安全性的需要,运用抵押贷款等工具引导富人郊区化和内城高贵化;住宅开发商等工业资本对住房供应的类型、数量和位置等起很大的作用,形成了新住房供应主要面向高收入阶层,低收入阶层主要依靠住房市场中的过滤机制;住房中介服务等商业资本机构也是维护居住差异的看门人,如运用种族导向为黑人等少数民族住房需求者提供较少的不完全信息和不平等贷款服务等手段,有意引导他们租购相同种族人的住房,维护种族隔离。房地产业主等土地资本所有者和以地方政府为主的公共住房机构也出于自身利益,运用多种手段维护居住差异。

城市住宅阶层空间分异表现为:少数收入最高的市民居住在城市边缘区环境优美的地段或城市中心的优质区位地段;大部分较高收入家庭则安家于紧挨市中心的圈层内;广大中等收入阶层居住在城市外圈的其他地段和近郊区;而收入比较低的家庭和外来人口则居住在城市最边缘环境条件差、基础设施落后的地带,或居住在城中环境恶劣房屋陈旧的旧住宅区。

曼哈顿是美国纽约市人口最稠密的行政区和中央商务区所在地,也被誉为世界的经济中心。作为美国最富有的地方之一,曼哈顿的居住阶层分异十分明显,如表2-8和图2-16所示。该区有两个商业区,一个是南部的金融区,另一个是新的中城商业区,北部"上城"由于距中层较远,常被视为和南布鲁克林一般的偏僻远郊。

表2-8 纽约曼哈顿岛居住阶层分异

阶层	曼哈顿岛区域	种群	家庭收入	房屋价格	教育水平
第一阶层	中部	白种人为主	超高收入,富豪	极高	极高
第二阶层	东南部(偏右侧)	白人、少数其他族裔人群	收入较高,白领及企业中高层	很高	高
第三阶层	西南部(偏左侧)	多种人群、游客及学生为主	收入较高,是中心商贸区域	很高	高
第四阶层	南部(右侧)	少数族裔(华裔、意大利裔)	收入较低	高	相对较低
第五阶层	北部	非裔及拉丁美裔	较低、较贫困	相对较低	低

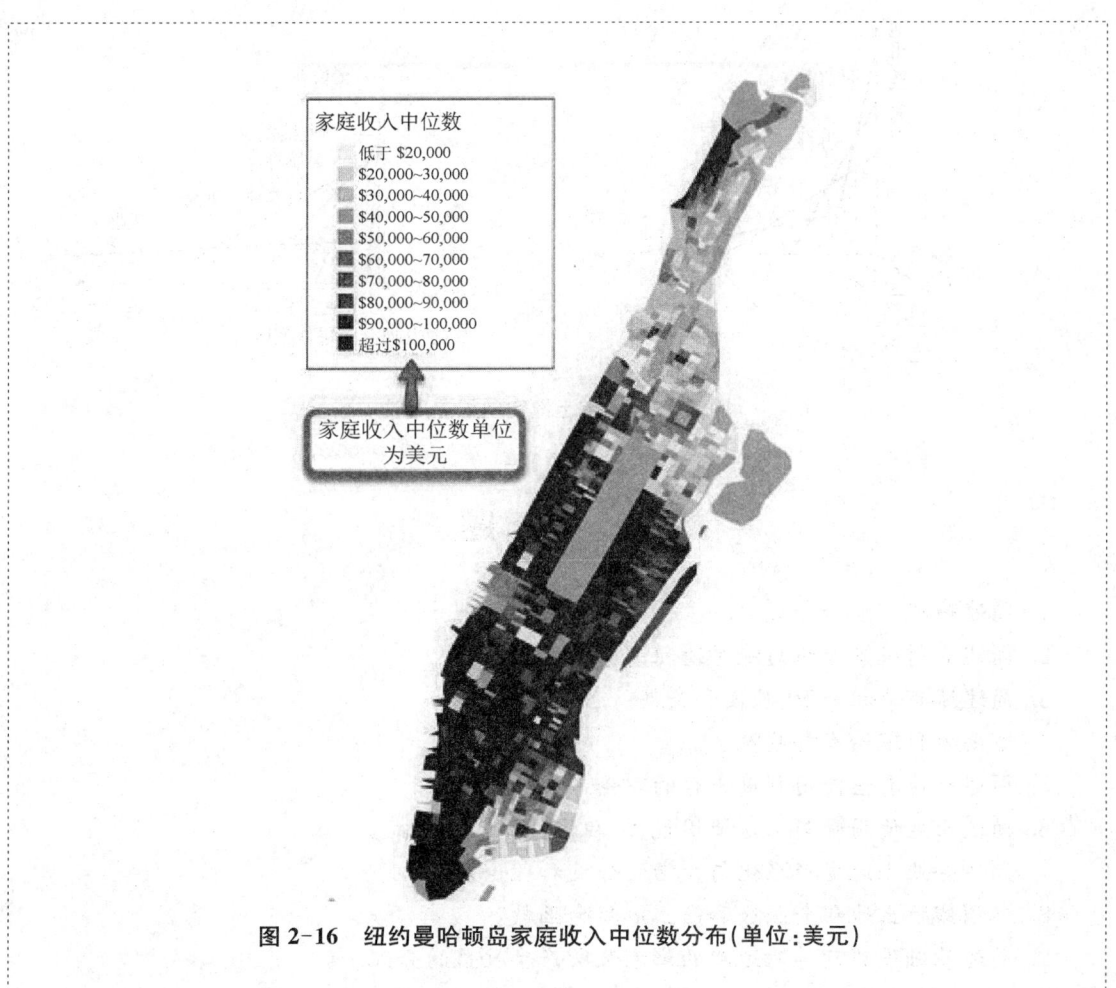

图 2-16　纽约曼哈顿岛家庭收入中位数分布（单位：美元）

五、城市用地空间配置

各类用途对土地的区位要求不同，对土地区位变化的敏感性也不同，而在同一区位上，不同用途所获得的经济收益能力不同，因此，对于特定地块，究竟作何用途，只能取决于承租竞争结果。在供小于求的状态下，土地供给价格和地租水平呈上升态势，收益差的亦即支付地租能力弱的用途将退出竞争，到那些有足够能力与其他利用方式竞争的位置。收益好亦即支付地租能力强的用途将支配该土地利用性质。区域土地用途的空间配置是通过土地用途的转换实现的。转换条件是：当土地的供给价格等于该土地的机会成本（即该土地用于其用途所获得的最大收益）时，则用途处于转换边际；当土地的供给价格低于该土地的机会成本，即高于该土地用途收益时，土地用途将发生转换。可见，土地用途空间配置源于土地的稀缺性和各类用途支付地租地价能力的差异性。

土地利用空间形态经由用途竞标和用途边际转换而形成。通常，对于商业、办公、住宅和工业用地等用途，其支付地租的能力与市中心的距离呈如图 2-17 所示的关系，由此，形成特定的土地空间分布。

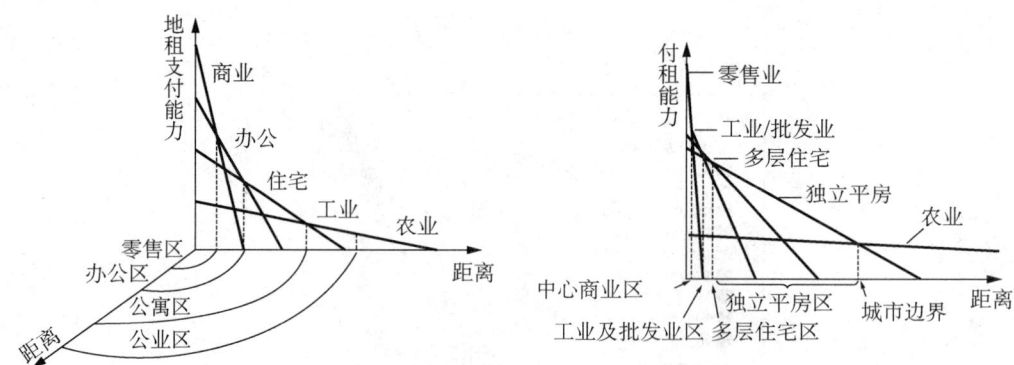

图 2-17 城市土地空间配置形成

思 考 题

1. 简述地租类型和含义。
2. 简述农村级差地租与绝对地租来源、原因和条件。
3. 简述城市地租来源、原因和条件。
4. 主要地租理论有哪些？
5. 简述土地有偿使用制度出台的理论基础。
6. 简述土地使用费与土地使用税、地租区别。
7. 简述企业土地资产显化与盘活的含义和理论基础。
8. 何谓线性土地租金函数和凸土地租金函数？
9. 简述基础设施改善对地租的影响及所产生收益的分配。
10. 竞标租金曲线的斜率大小影响因素有哪些？
11. 请写出住宅、制造业、商务办公竞标函数。
12. 绘制我国单中心城市用途转换曲线。
13. 运用竞标地租理论解释土地用途确定和空间分布规律。
14. 结合城市发展实例，说明住宅阶层分异现象与原因。
15. 试阐述公共设施带来的土地效益在土地所有者与消费者之间的分配。
16. 试阐述运输成本减少带来的收益在土地所有者与消费者之间的分配。

第三章 地价理论与应用

章前导读

> 土地价格机制是土地市场的核心机制,地价理论是土地经济学的经典理论。土地价格形成理论、影响因素与地价体系是地价理论的基础内容;土地价格具有用途、空间与时间维度独有的规律表现,并与容积率、房价呈现特殊的相互影响;轨道交通是影响地价的重要要素并直接影响着城市土地空间结构和开发利用模式。
>
> 本章应重点掌握地价形成理论、影响要素、地价水平、垂直空间变化规律与时间变化规律、地价增值原因,掌握轨道交通站点周边地价用途规律与 TOD 导向的土地利用模式;熟悉地价体系、地价与房价和容积率的关系;了解地价评估方法。

第一节 土地价格理论

一、土地价格形成理论

根据经济学理论,价格是为获得一种商品和服务必须付出的货币。商品价格形成的基础在于:①商品的效用;②商品的稀缺性;③商品的有效需求。土地价格的形成基础亦同于此。但土地是一种特殊商品,其价格形成还有其特殊性。

1. 劳动价值论

马克思认为,价格是价值的货币表现,商品价值由人类的抽象劳动所创造,而"作为价值,一切商品都只是一定量的劳动时间的凝固"。自然状态的土地不是劳动产品,没有凝结劳动,故没有价值。然而,由于土地供给的稀缺性、土地具有使用价值和有效需求,土地的原始物质也是有价格的,称其为虚拟价格。马克思进一步对已利用农业用地和建设用地等的土地投资进行了考察,认为人们在使用土地的过程中,总是不断对土地进行各种物质和劳动投入,并固结在土地之上成为土地资本,形成土地资本价格。所以,土地价格由土地原始物质价格和土地的资本价格两部分构成。同时,土地资本与土地自然物质结合,使土地从自然状态转变为生产资料,从而使土地具有了新的使用价值,增加了土地的产量和生产力,带来更高土地价值。

2. 生产费用价值论

在市场完全竞争的均衡情况下,等量资本获取等量利润,此即生产费用价值论。因此,

土地价格就是凝聚在土地上的所有资本之和,即取得土地的费用与土地的开发成本、利息、税费、管理费及利润等各项成本之和。该理论是土地成本法和假设开发法估价的理论基础。

3. 预期收益价格论

市场经济下,任何货币收入都可以资本化。土地不同于其他生产资料的特点之一就是,土地可以永续使用,产生不断的地租流。马克思指出,土地价格就是地租的资本化,地租以一定的资本化率还原成一个资本量便是土地价格。美国土地经济学家伊利在其《土地经济学原理》一书中提出:"把预期土地年收益系列资本化而成为一笔价值基金,在经济学上为土地的资本价值,在流行词汇中称为土地售价。"假如平均利息率是5%,那么每年200元的地租收入就可以看作4 000元资本的利息,土地资本化价格即为4 000元。购买土地的价格实质是购买地租的价格。因此是土地收益决定土地价格,而不是土地价格决定土地收益。土地收益指:①正常状况下土地的客观收益;②处于最佳利用方向的土地收益;③土地的纯收益。该理论是收益法理论基础。

4. 供求价格论

马尔萨斯、萨伊、马歇尔和萨谬尔森等经济学家认为,土地这一生产要素的价格是由土地供求决定的。在土地供给没有弹性的情况下,土地价格完全由需求决定(图3-1);在土地供给和土地需求均存在弹性的情况下,土地供给和需求共同决定土地价格(图3-2)。该理论是市场比较法理论基础。

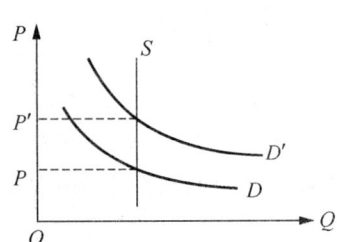

图3-1 土地供给无弹性下的价格决定

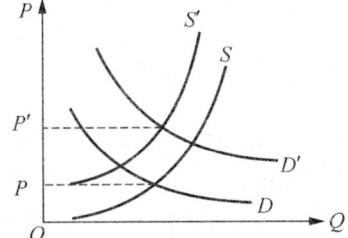

图3-2 土地供给有弹性下的价格决定

二、土地价格特点与影响因素

1. 土地价格特点

(1) 土地价格是土地权益价格

土地位置的固定性决定了土地交易的对象实际上是附属在每一宗不动产上的权益,而不是不动产实体。土地权利内涵丰富,是一束权利的集合。土地交易本质是土地权益的买卖。因此针对不同的权益,对应有不同权益价格,具体包括:土地所有权价格、出让转让使用权价格、划拨土地使用权价格、租赁权价格、抵押权价格、典当权价格、集体土地使用权价格等。

(2) 土地价格呈长期上升式周期波动

社会经济发展、人口增长、资本和技术不断投入,土地的需求不断上升,然而,土地的供给缺乏弹性,因此,长期而言土地通常呈现增值特性。1972年至1977年,韩国主要城市土地价格上涨了50%,到1988年上升了79%。然而,由于经济的周期波动以及房地产特有周期波动,土地价格亦呈现周期性波动。如美国2008年金融次贷危机爆发,使上升地价出现下降,在宽松政策刺激下,2016年地价又回升至危机爆发前的价位。

(3) 土地价格具有强烈的区位性

土地的不可移动性,决定了土地的供应和需求具有强烈的地区性特征,土地存在着需求的区域性、供应的区域性以及价格的区域性,即土地市场带有明显的区域性特点和个别性特征。在不同国家、不同城市,甚至同一城市的不同区域、同一区域的不同地点之间,土地市场条件、供求关系都有不同,所以,土地价格具有强烈的区位性。如我国某城市土地最高价格达到1 800万元/亩,而很多城市的土地价格只有20万元/亩~30万元/亩。

(4) 土地价格具有虚拟性

价格是价值的货币表现。但土地自然物质价格不是价值的体现,本身具有虚拟性;同时,土地价格很多情况下并不以土地开发过程投入成本定价,即所谓成本不等于效用;并且,土地价格常常会因为土地投机而超越其正常价格范围。土地投机的本质是借助于出现的土地短缺和垄断,运用金融资本制造土地的虚假需求或虚拟需求,导致价格虚涨。这种虚拟性会带给经济极大的不稳定性和风险。

2. 土地价格影响因素

1) 一般因素

影响土地价格的一般因素是指对城市或地区土地价格总体水平具有整体性和普遍性的影响因素,这些因素是决定城市或地区土地价格水平高低的基础。一般因素包括地块所在城市或地区的区位、社会、经济和生态环境四大方面。

(1) 城市区位。指地块所在城市的宏观区位,具体包括自然区位、经济区位和交通区位。城市宏观区位直接影响资金流、物质流、人流和信息流的汇集,进而影响城市地价总体发展水平。城市区位是影响地价的基础要素。

(2) 社会状况。主要指人口、制度政策、政府治理以及影响国家经济的国际经济政治因素等相关因素,其中人口包括人口总量、结构(年龄结构、本地与外来户籍结构等)、人口素质(教育水平)、人口密度、人口收入及风俗与心理等一系列因素。制度包括土地制度、房地产制度、税收制度、规划制度等一系列稳定和持久性制度。政策因素包括房地产与土地管理行业政策、财政政策、税收政策等国家一系列管理和调控政策。

(3) 经济状况。主要指国民经济总量、发展速度、产业结构等经济发展要素;汇率、M1\M2、利率、储蓄和贷款等金融要素;房地产、土地等宏观市场整体供求与发展趋势;基础与公益设施投入、城市规划、行政隶属变更和城市开发更新等城市建设与规划要素。

(4) 生态景观状况。主要指气候、地形、山河湖海等自然景观、环境污染、生态安全等要素。

2) 区域因素

区域因素是指土地所在区域影响土地价格的中观因素。区域因素包括:区域土地供求状况、商服繁华度、交通通达度、交通便捷度、基础设施完备度、公益设施完备度、生态景观环境质量及城市发展和规划限制等。

3) 个别因素

个别因素指具体影响土地价格的微观因素,即土地实物状况与权益状况。土地实物状况包括：位置、临街状况、临街宽度、临街深度、地块大小、地块形状、地质状况、地形地势、日照通风、建筑密度、建筑容积率、地块环境景观、宗地开发程度及土地利用现状等。土地权益状况指土地权益类型、土地权益年期、土地权益限制和土地使用限制等权利规范与契约约束状况。

三、土地价格体系

土地价格体系是指不同类型土地价格及其相互关系,其本质是描述土地价格的分类体系。

1. 按照价格内涵划分

(1) 政府公示价。指由政府评估编制用于提供市场管制和市场交易依据、并按照法律法规政策规定向社会公布的地价体系。包括城市与农村土地基准地价(土地级别、级别地价、区片价)、标定地价(标定地块)、监测地价(监测地块价格及地价指数)。

(2) 成交价格。交易双方实际达成的价格,它是一个已经完成的事实,这种价格随着交易双方的心态、偏好、对市场的了解程度及讨价还价的能力等不同而不同。根据交易的目的,土地交易价格可以分为土地招拍挂出让价、土地转让价、土地入股价、土地租赁价和土地征收价格,等等。

(3) 评估价格。简称评估价、评估值或评估额,是估价人员对地产客观合理价格和价值进行估算和判定的结果。理论上说,一个良好的评估价格应该等于正常交易价格、等于市场价格。根据评估目的,土地评估价格可以分为出让底价、抵押价、征税价、入股价、征收价、证券化价格、保险价和典当价等。评估价、公示价、交易价相互关系详见图 3-3 所示。

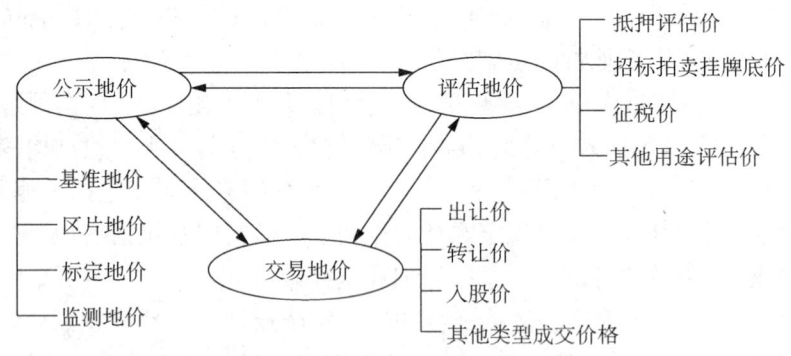

图 3-3 公示、评估与交易地价体系及相互关系

(4) 市场价格。指在市场上的一般、平均水平价格,是大量成交价格的抽象结果。根据土地用途,土地市场价格可以分为住宅地价、商业地价、办公地价和工业地价等。

(5) 理论价格。经济学假设的经济人行为和预期是理性的,或真实需求和真实供给相等条件下形成的价格,又称均衡价格、内在价值等。

(6) 公开市场价值。在公开市场上最可能形成的价格。公开市场指在该市场上交易双方交易的目的在于最大限度地追求经济利益,并掌握必要的市场信息,有较充裕的时间进行交易,对交易对象具有必要的专业知识,交易条件公开且不具排他性。通常需要评估的就是公开市场价值。

2. 按照土地生熟程度划分

(1) 生地价格。指尚未进行基础设施开发的土地的价格。

(2) 毛地价格。指地上尚有待拆迁安置房屋的土地价格。

(3) 熟地价格。指具有完善的基础设施、土地平整,能在其上进行房屋建设的土地。根据基础设施配套程度,可以分为"三通一平"熟地价格、"五通一平"熟地价格和"七通一平"熟地价格等。

3. 按照土地权益划分

依照土地权属性质划分,土地价格可以分为土地所有权价格出让转让土地使用权价格、划拨土地使用权价格、集体土地使用权价格、租赁权价格、抵押权价格、典当权价格、地役权价格和发展权价格等。

第二节 土地价格空间与增值规律

一、用地类型价格规律

根据阿朗索的竞标地租理论,不同用途土地支付地租能力不同,由此,还原出的土地价格也不同。同一区位条件下,不同用途的价格规律一般表现为:

商业用途地价 ＞ 办公用途地价 ＞ 住宅用途地价 ＞ 工业用途地价 ＞ 农业用途地价

同时,不同用途地价对距离城市中心或商业中心的远近的敏感度不同,其间关系同上。商业用途由于对可接近性要求以及人气要求非常高,其地价会因为远离繁华中心而迅速下降,甚至距离咫尺变化,道路的一线之隔而产生巨大的跌落。最不敏感的数工业用途,距离城市中心远近不会给工业生产带来收益的很大变化。因为靠近城市繁华中心不会给工业带来更多收益,在现代交通技术和条件发达的情况下,远离中心也不会带来交通成本的很大上升。相反,工业聚集在郊外的工业区反而能产生更大聚集收益。

二、地价平面空间规律

根据阿朗索的竞标地租边际转换曲线,对于单中心城市而言,其平面地价平面空间分布规律如图 3-4 所示。但是,城市的空间发展往往具有多心特征,由此,城市地价会在城市次级中心、或公益设施附近、或大型绿地附近形成地价峰值。多中心地价平面空间分布曲线如图 3-5 所示。

三、地价垂直空间规律

不同用途的房地产、不同楼层的售价不同。就建筑安装成本而言,每层的单位建筑面积造价是相同的,因此,不同楼层房地产价格不同的根本原因在于土地空间地价的分摊不同。

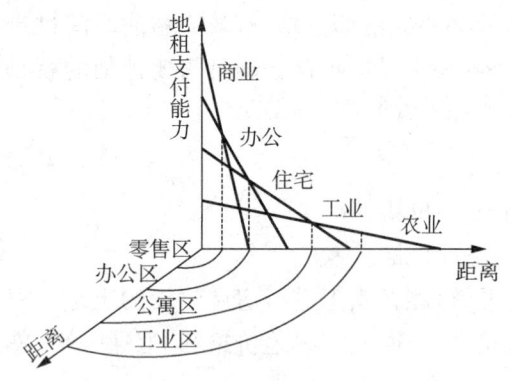
图 3-4　城市地价平面空间分布规律

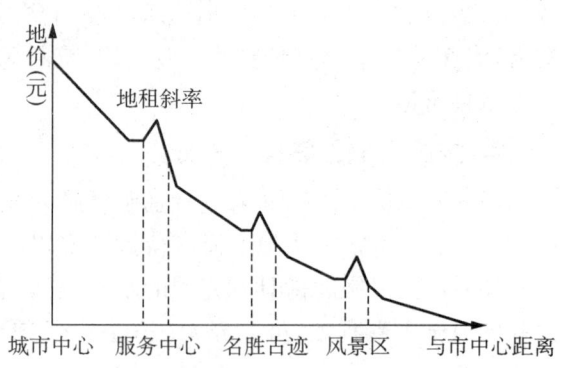
图 3-5　城市多中心地价平面分布规律

对于总层数 6 层的多层住宅(不带电梯),通常最高房价区间是 3、4 层;小高层或高层住宅,通常层数越高价格越高,至顶层价格下落,如果达到一定高度后,楼层增加所带来的视野扩大效果急剧降低,小区绿地景观等居住体验亦急剧下降,可能会出现中间楼层价格最高的情况;办公楼宇一般是层数越高售价越高;商业房地产则底层售价最高,二层以上售价大幅下滑。空间地价关系如图 3-6、图 3-7 所示。

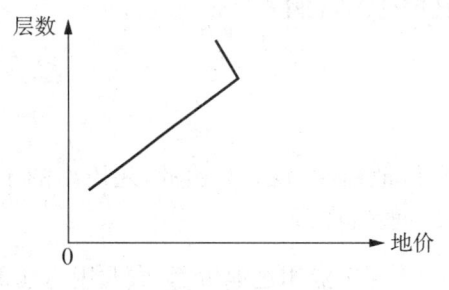
图 3-6　高层住宅空间地价关系

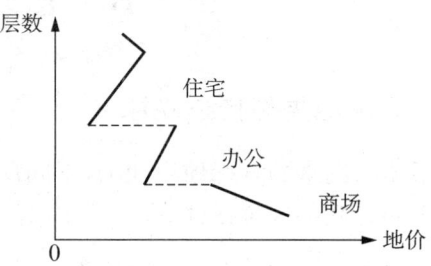
图 3-7　综合用途空间地价关系

四、地价增值原因与规律

1. 城市地价增值原因

(1) 供求型增值。在土地供应受限和稀缺背景下,城镇化水平提升带来人口的增长和房产需求的增长,经济发展带来房产需求增加,城市旧区存量改造带来房产需求的增长,产业发展带来产业用地需求的增长等,对于土地的需求的增加导致土地供不应求,土地价格上升。

(2) 用途和强度转变型增值。随着城市产业结构的调整,土地最高最佳使用的实现,特定区位的土地发生用途和强度转换,显化最大级差收益,土地价格增值,如农业用地转换为城市用地,工业用地转为商业用地等。

(3) 城市投资建设型增值。大量资金投入城市基础设施建设和公益设施建设中,使得土地区位条件改善,土地资本价格提升,土地增值。

(4) 货币型增值。宽松货币政策的背景下,利率水平下调、货币量的超发,具有虚拟特性的土地成为资金载体,土地价格不断上涨。利率与土地价格的关系如图 3-8 所示。

(5) 投机型土地增值。土地市场的投机行为导致的土地增值。

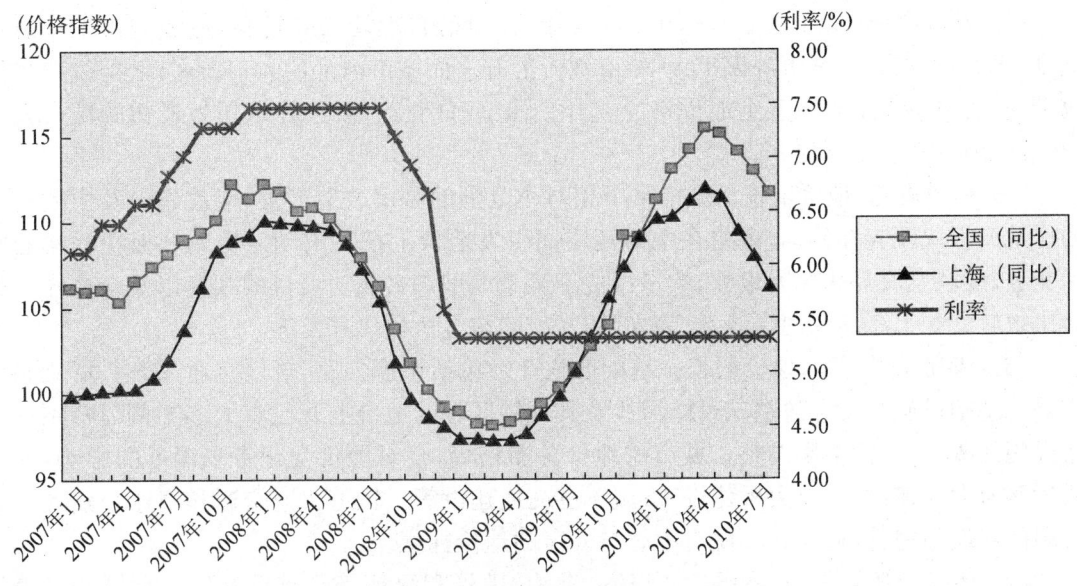

图 3-8　房地产价格与利率关系图
数据来源：国家统计局网上公布的数据

（6）制度型增值。土地招拍挂制度使得土地垄断供应，且压制消费者剩余，导致成交地价通常总是高于公开市场价格。此外，土地财政也会诱使政府趋向高地价出让。

2. 地价增长的时间规律

（1）城市土地价格总体呈上升趋势。大部分学者认为，由于土地数量的有限性和不可替代性，土地需求因经济增长和人口增长呈上升趋势，导致土地供不应求，土地价格长期呈上升趋势。

（2）城市地价变动呈周期性特征。经济发展的波动性，特别是土地供给的滞后性，加剧了土地市场的周期波动性，土地价格也不是一直上升，而是随着经济波动呈现周期性上升、下降的变动特征。

（3）城市地价变动具有明显的区域性。城市地价变动幅度因为所在城市区位不同、该区域发展状况和潜力不同而往往呈现明显的区域性。

3. 地价增长的空间规律

（1）快速城镇化，地价增长。随着城市化进程的推进，城镇化类型的演替会导致城市土地价格增长潜力重点发生转移。如集中化阶段城市中心土地增值潜力大，郊区化阶段郊区土地增值潜力大，逆城市化阶段新城土地增值潜力大。

（2）城市开发与更新，地价增长。城市区域开发与更新规划会导致规划区域地价全面提升。如城市新区规划、新城开发规划、CBD开发规划、城市副中心规划、郊区中心规划、展会区域开发、工业区转型规划及旧城区改造规划等，都会引发整个区域地价的大幅上扬。

（3）产业发展，地价增长。城市中心城区的"退二进三"是城市产业结构调整与用地结构调整的结合，并因为土地最高最佳使用导致地价的增值。产业发展是城市发展和土地需求增长的支撑，产业布局的变化同时引导人口分布的变化，引发土地需求的增加，使土地价格的增长有了坚实的基础。

（4）人口增长，地价增长。城市化的发展，人口的自然增长和迁移，造成城市人口总量上升，土地需求增加，城市规模扩大，城市地价上升。而城市内部的人口布局调整、人口扩散政策，直接引发人口导入区土地价格的上升。如上海闵行、宝山、浦东作为最初的城市人口导入区，地价直接得到提升。

（5）板块崛起，地价增长。城市某个相对小范围的城市改造开发、楼盘建设及由此带来的房地产板块崛起和移动，也将在中微观层面引发地价上扬和波动。房地产板块的崛起除了交通、区域发展等相关因素外，常常得益于某个大型知名成功项目的开发以及众多楼盘的溢出效应。如上海浦江两岸开发、静安区开发、浦东金桥板块开发等。

（6）基础设施开发，地价增长。基础设施开发包括快速公路、轨道交通、绿地、桥梁和隧道等。基础设施开发导致基础设施沿线及其伸展区域的地价上升已有太多案例。特别是交通设施的改变，往往会影响整个城市的地价分布格局，会对地价变化带来深远的影响，如杭州湾跨海大桥建设、崇海大桥建设、市域轨道交通建设等。轨道快速交通和高速公路等基础设施的建设与完善，还将缩小城市中心与郊区的地价梯度。

（7）环境景观优化，地价增长。河海、湖泊、山景和绿地等具有良好生态环境和优美景色的区域，通常具有地价增长的潜在可能。

第三节　TOD 导向地价与土地利用

城市轨道交通与土地利用二者之间的互动关系，是当今经济学家、城市地理学家、城市规划师和土地工作者持续探讨研究的一大课题。轨道交通对城市土地的土地价值、城市土地空间布局、站点周边土地开发模式和土地开发强度等均会产生重大影响。

一、轨道交通站点周边影响圈层划分

距轨道交通站点的距离直接影响人们出行的便利，成为衡量房地产可达性的主要指标，进而关系到土地价格的空间分布和房地产价格的空间分布，影响站点周围土地利用方式变化和土地利用结构布局的变化。因此，合理识别和划分轨道交通站点周边影响圈层，对把握地价规律，选择土地利用模式，合理配置土地结构和布局具有重要意义。

一般来讲，轨道站点影响范围可以以人步行交通适宜距离为基本判断依据。步行速度为 4 公里/小时计，以居民步行 3～5 分钟为最佳时间，则 0～200 米、300 米范围内为核心影响区，通常为影响的第一圈层；考虑居民步行到车站的合理时间 10～15 分钟，则站点一般影响区为 200 米、300～600 米或 800 米范围，即为影响的第二圈层。若以自行车 12 公里/小时速度 10 分钟可达距离作为最大影响区，则站点外围影响区为 600 米、800～1 500 米或 2 000 米范围，即第三影响圈层。

由于不同物业类型的距离敏感度不同，商业、办公、住宅的具体影响范围亦有所不同，商办对距离最敏感。另外，不同地区不同站点具体表现不尽相同。

西雅图和波特兰中心城区轨道站点第二圈层影响范围约为 400 米；华盛顿第二圈层影响范围约为 800 米。

二、轨道交通周边地价影响

1. 站点周边地价空间分布

轨道交通的出现,直接表现是缩短城市时空距离。轨道将可达性改变带来的价值增长转嫁到轨道周边的土地上,通过提高出行速度以及减少交通费用,降低机会成本,拉升土地价值。轨道交通比道路建设能带来更高的土地使用价值和土地价值。轨道交通对城市土地价格的影响表现在三个层面:①轨道所延伸方向的区域整体产生土地增值;②轨道沿线周边条形地带产生土地增值;③轨道站点周边区域产生土地增值。

距站点的距离是房地产可达性的主要指标,也是影响土地与房地产价格变化的决定因素。随着离轨道站点距离的变化,轨道交通站点对其周边土地价格的增值效应亦表现出三个圈层的变化特征,且商业、办公与住宅呈现出不同的规律。通常,商业对距离敏感性更强,因此,距离站点越近,价格越高,0~100 米范围内价格最高。伴随距离增大,价格下降幅度加剧。住宅由于距离轨道站点太近,反而受到轨道交通噪声、空气质量、视觉及人流等影响,会出现价格影响的负面效应。因此,在周边 0~100 米范围内价格可能受到负面影响,200~800 米正向影响最大;800~2 000 米作为第三圈层,伴随距离增大,圈层价格急剧下降至平稳。必须指出,由于地价本身受多种因素的综合影响,轨道交通站点周边地价的分布不同地区表现出来的实证特征不尽相同,价格变化的圈层范围也不尽相同。如,城市中心区域的轨道交通站点周边房地产价格的空间分布规律就不明显,这主要是由于市中心区位条件优越,交通设施完善,同时提升价格的影响要素很多。

专栏

轨道交通对住宅价格的影响实证

深圳实证表明,轨道交通对住宅价格的影响 300 米以内衰减范围不明显,300 米外较为显著;对商业价格的影响 100 米内具有较大升值空间,100~300 米内增幅不大;对写字楼价格的影响在 100 米内有明显增值空间,100~200 米内呈现大梯度衰减(图 3-9)。

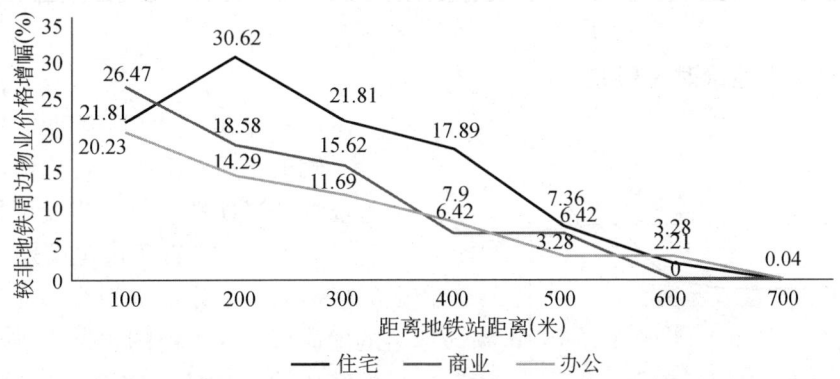

图 3-9 深圳地铁 1 号线站点周边范围及对房地产价值影响关系

数据来源:郑捷奋. 城市轨道交通与周边房地产价值关系研究[D].北京:清华大学,2004.

上海轨道交通 1 号线实证表明，300～1600 米范围内，住宅房价按距车站距离衰减，800 米时出现拐点，1600 米以后房价基本平稳，如图 3-10 所示。

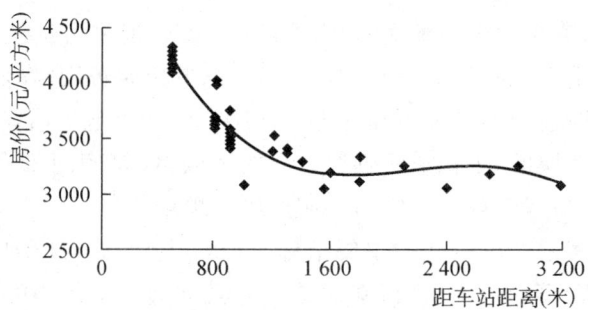

图 3-10　上海轨道交通 1 号线房价与距离关系

国际大城市对轨道交通影响城市地价之研究结果如表 3-1 所示。

表 3-1　轨道交通对地价影响结果分析

城市	轨道交通研究结论
费城	快速轨道线节约了交通费用，从而对土地利用和房地产价值产生积极影响
费城	轨道交通使可达性提高，使那的土地价值上升了 6.4%，平均 5.714 美元的价格溢价
波特兰	发现在宣布建轻轨之前，距车站的远近对土地价值没有影响
波特兰	宣布建轻轨之后，距离车站 800 米范围内的土地价格上升了 31%，1 600 米范围内的土地价格上升了 10%
多伦多	轨道交通沿线的住房价值比其他地区平均高出 2 237 美元
芬兰	离地铁站 1 000 米范围内的土地有 6% 的价格溢价
亚特兰大	到车站距离为 400～800 米的环内对土地价格正面影响，小于 400 米负面影响
首尔	在地铁站影响最主要的区域（小于 200 米范围内）土地价格上升了 9～10 倍
首尔	在地铁站影响第二重要的区域（200～500 米范围内）土地价格上升 11～12 倍

2. 站点周边地价时序影响

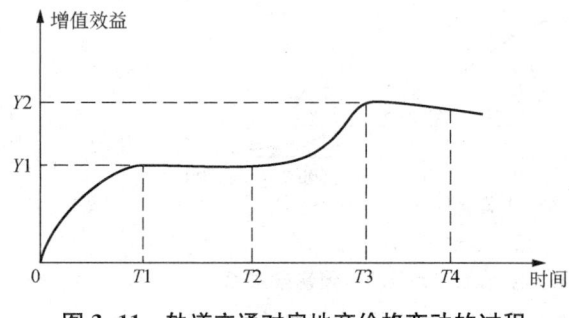

图 3-11　轨道交通对房地产价格变动的过程

（1）轨道建设前后变动

轨道交通对沿线土地价值的影响具有超前性和当期性。轨道建设可划分为四个阶段，即建设前期 $T1$、建设期 $T2$、竣工期 $T3$ 和运营期 $T4$。轨道交通对房地产产生的增值可分为事前的预期心理增值和事后的实质效益增值。在轨道建设前期，轨道交通对周边房地产的增值影响较大，然后随时间逐渐减小。如图 3-11 所示。

(2) 轨道网络发展程度变动

随着时间的推移，轨道交通对土地价值的影响会减弱。由于国外城市轨道交通发展较早，因此对这方面的研究较多，也较全面。美国学者黄（Huang）(1994)回顾了运用特征价格法研究轨道交通对土地价值影响的文章，指出20世纪70年代之前的研究中，学者们都认为邻近轨道交通的房地产价格增长幅度很大；然而70年代之后研究表明，轨道交通对房地产价格的影响逐渐变小，甚至是微不足道了。朱利安（Giuliano）在回顾总结交通设施对城市发展影响的研究中，也得出了相同的结论，即随着轨道交通网络的完善，其对土地价值的影响减弱了。究其原因，黄和朱利安都认为，随着交通设施在城市众多区域中的陆续投入，可达性的相对价值降低，从而轨道交通对土地价值的影响减弱。

三、轨道交通对土地利用影响

轨道交通作为交通的高级发展形式，其最重要的特点就是便捷性、可达性和时效性。轨道交通在城市发展中具有双重功能：基础性功能和先导性功能。基础性功能是缓解城市交通压力，解决交通拥堵。轨道交通高可达性不仅能节省轨道交通利用者的出行时间和经济成本，而且能减少道路交通拥挤程度，降低运费，从而可降低生产、生活成本。先导性功能指轨道交通通过对城市土地开发利用、产业布局、空间结构和城市化进程等影响和引导，对沿线区域以及整个城市产生巨大辐射带动作用。轨道交通的高度可达性具有"磁力效应"，能够吸引各种生活、商务、文化及娱乐等设施向轨道交通站点周围集中，刺激站点周围房地产的高密度开发，繁荣沿线地域经济，促进沿线房地产增值，这便是轨道交通的显著外部效益。

1. 轨道交通对城市用地空间布局影响

国内外轨道建设的经验证明，轨道交通是影响城市空间结构布局发展的最重要的要素之一。

(1) 轨道交通网络引导城市空间结构

轨道交通对城市空间结构同时具有集聚和扩散两种效能。一方面，由于轨道交通的便捷性和快捷性，城市公共服务设施、商业、居住等功能会聚集在轨道周边区域，导致轨道沿线土地高强度利用，轨道周边形成城市功能集聚效应；另一方面，轨道网络的延伸方向引导着土地的开发方向。城市建设沿着轨道不断向外拓展和延伸，将城市中心的人流和物质流输送到城市周边的各个区域，促进了城市中心区功能的疏散和边缘区域的土地利用，发挥了轨道交通网络的分散功能，如图3-12和图3-13分别显示了莫斯科、大哥本哈根区域的轨道交通网络和用地结构图。

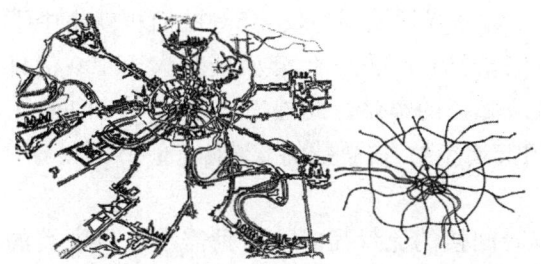

图3-12 莫斯科城市空间发展模式与轨道网络

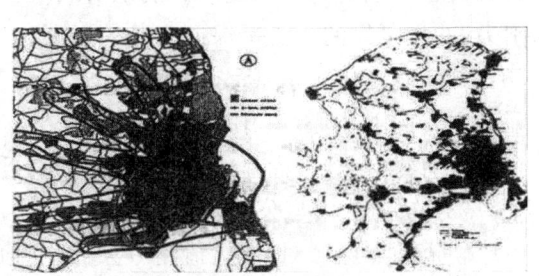

图3-13 大哥本哈根城市空间结构与轨道交通网络

从图 3-12 和图 3-13 中可见,轨道交通网络直接影响着城市空间用地结构和扩展形态。轨道交通网络的拓扑关系可归纳为三种基本类型:栅格状、无环放射状和有环放射状。栅格状网络可使城市功能均匀分布,但是土地利用松散且密度低;无环放射状线网络,会使城市沿着不同的发展轴向外延伸,轴线之间插入楔形绿地,市中心土地实现高强度、高密度开发,有利于城市中心土地的集约利用,但是边缘区域土地使用松散;有环放射状网络,能形成高密度开发的城市中心和向城市四周伸展廊道,在市中心外围的放射线和环线形成的枢纽站地区可能形成副中心。

(2) 轨道线路成为城市发展轴

轨道交通刺激区域开发,通过站点区引导着城市空间形态。轨道线路能构成城市空间扩展的发展轴,形成沿轴线的连续性扩展或是沿轴线的高密度点状扩展。所谓沿轨道线的轴向扩展主要指依托城市大容量快速道路系统布置城市住宅和就业岗位。通过这样有限的伸展轴,能避免城市圈层扩展;同时通过沿轴线进行土地开发,有利于发挥交运优势,提高土地可达性,形成开发走廊,进一步促进城市的良性循环。

城市周边地区布置的轨道线,一般站距比较小,相邻站点扩展后常常连在一起,形成沿轨道线的连续性带状扩展的空间形态,而城市较远边缘区轨道线的站距比较大,常常形成沿轨道线的点状高密度扩展模式。

2. 轨道交通对土地用途影响

如果轨道是一块吸铁石,则它对不同金属有着或强或弱的吸引力。轨道交通对不同的土地利用类型产生不同方向、不同强度的作用力。

(1) 轨道交通与住宅用途

各国的轨道建设经验证明,轨道交通对居住用地有显著的磁性效应。轨道交通由于其快捷性、便利性,从时间上缩短地理空间距离,促进居住用地沿线集聚布局。1992 年的分区人口统计显示,全香港约有 45% 的人口居住在距离地铁站仅 500 米的范围内。如果仅以居住在九龙、新九龙以及香港岛的居民计,这一比例更高达 65%。美国圣迭戈有 19 个车站 20% 以上的土地作为居住用地,其中多数为较高密度的居住用地。随着距轨道交通距离的增加,这种集聚力逐渐衰弱,但是通过其他公共交通形式连接可以延展这种集聚力。通常,轨道沿线 200 米内,居住用地会受到轨道噪声的负面影响。

(2) 轨道交通与商务用途

轨道交通对商务用地有显著的直接吸引力。客流量和交通便利性对于商务区位极其重要。轨道交通对商务用地的影响主要表现在交通的便利性能增加区域商务的集聚效应和吸引力,并且可靠的人流量保证商务的运营和发展。如新界地铁周边仅 2.5% 的面积就集中了 78% 的就业岗位。东京都市圈总共 99 个营业面积大于 1 万平方米、年营业额大于 100 亿日元的主要商业中心,其中 95 个紧邻 JR 线、地铁或私铁的车站。此外,1979—1989 年间,东京地区新建的 42 个商业中心中有 26 个临近轨道交通车站,占总数的 62%。

(3) 轨道交通与公共用地

轨道站点区域对绿地、道路等公共用地的有着间接的流量需求。这种需求来自人类的主观发展意识。城市规划中对于轨道站点区域的土地类型布局,需要注重站点区域绿地、公共设施系统与居住用地、商务用地、交通设施用地的协调,提升区域自然环境的建设和公共服务设施的供给。

(4) 轨道交通与工业用地

工业用地规模大、对环境有污染,所以与其他功能区矛盾突出,且可承受的土地租金成本低,因此工业用地基本上都远离城市市区,更多接近铁路线路或港口地区。所以,相对住宅、商业用途房地产,城市对外交通,如铁路、高速公路、港口等运输方式对工业用地的布局影响最大;而城市交通,特别是轨道交通对工业房地产价值的影响相对较小。

3. 轨道交通对土地开发强度影响

城市轨道交通的运量越大,内聚力就越强。城市常常沿轨道线网呈紧凑的空间形态。轨道交通沿线的集聚,促使沿线土地的高强度开发利用。

轨道站点区域土地开发强度的一般规律是:轨道站点及其毗邻区域用地强度最高,即在车站周围形成峰值,从车站向外围递减。这种"婚礼蛋糕"模型使人口重心,特别是依赖公共交通的人口分布明显地偏向车站,可高效组织客流集散,且减少居民的步行距离。

车站区域的土地利用强度根据站点区位的不同,开发强度也有差异。如表3-2所示,上海轨道L1站点多位于城市中心区域,高强度的土地使用占比接近40%,而轨道L3的高强度土地利用占比不到20%,位于城市边缘区的车站站点开发强度比城市中心区域普遍较低。处于城市边缘区域的轨道站点对土地利用的集聚作用比中心弱,因此其开发强度比中心城的轨道站点区域土地的开发强度相对较低。

表3-2 上海轨道L1和L3站点区域500米范围内土地利用强度

轨道线	低强度($FAR<1$)	中强度($1<FAR<2$)	高强度($FAR>2$)
L1	26.9%	33.4%	37.2%
L3	43.6%	38.5%	16.8%

四、TOD导向土地利用模式

TOD导向土地利用模式主要指站点周边的土地开发利用模式。站点周边开发通常遵循着"3D"开发利用原则。根据轨道交通站点与城市中心区的距离及其功能特点,不同站点类型相应实施不同的开发利用方式。TOD导向的土地用地模式可分为区域商务型模式、高密度居住型模式、新城型(远郊)模式和交通枢纽型模式等。

1. "3D"开发利用原则

20世纪90年代,新城市主义代表人物之一彼得·卡尔索尔普(Peter Calthorpe)在成长管理、精明增长等理念的基础上提出了TOD(Transit-oriented Development)模式。TOD模式是指以交通为导向的土地利用模式,即充分利用交通与土地之间的关系进行开发利用,把更多活动和城市功能放在一个能够通过步行轻松到达的交通站点范围内。TOD理论提倡通过轨道交通、公共交通的应用,来缓解城市交通压力。

以轨道交通为导向的土地利用核心内容为:以轨道交通站点为中心,以适宜的步行距离为半径,在这个范围内混合使用土地并实行中、高密度开发;将覆盖面广、使用选择性强的公共设施围绕车站集中布局,便于居民使用;通过步行、自行车和公交等各种出行方式实现高效率换乘,取代汽车地位。TOD模式设计需要遵循"3D"原则,即高密度(Density)、多样化(Diversity)和全视角设计(Design)。图3-14为TOD模式下典型的土地利用分布图。

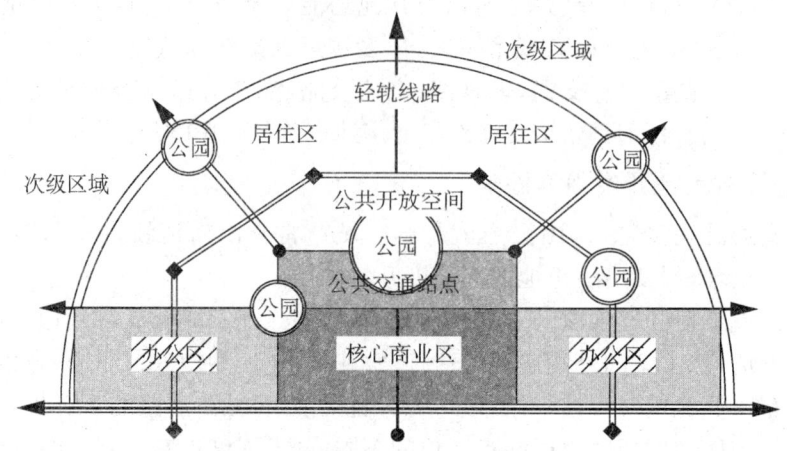

图3-14 轨道交通站点区域土地利用分布图

2. 区域商务区型模式

区域商务区型模式指在城市区域中心站点周边主要配置大型商场和办公用地,形成该区域商务中心的开发利用模式。这类站点一般区位好,通常以发展上盖物业为主。物业类型以商业和写字楼为主,可占55%左右,辐射整个区域,开发半径在距离站点200米以内。例如香港港岛线上的中环站和东涌线上的九龙站。商场上层可以布置酒店和服务式公寓;沿商场四周布置写字楼,最外层可布置高密度的住宅,同时布置停车场和中心绿地等公共建设。此区域不建议作纯居住用地开发。

九龙站是机场铁路沿线规模最大的车站,是机场快速铁路、地铁和其他交通工具之间的交汇点。九龙站混合了交通、居住以及商业等功能城市型站点。九龙站200米以内以酒店、写字楼、商场为主,并配有少量开放空间;200~500米内以高密度住宅和休憩空间为主。

3. 高密度居住型模式

高密度居住型模式指在站点周边主要配置高密度住宅以及大面积绿地广场,地下空间配置一定比例商业的开发利用模式。一般来讲,中心为地铁上盖物业,0~200米核心腹地为商业零售叠加高密度住宅,商业零售以社区服务商业为主。中间布置休憩绿化区,200~600米以高密度居住区为主。公共服务用地以教育、体育、医疗卫生用地为主,可结合绿地和居民广场来疏散人流。

香港的将军澳线上的调景岭站属于此类站点。其周边开发土地3.24公顷,方圆约100米范围,总建筑面积253 765平方米,其中住宅面积占93%,商业面积占7%。在中心绿地的周围布置商业用地,以满足周边居民的消费需求。商业位于底层,商业的上层布置高密度住宅,周边配置中高密度住宅。对站点周边大面积高强度的土地开发,既能提高土地利用效率,又能满足人口增长带来的住房需求。

4. 新城型（远郊）模式

新城型（远郊）模式主要指以站点为核心开发建设新城或大型社区的开发利用模式。对有开发新城价值的站点，可以进行中高密度的商业办公和居住开发，形成地区经济、行政、公共文化中心。站点周边200米以内配置区域零售、行政办公、教育、体育、医疗卫生及文化设施等公共设施用地，公共服务可分布在多个社区中心。周边配置大规模中高住宅用地和政策性住房用地。

该类站点能够提升新城的核心功能和站点周边商业价值，香港机场快线上的青衣站属于该种类型。青衣站站点200米范围内为青衣城，是区域的商业中心；200～500米之间主要为高密度住宅和休憩用地，住宅和商业的比例分别为84％和16％。站点出口、商场出口与外界交通通过行人天桥联系起来。

5. 交通枢纽型站点利用模式

交通枢纽型站点主要指多种交通枢纽交汇换乘的站点。该类站点土地利用需要特别注意枢纽周边道路网规划，注重内外交通衔接；快速集散多种接驳方式，零距离换乘；行人系统立体分流，导向性强；方便换乘；P+R停车换乘设置等。

交通枢纽型周边用地可配套酒店、百货、购物中心、电影院、博物馆、展览厅和停车场等设施。可以说，在建筑体或者建筑群体的层面上，交通枢纽将若干功能空间有机地整合到了一个或者一组建筑中，将各种功能包括换乘、购物、餐饮、文化娱乐以及它们各自特有的空间形式有机地结合到了一起。

第四节　地价与容积率、房价关系

容积率是城市建设用地地块上允许修建的总建筑面积与地块面积之比值。影响容积率的主要因素有地块的用途、地块的区位、基础设施状况、地块的空间环境条件和地块的价格。研究地价与容积率的关系，就是从经济上研究土地资产价值与土地合理利用及开发程度之间的关系。

一、最佳容积率设定原理

客观而言，城市一定区位的地价水平是一定的，同时也就决定了该地段的最佳建筑容积率水平，即建筑的经济楼高。最佳建筑容积率的取得可以通过最小成本、最大经济效益和最大综合效益三种方法取得。

1. 成本最小原理

假设：L为一地块总价值，B为建筑建造总成本，i为建造总层数。L_i为建造总层数为i时单位建筑面积分摊土地价值，又称楼面地价；B_i为建筑总层数i层时单位建筑面积建造成本。L_i和B_i都是建造总层数i的函数，可以表达为

$$B_i = B(i) \tag{3-1}$$

$$L_i = L(i) \tag{3-2}$$

房地产单位建筑面积总开发成本 C_i 为

$$C_i = C(i) = B_i + L_i = B(i) + L(i) \tag{3-3}$$

要使房地产开发总成本最小,则有

$$\frac{\partial C_i}{\partial i} = \frac{\partial B(i)}{\partial i} + \frac{\partial L_i}{\partial i} = 0 \tag{3-4}$$

$$\frac{\partial B(i)}{\partial i} = -\frac{\partial L_i}{\partial i} \tag{3-5}$$

由于单位建造成本随着建筑总层数的增加而增加,即 $B(i)$ 为增函数;土地单位成本随着建筑层数的增加而减少,即 $L(i)$ 为减函数。所以,式(3-5)表示,当建筑成本的增加额等于土地成本的减少额时,此层数为最佳楼层。可以用图3-15来表示。

由于 $B(i)$ 和 $L(i)$ 其实为非连续函数,在特定价值地块上进行房屋建设时,若比较 i 层与 $i+j$ 层何为最佳开发强度时,仅需比较:

$$C_{i+j} - C_i = (B_{i+j} - B_i) - (L_i - L_{i+j}) \leqslant 0 \text{ 或 } \geqslant 0$$

若 $C_{i+j} - C_i > 0$,意味着建筑成本增加大于土地成本减少,$i+j$ 层较 i 层不经济。

若 $C_{i+j} - C_i < 0$,意味着建筑成本增加小于土地成本减少,$i+j$ 层较 i 层经济。

若 $C_{i+j} - C_i = 0$,意味着建筑成本增加等于土地成本减少,$i+j$ 层与 i 层同样经济。

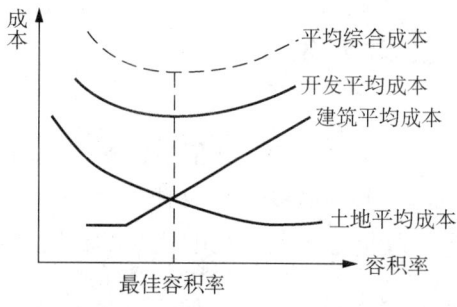

图 3-15 土地价格与容积率关系

如图3-15所示,随着建筑层数的增加,楼面地价曲线呈下降趋势,而建筑成本曲线则总体呈上升趋势。不过,需要说明的是:①通常由于一层、二层的低层建筑的基础成本和楼屋盖成本没有得到充分的分摊,往往单位造价偏高;②随着建筑楼层的增加,对建筑结构要求、防火要求、设备要求明显增大,导致单位建筑成本增加。但这种成本的增加并不是均匀上升的,而是呈现跳跃性增加的趋势。图3-15表示的建筑成本曲线仅是示意性质的。房地产开发综合成本则为 U 字形曲线,曲线下凹的最低点,就是土地最佳经济开发强度。

高层建筑虽然带来了土地空间的高效利用和土地成本的节约,但它同时还会带来高层建筑的外部负效应,如通风、安全、采光、视觉感受和邻里关系等均会受到负面影响。如果将房地产开发总经济成本加上建筑层高的外部成本而形成的房地产开发的综合成本,则是选择最佳容积率的最终依据。

2. 利润最大原理

在激烈的市场竞争下,土地开发者最终目的是获取土地开发利润最大化。也就是说,土地开发强度除了与开发总成本相关外还与售价相关。有

$$\Pi = P(i) - C(i) = \max \quad (3-6)$$

$$B_i + L_i = B(i) + L(i) \quad (3-7)$$

$$\frac{\partial \pi}{\partial i} = \frac{\partial P(i)}{\partial i} - \frac{\partial C_i}{\partial i} = 0 \quad (3-8)$$

$$\frac{\partial P(i)}{\partial i} = \frac{\partial C(i)}{\partial i} \quad (3-9)$$

即边际收益等于边际成本点时的楼层高度为最佳经济楼高、最佳开发强度、最佳容积率。

在一个价格区段内,通常建筑总层数越高,边际收益越低。表3-3为上海市不同建筑层数的楼层差价,可见,多层住宅楼层差价为150～200元/平方米之间,小高层住宅楼层差价在80～100元/平方米左右,高层住宅楼层差价在30～45元/平方米左右。

表 3-3　4 500～6 000元/平方米价段住宅价格边际收益表

一般规律	多层	小高层	高层
楼层差价均值(元/平方米)	150～200	80～100	30～45

图3-16所示,为地块开发边际收益和边际成本曲线,两条曲线的交点 F_0,即为最佳容积率点。当容积率大于 R',边际成本大于边际收益,开发商客观上要求降低地价,减少开发成本,否则开发行为不再继续。对于某一地块而言,开发商所能承担的最高容积率是经济效益最佳结合点。

3. 综合效益最大原理

单就某一地块建筑开发而言,主要是进行企业或项目的财务评价,取得建设投资成本与经营开发收益便可以取得企业微观效益最大。实际上,项目开发存在不可避免的外部成本,如挤占阳光、绿地、通道和设施用地,增加水、电、煤等资源消耗,导致城市拥挤、环境和社会质量恶化等。所以,从整个城市角度,最佳的城市容量,应该考虑边际综合成本和边际社会效益的平衡。土地开发利用最佳利润的容积率只能是地块容积率经济上限。也就是说,容积率不仅是地块自身财务平衡的微观问题,同时还是区域整体环境平衡问题。因此,对容积率的设定一直是建筑师、开发商和政府三方共同博弈协同的结果。如图3-17所示。

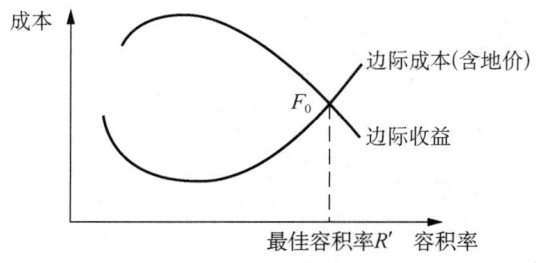

图 3-16　土地容积率经济效益分析图

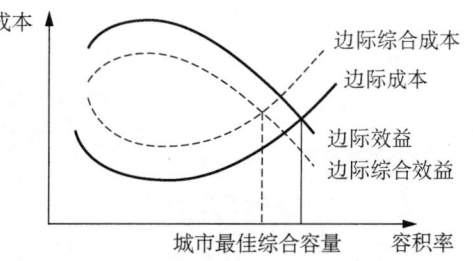

图 3-17　土地容积率经济社会效益分析图

对于非连续状态,可用计算几个比较方案的利润率直接比较。如表3-4,最佳方案为方案B,其容积率为0.5。

表3-4 不同容积率方案的经济效益比较

方案		方案A	方案B	方案C
容积率		0.28	0.5	1.2
建筑面积(平方米)		19 000	34 000	81 000
土地取得费3 200万元		1 684	941	395
开发成本	前期工程费(元/平方米)	105	97	91
	配套费(元/平方米)	580	580	580
	建安费(元/平方米)	1 463	1 356	1 248
管理费用(元/平方米)		63	62	58
财务费用(元/平方米)		68	66	63
销售税费(元/平方米)		200	190	180
开发总成本(元/平方米)		4 164	3 292	2 614
售楼收入(元/平方米)		4 500	3 800	2 900
利润率		8.06%	15.44%	10.92%

二、地价与容积率非线性关系

1. 地价水平影响容积率设定

通常地价越高,设定容积率越大。在高地价的压力下,用地者总是设法降低其成本,集约利用土地,在其所用地块上最大限度地提高建筑面积,亦即提高地块容积率,以减少建筑面积的地价成本分摊额。如图3-18所示。当地价增高时,开发总平均成本曲线上升,最低成本点由低容积率R_1处移至高容积率R_2处。因此,高地价,高容积率,高开发成本,进而高楼价。

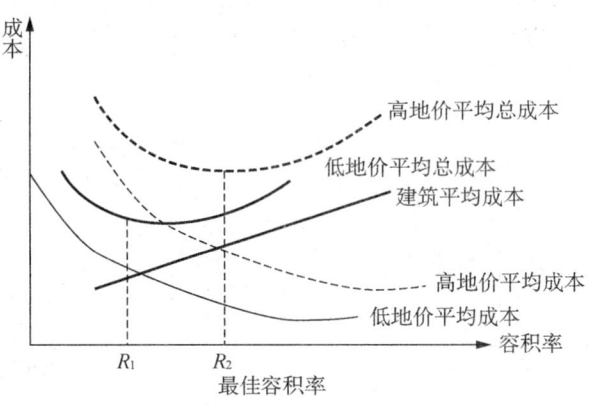

图3-18 高地价高容积率

2. 地价与容积率非线性关系

在楼面地价一定的情况下,容积率越高,地价越高,对土地出让者越有利。开发商因为高容积率提高了建造成本,使得开发利润降低,其谈判目标是保证较高的容积率,而且降低地价,决不希望地价直接是固定的楼面地价与容积率的乘积,其会进行降低楼面地价的谈判而保证总土地价格在一定的水平上。

在土地总价一定的情况下,容积率越高,楼面地价越低,开发商越有利。政府则会以高容积率、高使用率为由,提高土地总价,从而进一步提高了楼面地价。也就是说,在出让土地谈判的过程中,土地总价、楼面地价、容积率三者关系是动态变动的,并不是简单的正比或反比关系,也不是简单的线性关系,而是呈现复杂的非线性关系。这也是土地价格评估中容积率修正系数难以确定的根本原因。

3. 规划容积率决定土地价值

规划师进行地块容积率设定时,理论上应该考虑区域总体地价水平和环境条件综合确定。在楼面地价一定的前提下,土地价值随容积率的提高而提高。土地价值与楼面地价、容积率有如下关系,即土地价格等于楼面地价与容积率的乘积。

评估师在地块评估进行容积率修正时,应该考虑规划设定容积率与区域平均容积率水平差异,修正楼面地价水平,以合理确定土地总价值。

三、房价与地价的关系

2000年以来,全国土地市场与房地产市场供求两旺。是地价影响房价,还是房价影响地价,学者、业界一直有不同的观点。一种意见认为,房地产的高价主要因为高土地价格导致高开发成本,即土地价格决定房地产价格;另一种意见认为,房地产的高价格源于房地产市场供不应求,即房地产价格决定土地价格。我们认为应从平稳市场和波动市场两个角度分析。

1. 平稳市场情况

土地的需求来自产品的需求,该产品包括农产品、建筑产品等。亦即土地需求实为引致需求。因此,一定是房地产价格(产品价格)决定土地价格。

(1) 英国谷物法令的讨论

英国政府于1815年颁布一条新法令——谷物法令,限制和禁止国外谷物进口,从而直接增加了对国内谷物的需求,并使得谷物的需求曲线由d_1上移至d_2,谷物价格从p_1增加至p_2,谷物生产量从c_1增加至c_2(图3-19)。随着谷物生产量的增加,对土地的需求也增加,土

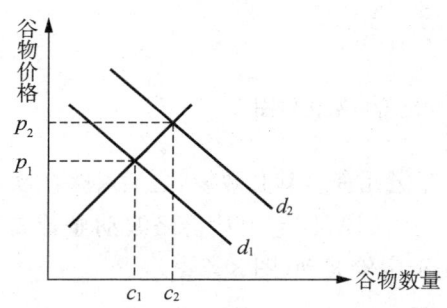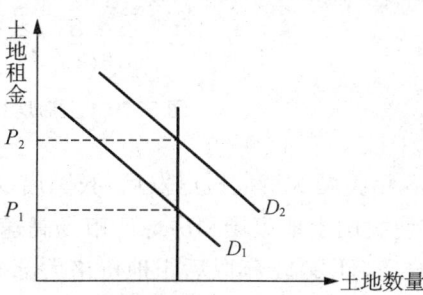

图3-19　谷物法令对谷物市场和土地市场的影响

地需求曲线由 D_1 上移至 D_2，考虑土地供应是无弹性的，所以，需求的增加使土地租金价格由 P_1 升至 P_2。

因此，从以上分析可知，土地租金价格高是因为谷物价格高，谷物法令抬高了谷物价格，刺激了对土地的需求。土地市场的反映则是通过提高土地租金对土地进行重新分配。所以，高价土地是高价谷物的结果，而不是高价谷物的原因。即是产品价格决定土地价格，而不是土地价格决定产品价格。

（2）房地产价格和土地价格

关于英国谷物法令的结论同样适用于城市房地产市场。开发商取得土地的价格，等于预期房地产价格扣除开发成本与利息、税费、合理利润的差值。当房屋需求提高，房屋的预期价格就上涨，引导开发商去购买更多土地，结果土地需求提高，进而土地价格提高。如果，房屋价格不断降低，则高土地价格就失去了基础。因此，平衡市场环境下，土地价格贵是房地产价格贵的结果，而不是原因。

2. 波动市场情况

波动市场环境下，地价与房价的影响关系是动态的，不同阶段具有不同特征。

在国家货币宽松，机构持有大量资金时，土地价格对货币的敏感度和响应快速程度更大，土地出让市场常常呈现高溢价率状况，甚至出现"面粉价格高于面包价格"的现象。高溢价通常直接带来房价上涨预期，房地产价格会跟随土地价格上涨而快速上升。同样，如果房地产市场供不应求，房价不断增长，则会导致竞标地价提高，反向进一步影响房价上升。市场衰退期，如果房地产市场供过于求，房价不断下降，则会导致竞标地价下降甚至流标，反向进一步影响房价下降。可见，在市场上涨或下降的波动期间，土地价格与房地产价格呈现相互正向影响。

上海房地产市场从 1995 年最高点下落至 2000 年复苏，房地产价格和土地价格同时由降至升。但地价的波动远不如房价波动敏感性强，具有一定的滞后性（图 3-20）。

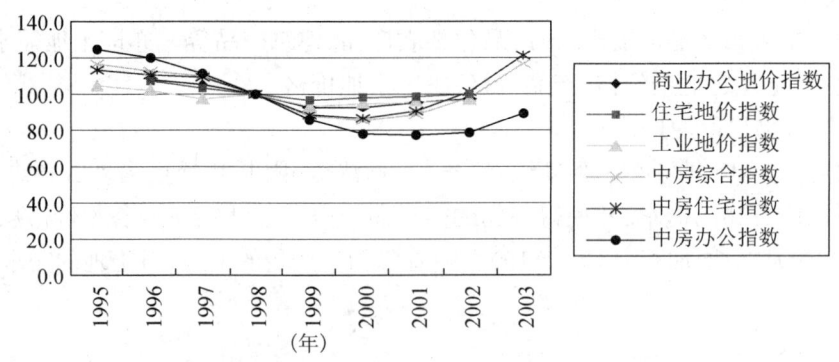

图 3-20 上海房价指数和地价指数比较图

2008 年美国次贷危机爆发后，我国启动了 4 万亿元资金刺激政策，之后又多次实施货币宽松，致使我国土地市场和房地产市场高速发展。此阶段，住宅出让价格波动显著高于房地产价格波动，且 2011 年以后土地价格大部分领先于房价波动（图 3-21）。

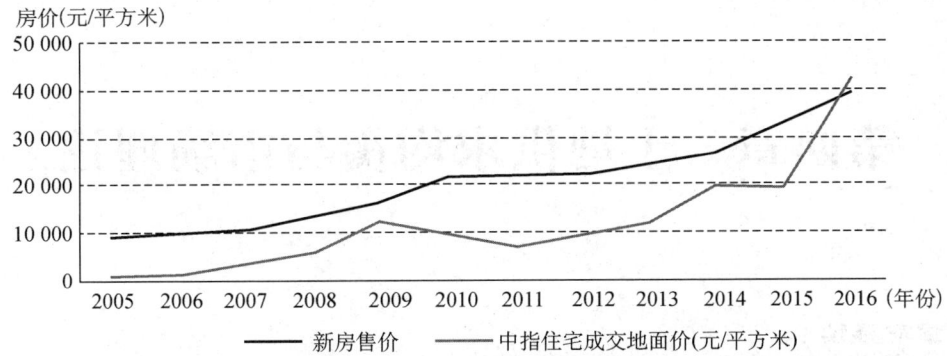

图 3-21　上海市 2005—2016 年新房售价与住宅出让价波动比较图

思 考 题

1. 简述土地价格形成的一般原因。
2. 简述几种土地价格理论。
3. 土地价格类型有哪些？
4. 土地价格特点和影响因素。
5. 分析土地成本价格、收益价格和市场价格内涵及其价格的一致性。
6. 简述不同用途土地价格规律。
7. 简述城市地价平面分布规律。
8. 简述城市空间地价分布规律。
9. 分析城市土地价格增值的原因。
10. 分析城市土地价格增值规律。
11. 说明轨道交通对城市地价与空间格局影响规律。
12. 简述轨道交通站点周边圈层、土地价格、强度和用途的影响规律。
13. 简述 TOD 导向的土地利用模式。
14. 简述房地产价格与土地价格的关系。
15. 说明容积率与地价的关系。
16. 说明高地价存在的问题。
17. 为什么同一区位不同用途租金水平不同？
18. 为什么同一楼盘楼层价格不同？
19. 绘制空间地价曲线。
20. 绘制单中心和多中心地价曲线。

第四章 土地供求均衡与市场理论

 章前导读

> 土地市场机制与政府管制是土地资源配置两大手段。土地供给与需求及其供求均衡机制、土地市场结构体系是解析土地市场的重要内容。我国土地市场分为城市土地使用权市场和集体土地使用权市场两个市场。
>
> 本章应重点掌握土地供给与需求概念内涵、土地市场运行机制、城市与集体土地市场结构体系、城市土地一级市场与二级市场的交易方式与优缺点、集体土地承包经营权交易方式与特点、集体建设用地使用权市场发展方向与特点；熟悉城市与集体土地市场交易流程与市场发展状况。

第一节 土地供给与需求

一、土地供给

土地供给指地球上所能提供给人类利用的各类生产、生活、生态用地的数量，可分为自然供给和经济供给两大类。

1. 土地自然供给及其制约因素

土地自然供给是天然可供人类利用的各类土地实际数量，又称物理供给或实质供给。狭义看，土地自然供给包括现在已经利用的土地资源量和将来可供利用的土地数量（后备土地资源量）。广义看，若考虑不可开发的土地也是一种生态利用类型，则土地自然供给强调的是全部土地资源及其资源结构特征。一定区域范围的土地自然供给数量相对稳定，不受任何人为因素和社会因素影响。虽然通过填海造地等活动可增加一些土地自然供给，但它与全部陆地面积相比，还是微不足道的。因此，土地自然供给具有无弹性和刚性的特点。

（1）世界土地自然供给。地球表面积约为5.1亿平方公里。其中，海洋面积约为3.61亿平方公里，占地球表面积29.2%；陆地面积约为1.49亿平方公里，占地球表面积70.8%。陆地上有近50%的面积是永久冰盖地、干旱沙漠地、岩石、沼泽和高寒等难以利用和无法利用的土地。除此之外，尚有相当数量的土地存在各种障碍因素，如高山、石山、峭壁、陡峭的山地和干旱缺水的土地等，属人类不能利用或当前科学技术水平下无法利用的土地。如此算来，适于人类利用的土地7 000万平方公里左右。除去人类无法利用或当前无法利用的

土地,剩余的便是适宜于人类利用的土地。按照美国地理学家贝克的研究,约占世界陆地面积17.5%的土地可作为耕地,已开发利用的达到10.1%,因此,可作耕地的土地已不多。

(2) 中国土地自然供给。在中国960万平方公里的国土中,从热量条件看,1.2%为寒温带,26.7%青藏高寒气候带,其余70%以上地区的热量条件都较好;从雨水条件看,东南部为湿润和半湿润区,西北部为干旱和半干旱区。湿润区32.3%,半湿润区17.8%,干旱区30.8%,半干旱区19.2%。我国西北干旱、半干旱区与青藏高原区面积占全国面积的53.8%,但年生物产量仅占全国的9.5%,承载能力仅为全国的4.3%。这些地区都属于临界地区和超载区。我国真正可供开垦的宜农荒地资源仅约3 330万公顷,其中40%~55%是天然草地,宜于种植牧草;另外,16%~20%分布在南方山丘地区,宜于发展木本粮油;其余1 330多万公顷如全部开垦,仅可得耕地800万公顷。

2. 土地经济供给及其影响因素

土地的经济供给是指在土地自然供给的基础上,通过投入资本、物质、劳动和技术开发后可供人类生产、生活等各种用途的土地实际有效供给量。土地经济供给也称土地有效供给。土地天然就能满足人类需要的可能性不大,须经过人类加工、改造以后,才能满足人类的需要,使土地从自然供给状态转变成经济供给状态。

在人类对土地持续不断的利用过程中,土地经济供给量包含三方面内涵:①可供利用的土地总数量;②可供某一类用途使用的土地数量;③单位土地产出和利用强度提高带来的相对土地经济供给量。因此,土地经济供给量是个不断变化的量。具有动态和弹性特征。

影响土地经济供给的因素很多,各种土地供给类型的确定取决于价格与非价格因素。价格因素是指市场价格及市场预期。非市场因素主要包括自然、经济、社会、技术条件、制度和规划等政府管控因素等。

(1) 价格及市场预期。不同用途地价或产品价格的上升,会带来该类土地的经济供给的增加。而市场价格预期更是引导土地用途转化供给的核心要素。

(2) 自然因素,即各类土地的自然供给。特定地区土地的自然供给是经济供给的基础和前提。某种用途的自然供给从根本上限定了该用途土地经济供给的变化范围。

(3) 技术因素,指利用土地的知识和技术。随着人类对土地利用知识和技术的提高,可以将原来不能利用的土地变为可以利用的土地,或原来使用效益不高的土地变成有较好使用效益的土地,从而增加土地的经济供给。另外,新技术的出现,还能使某些土地需求产生替代品,并直接减少对某类土地资源的需求,间接地增加土地经济供给。

(4) 经济社会因素。经济社会发展所带来的产业结构变化和消费结构变化,将促使各种用地的需求量发生变化,从而影响土地的经济供给量和供给结构。此外,区域或城市交通、水电等基础设施建设也直接提高土地经济供给潜力。

(5) 政府管控因素,指土地制度、规划管制与土地政策等。规划因素指国土空间规划(土地规划、城市规划)、土地利用计划与土地供给计划等。城市规划和土地利用规划直接确定区域与城市土地利用结构和土地利用强度(容积率、建筑密度等),决定农业用地、非农用地、城镇用地、居住用地、办公用地、商业用地、工业用地及交通等各类用地的数量与开发强度,影响着城市建设用地总量以及不同用途农业用地、城市用地绝对供给量和相对供给量。

土地利用与供给计划决定着各类用地近期与年度土地供应指标,直接影响当期与近期不同用途的土地经济供给量与结构。土地制度和政策则指土地产权制度、基本农田保护、生态保护、建设用地控制和土地集约利用等各类政策。这些制度和政策直接和间接影响着土地经济供给。

3. 土地自然供给与经济供给关系

土地自然供给与经济供给既有联系又有区别:①土地自然供给是经济供给的基础,土地经济供给只能在自然供给范围内变动;②土地自然供给是针对人类生产、生活和动植物生长条件而言,土地经济供给则是针对土地不同用途及其利用效益而言;③土地自然供给通常是无弹性的,土地经济供给在短期内无弹性,但长期内,由于土地用途之间的转换、利用程度的提高,土地经济供给可以变化,因此具有弹性;④不同用途土地的经济供给弹性是有差异的。农业用地由于受自然条件制约,其供给弹性较小,尤其是地域性很强的作物用地,其供给弹性更小。非农建设用地对自然条件的要求没有农业用地那么严格,主要受规划影响其供给弹性较农业用地大。

二、土地需求

1. 土地需求类型

土地需求是利用土地进行各种建设、生产、消费和投资活动的需求。

根据用地性质,土地需求可分为农业用地需求和建设用地需求。农业用地需求分为耕地、草地、园地和林地等需求,建设用地需求包括居住用地、商办用地、工业仓储用地、公共设施用地(广场、绿化、教育、科学、文化娱乐、社会福利与保障等)和基础设施(交通、水电等市政设施)等各类用途用地需求。随着我国城镇化发展,建设用地快速增长。2000—2015年间我国建设用地由3 620.6万公顷增至3 860.0万公顷。

根据需求的目的,土地需求可以分为土地利用需求和土地投资需求。土地利用需求是对具有生产要素和资源特征的土地需求。土地利用需求与一般商品直接需求不同,通常为引致需求或派生需求。土地投资需求是对具有土地资产属性的土地需求,这种需求不是为了获得土地本身的资源效用,更多是为了获得土地价值的增长。

2. 土地需求影响因素

土地需求影响因素包括价格因素和非价格因素。

(1) 价格及市场预期。正常市场环境下,土地价格高,则土地需求下降。但当经济发展与土地增值预期乐观,甚至存在投机性市场特征时,会出现地价越高,需求越大的现象。

(2) 经济发展。经济发展会促使产业、生活等各种活动增强,导致各种用地的需求量呈现增加趋势,同时还将引起土地需求总量和土地需求结构的变化。国民收入的增长则直接导致消费需求总量增加和消费结构调整,促使各类基础设施与公共设施需求增加。

(3) 社会发展。首先是城镇化水平和速度,这是影响我国土地需求的最直接因素。农业人口非农化直接带来城市用地总量扩张;其次是人口和家庭结构。人口的增加不仅直接导致住宅用地的增加,同时引致对农地、交通、文化教育和休闲娱乐等各种用地的需求增加。人口老龄化、家庭核心化和生活闲暇化等社会演化趋势也会对土地需求产生影响。

(4) 金融政策。当金融采取宽松政策时,资金流动性加大。市场游资会大量涌入具有虚拟特质的土地与房地产市场,导致土地资产投资需求瞬时放大,并推动地价上涨。

(5) 制度因素。土地所有制、使用制和管理制都将直接影响土地的需求,如土地出让的拍卖招标挂牌制度容易导致土地价格的快速上升。另外,税收制度、城市规划、国家政策及科学技术等都会直接或间接影响土地需求。

第二节 土地市场运行机制

一、土地市场内涵及特征

1. 土地市场内涵

狭义的市场仅指商品交易的场所。广义市场指商品交换中发生的经济关系总和。土地市场则指土地这种特殊商品在交易过程中发生的经济关系的总和。

土地市场主体是土地交易中的各种当事人,包括土地供给者(售出方)、需求者(购买方)和其他相关参与者,如管理者、中介服务机构等。

土地市场客体是土地交易的对象或标的物,具体为土地及其权益。由于土地的不可移动及其权利束特性,土地作为交易标的不仅是土地实体本身,更是各种内涵不同的土地的权利束,包括土地所有权、土地使用权、抵押权、租赁权、地役权、空中权和发展权等。

2. 土地市场特点

(1) 地域性。由于土地位置的固定性,使土地市场具有强烈的地域性特点。各地域性市场特征具有差异性。

(2) 不完全垄断性。根据交易双方左右市场力量差异,可将市场分为完全竞争、完全垄断、垄断竞争以及寡头垄断四个基本类型。完全竞争的土地市场必须同时具备以下几个条件:①土地市场上具有足够多的市场交易者;②完全信息,即市场中的土地交易者完全了解交易对象的所有信息;③土地交易对象具有均质性,这样才能保证土地交易价格不至于被少数的土地交易者控制;④土地交易者有充分的自主决策权。

显然,我国土地市场性质具有典型的不完全垄断市场的特征:①土地一级市场只有国家一个土地供应者,是卖方垄断,甚至土地竞买方也会被设置不同的门槛;②土地供给、土地需求、土地质量和土地区位等影响土地市场的信息,由于位置固定性而极易产生不对称;③土地产品受到政府各种规制且具有异质性;④土地市场交易机制和交易规则受到政府各种约束。

(3) 供给滞后且弹性小。土地价值大,用途难以改变且开发周期较长。土地供给是根据前期需求确定的,当市场需求发生变化时,土地供给难以及时调整。

(4) 产品异质性。由于土地的自然异质性和区位的差异性,土地无法同质化,每一宗地都是个性化交易。

(5) 政府管制严。土地是一个国家的重要资源,又是一项高价值资产。土地市场的效率与公平对经济发展和社会稳定具有十分重大的作用,因而各国政府都对土地的产权、利用、交易等有严格限制,如土地利用指标的控制、土地转让条件的控制、土地用途的控制等。

(6) 有形市场与无形市场相结合。有形市场是指商品交易的场所。在这种市场上,商品明码标价,买卖双方在固定的场所进行交易。无形市场是指没有固定的交易场所,通过广告、中间商(房地产经纪人)及其他交易形式,实现商品的交换。早期的土地市场完全是无形市场。随着市场经济、网络信息和大数据的发展,各类土地交易信息平台或房地产交易信息平台也相继出现;同时,各级政府相应成立了土地交易中心,土地有形市场逐渐建立。

二、土地市场供求均衡机制

土地作为一种特殊商品,土地市场的均衡与一般商品市场的均衡原理相同,但存在一定的特殊性。具体可分为长期供求、短期供求、特殊供求和动态均衡四种状态进行分析。

1. 长期状态下土地供求的一般均衡

长期状态下,土地的经济供给存在弹性,土地价格上升,土地供给量增大;同时土地需求随着地价上升呈下降趋势。因此,当社会经济长期处于稳定发展状态时,土地的供求也遵循一般商品的供求规律。土地供求均衡机制如图4-1所示。土地价格和地租是由土地的供给与需求二者共同决定的。一般情况下,土地供求平衡是相对的、暂时的,而不平衡是绝对的。从实践看,城镇化发展过程中土地供不应求是普遍的。

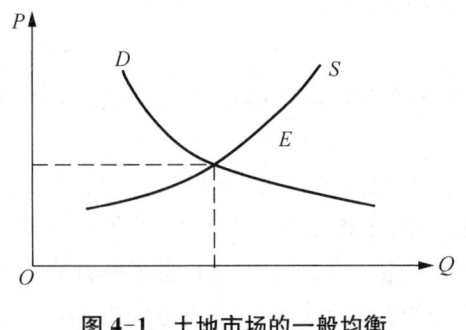

图 4-1 土地市场的一般均衡

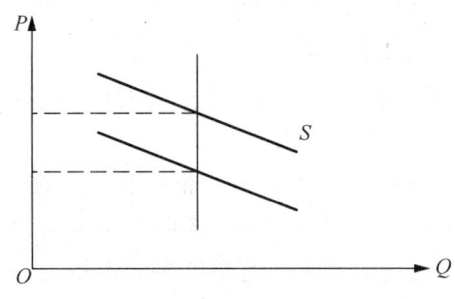

图 4-2 短期无弹性状态下土地供求均衡

2. 短期状态下土地供求的均衡

假定短期内,土地供应无弹性,则土地价格或地租完全由土地需求方决定。土地供需均衡,如图4-2所示。

3. 土地的特殊供求均衡

土地作为一种特殊商品,在许多方面都有其特殊性:位置固定不变,自然供给不变,经济供给弹性也是有限的,买卖双方不能自行决定土地的位置和用途,土地价格或地租受当时社会和政治局势稳定与否及经济的繁荣与衰退等因素的影响极大,所以,工业、商业、住宅用地由于土地经济供给的有限性又表现出供应的特殊性,见图4-3。图4-3是特殊的土地供给曲线,它表明土地在一定范围内也遵循一般商品的供求规律。但土地供给是有限的,超过这个限度,不管价格如何上升,也不能在增加土地的供给。

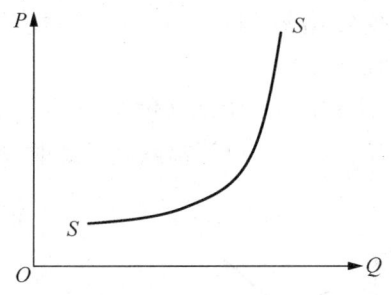
图 4-3 经济供给有限下土地供应曲线图

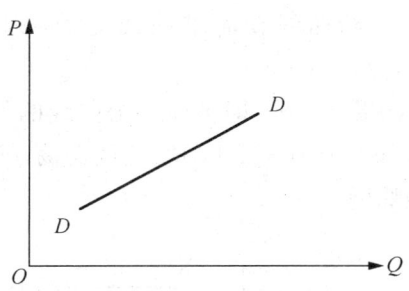
图 4-4 投机状态下土地需求曲线图

另外，土地还会存在供给规律的例外，即土地商品价格低时，其持有者积极出售；当价格上升时，反而认为该土地商品很值钱，就待价而沽，不出售商品。

图 4-4 则是特殊的土地需求曲线，反映土地购买者把工业、商业、住宅用地当作投机对象，呈现价格越高，需求越多，价格越低，需求越少的现象。此外，郊区劣势区位土地虽然价格低但买的人很少；相反，优势区位土地，如市中心地段，虽然价格高，但购买者多。

土地供求关系的另一种特殊形式就是有价无市，即只有土地供给及价格，没有需求者；或只有土地需求，但没有土地供给。这两种情况，都不能实现土地交易。

4. 土地供求的动态均衡——蛛网模型

在土地市场的实际运行中，时间是影响供给的关键因素。从土地策划、规划、设计到获取政府批准相当耗费时间的供给过程。土地资产缺乏流动性，土地不能迅速变现，对价格变化的反映存在着潜在的滞后因素。这种供应调节的滞后容易形成了蛛网模型。

最简单的蛛网模型假设，需求取决于现期的土地价格，而供给则取决于上期的土地价格。市场均衡时有：$D(p_t)=S(p_{t-1})$，t 表示当期，$t-1$ 表示上期，p_t、p_{t-1} 分别表示当期与上期土地价格，$D(p_t)$ 和 $S(p_{t-1})$ 分别表示价格的需求函数和供应函数，并设土地供给和需求函数为线性形式：

$$D(p_t)=a-b\times p_t$$
$$S(p_t)=c+d\times p_{t-1}$$

均衡条件：$\quad D(p_t)=S(p_{t-1})$

$$p_t=(a+c)/b \ -d\times p_{t-1}/b$$

这是一个差分方程，用迭代法求解得：

$$p_t=(a+c)/(b+d)+[p_0-(a+c)/(b+d)](-d/b)t$$

对该式作如下讨论。

(1) 如果 $d>b$，即土地供给曲线的斜率小于需求曲线的斜率（供给弹性大于需求弹性），或者直观地说，土地供给曲线较需求曲线平坦，则蛛网为发散型蛛网（图 4-5），市场均衡不存在。

(2) 如果 $d<b$，即土地供给曲线的斜率大于需求曲线的斜率（供给弹性小于需求弹

性),土地供给曲线较需求曲线陡峭,则蛛网为收敛型蛛网(图4-5),市场均衡点为 $E(p_0,q_0)$, $p_0=(a+c)/(b+d)$; $q_0=(ad-bc)/(b+d)$。

(3) 如果 $d=b$,(即土地供给曲线的斜率等于需求曲线的斜率(供给弹性等于需求弹性),则 $(-d/b)t$ 在 -1 和 $+1$ 之间震荡,蛛网围绕 $E(p_0,q_0)$ 点等幅震荡。此时,蛛网为等幅震荡型蛛网。

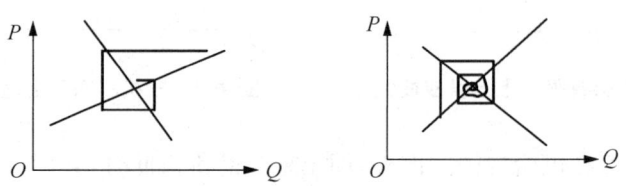

图4-5 发散性与收敛型蛛网模型

第三节 土地市场发展与结构体系

一、土地市场发展历程

中国土地市场发展经历了以下发展历程:

(1) 20世纪初的民国时期。追溯到20世纪初的民国时期,当时国民党政府机构中设有地政部负责全国土地管理。北京、上海、南京等城市均开展了为土地交易服务的区片地价的评估工作,土地交易也达到相当规模。如1949年的上海市,已有房地产企业270多家,兼营房地产的工商企业2 300家。

(2) 1949—1978年,土地市场缺乏。1949年后,城市土地收归国有,农村土地逐渐实行集体所有,土地无偿无限期无流动使用,土地市场基本不存在。国家实行行政划拨方式配置土地资源方式,完全否认土地价值的存在,否认市场对土地资源配置的有效性。

(3) 1978—1986年,土地市场萌芽状态。1978年全国农村推行家庭联产承包责任制,农村土地所有权和使用权开始分离。1980中国开始向外资企业收取场地使用费。1982年深圳特区开始征收城市土地使用费,1984年广州、抚顺也开始推行。1986年国家土地管理局成立。这一阶段,土地价值开始显现,但尚未建立土地市场机制。

(4) 1987—1993年,城市土地市场开始建立。我国的土地有偿使用制度改革自1987年启动大幕,形成土地市场雏形。1988年4月12日第七届人代会通过《中华人民共和国宪法修正案》,取消了原宪法第十条"土地不得出租的",增加了"土地使用权可以依法转让"的规定;《中华人民共和国土地管理法》也进行了相应的修改,规定"国家依法实行国有土地的有偿使用制度"。1990年5月,国务院颁布了《中华人民共和国城镇国有土地使用权出让转让规定暂行条例》和《外商投资成片开发经营土地暂行管理办法》。从此,土地市场建立和发展有了法律依据。1992年邓小平南方谈话和十四大确立建立社会主义市场经济体制以后,出现了全国"房地产热"。土地投机盛行,炒卖土地现象严重。1992—1994年,北海市区面积由不到 20 平方公里扩大到 100 平方公里，土地价格由 30 元/平方米涨到 1 500 元/平方米。1993 年 7 月国务院开始整顿房地产市场，实行宏观调控，紧缩银根，开征土地增值税。同年 7 月，原国家土地管理局颁发出了《关于加强宏观调控管好地产市场的通知》，由此，全国土地市场进入调整期。

（5）1993—1999 年，土地市场进入调整期。国民经济宏观调控时期，国家出台了不少关于整顿土地市场、抑止土地投机、规范土地市场的法规和文件，使土地市场发展逐步走向正轨，土地使用权出让、转让、出租、抵押和入股有序进行。与此同时，土地市场中介服务人员如土地估价师、房地产估价师、经纪人等执业资格的队伍也逐步发展壮大。土地作价入股、土地分等定级和基准地价评估工作在各地有序展开。

（6）1999—2007 年，该阶段完成了土地一级市场制度的全面构建以及土地有形市场的建立和推广。1999 年土地收购储备制度建立和推广。1996 年上海设立了土地发展中心。1997 年以后，杭州、南通等一些城市启动并试行土地收购储备制度。1999 年在全国城市土地集约利用市长研讨班上，杭州市介绍了其土地储备制度成果和经验，引起了国土部门和各地政府的共鸣。武汉、青岛等地相继成立土地储备机构并挂牌运行。

2001 年，国务院下发了 15 号文《关于加强国有土地资产管理的通知》，它是全面加强土地资产管理和土地市场建设的纲领性文件。进一步为我们保护和合理利用国有土地，推进土地市场建设进而推进社会主义市场经济指明了工作方向和原则，并要求有条件的地方推行土地收购储备制度，为建立和完善土地一级市场，实现土地一级市场垄断和统一管理提供了政策基础。到 2002 年，全国有 1 258 个市县建立了土地收购储备制度。土地收购储备制度的推出成为我国土地市场的一个重要环节。

2000 土地有形市场的建立和推广。2000 年 1 月 6 日，国土资源部下发了《关于建设土地有形市场促进土地使用权规范交易的通知》，要求各地结合本地区实际，加快建设有形土地市场，完善土地市场功能。土地有形市场的功能是：提供土地交易场所，办理土地交易事务，提供土地交易信息，代理土地交易。土地有形市场的建立，标志着我国土地市场的形态和市场管理体系得到改善。

2002 年，土地招拍挂市场正式建立。国土资源部颁布的 11 号令《实行招标拍卖挂牌出让土地使用权的规定》（2002 年 7 月 1 日实施），取消了协议出让经营性用地的方式，规定商业、旅游、娱乐和商品住宅等各类经营性用地，必须以招标、拍卖或者挂牌方式出让。全面推行招拍挂方式出让土地，使土地一级市场公平化和透明化，形成阳光交易。杜绝用暗箱协议操作土地，避免了土地资产的流失。2003 年 6 月 11 日发布了《协议出让国有土地使用权的规定》，进一步规范了协议出让市场的运作。

2007 年，土地招拍挂市场全面建立。《中华人民共和国物权法》进一步明确了招标拍卖挂牌土地的范围："工业、商业、旅游、娱乐和商品住宅等经营性用地以及同一土地有两个以上意向用地者的，应当采取招标、拍卖等公开竞价的方式出让。"从法律的高度确立了以国有建设用地使用权招标拍卖等公开竞价方式出让的市场配置制度，工业用途出让也纳入招拍挂制度。土地市场化全面推进。

（7）2008 年至今。1999 年试点停滞后，于 2008 年又开始新一轮，全面推动集体建设用地入市改革。1999 年底集体土地使用权流转试点。1999 年底经国土资源部批准，安徽省芜湖市成为全国第一家农民集体建设用地流转试点的城市，并陆续在抚顺等四个城市试行，标志着我国农民集体土地无法直接进入土地市场制度改革开始被关注。

2008年十七届三中全会做出了"逐步建立城乡统一的建设用地市场，对依法取得的农村集体经营性建设用地，必须通过统一有形的土地市场、以公开规范的方式转让土地使用权，在符合规划的前提下与国有土地享有平等权益"的决定，明确了同地同权的概念，为集体建设用地流转指明了改革方向。2012年十八届三中全会进一步明确城乡统一建设用地市场的改革方向。

2015年1月，中共中央办公厅和国务院联合印发的《关于农村土地征收、集体经营性建设用地入市、宅基地制度改革试点工作的意见》再次强调，"要建立同权同价，流转顺畅，收益共享的入市制度"，并决定在全国选取33个试点县地区。自此，探索集体经营性建设用地入市正式拉开了帷幕。

二、土地市场结构体系

依据土地产权特性和相应法律限制，我国土地市场分为城市国有土地使用权市场、农村集体土地使用权市场。我国不存在土地所有权市场。土地所有权只能由农村集体土地单向通过征收转为城市国有土地。征收市场虽然体现出产权流转特征，但征收属于国家强制性交易，不是严格意义的市场行为。

城市土地使用权市场分为以土地使用权出让为主的土地一级市场和土地使用权转让、土地使用权抵押、土地使用权租赁等构成的土地二级市场。

农村集体土地使用权市场分为农村集体土地承包经营权流转市场和农村集体建设用地使用权流转市场。

土地用途管制与建设用地指标计划供给制度下，我国还存在一个建设用地指标交易市场，通过该市场可以获得农转非指标。

我国土地市场结构及其相应交易形式归纳如表4-1所示。

表4-1 我国土地市场结构及其产权交易方式

土地市场结构类型		交易对象	交易方式
城市土地使用权市场	土地一级市场（出让市场）	城市土地使用权	行政划拨、协议出让、招标出让、拍卖出让、挂牌出让、补地价出让、作价入股、授权经营、租赁
	土地二级市场（转让市场）		转让、抵押、典当、转租、土地作价入股、土地合作经营、土地合资经营、房地产企业购并等；在建工程转让；房地产出售、出租、抵押、典当等形式
集体土地使用权市场	农业土地使用权市场	集体土地承包经营权	转让、互换、转包、出租、反租倒包、股份合作、抵押
	建设土地使用权市场	集体建设用地使用权	出让、转让、出租、抵押、股份合作、联营
集体建设用地指标交易市场		集体建设用地指标	政府间交易、私人交易；本区域交易、跨区域交易

第四节　城市土地使用权市场

一、土地一级市场

我国土地供应制度包含划拨土地供应制度和经营性土地出让供应制度。经营性土地出让制度框架形成土地一级市场。土地一级市场又称土地出让市场或土地批租市场。

国有土地使用权出让是国家以土地所有权人身份，将国有土地使用权以一定的年期转移给受让人，受让人为此支付土地出让金的行为。通过这种行为受让人取得了一种具有独立意义的城市土地使用权，为一种用益物权。该用益物权具有对土地的占有、使用、收益和一定程度的处分等权能。城市土地使用者取得的这些权能在法律上表现为以下的民事权：即对土地的使用权、转让权、出租权和抵押权等。城市土地使用权出让，是国家城市土地使用权进入市场的第一个环节。

城市土地使用权出让在我国有多种方式，包括：协议出让、招标出让、拍卖出让、挂牌出让、划拨土地补缴出让金方式出让、划拨土地作价入股出让和授权经营方式等。

1. 协议出让

协议出让指有意取得某城市土地使用权的受让人直接向国家土地管理部门，提出有偿使用土地的意愿，然后由土地管理部门与土地的有意受让人进行谈判，具体协商出让土地使用权的有关事宜。这种方式透明度低，无法实现土地真正的市场化配置，而且容易造成腐败。

协议出让的范围：除了以下三种情况以外，其他各类用地可以采用协议方式出让：①商业、旅游、娱乐和商品住宅四类经营性用地，不得以协议方式出让；②同一地块有两个以上意向用地者，也不得以协议方式出让；③国家法律规定的可以划拨的。

协议出让最低价：为了宏观调控土地市场，防止低地价出让土地，保证协议出让价格有据可依，避免批条子等行为，规定协议出让的地价不得低于国家规定的最低价标准。最低价确定的标准是：不得低于新增建设用地的土地有偿使用费、征地拆迁补偿费以及按照国家规定的有关税费之和。有基准地价的地区，协议出让最低价，不得低于出让地块所在土地级别基准地价的70%。

2. 招标方式出让

招标出让国有土地使用权指出让人（市、县人民政府土地行政管理部门）发布地块招标公告，在指定的时间内由符合条件的欲取得土地使用权的用地者，以书面投标的形式参加竞投，再由招标人根据确定的评标要求，确定土地使用权受让人的行为。

评标通常采用商务标和技术标的综合评价方式。表4-2为上海某区竞标地块标书评分表。

3. 拍卖方式出让

拍卖出让国有土地使用权指出让人发布拍卖公告，在指定的时间、地点、组织符合条件的土地使用权竞买人到场，公开竞价，按照"价高者得"的原则，确定土地使用权的受让人的

表 4-2　上海某区竞标地块标书评分表

评分项目及分值	评分子项及分值	分项
商务标 (30分)	投标金额(20分)	投标金额(20分)
	经济实力(10分)	资产总额(2分)
		主营业务收入(3分)
		资产负债率(3分)
		净利润(2分)
	技术资质(10分)	园区平台公司(4分)
		房地产排名(3分)
		科创研发能力(3分)
	项目经验(15分)	商办物业开发总量(3分)
		商品住宅开发量(3分)
		科研产品研发能力(3分)
		科技成果转化能力(3分)
		建筑智能化专业能力(3分)
	受让人承诺事项(15分)	科研机构落户(5分)
		科创企业孵化(5分)
		科研产品研发能力(5分)
技术标 (30分)	总体设计 (6分)	规划结构(2分)
		功能布局(2分)
		空间塑造(2分)
	交通组织 (6分)	道路和机动车交通(2分)
		非机动车交通(2分)
		停车组织(2分)
	建筑单体设计意象(6分)	平面布局(2分)
		立面风貌(2分)
		创新特色(2分)
	绿色建筑(6分)	通风遮阳(2分)
		屋面绿化和雨水收集(2分)
		太阳能利用(2分)
	景观设计(6分)	绿化指标(3分)
		景观系统(3分)

一种方式。这种方式与招标方式相比,对于欲取得土地使用权的受让人,更加具有公开性,同时也使他们获得了更多的竞争机会。

4. 挂牌方式出让

挂牌出让国有土地使用权是指出让人发布挂牌公告,按公告规定的期限将拟出让宗地的交易条件在指定的土地交易场所挂牌公布,接受竞买人的报价申请并更新挂牌价格,根据挂牌期限截止时的出价结果确定土地使用者的行为。

5. 土地招拍挂实践

土地招拍挂市场是政府垄断的一级土地市场。政府为了调控土地市场、控制地价和房价、寻求最佳开发商常常采取各种招拍挂方式,包括价高者得、价中者得、限价内价高者得(保护价模式)、复合招拍挂(先招标筛资格,后挂拍竞地价)、限地价、竞配建综合竞标、带方案竞标、承诺竞标、定向招拍挂(定制模式)、设置门槛、捆绑模式、门槛+捆绑、劝退模式(政府劝、企业劝)及联合投标等。

>
>
> ### 城市土地一级市场发展
>
> **(一)出让面积规模及变化**
>
> 我国土地出让面积2000年以后迅速扩张。2002—2013年间,虽然中间有下降,但总体呈波动形上升的趋势,由最初的90 394.12公顷增长至374 804.03公顷,增长了3.15倍;在2014—2016年,土地出让面积大幅减少,至2016年减少至211 850.82公顷,减少了44%。2001—2016年总共出让土地的面积达368万公顷。出让面积中新增土地的面积变化趋势与前述类似,土地出让宗数亦同,如图4-6所示。
>
>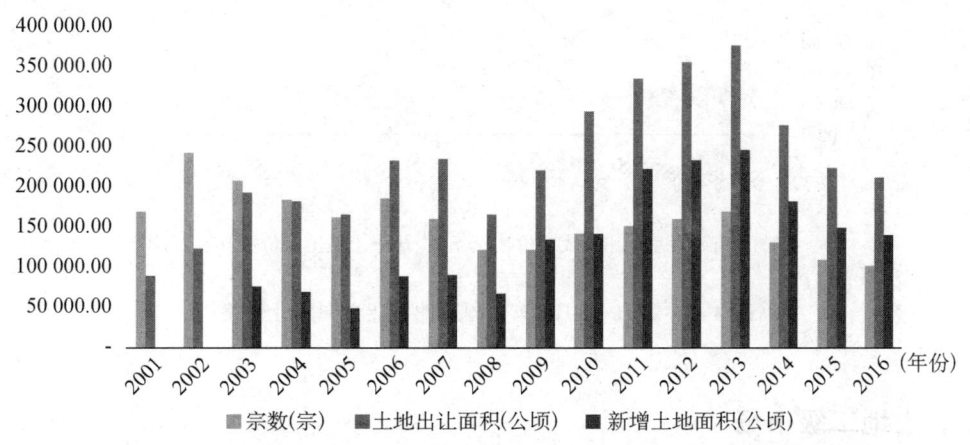
>
> **图4-6 2001—2016年全国土地出让宗数、土地出让面积和新增面积**
>
> **(二)出让面积与出让金变化**
>
> 如图4-7所示,与此同时,土地出让价款也在急剧上升。2002—2016年间,全国的土地出让价款增长了28倍,年均复合增长率为23.19%,尤其在2008年之后,全国的土

地出让价款迅速上升。土地财政已经成为地方政府财政收入的重要组成部分。

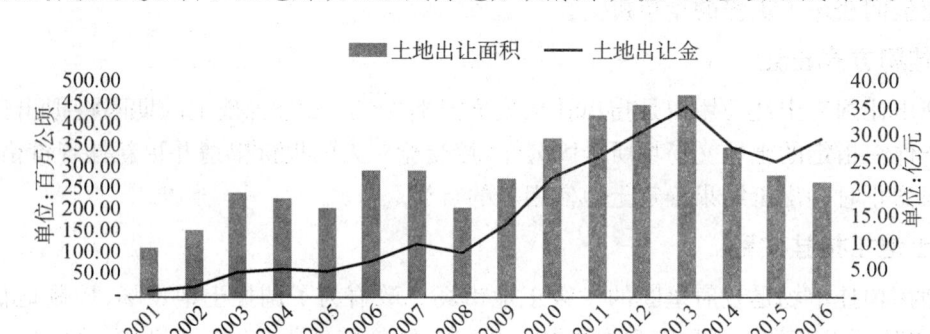

图 4-7　2001—2016 年全国土地出让面积和土地出让金

（三）出让价款与出让价

如图 4-8 所示，土地出让成交价款和土地出让价格呈波动形上升的趋势，在 2011 年之前，两者的变动趋势并不完全一致。在 2011 年，两者同时出现下降的趋势，并在之后的五年，表现出一致的变化趋势，说明此时的土地财政主要依赖于高地价，考虑到不同城市的地价存在很大的差异，价格效应是否真正显现要根据城市所属的类别具体分析。

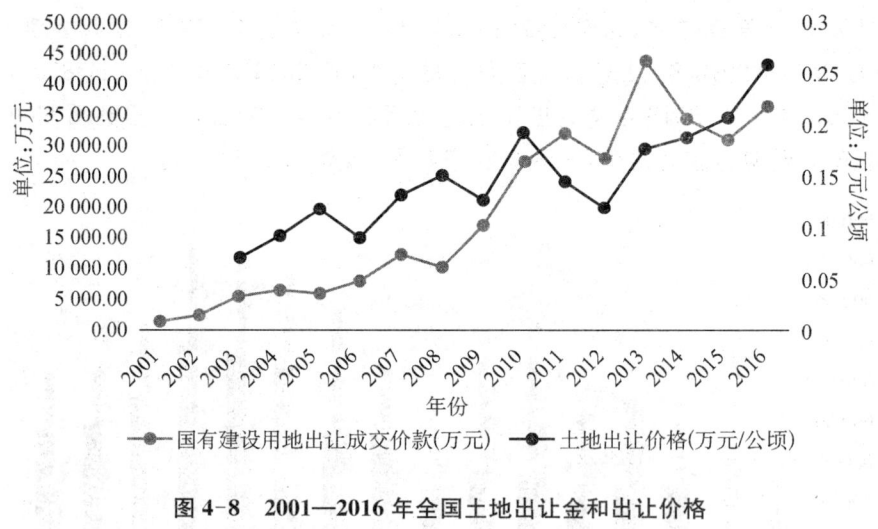

图 4-8　2001—2016 年全国土地出让金和出让价格

二、土地二级市场

1. 二级市场交易方式与特点

土地二级市场指将从土地一级市场获取的土地以转让、抵押、租赁、赠与、入股或者其他合法方式将出让土地使用权转移给他人的行为。土地二级市场交易又称二手地交易。二级市场土地交易主要包含以下方式和特点。

1) 土地或在建工程转让

土地或在建工程转让指土地使用权人直接出售土地使用权或在建工程，房地产权利人发生转移变更的行为。《城市房地产管理法》第三十八条规定了转让房地产的条件：①要按照出让合同约定，已经支付全部土地使用权出让金，并取得土地使用权证书，才允许转让；②要按照出让合同约定进行投资开发，完成一定开发规模后才允许转让。这里又分为两种情形：一是属于房屋建设的，实际投入房屋建设工程的资金额应占全部开发投资总额的25%以上；二是属于成片开发土地的，应形成工业或其他建设用地条件，方可转让。这样规定，其目的在于严格限制炒买炒卖地皮，牟取暴利，以保证开发建设的顺利实施。因此，严格意义上，我国并无土地二级市场，充其量只能是在建工程转让。

实践中，土地（或在建工程）直接转让操作简单，土地价款回收快，纠纷少。但交易成本大，转让土地方需要交纳营业税及其附加、所得税、土地增值税、契税及交易手续费等；新的项目开发建设单位必须具备开发受让项目的条件；项目变更手续麻烦。

为了规避交易风险，土地转让时应明确土地利用状况和条件。在建工程转让时需明晰各种债权债务关系。

土地（或在建工程）转让后，所有项目立项、规划用地、建筑设计、土地使用权人及项目功能用途等批文必须经有关部门批准和许可，重新办理变更手续。已经签订的拆迁、设计、施工、监理和材料采购等合同应作变更；还要变更开发建设单位的名称等。

2) 项目公司转让方式

项目公司转让，指已经获得立项批准的房地产开发项目公司向项目公司其他股东、或合作开发的收益人、或他人转让其全部股权或合作开发权益的行为。这种方式可实现通过转让房地产开发项目公司达到转让土地或在建工程的目的。

项目公司转让优点：一是手续简单。按规定办理股权转让的变更登记手续即可控制管理整个项目，不必涉及土地使用权过户和建设手续的变更等复杂手续和合同；二是费用节省。无需交纳直接转让所需的土地增值税和增值税等相关税费；三是开发快捷。投资者一旦办妥股权转让手续，按公司法有关规定办理工商变更登记手续，即可投入资金进行后续开发建设，无需另成立房地产公司。

项目公司转让缺点：多重风险难以控制。如，是否有潜在负债？是否对外提供过保证担保的风险？是否对外签有已构成违约合同的风险？是否存在既往少缴税款或偷税漏税遇到的税务检查风险？等等。收购之前，项目公司收购者务必对所收购公司的债权债务有清楚的了解，复杂情况下，可委托会计师事务所实施尽职调查。如果以土地使用权或项目或在建工程的价值作为项目公司收购价，则务必约定项目公司收购前的一切债权债务均要由原股东负责承担，并提供相应的有效担保或留下一定比例的转让金作为保证金等。

项目公司转让时，通常将目标公司的其他资产先清理掉，然后卖公司100%股权，该方式是目前运用非常普遍的方式，但需要注意税务筹划。卖方一般只有企业所得税，没有营业税和土地增值税；但买方税赋较重，风险较大。如果购买方谈判的时候，不考虑税负问题，结果可能导致大问题。尤其是，股权溢价是不允许作为成本在所得税和土地增值税前扣除的，相当于卖方少缴的土地增值税递延到收购方了。

3）项目公司股权转让

项目公司股权转让指已经获得立项批准的房地产开发项目公司向项目公司股东、或合作开发的收益人、或他人转让其部分股权或合作开发权益并至受让人控股的行为。这种方式可实现通过控股权的改变达到转让土地的目的。实践中可以有以下几种形式：

（1）股权收购项目公司方式。通过直接控股房地产项目公司，以实现土地的间接交易。

（2）股权并购项目公司之上级公司方式。通过直接控股上级公司，达到间接控股房地产项目公司目的，以实现土地的间接交易。

（3）项目公司股权比例变更方式。即以项目合作各方权益比例的变更转让房地产的开发权益，是一种土地不完全转让的方式。

（4）股权换地再赎回。这种方式指将需要交易的土地价格折算成拥有土地企业的股权，并将该股权转让于二手地受让方。该受让企业由此间接获得需要开发的地块。待项目开发完成后再由原项目公司进行股权赎回，受让土地开发方退出。土地的分割转让或企业将其部分地块转让开发时，往往可以通过这种方式实现。

项目公司股权转让最大优点就是灵活便利，风险分析可以比照其他方式分析。需注意，吸收股东进行土地开发的，均应按《中华人民共和国公司法》的规定办理企业登记注册手续。

4）项目合资

《城市房地产管理法》第二十七条规定，依法取得的土地使用权可以依据本法或有关法律法规，作价入股、合资合作进行房地产开发经营。该条为以土地使用权合作、合资提供了法律保障。

项目合资是土地交易的又一种特殊形式，属于法人型合作，指一方主要出地（土地或在建工程作价折算投资比例），另一方或者多方提供资金，合作各方投资建立新项目公司，以股权确定出资比例，并以项目公司名义办理有关项目手续。房地产需办理权属变更手续。各方权利义务由公司章程规定。在各方的关系上，与合作方式不同，强调了"四共"的原则，即共同投资、共同经营管理、共享利润、共担风险和亏损。

优缺点：权责分明，可以减少纠纷发生的概率。但是，组建公司需要规范管理机构，费用高，时间长，需要办理土地产权变更手续和一些项目报批手续，容易错过商机。更重要的是，项目公司利润只能在交纳所得税后在合资双方间分配。对于出地者来说，往往觉得不合算。

5）项目合作

项目合作是土地交易的常见方式，属于合伙型合作。指合作双方未重新组建项目公司，合作形式、投资和收益比例由合作协议约定，但仍需以项目合作双方名义办理有关项目手续。与合资不同的是，如果合作者对于其投资的条件、产品分配、收益分配的方式（分房、分利润等）和经营管理方式双方达成了一致，形成一种合同约定，那么法律就是认可的，而并不强调一定要按照"四共"的原则来处理合作者之间的关系。

项目合作存在风险：①容易产生纠纷。分房纠纷，利润分配纠纷。②合作双方是否对因项目产生的一切责任（不论以合作任一方名义直接产生）都承担连带责任。开发项目由双方共同受益本着权利义务对等的原则，双方应对任何一方产生债务负连带责任。双方在合作协议中对各自责任做的划分不能产生对外效力，只能作为内部追偿的依据。如果建筑工程款出现纠纷，法院只能认定该欠款是因联合开发项目而产生，可以判定联合开发双方承担连带责任,而不必考虑该合同是哪一方签订的,也不受联合开发合同中关于各自责任划分的影响;③合作合同签署没有明晰风险与收益的共担,往往会被视作非法融资成为无效合同。

2. 二级市场土地交易框架设计

对一级土地市场交易而言,二级市场土地交易中会存在各种各样的实际问题。因此,为了完成二级市场土地的交易,选择合适的交易方式,需要考虑从:①合法性;②权益关系的明晰;③安全与风险的平衡;④交易成本的控制;⑤交易手续的简便等方面进行二级市场土地交易框架的设定。特别是需要注意以下几个要点。

土地交易需符合土地转让条件。国家禁止没达到投资比例要求的土地炒卖,以及禁止利用建设项目、规划许可证和用地红线图转让等形式变相"炒卖"土地。为了达到转让条件,有些项目是由乙方出资完成法律规定投资额,再进行土地及其项目转让。这种运作属于违规操作,应注意规避风险,符合国家法律。

土地交易需避免非法集资。国家规定开发企业不得使用"招商"等不规范用语,不得非法从事金融业务。国家将加大对以土地开发、土地转让为名进行非法集资行为的监管和查处力度。对非法集资的企业,一经查实,坚决吊销其营业执照,并依法追究有关当事人的责任。一方出地、一方出钱的合作开发模式实践中运用非常多。合作合同需要明确双方责权利,避免合同无效。实践中,许多合作开发行为因为违反这一原则而被法院认定合同无效。

如甲乙公司合作协议约定:甲供地,不参与建设管理,乙出资金。不论项目是否盈利,乙公司均向甲公司支付若干收益。根据最高人民法院《关于审理联营合同纠纷案件若干问题解答》的规定,此类条款属于联营合同的保底条款,应视无效合同,亦有炒作土地之嫌。

如果乙方仅出资,不承担其他义务,由甲方在项目完工后返还高于原出资额的资金予乙方。根据国家有关金融法规,禁止企业间互相借贷收取利息,属于非法集资。法院亦认定合同无效。

实践中交易行为常会出现规避政策管制的现象。甲方出地出资质,乙方出资金并进行实际运作,这种方式实际上双方都存在很大风险。甲方存在风险:①项目经营风险(所有合同皆以甲方名义办理,如果项目开发过程中出现纠纷,甲方都得承担);②贷款风险(项目如果无法还款,甲方必须承担责任);③毁约风险;等等。乙方存在风险:①毁约风险(土地和房地产增值使出地方在原协议下处于不利地位,它宁可毁约赔偿,收回土地);②资金的投入无法回收的风险;③利润结算风险;④甲方债权风险;等等。

对此,双方当事人在签署合同时必须予以注意表达合作意图,明确责权利,即不能借合作之名炒作土地,也不能行借贷之实。

3. 二级市场土地交易风险规避

1) 完善细化交易合同的制定

明晰房地产项目转让、项目公司转让、合资开发、合作开发等交易合同签订、合同规范格式、主要条款和关键性条款及合同双方的权利义务。

(1) 对于合资、合作合同的签署注意事项

明确合作双方的开发资质或取得资质的相应责任;组成项目公司合资开发的,要明确注册资本投入方式以及注册资本与投资总额的差异的处理对策和相应责任。

重视违约责任的约定。房地产项目周期长,过程复杂,违约现象时有发生。为了督促当事人按约履行义务,控制项目进度,保证项目顺利实施,必须确立违约责任。

一个地块上合作开发涉及几个性质不同的项目,应分别立项、分别审批办理。

合作各方的投资回报形式要明确。约定分房的,要顾及房屋面积、位置,明确房屋分配的具体办法,还要考虑实际建成建筑面积变化时的分配方式;约定分配利润的,应约定利润的计取方式。

合作合同需要明确双方责权利,避免合同无效。

合作开发合同由于需要办理相关手续,往往效力待定。对此,合作合同应明晰一旦无效或不生效时的具体处理办法。

(2) 对于项目公司转让注意事项

项目公司的转让方债权债务要明确,潜在债务的澄清,要约定公告程序。

转让的项目如未办理出让手续或已办理出让手续,转让时尚未付清出让款的,应明晰办理出让手续的负责人及费用承担交付方式。

项目转让时,项目未按出让合同约定的期限和条件进行开发,转让合同应约定补办主管部门认可手续及具体负责人、转让前处理,以及土地和工程的权利限制等。

2) 做好转让开发的审批备案工作,确保项目合法性

不论是合资还是合作开发,开发房地产的各个环节,从立项、土地取得、规划、开工、建设、预售和竣工验收,都需要向政府有关部门办理审批手续,其中,办理证件和批文必须以合作双方名义办理,只有这样合资或合作的联合开发行为才能得到法律的认可。实践中可以采用共同列名方式,或列主要建设方名,备注注明联合合作方名。由于没有做好联合开发的审批工作而导致某一方权利受损或合作合同判定无效的案例非常多。

3) 明晰土地开发条件和权益状况

应注意,权益是土地最重要的经济特性之一,交易的土地商品性状不能仅以所看到的表象而定。交易过程中从专业角度搞清土地的权益和开发状况尤其重要,它包括土地产权、土地熟度(基础设施配套状况)、土地开发规划指标限制等因素。这些指标往往是土地交易的陷阱,成为影响土地受让方后期开发经营顺利完成的不确定要素,甚至造成受让方不必要的费用支付。

第五节 集体土地使用权市场

农村土地市场即农村集体土地使用权流转市场,包括集体土地承包经营权流转市场(包括荒地、山地拍卖流转)和集体经营性建设用地流转市场(不含宅基地)。我国土地用途管制与建设用地指标计划管控制度下,还存在着集体建设用地指标交易市场。

一、集体土地承包经营权市场

1. 市场发展

我国自实行家庭承包经营制以来,农地流转日趋活跃。20 世纪 90 年代末至 21 世纪初,

土地流转方式呈现多样化特征。2006年废除了延续千年的农业税后,土地流转进入加速阶段。2007年《物权法》明确了集体土地承包经营权为用益物权,明确规定土地承包经营期限与流转的具体形式。农村土地承包经营权流转市场开始迅速发展,并且部分地区已经具有了一定的规模,农地流转的广度和深度正进一步拓展。

2019年1月1日新版《农村土地承包法》将土地承包经营权实施"三权分置",为农村土地流转市场发育提供了更加完善的制度环境。规定如"承包方可以自主决定依法采取出租(转包)、入股或者其他方式向他人流转土地经营权,并向发包方备案"和"通过招标、拍卖、公开协商等方式承包农村土地,经依法登记取得权属证书的,可以依法采取出租、入股、抵押或者其他方式流转土地经营权"。

2. 交易制度

土地承包权、经营权受国家保护。土地承包经营权的市场交易方式有:土地承包权转让互换、土地经营权转包、互换、出租、入股、反租倒包和担保与抵押等。

(1) 转让。指经发包方同意,承包方可以将全部或者部分的土地经营权转让给本集体经济组织的其他农户,由该农户同发包方确立新的承包关系,原承包方与发包方在该土地上的承包关系即行终止。转让是最彻底的土地承包经营权的流转方式,原承包方完全失去了土地使用权。

(2) 转包。转包指农民集体经济组织内部成员之间的土地承包经营权的租赁行为。转包人保留承包权,土地经营权转给其他农户。受转包人享用土地承包经营权的使用权及其收益,并向转包人支付转包费。转包无须发包方许可,但转包合同需向发包方备案。

(3) 互换。土地承包权互换指"承包方之间为方便耕种或者各自需要,可以对属于同一集体经济组织的土地经营权进行互换,并向发包方备案。"土地经营权互换,是土地经营权人将自己的土地经营权交换给他人行使,自己行使从他人处换来的土地经营权。

(4) 出租。出租是指承包方将部分或全部土地经营权以一定期限租赁给他人从事农业生产经营。出租后原土地承包关系不变,原承包方继续履行原土地承包合同规定的权利和义务。承租方按出租时约定的条件对承包方负责,即农户将其承包地以收取土地租金的形式租给他人经营,也就是租赁给本集体经济组织以外的第三方经营。

(5) 反租倒包。指村委会将承包到户的土地通过租赁形式集中到集体(返租),进行统一规划布局,再将土地使用权通过市场的方式承包给农业经营大户或农业企业(倒包)的土地经营方式。

(6) 入股。是农民在自愿联合的基础上,将土地经营权以股份形式组织在一起,从事农业生产,按股份分红获利。这是一种具有合作性质的流转形式,需向发包方备案。

(7) 担保与抵押。土地经营权的担保,即是指用土地承包经营权作为实现债权的担保财产,当债权无法实现时担保权人可以依法处分该权利并优先受偿。新土地承包法规定:"承包方可以用承包地的土地经营权向金融机构融资担保,并向发包方备案。受让方通过流转取得的土地经营权,经承包方书面同意并向发包方备案,可以向金融机构融资担保。"

专 栏

我国集体土地流转市场状况

目前,我国农村土地流转的速度、规模与面积均呈逐年增长的趋势,如图4-9。2007年农村土地流转面积约0.64亿亩,仅占家庭承包耕地总面积的5.2%;截至2016年6月底,全国承包耕地流转面积达到4.6亿亩,超过承包耕地总面积的1/3。

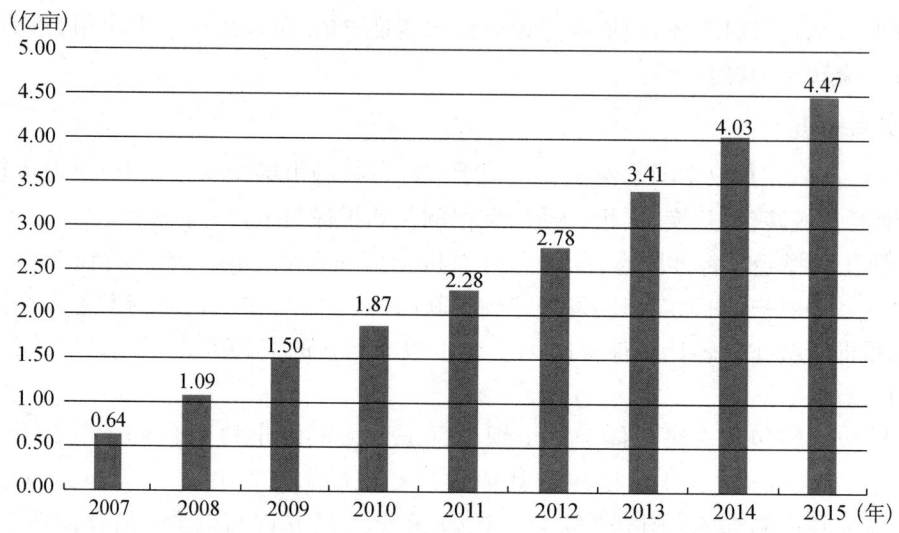

图4-9　2007—2015年全国农村土地流转规模变化

(1) 农村土地流转的数量与规模不断增长。截至2015年底,土地经营权流转面积达到4.47亿亩,比2010年的1.87亿亩增长1.39倍,年均增长19.1%;流转面积占家庭承包耕地面积的比例由14.7%提高到33.3%,年均提高3.7个百分点;流转出承包耕地的农户由3 320.9万户增加到6 329.5万户,占承包耕地农户数比例由14.5%增加到27.5%。流转合同签订率由2010年的56.7%提高到2015年的67.8%,农户承包地规范有序的流转机制初步建立。

(2) 农村土地流转形式以转包、出租为主,出租入股互换面积增长较快。如图4-10所示,从2010年到2015年,转包面积由0.96亿亩增加到2.10亿亩,年均增长16.9%,占比由51.6%下降至47.0%;出租面积由0.49亿亩增加到1.53亿亩,年均增长25.5%,占比由26.4%增加至34.3%。转包出租合计3.63亿亩,占土地经营权流转面积的81.3%;同期,入股面积占比由6.0%提高至6.1%;互换面积占比由5.1%提高至5.4%。土地互换、土地入股、土地托管等多种形式充分体现了发展农业适度规模经营政策的效果。

(3) 农村土地流转主体多元化,流转耕地比例不断变化。在农户之间流转的基础上,农业企业、农民合作社等新兴农业经营主体进入农业经营,参与流转的主体日益多元化,从2010到2015年,流转入合作社的耕地面积由0.22亿亩增加至0.97亿亩,年均

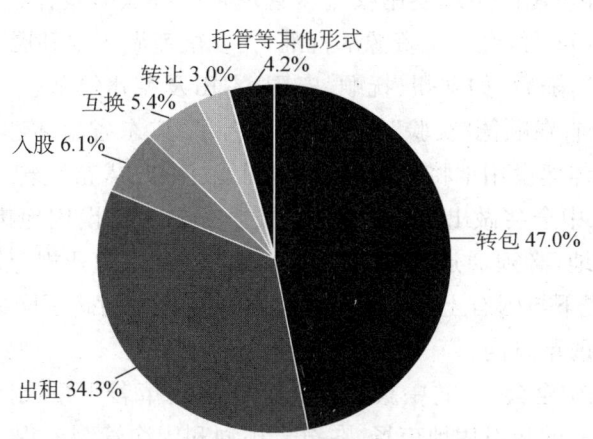

图 4-10　2015 年全国农村土地流转方式

增长 34.5%,占比由 11.9% 上升到 21.8%;流转入企业的耕地面积由 0.15 亿亩增加到 0.42 亿亩,年均增长 22.9%,占比由 9.1% 上升到 9.5%;流转入农户的耕地面积由 1.29 亿亩增加至 2.62 亿亩,年均增长 15.2%,但占比由 69.2% 下降至 58.6%。流转入合作社和企业的耕地增加,流转入农户的耕地比例下降。

资料来源:《中国农村经营管理统计年报》(2015 年)

二、集体建设用地使用权市场

1. 集体建设用地市场

(1) 市场发展

我国农村集体建设用地总量高达 2.7 亿亩,相当于城市建设用地总量的 2.5 倍,而且增长速度还快于城市建设用地增长速度。由于农村居民分散、户均宅基地面积过大,空心村现象大量存在,以及乡镇企业用地大量闲置等原因,农村集体建设用地的利用效率很低。因此,实施农村集体建设用地有序流转,盘活农村集体土地资产,增强农村集体经济组织的实力,提高农民生活水平,加速农村人口城镇化,已经成为农村土地产权制度改革和农村经济发展的重要途径和手段。

根据国家规定,集体建设用地的使用范围和集体土地的流转受到法律的严格限制。1999 年修改实施的《土地管理法》依然强调:农民集体所有土地的使用权不得出让、转让或者出租用于非农业建设;但是,符合土地利用总体规划并依法取得建设用地的企业,因破产、兼并等情况致使土地使用权发生转移的除外。而从现实来看,农村集体建设土地使用权自发流转情况由来已久。早在 20 世纪 70 年代,一种无意识的集体土地流转已产生。1986 年,国家在芜湖等市实行首次流转试点。而近年来,随着农村社会经济的发展特别是乡镇企业结构的调整,集体建设用地大量流转、入市。对于既成事实的农村集体土地使用权流转现象,"堵"是没有用的,应该采用"疏"的方式,为其创造一个良好的制度环境。1995 年,苏州市率先提出了"集体建设用地能不能流转,能不能进行试验"的问题,并于 1996 年 9 月颁布了《苏州市农村集体存量建设用地使用权流转管理暂行办法》,集体建设用地使用权流转试点正式启动。1999年11月,经国土资源部批准,在安徽芜湖再次开展了"农民集体所有建设用地使用权流转试点",随后,如湖州、抚顺、安阳、古田及芜州等地也先后开始了试点工作。2005年10月,广东全省在顺德"实验"的基础上出台了《广东省集体建设用地使用权流转管理办法》,它意味着集体建设用地将与国有土地"同地、同权"入市流转。

2008年十七届三中全会做出了"逐步建立城乡统一的建设用地市场,对依法取得的农村集体经营性建设用地,必须通过统一有形的土地市场、以公开规范的方式转让土地使用权,在符合规划的前提下与国有土地享有平等权益"的决定,明确了同地同权的概念,为集体建设用地流转指明了改革方向。

2012年十八届三中全会《中共中央关于全面深化改革若干重大问题的决定》中进一步明确提出建立城乡统一的建设用地市场,在符合规划和用途管制前提下,允许农村集体经营性建设用地(不含住宅用途与宅基地)出让、租赁、入股,实行与国有土地同等入市、同权同价,同时提出建立兼顾国家、集体、个人的土地增值收益分配机制。

2015年1月,中共中央办公厅和国务院联合印发的《关于农村土地征收、集体经营性建设用地入市、宅基地制度改革试点工作的意见》再次强调,"要建立同权同价,流转顺畅,收益共享的入市制度",并决定在全国选取33个试点县(市、区)。自此,探索集体经营性建设用地入市正式拉开了帷幕。

(2) 交易制度

2019年,十三届全国人大常委会第十二次会议通过的新修改版《土地管理法》破除了农村集体建设用地进入市场的法律障碍,规定了集体建设用地一二级市场的交易方式,结束了多年来集体建设用地不能与国有建设用地同权同价同等入市的二元体制,初步构建实现了国有建设用地与集体建设用地同等入市、同权同价和城乡统一的建设用地市场。

一级市场交易方式。农村集体建设用地在符合规划、依法登记,并经2/3以上集体经济组织成员同意的情况下,可以通过出让、出租等方式交由农村集体经济组织以外的单位或个人直接使用。

二级市场交易方式。使用者在取得农村集体建设用地之后还可以通过转让、互换、入股、抵押等方式进行流转。

2. 集体住宅用地市场

4(1) "小产权房"市场

"小产权房"是指在集体所有土地上建造的、因各种违法原因难以获得产权证的"非商品住宅"。具体包括在集体土地上建设,未办理城市规划、商品房建设、商品房销售手续,未取得国有土地使用证、商品房所有权证的房产。主要可分为三大类:①农户在依法批准的宅基地上建成的农民房屋,销售给城镇居民;②在农户集中上楼腾出的宅基地或其他集体建设用地上建造的住宅,向社会销售;③未经批准占用农用地甚至基本农田建造住宅,向社会销售。

虽然原建设部、国务院办公厅等部门于2007年6月、12月先后发布购买小产权房"风险提示"和严禁违规开发小产权房、劝禁城镇居民购买小产权房的通知,但仍有大量城郊村镇打着建设社会主义新农村的名义,在集体土地上违规开发建设小产权房。据中国新闻网载文指称,通过旧城改造、城中村改造、合村并镇、新农村建设、村集体直接开发、合作开发及各种形式的信托持有等多种途径和形式,涉及城市居民和公司拥有的小产权房已达到现存全国村镇房屋建筑面积 330 亿平方米的 20% 以上,其中涉及村镇住宅的大约 50 多亿平方米,涉及村镇生产性建筑的规模也很大,它甚至已经成为许多中小企业、三资企业的主要生产场所。由于在建、已建小产权房分散而"隐秘",其数量很难统计;由于小产权房没有完善的销售手续,小产权房在全国范围内占住房总量的比例也很难统计。

小产权房是我国城乡二元结构矛盾焦点的产物,目前仍是我国明令严格查处的违法建筑。2019 年新版土地管理法允许非居经营性用地入市,但仍然没有放开集体土地上进行住宅商品房开发的规定。同时,宅基地流转市场仍然没有明确建立。

(2) 集体租赁住宅市场

为增加租赁住房供应、构建购租并举的住房体系、拓宽集体经济组织和农民增收渠道,2017 年原国土资源部会同住房城乡建设部出台了《利用集体建设用地建设租赁住房试点方案》,确定在北京、上海、广州等 13 个城市开展利用集体建设用地建设租赁住房试点。通过改革试点,在试点城市成功运营一批集体租赁住房项目,完善利用集体建设用地建设租赁住房规则,形成一批可复制、可推广的改革成果,为构建城乡统一的建设用地市场提供支撑。

虽然,政策规定集体土地上建成房屋只能持有,市场化租赁运营,不可出售。但从制度层面,这可以说是国家首次开启集体住宅经营性用地开发先例。

3. 建设用地指标交易市场

(1) 指标交易内涵

快速城镇化过程中,一方面,土地用途管制与建设用地指标的严格控制,使得农转非的建设用地指标成为城市扩张的重要资源;另一方面,大量集体存量建设用地存在空闲置和低效粗放利用现象。为了盘活存量集体建设用地,挖潜和复垦存量集体建设用地,重庆市最先试点推出集体建设用地指标交易市场。随后,在全国各地得以推广。

建设用地指标交易市场又称地票交易市场,是指可交易建设用地指标在本区域或跨区域市场的交易活动总和。可交易的建设用地指标特指农村宅基地及其附属设施用地、乡镇企业用地、农村公共设施和公益事业建设用地等农村集体建设用地复垦为耕地后,可用于建设的用地指标。

(2) 指标交易性质

建设用地指标交易是城乡建设用地增减挂钩制度实施的市场化手段。建设用地指标交易的实质是土地发展许可权交易,并不是土地发展权交易。不少学者认为,我国当前实施的建设用地指标增减挂钩以及建设用地指标即地票交易制度中的建设用地指标具有土地发展权性质。实际上,发展权与建设用地指标存在本质不同。发展权是依托于地块所有权的一项获益且可转让权利。建设用地指标只能算是区域农转非的政府规划许可指标,体现的是政府对地块发展的用途管制许可权和规划管控权。此外,发展权价值是土地性质改变及其开发强度改变形成的价值。建设用地指标的价值通常与土地整治与复垦成本关联,与区域建设用地计划指标供求状态关联。把建设用地指标流转看成是发展权流转交易,根本上是将国家的强制性规划管控权与土地产权属性混淆了。

(3) 指标交易流程

首先需要产生建设用地交易指标。该指标严格按照以下程序产生：①市国土资源行政主管部门依据土地利用总体规划、城镇规划，编制城乡建设用地挂钩专项规划，确定挂钩的规模和布局，经市人民政府批准后实施；②土地权利人（包括农村集体经济组织、农民家庭及拥有土地权属的其他组织）向区县（自治县）国土资源行政主管部门提出土地复垦立项申请，经批准后复垦所立项的土地；③在土地复垦完毕后，复垦方向区县（自治县）国土资源行政主管部门提出农村土地复垦质量验收申请；④区县（自治县）国土资源行政主管部门按规定组织验收，验收合格后，按照市土地复垦有关规定，向市国土资源行政主管部门申请确认并核发建设用地指标凭证。

指标交易规则：①凡建设用地指标交易，必须在农村土地交易所内进行；②申让方持土地指标凭证，向农村土地交易所提出交易申请，也可以委托代理机构代理申请；③代理机构代理申让指标时，在出具土地指标凭证的同时，必须提交委托书；④农村土地交易所对申让方进行资格条件审查后，将审查合格的待交易土地指标纳入信息库，并及时向社会公布；⑤一切农村集体经济组织、法人或其他组织以及具有独立民事能力的自然人，均可在农村土地交易所公开竞购指标。

交易价格由市人民政府在综合考虑耕地开垦费、新增建设用地土地有偿使用费等因素的基础上，制定全市统一的建设用地指标基准交易价格。重庆市"地票"交易面积、交易金额和交易均价2008年分别为1 100亩、8 980万元和8.16万/亩，2016年分别增至197 935万亩、3 931 985万元和19.99万/亩。

交易调控管理由市人民政府对建设用地指标交易总量实行计划调控，每年度交易指标量要根据年度用地计划、挂钩周转指标规模和经营性用地需求情况，合理确定。

指标购买后可用来：①增加等量城镇建设用地；②指标落地时，冲抵新增建设用地有偿使用费和耕地开垦费。

购得建设用地指标即地票的企业只是得到了集体土地的开发许可权，该地块仍需在符合城乡总体规划和土地利用总体规划的前提下，办理集体土地征收手续，仍然需要交纳土地出让金。不过地票在"兑现"时，可以冲抵新增建设用地土地有偿使用费和耕地开垦费，费用的冲抵方法，将由市土地行政主管部门制订。而如果持有地票的企业在"招拍挂"中没有拍到想要的土地，可将地票转让给竞拍成功的企业。

思 考 题

1. 何谓土地自然供给？有哪些特征和影响因素？
2. 何谓土地经济供给？有哪些特征和影响因素？
3. 提高土地经济供给的措施有哪些？
4. 自然供给与经济供给的关系怎样？
5. 土地需求的类型和影响因素有哪些？
6. 简述长期状态下土地供求的一般均衡。
7. 简述短期状态下土地供求的一般均衡。

8. 简述土地特殊的供求关系。
9. 简述土地市场动态平衡关系。
10. 简述我国土地市场特点和发展过程。
11. 简述我国土地市场结构和交易方式。
12. 我国农村土地市场发展特点和存在问题有哪些?
13. 简述我国一级市场运作方式和特点。
14. 简述我国二级市场运作方式和特点。
15. 何谓土地市场宏观管理?与土地调控的关系有是什么?
16. 何谓土地市场微观管理?
17. 土地市场管理的手段和方法有哪些?
18. 说明协议供地、拍卖供地、招标供地优点和存在的问题,并就你所在城市状况进一步分析。

第五章 土地增值利益分配理论与实践

章前导读

> 土地增值分配是土地市场配置的核心利益问题。土地利益相关者关系到利益分配的主体，土地增值形成与利益分配理论是土地利益分配实践的依据。
>
> 本章重点掌握土地增值构成及形成原因与归属、增值利益分配的三个经典理论："涨价归私"学说、"涨价归公"学说、"涨价公私兼顾"学说；熟悉土地收储出让利益、城市存量土地更新利益、集体土地征收利益和集体土地入市利益的利益分配实践与改革方向。

第一节 土地利益相关者及增值构成

一、土地利益相关者

鉴于我国土地产权制度特征，土地利益相关者包括中央及地方政府、集体土地所有者、城市土地使用权人（企业、机构或个人）、集体土地使用权人（企业、机构或个人）和土地投资运营商等。

1. 中央与地方政府

中央政府与地方政府对土地利益的收益分配存在两大方面的模糊界面需要加以区分。

（1）政府具有国有城市土地的所有者以及管理者的双重职责，既可以凭借土地所有权身份获取土地的收益分配，又可以作为管理者和公共利益代表获得相关投资收益与相关税收收入。两种利益的产生原因不同，利益分配需要实践中予以明晰。

（2）作为土地所有者中央、各级地方政府之间的土地利益需要切割。国家法律规定，城市土地所有权由国务院代表国家行使。然而，土地的不可移动及我国地方行政管理体系建构决定了地方政府具有土地资源资产管理、利用配置以及利益获取的直接权利。地方政府正逐渐成为一个独立的利益主体，并且具有独立的价值取向和政策目标，作为独立的经济主体，在执行中央政府政策过程中，有其自身的利益函数。因此，我国地方政府对土地出让收入的获取具有极强的动机，加上官员政绩考核机制的激励，造成政府依靠土地创造财政收入的土地财政现象越来越严重，国民经济与土地和房地产经济严重捆绑。

2. 集体土地所有权人

我国的集体土地产权制度决定了土地增值利益分配需要进行三个层面的区分。

（1）集体经济组织与其成员农民之间的利益均衡分配。集体经济组织虽然代表农民利益，有为农民谋福利的公共目标，但义务与权利的均衡，易导致集体经济组织为追求其自身利益最大化而牺牲农民利益，如过多截留征地收益等。

（2）集体经济组织成员农民之间的利益分配。农民是最直接利益相关者，土地是农民生存之基，土地收益的分配关乎每个农民的切身利益。

（3）集体经济组织及其成员农民与政府之间的利益分配。土地征收、集体土地入市中都需要进行利益的均衡分享。

3. 原土地使用权人

原土地使用权人是指土地的现状使用权人。按照物权法，城市建设用地使用权为用益物权。在存量土地收储与存量土地盘活过程中，原土地使用权人与政府即土地所有者之间的分配关系是最直接和核心的关系。当前需要回答：一是土地收储过程中的原土地使用权人如何分享发展权价值并得到相应补偿？二是土地自行盘活改变用途出租经营、重新开发过程中如何分享利益补交土地增值给政府？原土地使用人如果不能分享发展权价值，他们会抵制土地收储，抵制土地更新盘活，使得城市土地结构优化和功能提升难以顺利进行。

4. 投资运营商

投资运营商是盘活存量土地、开发增量土地不可或缺的社会力量。投资运营商如何分享土地增值需要看其介入土地运作的方式，比如参与土地一级开发与租赁原使用权人房地产进行转型运营、或与原使用权人合作开发等不同方式下，利益分享方式均不同。但是投资运营商与原土地使用权人或政府之间如何进行土地增值利益分享，通常可以通过市场机制商业谈判解决，本质上不是计划分配的过程。

5. 开发区管委会

在开发区中，存在特殊的利益相关者，即开发区管委会。由于土地所有权与经营权的分离，管委会作为代理人，受地方政府委托来经营开发区土地，形成委托—代理关系。我国开发区经过多年的发展，逐步形成了三种基本的管理体制，即政府主导型管理体制、企业主导型管理体制和政企混合型管理体制（开发区管委会和开发建设总公司实行两块牌子，一套人马的政企合一式）。实践中，我国绝大多数开发区采取的是政府主导型管理体制，开发区管委会作为政府的派出机构，代表地方人民政府管理开发区。不论以何种管理模式运作，开发区作为特殊的经济活动区域，都存在开发区转型升级土地盘活过程中，土地增值在地方政府、原使用权人和开发区管委会之间的利益分配问题。

二、土地增值收益形成

对于土地增值分类，存在多种观点。杜新波、孙习稳基于级差地租理论，将土地增值分为地租增值和土地资本增加。地租增值部分归国家所有，土地资本投资收益遵循谁投资谁受益的原则分配。张俊基于权利的界定与分配视角，认为土地增值收益分为自然增值和人工增值。自然增值指外部投资、供求变化、结构优化等带来的增值，土地人工增值指用途转变、强度提高等带来的增值。王巍巍从土地增值形成动力机制出发，将土地增值分为直接投资性增值、用途转变增值、供求性增值、政策法规性引导增值和技术进步性增值等。

从整体性与个别性视角,系统性和非系统性因素影响视角,可将城市存量土地增值分为土地整体增值、土地个体增值二大类别。考虑我国招拍挂制度造成的溢价,对出让地块而言土地增值还来源于招拍挂溢价。

如图5-1所示,土地整体增值系指因城市人口增长、社会经济发展、产业发展变化、土地供求变化、城市基础设施与公益设施及各类投资建设和规划发展、货币宽松等系统性变化引起的土地整体性增值。土地的整体增值不取决于土地投资人、使用权人和所有权人等个体的主观努力。土地个体增值系指因调整该地块用途、强度或对地块直接投入而导致的个别地块的非系统性增值,分为投资性增值与发展权价值。因变更用途或土地强度提高而获得的增值体现为土地的发展权价值。招拍挂溢价性增值单指招拍挂出让地块价格通过招拍挂方式超出市场平均价格的溢出部分,仅存在于一级土地收储出让环节,是政府垄断供应制度带来的。

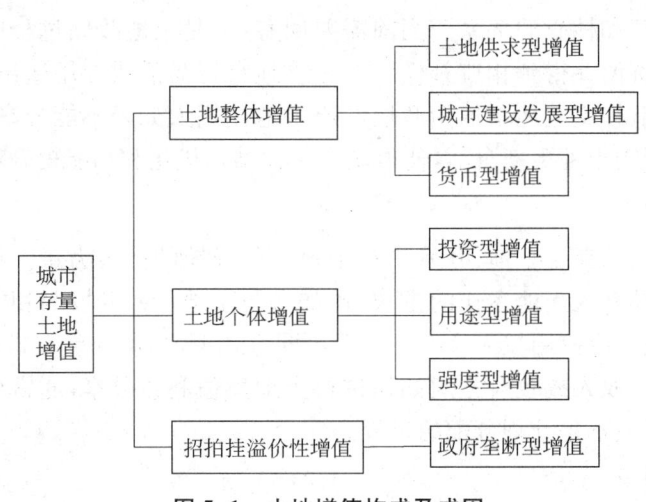

图5-1 土地增值构成及成因

第二节 土地增值收益分配理论与原则

一、土地增值归属三种学说

土地增值收益是各利益相关者盘活存量土地的根本动因,因此土地收益的分配机制对各利益相关者起着关键性的激励作用。关于土地增值收益的归属,学术界一般有三种观点:一是"涨价归私"的观点,即主张全部土地的自然增值归原土地所有者所有;二是"涨价归公"的观点,即主张土地自然增值基本归国家所有;三是"涨价公私兼顾"的观点,即主张在充分补偿失地者后剩余部分归国家所有。

1. "涨价归私"学说与实践

(1) 从土地产权角度看"涨价归私"

"涨价归私"论从产权公平的角度出发,强调土地产权的完整性,也就是说农民应该拥有完整的土地产权,除了农地占有、使用、收益及处分等权利以外,还应该拥有"土地非农开发权",农民只有获得"土地非农开发权价格"时才能称得上拥有完整的土地产权。因此集体土地被征用后获得的自然增值应当全部归农民集体所有。该观点认为"涨价归公"错误的根源来自"各种资源的市值是由其成本决定"的错误观念,指出权利本身就有价。

(2) 从机会公平角度看"涨价归私"

从机会公平角度,具体而言是从权利相同的不同社会群体利益分享的角度出发,"涨价归私"论者指出,"涨价"事实上并未完全归私,土地从农业用途向其他城市土地用途转换中的增值收益会由政府和用地单位(如房地产开发商)分享,这与传统的"完全归私"的观点已有所不同。

还有一种普遍的观点认为,城市市民所拥有的住宅等不动产同样获得了土地整体增值的利益,然而现实中至今尚未考虑过去征收他们所获得的增值收益,为何要单单强调农村集体土地增值利益的归属呢?因此农民也理当分享。

(3)"涨价归私"论实践

"涨价归私"论以20世纪60年代以前的美国为代表,美国土地产权私有决定了土地增值收益归属于土地所有者。美国政府对土地增值收益的归属问题并不关心。土地价值由于公共设施建设而提高,增值收益是归土地所有者所有;若是土地由于规划变更导致价值下降,土地所有者也得不到任何赔偿。

2. "涨价归公"学说与实践

(1)"涨价归公"学说

关于"涨价归公"论,最早提出的学者是英国的经济学家穆勒。他在1848年出版的《政治经济学原理》中主张对全国土地进行估价,土地现有价值归土地所有者所有,而由于社会进步所增加的价值则以赋税的形式归国家所有。地价增值部分属于不劳而获的收入,国家可以利用"土地税"予以征收。到了19世纪后半期,美国经济学家乔治也提出土地增值收益归国家所有的观点。他认为土地所有者得到的地租不是他们挣来的,是不应该得到的。土地价格的上涨是由于城市的发展而推动,经济地租的税收部分用于支付必需的公共服务才是公正的,因而必须对土地的剩余,即土地增值收益进行征税。

我国民主革命的先驱孙中山先生的土地纲领中所提到的平均地权,也是主张将土地增值收益收归国有。他认为土地价值的增加是由于"众人的力量",与土地所有者"是没有一点关系的",因此"当改良社会经济组织,核定天下地价。其现有之地价仍属原主所有,其革命后社会改良进步之增价,则归于国家,为国民所共享"。

(2)"涨价归公"论实践

英国是世界上最早设立土地产权的国家,其土地产权利益分配制度法制化相当高,制度目标在于确保因开发而引起的土地增值(部分)归公。英国政府对土地增值收益进行回收的方式并不是通过土地价值税,主要采用的是规划得益的方式。规划得益(Planning Gain)是由于土地发展权国有,地方规划部门在授予规划申请人(通常是开发商)规划许可的过程中,对申请人的额外收费,可以是实物、现金支付,或是某种权益,这种机制也称为"规划义务"(Planning Obligation)。从经济属性上看,可以认为是土地增值的回收方式。

虽然美国土地产权私有决定了土地增值收益归属于私人业主,但政府可以通过税、费体制,按照"谁受益,谁付费"原则,回收公共创造的土地增值。体现为通过指定一个不动产受益区域,将项目建设成本在受益区域内按照一定方式进行分担,例如按照受益不动产的价值或增值额。这种制度合理利用了基础设施对土地的增值效应,利用受益者付费方式合理回收了土地自然增值。

新加坡的城市土地收益是城市公共设施和社会服务的主要来源,收益用途体现政府目标。土地税收是政府获取土地增值收益的主要机制和分配方式,具体通过土地财产税等税制来实现。如果土地因规划用途和强度转变而产生土地增值,则应上缴50%的增值。

香港允许土地租约人申请土地用途变更,但租约人必须向政府缴纳一定数额的用途变更费,这一费用的实质体现了政府对土地增值收益的获取方式。缴纳额度以用途变更前后的级差地租为计算基准。一般来讲,新用途的地价以预期未来的市价为准,用土地拍卖市场提供的信息作为依据;但还没有开发的农地或者其他类别的土地价值只能估算。收益的分成比例不固定,由私人或企业和政府谈判,政府一般默认给地产商20%。

综上,"涨价归公"的各国家和城市土地利益分配机制归纳起来有三个特点:①土地的增值如果源于国家,则归属于全社会所有,增值利益分配遵循"谁投资谁受益"的基本原则;②分配方式灵活且有一定的弹性,综合市场机制、法规制度管控与公众参与等多种手段;③本质上,"涨价归公"实践实际上已经很大程度上体现着公私兼顾的分配方法。

3. "涨价公私兼顾"学说与实践

(1)"涨价公私兼顾"学说

"涨价公私兼顾"论是周诚教授首创,他认为应该"公平分配农地自然增值——在公平补偿失地者的前提下,将土地自然增值的剩余部分用于支援农村建设,以不同形式惠其他在耕农民"。从土地开发权的角度来看,可以概括出"全面开发权观"。农地开发权归属于失地农民和中央政府,即土地增值收益应在这二者之间分配。

具体实践上,"涨价公私兼顾"与"涨价归公"论并没有太大的区别,因为"涨价归公"是将土地自然增值部分收归国有,如征税也是按照一定比例的土地自然增值额进行收取,因而土地所有者实际上仍可以享受到一部分的增值收益。

(2)"涨价公私兼顾"论实践

该种分配模式以法国为代表。法国在1975年颁布的《改革土地政策的法律》中,创立了"法定密度极限"制度和土地干预区制度,兼顾了涨价归公和归私两者之间的关系。"法定密度极限"制度规定建筑面积与占地面积之比,即容积率的上限,上限权利归国家所有,限度以内的可以由农业土地所有者处理。开发者可以通过向政府支付一笔费用购买超过限度标准以上的部分建设权,政府则通过卖与不卖和调整超限度开发费这两种方式来保护耕地。而土地干预区制度则赋予了国家在土地所有者出售土地时优先购买的权利,充分考虑公私利益的需求。

二、土地增值归属准则

1. 谁拥有谁受益原则

土地是生产要素之一。地租是凭借土地所有权所获得的收益。根据马克思主义的地租理论,地租是土地所有权在经济上得以实现的形式。地租作为一个经济范畴的概念,体现了一定社会生产方式下的生产关系和经济关系。没有地租,也就失去了土地所有权的经济意义,也就谈不上收益分配的问题。绝对地租,是土地所有者凭借土地所有权的垄断而获取的地租。无论土地优劣,土地使用者都必须缴纳地租,土地所有者是绝对地租的受益对象。

我国宪法规定,城市土地是归国家所有的,因此在我国,土地使用者无论使用何种城市土地、无论土地优劣、是否取得利润都需要向作为土地所有者的国家缴纳一定数额地租。在市场经济条件下,国家有权凭借土地所有权参与城市土地的利益分配,是对土地剩余价值的征收,这是国家土地所有权在经济上实现的形式。而且我国已经开始逐步取消土地供应双轨制,实行更加全面的国有土地有偿使用制度,反映了绝对地租的现实意义。因此应该按照存量建设用地发展权归属,"谁所有,谁收益"原则,国家土地所有权受益优先,保证国有资产收益。

2. 谁贡献谁受益原则

根据马歇尔的国民收入分配理论,国民收入的四要素——劳动、资本、土地和组织(企业家能力)也是分配份额的来源,分配份额的大小实际上取决于各生产要素的价格。在市场经济条件下,只有付出相应的价格或者生产要素购买了生产要素才能进行生产,而购买者就需要在收入分配中收回他所付出的价格或者生产成本,并且在生产成本上再获取一份投资利润。

劳动、资本、土地和企业家的经营能力分别得到与他们各自创造的边际产量相当的份额。也就是说,市场经济的收入分配是由各生产要素在联合生产中各自对产出的实际贡献决定的。这样的分配过程与制度结构或者制度安排无关,而且各要素在分配过程中的收入总和,恒等于各要素在生产过程中对总产出实际贡献的总和。

3. 效率分配原则

效率指的是投入与产出的关系,是对社会资源配置和利用的合理性、有效性的评价和度量。福利经济学派的代表帕累托给出了"帕累托效率"的思想。"帕累托效率"一定程度上解释了效率的标准:如果一个社会的资源配置和财富分配已达到最优状态,那么任何重新改变资源配置或财富分配的方法,已经不可能在不使任何人的处境变坏的情况下,使至少有一个人的处境更好。

以弗里德曼、哈耶克为代表的"效率优先论"主张在处理公平与效率的关系时,认为效率是发展生产的前提,虽然追求公平是必要的,但是只有先实现效率才能更大程度地体现公平,决不能因为公平而牺牲效率,因此要把市场竞争放在首位。弗里德曼追求经济上的最大产出,即追求最大的经济效率,肯定与倡导私有产权与私有经济,反对国家过多干预与计划经济。他认为没有竞争就没有效率,福利政策不利于激发人们的进取心,反而有损于自由竞争与高效率的贯彻,同时还会因政府支出的增加而加剧通货膨胀。

在我国土地增值利益分配中,无法达到绝对的公平,在公平与效率发生矛盾的时候,特别是初次分配的过程中一般以效率为先,效率的提高会反过来促进公平的实现,片面地追求公平会阻碍经济的发展。

4. 公平分配原则

分配方式可分为两类:"一类是其数相等,另一类为比值相等。"从古希腊时期的亚里士多德开始就有公平分配的思想,他主张在分配社会基本利益时根据每人价值的大小而采取相应比例分配的"比值平等"的原则。

以罗尔斯、勒纳、罗宾逊为代表的"公平优先论"则认为在处理两者关系时，以平等作为衡量是否公平的标准。若两者之间产生矛盾，则以平等作为最终目的的价值。罗尔斯提出了"分配正义"的概念，主张政府的目标应该是社会中状况最差的人福利最大化，政府有必要使用公正合理的收入分配方式。

事实上"帕累托效率"对于效率的解读，也是蕴含着公平的含义：分配更多利益给某些人的时候，以不减少其他人利益为前提。因此，在追求效率的同时，更要考虑到公平分配的重要性。

国家若是从城市土地增值中分配过高比例，会提高土地使用者的投资成本，损害土地使用者的利益。此外土地使用者之间也应该实现公平，即同等条件下应该获得相同的分配比例，否则会不利于激励土地使用者的投资积极性。

三、土地增值归属分析

1. 土地整体增值归属分析

土地整体增值系指因城市人口增长、社会经济发展、金融变化、政策变化、土地供求变化和城市建设发展等系统性变化引起的土地整体性增值，这部分增值属于系统性增值。根据谁拥有谁收益的原则，这部分增值应该归属原城市土地使用权人或集体土地所有权人。土地收储行为中，该价值集中体现为原土地使用权价值。

2. 土地个体增值归属分析

土地个体增值源于土地投资增值和土地发展权增值。土地投资性增值秉承谁投资谁受益归属土地投资者。土地发展权的归属主要问题涉及政府、原土地使用权人、集体土地所有者等各方对土地增值收益的均衡分享。把土地发展权简单地归私或归公的"单一主体论"，是一种绝对产权观念，目前不适合中国国情。"涨价归公"着重公权的作用，看似有管制效率，但缺乏公平，原产权人利益得不到有效保障；"涨价归私"着重私权的利益，太过激进，其可操作性差，如要求国家财政预算充足，也易造成分配不公。"公私分享"即政府与原土地使用权人、集体土地所有权人共同分享土地增值，有利于激发各方积极性，促进土地资源的有效配置，在一定程度上兼顾分配的效率和公平。

3. 招拍挂溢价收益归属分析

招拍挂溢价是指在土地招拍挂过程中由于开发商博弈互相竞争使得最终土地成交价高于底价而导致的土地增值。近年来，随着土地招拍挂制度的推行，频频出现天价地块和地王。由于当前的土地招拍挂制度遵循的是价高者得的规则，必然会引起开发商的"非理性"竞争氛围，再加上地方政府追求财政收入的短期目标，导致土地招拍挂价格飞速上涨，溢价率节节攀升。这一价值是土地储备制度框架下存在的特有价值，是土地一级垄断市场带来的土地再开发价值增值。

根据消费者剩余理论(图 5-2)，在自由竞争的土地市场中，市场自发形成均衡点 E，此时土地供给 D 和需求 S 相等，阴影部分 $\triangle P''P_0E$ 就是消费者剩余。若供给量缩

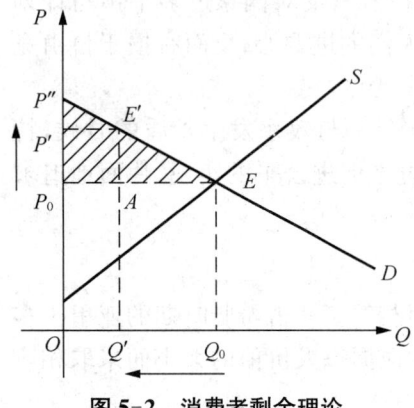

图 5-2　消费者剩余理论

减为 Q',价格则上升至 P',此时消费者剩余缩减为 $\triangle P''P'E'$,矩形 $P'E'P_0A$ 部分由买方转移至卖方,而 $\triangle E'AE$ 则是由于市场垄断所造成的社会福利净损失。在招拍挂制度下,政府利用公权力垄断了土地一级市场,土地价格被人为抬高至 P',消费者剩余由土地购买者部分转移至政府形成溢价。显然,这部分增值是政府公权力干预的结果,因此应归属政府所有。

第三节 土地增值收益分配

一、土地收储出让利益分配

1. 土地收储出让利益分配分析

政府进行土地收储过程中,需要对原土地使用权人进行拆迁安置补偿取得土地,然后对土地进行基础设施与公益设施配套建设,形成熟地后进入土地一级市场进行招拍挂形成招拍挂价格,即土地出让价格,又叫土地出让金。根据现有拆迁相关法律,对原土地使用权人的土地按照原土地使用权用途市场价值(含整体增值)给予补偿,同时对土地之外的所有相关损失如房屋、设施设备、安置等进行补偿。这两部分补偿属于原土地使用权人所有。

发展权价值应该由原使用权人与政府通过博弈谈判进行利益分配。当前制度环境下,发展权价值并没有明确分配比例,大部分还是归属政府。一级土地开发投资成本及其利润归属一级土地开发商。通常土地一级开发主体为地方政府或地方政府城投公司。招拍挂溢价属于制度红利,理论上归属政府。详见图 5-3。

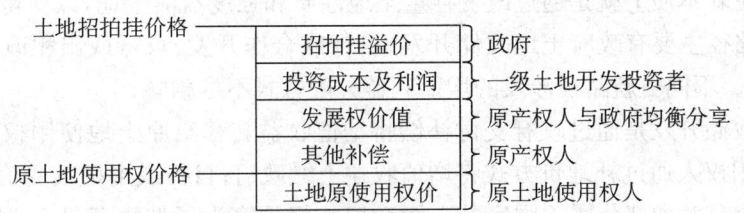

图 5-3 土地收储出让增值归属

2. 土地出让收益分配实践

实践中,土地收储后的出让金收益除支付土地收储的全部成本、设施等土地开发全部成本外,还需按照国家法律规定,强制提取一定比例土地出让金作为各类政府基金,理论上可以看作为土地所有权收益。这些政府基金包括:廉租保障房基金、土地复垦和土地整理基金、教育基金、水利建设基金和国有土地收益基金,等等。

廉租保障房基金。《国务院关于解决城市低收入家庭住房困难的若干意见》国发〔2007〕(24 号文)中明确规定,地方土地出让金净收入用于城市廉租房建设的比例不低于 10%。

土地复垦与整理基金。2008 年 3 月,国土资源部等部门联合出台了《土地出让金收支管理办法》,其中规定 15%的土地出让金总额必须用于土地复垦和土地整理工作。

农田水利建设基金。2011 年 7 月财政部发布的《关于从土地出让收益中计提农田水利建设资金有关事项的通知》规定,土地出让金净收入中计提10%用作财政性农田水利建设资金来源之一。

教育基金。2011年8月财政部又颁布了《关于从土地出让收益中计提教育资金有关事项的通知》,规定按地方土地出让净收入的10%计提教育资金,作为各地区计算财政性教育经费的来源之一。

国有土地收益基金。财政部《国有土地使用权出让收支管理办法》财综〔2006〕68号文规定土地出让总成交价款中计提一定比例资金建立国有土地收益基金,具体比例由各地方政府确定。政府当期获得的土地出让收入实际上是让渡未来若干年土地使用权的收益。因此,应当从土地出让收入中预留一部分资金,设立"国有土地收益基金",以保证城市建设可持续发展和农地征收稳定的资金来源。通过建立国有土地收益基金,遏制地方政府片面追求土地收益的短期行为,建立良性的土地收益管理机制。

基本设想是从每年的土地出让收入中划出一定比例,建立中央、省和县(市)三级国有土地收益基金,实行分账核算。中央的国有土地收益基金主要用于国家大型建设项目的农地征收的补偿以及向中西部财政转移支付;省级的国有土地收益基金主要用于国家、省级大型项目的农地征收的补偿;县(市)国有土地收益基金主要用于土地的收购储备。

上海市国有土地收益基金比例是30%。即土地出让完成后,直接扣除出让总地价额的30%,其中15%归属市财政(含2%支付中央),15%划归区财政。出让总价剩余的70%留给地块所在区县按照出让金收支管理规定使用和分配。

二、存量土地自行更新利益分配

存量土地更新本质上就是通过改变存量土地性质和强度盘活土地,以获得土地增值收益。存量土地更新路径主要有政府土地收储开发、自行或合作开发、自行或出租改变功能经营、增加容积率,等等。不同更新路径涉及的增值利益分配方式不尽相同。

政府土地收储开发是通过政府支付补偿将增值收益转移给原土地使用权人;自行或合作开发则是原使用权人通过补地价方式将增值收益上缴政府;自行或出租改变功能经营,原法律规定应该将租金收益中部分属于国家的上缴政府。但国家为了鼓励存量土地盘活,目前并未收取用途转换的增值;无偿增加容积率主要是鼓励低效工业用地的盘活政策,政府规定在一定限度下增加容积率可以不必补交出让金。经营性用地如果规划允许增加容积率,则必须补交地价。

存量土地如何补地价目前各地政策不尽相同。有的地方规定上缴转变用途或强度的土地市场价与现状地价的差额,如上海;有的地方规定上缴转变用途或强度的土地基准价与现状地价的差额,如深圳。也就是说,存量土地更新过程中,增值分享仍然依赖于地方政策,而不是由市场决定。

三、集体土地征收利益分配

2019年新修订土地法明确提出,征收土地的,按照被征收土地的原用途,兼顾国家、集体、个人合理分享土地增值收益,对征收补偿具体进行了三方面的修改。第一,要求综合考虑土地产值、区位、供求关系以及经济社会发展水平等因素综合评估确定区片综合地价,并按照被征收土地的原用途，兼顾国家、集体、个人合理分享土地增值收益，给予集体土地所有权公平合理补偿；第二，重新界定补偿费用，指出"征地补偿安置费用包括土地补偿费、安置补助费、农民宅基地及房屋补偿、地上附着物和青苗的补偿费，以及被征地农民的社会保障费用等"。单列了宅基地及房屋补偿费与社会保障费。第三，提出要通过安排一定数量的经营性建设用地或者物业，将被征收土地的农村居民纳入相应的医疗、养老社会保障体系等，切实保障被征地农民长远生计。

可见，法律上已经明确强调征收集体土地的增值收益必须国家、集体、个人合理分享。分配是通过确定集体土地区片综合地价来实现，并规定区片综合地价应当考虑土地资源条件、土地产值、区位、供求关系，以及经济社会发展水平等因素综合评估确定，并按照被征收土地的原用途，兼顾国家、集体、个人合理分享土地增值收益。因此，征收土地补偿本质上是以原用途为基准，综合其他要素确定。征地中，集体土地发展权价值到底多少分配给农村集体与农民，是否存在补偿不足，仍然需要进一步研究明确。

国家强制征收集体土地，完成土地一级开发后出让。土地出让价格往往是农民所得到征收补偿的十几倍，甚至几十倍。据上海市社科院提供的数据表明，长三角农地征用价格为37.5万元/公顷～45万元/公顷，出让价格（一级市场）为210万元/公顷～525万元/公顷。由此看出，农村集体所得到的农地征用价格约为出让价格的1/10。虽然，生地熟化后的价值提升一部分来源于城市用地整体功能提升和城市基础设施投资，政府应该分享这种增值。但不可否认，土地征收标准仍然是政府计划确定，并没有按照国际惯例通过市场机制形成。

四、集体土地入市利益分配

集体建设用地入市收益分配主要涉及政府、集体和农民三大利益相关者。入市增值收益分配可划分为两个层级。第一层级为政府和集体农民之间的利益分配，反映的是城市建设管理者与土地产权人之间的利益分配关系；第二层级为主体内部分配，包括中央、省、市、县和乡镇等各级政府之间分配，集体与农民之间的分配。本书聚焦于第一层级的利益分配，即确定政府在集体建设用地入市收益中分享的比例，亦即调节金设定。调节金是指按照建立同权同价、流转顺畅、收益共享的农村集体经营性建设用地入市制度的目标，在农村集体经营性建设用地入市及再转让环节，政府对土地增值收益收取的比例（原国土资源部，2015）。可见，国家政策对调节金收取分为集体经营性建设初次入市与再转让环节两种形式。

理论上初次入市与再次流转的土地增值本质内涵是不同的。初次入市收益分配主要是对土地发展权价值分享（姜广辉等，2003），属于国民收入的首次分配。再次流转收益分配是对土地市场供求和城市发展带来的增值分享（郑和园，2016），不涉及发展权价值，属于国民收入的再次分配，可用土地增值税替代调节金（岳永兵等，2018），可在既有土地或房地产市场交易税收体系下进行。

当前理论界对土地发展权价值分享归属已由"完全归私""完全归公"逐渐统一到"公私兼顾"的一致认知，且大部分学者普遍认同对土地增值分享按贡献进行分配，以兼顾各方利益。从当前研究成果看，贡献的切割存在收益端切割和投入端切割两种思路。本书认为，采用德尔菲法从收益端倒推贡献来源进行切割存在主观性。而从成本投入端进行切割，以保障利益分配的客观性。

集体建设用地入市地块虽然不存在征收行为,但入市增值本质是探讨农地转化为非农用地的发展权价值。因此,可借用现行农地转化非农用地的土地一级开发的过程探讨利益分配。基本思路是:基于区域土地一级开发的建设成本投入与土地价值实现过程进行土地增值收益分享切割。无论是国有土地还是集体土地,土地增值都离不开政府的基础设施和公共服务配套设施建设投入(杨岩枫,2017),集体建设用地得以入市交易的基础是该地块已经具备水电路等"三通一平"或者"七通一平"的熟地条件,对于商办用途地块通常还需要公共设施的配套基础。也就是说,集体建设用地入市价值的实现不仅源于地块本身价值,还源于地块所在区域整体水电路等基础设施和公共设施的用地投入及其建设成本投入,亦即区域土地一级开发建设成本与各类设施用地的无偿贡献是土地发展权价值即土地增值形成的必要过程。为了相对独立地测算建设用地入市增值与区域设施成本投入关系,避免开放系统成本收益估算的不确定性,可借用区域一级土地开发的封闭过程进行成本与收益的分割测算。

集体建设用地入市价格形成的贡献要素不仅包含入市地块的直接成本价值,还包括区域整体开发投资成本价值。按照贡献分享原则,集体农民作为所有权人应按照失去入市地块的机会成本分享增值收益,政府作为设施提供者(如果集体进行了设施投入也应该参与分享。为简化分析过程,假设政府为设施建设的唯一提供者)应按照各类设施用地成本及其建设成本之和分享增值利益。区域土地增值则等于区域可出让地块的出让总价值与区域全部土地取得成本、各类设施用地成本及建设成本的差额。由此,可实现土地增值定量分配,破解政府分享区域整体开发投资的溢出效应无法量化的问题。

调节金比例设定的核心逻辑是测算集体入市成本与政府开发成本之间的数量比例关系。土地一级开发区域除去道路、公共建筑、绿地公园和开敞空间等城市公共空间和设施用地,才能得到可供出让的商办住工业等经营性用地面积,其占总面积之比实践中称之为出地率,用 R 表示。出地率的本质反映的是经营性用地与公共设施和基础设施用地等非经营性用地的关系。也就是说,商办或住宅出让地块的全部成本($P_{总}$)除了出让地块本身的土地取得成本外,还应该分摊公共设施及基础设施的土地取得成本及其开发建设成本,即:

$$P_{总} = \frac{1}{R}(P_{征收} + P_{开发}) \tag{5-1}$$

考虑我国城乡户籍壁垒下农村保障不健全因素,入市地块的直接成本难以体现集体农民失地的就业与社会保障损失,而土地征收补偿是对集体农民在现有使用情况下的损失补偿,可以反映集体农民因为入市放弃土地的机会成本,所以应采用土地征收成本代替入市直接成本,则单位面积入市地块的政府与集体农民分担成本如下:

集体支付成本 $$P_{集体} = P_{征收} \tag{5-2}$$

政府支付成本 $$P_{政府} = P_{总} - P_{集体} = \left(\frac{1}{R} - 1\right)P_{征收} + \frac{1}{R}P_{开发} \tag{5-3}$$

根据式(5-1)以单位面积入市总收益 $P_{出让}$ 作为分配基础,则调节金比例为 $\frac{P_{政府}}{P_{集体} + P_{政府}}$,将式(5-2)和式(5-3)代入,得调节金比例:

$$K = 1 - \frac{R}{1 + \frac{P_{开发}}{P_{征收}}} \quad (5\text{-}4)$$

由式(5-4)可知,调节金比例 K 与出地率 R、$P_{开发}$ 和 $P_{征收}$ 比值相关。单位征收成本与单位开发成本比值越大,政府分配比例越小;出地率越高,政府分配比例越低。

思 考 题

1. 土地利益相关者包括哪些人?
2. 土地增值收益的构成是什么?
3. 土地增值归属的准则是什么?
4. 土地整体增值是指什么?
5. 土地个体增值是指什么?
6. 招拍挂溢价是什么?如何用消费者剩余理论分析?
7. 土地收储出让增值归属于哪几方?
8. 调节金比例 K 与出地率 R、$P_{开发}$ 和 $P_{征收}$ 比值的关系是什么?结合公式说明。

中篇
土地利用与配置

第六章 区位理论与土地空间布局

 章前导读

> 区位理论是土地经济学和空间经济学的核心理论之一。区位、区位、再区位是地产黄金条律;农业区位理论、工业区位理论及中心地理论是经典三大区位理论;城市土地空间布局模式反映城市空间静态布局规律,城市土地空间扩张模式反映城市空间的动态扩张规律。
>
> 本章重点掌握区位与区位理论内涵、农业区位理论、工业区位理论及中心地理论,掌握城市空间的布局模式,包括同心圆模式、扇形模式、多核心模式、棋盘模式及多中心发展模式,掌握城市土地空间拓展模式,包括同心圆扩展、轴向放射性填充扩展、新城发展等土地扩展模式。

第一节 区位内涵及区位理论

一、区位内涵

"区位"概念,是 1882 年由 W.高次首次提出。区位简单理解就是位置,即某地域或某地块分布的地区和地点。但其本质已与位置不同,含有"位置、布局、分布与位置关系"等方面的意义。区位除了强调空间几何位置外,更强调各种自然地理要素和人类社会经济活动之间相互联系、相互作用在空间位置的反映,是一个综合概念。区位包括三层含义,即自然区位、交通区位和经济区位。

自然区位指某地域或某地块与自然环境的空间位置关系,如经度、纬度,与山、海、河、湖的相对位置与距离等。描述某客体的区位,首先需要表达自然地理位置,以实现空间的基本定位。

交通区位指某地域或某地块与交通运输方式、交通运输线路、交通运输设施、公交或轨道站点等的空间关系,如与铁路、高速公路、城市干道、航道、港口码头及机场等相对位置关系。交通区位优劣往往决定了该区位的经济区位价值和区位潜力,对区位表达具有非常重要的意义。

经济区位指人类社会经济活动所创造经济条件的空间关系总和。从区位空间尺度来看,经济区位可以分为三个层次:宏观区位、中观区位和微观区位。

(1) 宏观区位。指地块所在城市在一定区域范围内,如在一个地区、一个国家乃至全世界所处位置与地位。如上海在世界经济的位置,上海在长江三角洲的位置等。它既受交通、自然等条件影响,更受人类长期建设和发展形成的经济、社会和文化水平与结构的影响。宏观区位体现土地的一般因素状况,往往影响城市地租地价总体水平。

(2) 中观区位。指城市内部不同区段在城市范围内结成的空间关系。中观区位体现土地的区域因素状况,如繁华度、交通通达度、交通便捷度、基础设施完备度、公益设施完备度、区域景观环境完备度和区域规划发展状况,这些均影响城市土地等级。

(3) 微观区位。指某宗土地在城市中的具体位置及其周边条件。微观区位体现土地的个别因素状况,如四至临街状况、进深、规模、形状和地块容积率等。

二、区位理论

区位理论是关于人类活动的空间分布及其在空间的相互关系的学说。该理论主要研究人类活动的空间选择及空间内人类活动的组合规律,探索人类活动的一般空间法则。区位理论作为一种学说产生于19世纪20—30年代,其标志是1826年德国农业经济和农业地理学家屠能出版的著作《孤立国农业和国民经济的关系》(通常简称《孤立国》),屠能提出了区位论的最早形态——农业区位理论。

区位理论有两层基本内涵:一层是人类活动的空间选择;另一层是人类活动的空间组合。前者区位主体已知,从区位主体本身固有的偏好特征出发,来分析适合该区位主体的可能空间,然后从中优选最佳区位,即空间选址研究;后者是依据该空间的地理特性、经济和社会状况等因素,研究区位主体的最佳组合方式和空间形态,即空间布局研究。

三、区位理论分类

1) 按不同的研究领域分

依照不同的研究领域,区位理论可分为农业区位论、工业区位论和中心地理论三个主要类型。在农业经济时代,人类如何选择农业活动的场所是社会面临的主要问题。由此,产生了农业区位理论。在工业经济时代,工业活动迅速增加,如何进行工业企业区位选择及组织成了经济学家研究的对象,由此产生了工业区位理论。伴随工业的发展,城市规模和数量不断扩大,城市和商业中心开始出现,由此产生中心地理论。

2) 按照研究的阶段划分

区位理论根据其产生与发展的先后,可划分有古典、近代与现代区位论。其主要区别在于立论依据以及考虑问题的范围和内容的差异。

(1) 古典区位论

古典区位论主要指屠能农业区位论、韦伯工业区位论和克里斯塔勒中心地理论。古典区位论是在近代资本主义大发展的背景下产生的,受历史时代和研究视野所限,在现时复杂的经济应用上仍有一定的局限性,但它对现代区位空间结构理论的产生和区域生产力布局的实践,起到了巨大的推动作用并产生着广泛的影响。

(2) 近代区位论

近代区位论的代表主要有廖什市场区位理论和一般区位理论。

廖什市场区位理论。在克里斯塔勒的中心地理论发表7年之后,德国经济学家廖什出版了《经济空间秩序》一书,提出了与克里斯塔勒中心地理论极其相似的中心地模型。他的区位理论从经济区位论的观点来看,以最大利润原则代替了韦伯的最低费用原则为特点,标志着区位论研究由古典区位论发展为近代区位论。

一般区位理论认为,地区是分工和贸易的基本地域单位。从一国范围来看,国内各地区由于生产要素价格的差异,既导致区际贸易的开展,又决定国内工业区位的形成;从国际范围来看,各国生产要素价格的差异,既导致国际贸易的开展,又决定国际范围内工业区位的形成。该理论强调原料产地、工业区位、销售市场三者的依存关系。人口增长率、储蓄率和各地区价格比率的变化都会导致地区生产要素发生变化,引起工业区位的形变。工业区位的移动与已经形成的资本和劳动力配置的历史格局有关,也是生产要素在各地区间重新配置和均衡变动的结果。

(3) 现代区位论

20世纪50年代以来,工业化和城市化突飞猛进,为区位理论的研究提供了方法和技术支持,使区位理论不断得到更新和发展,对解决实际问题发挥了重要的作用。这一阶段区位理论的研究呈现以下特征:①在研究内容上,将整个区位的生产、交换、价格和贸易融为一体进行研究,以分析解决人类所面临的各种现实问题为主要方向,强调人与自然的关系;②在研究对象上,从市场机制研究转向政府干预和计划调节机制的研究,从单个经济单位的区位研究走向区域总体的研究,将现代区位与区域开发问题的研究结合起来;③在研究方法上,由静态的空间区位选择转入区域各发展阶段空间经济分布和结构变化以及过程的动态研究,从纯理论假定的理论推导走向对实际的区域分析和应用模型的研究。

这一阶段区位理论呈发散性发展,和社会学、计量经济学以及各种先进技术手段紧密结合。

(4) 古典区位理论与近代、现代区位论的区别

古典区位理论在区位主体上仅考虑一个生产地,而近现代区位理论则考虑到企业内外的多个生产地;古典区位理论仅考虑区位主体中的单一部分(如工厂部分),而近现代区位理论则考虑到区位主体中的研究、开发、设计、零部件加工、部件组装、最终组装、检验修理、培训、流通及办公等;在区位目标上,古典区位理论仅考虑利润(或成本),而近现代区位理论则还考虑到非金钱上的收益以及满足;古典区位理论缺乏或轻视区位选择的具体目标,而近现代区位理论则有市场占有率、吸引与稳定人才、企业形象、名声、市场测试、回避汇率风险、收集信息和避免贸易摩擦等;古典区位理论的区位选择基准是成本最小,而近现代区位理论则考虑前述具体目标中的风险及不确定性;另外,古典区位理论中产品、规模、销售价格、市场、劳动力、设备、土地和运费等都是事先给定或认为是固定的,而近现代区位理论则考虑产品的更新、成熟、标准化、差别化和多样化等,考虑规模的大小,也考虑销售价格的高低,更考虑到市场的地方性、区域性、全国性以及国际性,还考虑到短期、长期、集中、分散和特殊的市场等;古典区位理论不考虑或轻视资金、信息、折旧期间、地域文化、决策机制、动态的企业目的以及企业组织,而近现代区位理论则都给予充分考虑。

3) 按主要区位因子分

影响区位选择的因素很多,如原料、燃料、市场、运输费用、劳动力、聚集经济、企业家行为

和政府政策等,根据区位理论研究的主要区位影响因子,可以将区位理论划分为以下几种学派:

(1) 成本学派

该学派的理论核心是关注成本最低,以运输成本最小化、运输成本或劳动力成本最小化等为区位配置的主要因素,仅从生产角度考察,而没有考虑产品对市场的占有和获得市场利润的大小对区位布局的影响。早期区位理论的研究基础如屠能的农业区位论、韦伯的工业区位论等,主要考虑的就是成本最低化,属于成本学派。

(2) 市场学派

后来人们认识到产品与市场的紧密依存关系,产业的区位选择开始以最大利润为目标,如克里斯塔勒的中心地理论和廖什的区位理论。其中,最为系统的市场学派区位论为廖什的区位理论。他把生产区位和市场结合起来,承认生产费用重要性,同时以利润来判明企业配置方向,把利润同产品的销售范围联系起来。他提出单个企业市场区的概念,认为市场需求和销售价格存在着反比递减的需求曲线和需求圆锥体,并进一步推导了从多个市场区相互作用形成六边形市场网的最有效形态的概念出发,提出了区域集聚和点集聚的问题,从理论上剖析了经济区形成的内部机制。

(3) 行为学派

该学派认为,随着现代企业管理的发展和交通工具的现代化,人的地位和作用愈益成为区位分析的重要因素,而运输成本则降为次要的地位。在现实生活中,不存在行为完全合理的"经济人",人的行为决策必然受到实际获取信息和处理信息能力的限制。不同企业家的行为特征,如追求成功的程度、经历、学历、年龄、性格和情绪稳定性等因素越来越明显地影响到工业的区位选择。该学派的代表人物是普莱德(A.Pred)。

(4) 社会学派

该学派的理论核心是强调政府干预经济发展,认为政府政策、国防和军事原则、人口迁移、市场变化和居民储蓄能力等因素都在不同程度地影响着区位的配置。而且与其他因素相比,社会经济因素愈益成为最重要的影响因素。

(5) 历史学派

该学派理论核心是强调空间区位发展的阶段性。该学派认为,区域经济的发展是以一定时期的生产力发展水平为基础的,它具有明显的时空结构特征。不同阶段空间经济分布和结构变化,有其共同的特性和独特性。

(6) 计量学派

该学派的基本观点是,现代区位研究涉及内容多、范围广、数据繁,人工处理已逐渐显得无能为力,必须采用定量的方法,建立区域经济数学模型,进行大量的数据处理和统计分析。而且,计算机、遥感分析等手段的发展也为区位研究提供了基础。

第二节 农业区位论

区位理论的最早形态即是农业区位论,其中以屠能在《孤立国》中提出的区位理论为代表,杜能的农业区位论的中心内容是：农业土地利用类型和农业土地经营集约化程度，不仅取决于土地的天然特性，而且更重要的是依赖于当时的经济状况和生产力水平，尤其是农业生产用地到农产品消费地（市场）的距离。城市周围土地利用类型以及农业集约化程度围绕城市中心呈同心圆式变化，其配置规则是：靠近消费地的区域配置易腐、保鲜、体积大、重量大、占地少和集约化程度高的作物，远离消费地的区域则配置重量轻、不易腐烂、体积小的作物，随着与消费地距离的增加，土地经营也就愈加粗放。

一、杜能圈

1) 基本假设

杜能对于其假想的"孤立国"，给定了以下假定条件：

（1）"中心"。平原中央只有一个城市；

（2）"独立"。城市最外围是荒野，以此与其他城市地区隔绝，城市与农村区域进行产品互换；

（3）"均质"。土质条件一样，任何地点都可以耕作；

（4）"运费与重量、距离成正比"。不存在可用于航运的河流与运河，马车是唯一的交通工具。距离越远、重量越重，运费越大。

2) 基本内容

根据前述各种假设，杜能给出的一般地租收入公式如下：

$$R = PQ - CQ - KtQ$$

式中　R——地租收入；

　　　P——农产品的市场价格；

　　　C——农产品的生产费；

　　　Q——农产品的生产量（等同于销售量）；

　　　K——距城市（市场）的距离；

　　　t——农产品的运费率。

对同样的作物而言，地租收入 R 随距市场距离增加，运费增多而减少。当地租收入为零时，即使耕作技术可能，经济上也不合理，而成为某种作物的耕作极限。每种作物都有一条地租曲线，其斜率大小由运费率所决定，不容易运输的农作物一般斜率较大，相反则较小。杜能对所有农业生产方式的土地利用进行计算，得出各种方式的地租曲线的高度以及斜率（图 6-1 上部）。因农产品的生产活动，是以追求地租收入最大为目的，所以农场主选择最大地租收入的农作物进行生产，从而形成了农业土地利用的杜能圈结构（图 6-1）。

（1）第一圈——自由式农业圈。为最近的城市

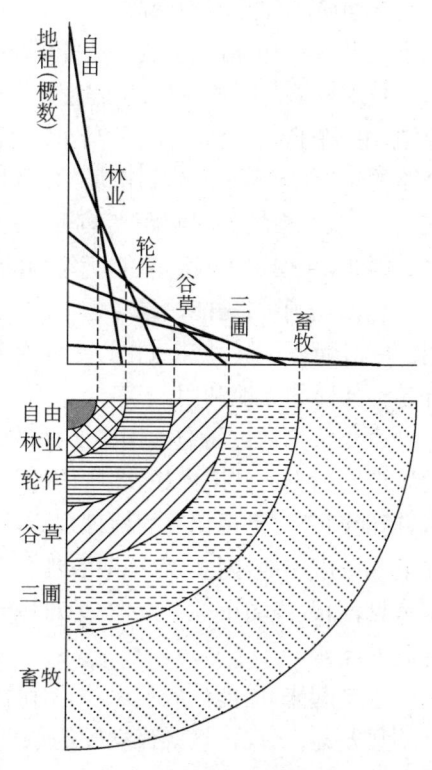

图 6-1　杜能圈形成机制与圈层结构示意图

农业地带,主要生产易腐难运的产品,如蔬菜、鲜奶。由于运输工具为马车,速度慢,且又缺乏冷藏技术,因此需要新鲜时消费的蔬菜、不便运输的果品(如草莓等)以及易腐产品(如鲜奶等)等就在距城市最近处生产,形成自由式农业圈。本圈大小由城市人口规模所决定的消费量大小而决定。

(2) 第二圈——林业圈。供给城市用的薪材、建筑用材、木炭等,由于重量和体积均较大,从经济角度必须在城市近处(第二圈)种植。

(3) 第三圈——轮作式农业圈。没有休闲地,在所有耕地上种植农作物,以谷物(麦类)和饲料作物(马铃薯、豌豆等)的轮作为主要特色。圈内全部耕地的50%种植谷物。

(4) 第四圈——谷草式农业圈。为谷物(麦类)、牧草、休耕轮作地带。土地利用的集约程度降低。全部耕地的43%为谷物种植面积。

(5) 第五圈——三圃式农业圈。此圈是距城市最远的谷作农业圈,也是最粗放的谷作农业圈。进行第一区黑麦、第二区大麦、第三区休闲的三区轮作,即三圃式轮作制度。圈内全部耕地中仅有24%为谷物种植面积。

(6) 第六圈——畜牧业圈。此圈是屠能圈的外圈,生产谷麦作物仅用于自给,而生产牧草用于养畜,以畜产品如黄油、奶酪等供应城市市场。据屠能计算,本圈层位于距城市51~80公里处。此圈之外,地租为零,则为无人利用的荒地,并成为"独立国"的天然界限。

二、屠能圈缺陷

从经济实质上看,屠能圈的理论基础是农业位置级差地租。孤立国条件下的屠能圈,是一种完全均质条件下的理论模式,完全的"孤立国"在现实中很少存在。屠能分别考察了河流、其他小城市、谷物价格和土质对屠能圈的影响。

技术发展与交通手段的发达使得屠能理论中起决定性作用的距离因素制约变小。屠能理论中,主要的陆上交通工具是马车。而在现代,随着火车、汽车、飞机等交通手段的发展,高速公路的建设,运送农产品到市场的运费在降低,时间在缩短。加之,冷冻技术、保鲜技术等的发展,生产地到市场的时间距离缩短,使某些农产品的供求范围伸展到数百或上千公里的空间尺度。因此,在现实中找到屠能所勾画的完整圈层结构是比较困难的。

在孤立国中,屠能只是考虑了农业的土地利用,并没有考虑到城市周围地区的非农土地利用。一般而言,现代城市周围,不仅有农业土地利用,同时也混杂着写字楼、商业、住宅和工厂等各种各样的土地利用。

辛克莱尔通过研究美国中西部的许多大城市周围的土地利用,提出了同屠能圈完全相反的城市周围土地利用模式,即所谓的"逆屠能圈"。即在工业化、城市化迅速发展的城市周边地区,屠能圈模式呈现相反的地理现实,"无秩序开发状况"随处可见。由于农地可以随时转化为住宅等城市用地,因此,农民对农地的资本和劳动投入少,放弃耕种或者采取临时性耕作现象很常见;而远离城市的区位,农地难以转换为城市用地,反而对农地的投入较多,从事相对集约度高的经营。

总结起来,屠能的农业区位论用于现代农业布局存在的缺陷表现在:①土质等自然条件存在明显差异;②现代经济孤立国的条件完全不存在,城市间存在充分交流;③交通工具和设施的改善使交通费用对土地利用影响程度越来越小;④影响农业区位选择的不仅是运输费用;

⑤农业的专业化和社会化将直接影响用地布局;⑥生态农业、设施农业、观光农业等现代都市农业发展影响农业布局;⑦市场供求对用地布局影响加剧;⑧城市发展和扩张影响农业布局。但尽管如此,只要存在面向城市而进行的农业生产和因距离引起的运费空间差异,该理论就仍有一定的现实意义。

第三节 工业区位论

随着19世纪近代工业的大发展,从19世纪下半叶起,工业区位理论逐渐成为古典区位论的研究主流。1885年德国学者龙哈德发表《国民经济学说的数学论证》,提出工业企业布局因素中的"重量三角形"和"价格漏斗模型",从而形成了龙哈德的最小费用区位理论。在龙哈德的理论之后又出现了以韦伯理论和廖什理论为代表的大量工业区位理论。同农业区位论相比,工业区位理论开始引入了区位因子(包括原料、市场、运输费用、劳动力、聚集经济、外部经济、企业家行为、租金和政府干预程度等)的分析概念,对复杂的近现代工业企业的布局进行了更为严密的分析。这些理论可以分为成本学派、运输费用学派、市场区位学派和社会行为学派等。

一、韦伯最低成本学派

真正全面系统地建立工业区位理论的代表人物是德国经济学家阿·韦伯。1909年,韦伯的《论工业的区位》一书出版,标志着工业区位论的问世,以后各种流派的工业区位理论大都是围绕着对韦伯理论的验证、完善或质疑而发展起来。韦伯工业区位论的核心内容是:工业企业的理想区位是运输成本、劳动成本与聚集因素作用下的最低生产成本点。

1) 运费对工业区位选择的影响

运输费用差异的产生,除了重量和运距外,还有原材料的性质。原材料可区分为稀有性原材料和常见性原材料。稀有性原材料指在特定地点储存或开采的,如铁矿石、煤炭、石油等,其中又分为纯重原材料和失重原材料。常见性原材料指到处都有的原材料,如水、空气等。

依据原材料在生产过程中的特点,韦伯提出原料指数的概念。原料指数又称原材料系数,是指工厂投产后,运进工厂的原材料与运出工厂产品总重量之比。考虑常见性原材料可以不计运费,因此原料指数就是稀有性原料重量与产品重量之比,即:

$$原料指数 = \frac{稀有性原料总重量}{制成品总重量}$$

根据原料指数大小,当仅有一个原料地和一个市场地的情况下,工业区位分布遵循如下规则:

(1) 原料指数>1时,工厂区位在原料地;
(2) 原料指数<1时,工厂区位在消费地;
(3) 原料指数=1时,工厂区位在原料地、消费地均可(自由区位)。

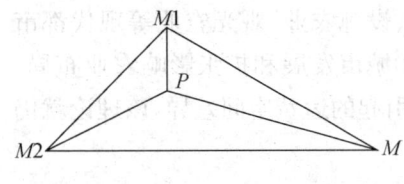

图 6-2 工业区位三角形

假设 $M1$、$M2$ 为两个原料地，M 为市场地；在最小成本点 P 为最佳区位，如图 6-2 所示，此为龙哈德的工业区位三角形。韦伯在此基础上依据燃料、原料的特性进行了进一步分析，说明 P 点的可能位置。

2) 劳动成本对工业区位选择的影响

运费随着空间距离的变化，表现出一定的空间规律性。而劳动成本则不具有这种特性，它属于地区差异性因素。劳动成本不是指工资的绝对额，而是指每单位重量产品的工资部分，它不仅反映了工资水平，同时也体现了劳动能力的差距。韦伯提出劳动成本指数、地域重量和劳动系数概念。劳动成本指数指每生产一个单位产品所支付的平均劳动工资；地域重量指每生产一个单位产品所需运输的重量；劳动系数是劳动成本指数与地域重量之比。

$$劳动系数 = \frac{劳动成本指数}{地域重量}$$

凡劳动系数大的工厂企业，厂址的选择应离开运输成本最低点，偏向于劳动成本最低点，使劳动成本的减少额大于运输成本的增加额。反之亦然。

3) 集聚因素对工业区位选择的影响

集聚因素就是一定量的生产集中在特定场所带来的生产或销售成本降低。与此相反，分散因素则是集聚的反作用力，是随着消除这种集中而带来的生产成本降低。

集聚因素的作用分为两种形态：一是由经营规模的扩大而产生的生产集聚。大规模经营相对于明显分散的小规模经营可以说是一种集聚，这种集聚一般是由"大规模经营的利益"或"大规模生产的利益"所产生。二是由多种企业在空间上集中产生的集聚。这种集聚利益是通过企业间的协作、分工和基础设施的共同利用所带来的。

集聚又可分为纯粹集聚和偶然集聚两种类型：纯粹集聚是集聚因子的必然归属的结果，即由技术性和经济性的集聚利益产生的集聚，也称为技术性集聚；偶然集聚是纯粹集聚之外的集聚，如运费指向和劳动费指向的结果带来的工业集中。

分散因素的作用是集聚结果所产生的，可以说是集聚的反作用。这种反作用的方式和强度与集聚的大小有关，其作用主要是消除由于集聚带来的负效应。

二、运输费用学派

工业区位理论中的运输费用学派，是在对韦伯关于运输费用影响区位的作用方式进行修正和完善过程中发展起来的。

根据韦伯的运输费用与距离成比例的理论，将运进工厂的资源运输费用与运出工厂的产品运输费用比较大小，企业分为资源定位（原料、燃料地）、市场定位和居间定位（不定向）三种类型。

美国空间经济学家胡佛（E. W. Hoover）在其 1948 年出版的《经济活动的区位》中首先提出了运输费用结构理论，将运输费用划分为装卸费用和营运费用。由于仓库、码头、营业机构及维修等开支的装卸费用不受运输距离的影响，因此，不同运输方式都存在着不同技术特征的运输费用的递减的现象,从而修正了韦伯的运输费用与距离成比例的基本图形。

运输费用等于装卸费用与营运费用之和,运输成本等于采购成本与经销成本之和,由于①装卸成本不变,与运输距离无关,因此平均运输成本随距离增加而减少;②长途运输经济,汽车、铁路、水运的经济运距不断增长,由此单位运输成本不断减少。因此,运输中存在着规模经济,单位运输成本随着运输距离的增加而减少。所以,总运输成本曲线如图 6-3 所示。

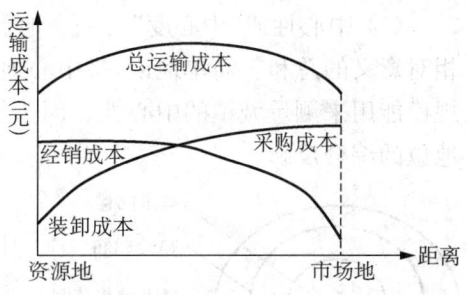

图 6-3　运输中存在规模经济的运输成本

总运输成本曲线的两个端点费用最低,由于运输规模经济的存在,企业定位在资源地或市场地要经济得多,而居间定位通常要耗费大量运输成本,对企业经营不利。

企业的资源地、市场地和货运中转地的区位选择同时造就了资源性城市、贸易性城市和港口、交通枢纽型城市的产生和发展。

第四节　中心地理论

农业区位论和工业区位论分别揭示着农业和工业活动的空间分布规律,中心地理论则揭示着城市及商业服务业活动的空间分布规律。

城市的发展和布局是否有它的规律呢?德国地理学家克里斯塔勒敏锐地提出:"我们探索这个原因,为什么城市有大有小?我们相信,城市一定有什么安排它的原则在支配着,仅仅是我们仍然不知道而已!"由此,他开始探索城市的分布规律。通过对德国南部城镇的调查,克里斯塔勒于1933年出版了《德国南部的中心地——关于具有城市职能聚落的分布与发展规律的经济地理学研究》(中译本《德国南部中心地原理》)一书,该书从城市中心居民点的商品供应、行政管理、交通运输等主要职能的角度,阐明了中心地的数量、规模、结构、形成过程和分布模式,系统地建立起具有重大影响的中心地理论。

中心地理论对研究城市多中心体系、城市商业(商务)中心体系以及城镇居民点体系的配置与规划布局具有重要的指导意义。

一、几个基本概念

为便于研究,克里斯塔勒了提出以下基本概念:

(1) 中心地。向居住在它周围地域(尤指农村地域)的居民提供各种货物和服务的地方,可以看成一定区域范围内的中心聚集点。它是一个相对概念,中心地可以大到城市、城镇,也可以是不同等级的商务中心或商业中心,甚至小至商店。

(2) 中心职能。指中心地提供商品与服务的功能,如零售、批发、金融、行政、娱乐和专业服务等。商品与服务功能是分等级高低的。消费者为获取商品和服务所希望通过的最远路程是分等级的,即较高(低)级别的中心地生产较高(低)级别的中心商品或提供较高(低)级别的服务。

(3) 中心性或"中心度"。一个地点的中心性可以理解为一个地点对围绕它周围地区的相对意义的总和。简单地说,是中心地所起的中心职能作用的大小。一般认为,城镇的人口规模能用来测量城镇的中心性。因为城镇大多是多功能的,人口规模是一个城镇在区域中地位的综合反映。

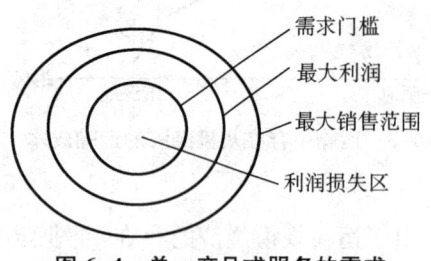

图6-4 单一产品或服务的需求门槛于销售范围关系

(4) 需求门槛和服务范围。需求门槛指保持一项中心地职能存在所必需的腹地范围,即商品或服务必需销售的最小距离。服务范围又称服务半径、辐射范围,指消费者愿意去一个中心地得到商品或服务的最远距离。销售利润和需求门槛、服务范围的盈亏关系如图6-4所示。

服务范围上下限之间存在着三种关系,它们对进一步的分析具有重要意义:①如果门槛距离大于货物的最大销售距离,那么这种货物在该地区就不可能以正常的方式提供。②如果货物的最大销售距离和门槛距离相等,那么,经营该种货物正好能得到利润。③如果货物的最大销售距离大于门槛距离,那么,该项货物不仅可被提供,而且经营者还可从为居住在两个腹地间的人口的服务中得到超额利润。

二、中心地理论核心内容

1. 基本假设

克里斯塔勒创建中心地理论建立在均质的"理想地表"之上,其基本特征是每一点均有接受一个中心地的同等机会,一点与其他任一点的通达性和交通费用只与距离成正比,货物在各方向自由流动,生产者和消费者均为经济人。

1) 六边形市场区

在上述假设条件之下,考虑市场竞争的影响和区域总利益的最优化,每个中心地将形成六边形市场区。其形成过程如图6-5所示。

2) 市场等级序列

由于商品和服务存在等级和服务范围的不同,使得中心地及其市场也存在等级,高等级中心地服务半径大、数量少,商品种类和服务设施多而全且高级;低等级中心的服务半径小、数量多,商品种类和服务设施少而不全且低级。

克里斯塔勒认为,有三个条件或原则支配中心地体系的形成,它们是市场原则($k=3$)、交通原则($k=4$)和行政原则($k=7$)。在不同的原则

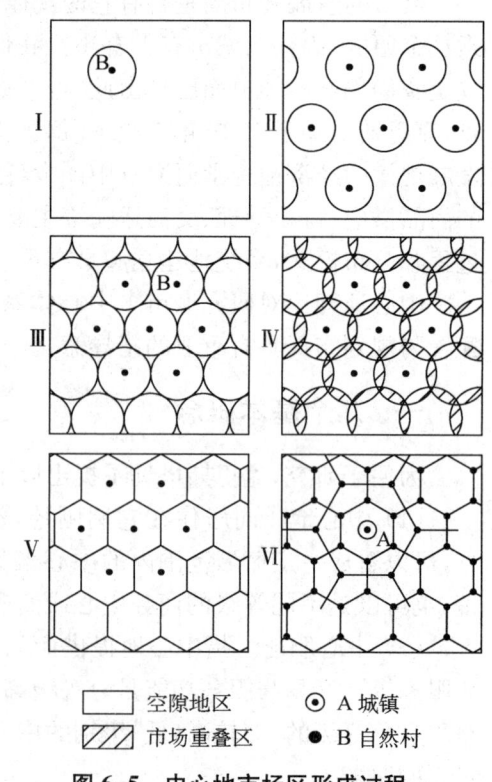

图6-5 中心地市场区形成过程

支配下，中心地网络呈现不同的结构，而且中心地和市场区大小的等级顺序有着严格的规定，形成不同的空间分布形态和等级数量体系，如图 6-5 所示。

(1) 市场原则

按照市场原则，低一级的中心地应位于高一级的三个中心地所形成的等边三角形的中央，从而最有利于低一级的中心地与高一级的中心地展开竞争，由此形成 $k=3(k=1+6\times 1/3=3)$ 的系统，每一个较大的中心地市场区总是包括三个比它低一级中心地的市场区，由此，存在市场等级序列：1，3，9，27，81，⋯由于较高一级市场同时兼为较低一级市场的职能，因此存在中心地等级数量序列：1，2，6，18，54，⋯

由市场原则形成的中心地等级体系的交通系统，是以高等级中心地为中心，有 6 条放射状的主干道连接次一级的中心地，又有 6 条也成放射状的次干道连接再次一等级的中心地。由于此种运输系统联系两个高一等级中心地的道路不通过次一级中心地，因此，被认为是效率不高的运输系统。

(2) 交通原则

克里斯塔勒认识到，早期建立的道路系统对聚落体系的形成有深刻影响，这导致 B 级中心地不是以初始的、随机的方式分布在理想化的地表上，而是沿着交通线分布。在此情况下，次一级中心地的分布也不可能像 $k=3$ 的系统那样，居于三个高一级的中心地的中间位置以取得最大的竞争效果，而是位于联接两个高一级中心地的道路干线上的中点位置。

和 $k=3$ 的系统比较，在交通原则支配下的六边形网络的方向被改变。高级市场区的边界仍然包括 6 个次一级中心地，但次级中心地位于高级中心地市场区边界的中点，这样它的腹地被分割成两部分，分属两个较高级中心地的腹地内。而对较高级的中心地来说，除包含一个次级中心地的完整市场区外，还包括 6 个次级中心地的市场区的一半，即包括 4 个次级市场区，由此形成 $k=4(k=1+6\times 1/2=4)$ 的系统。在这个系统内，市场区数量的等级序列是：1，4，16，64，⋯

次级市场区的数量以 4 倍的速度递增。与 $k=3$ 的系统类似，由于高级中心地也起低级中心地的功能，在 $k=4$ 的系统内，中心地数量的等级序列是：1，3，12，48，⋯

依交通原则形成的交通网，次一级中心地位于联系较高一级中心地的主要道路上，被认为是效率最高的交通网，而由交通原则形成的中心地体系被认为是最有可能在现实社会中出现的。

(3) 行政原则

在 $k=3$ 和 $k=4$ 的系统内，除高级中心地自身所辖的一个次级辖区是完整的外，其余的次级辖区都是被割裂的，显然，这不便于行政管理。为此，克里斯塔勒提出按行政原则组织的 $k=7$ 的系统。在 $k=7$ 的系统中，六边形的规模被扩大，以便使周围 6 个次级中心地完全处于高级中心地的管辖之下。这样，中心地体系的行政从属关系的界线和供应关系的界线相吻合。

根据行政原则形成的中心地体系，每七个低级中心地有一个高级中心地，任何等级的中心地数量为较高等级的 7 倍(最高等级除外)，即：1，6，42，294，⋯市场区的等级序列则是：1，7，49，343，⋯

在 $k=7$ 的系统内,由于其运输系统显示出每位顾客为购买中心性商品或享受服务所需旅行的平均距离较前两个系统都长,因此,行政原则下的运输系统被认为是效率最差的一种。

以上三个原则共同导致了城市等级体系的形成。克里斯塔勒认为,在开放、便于通行的地区,市场经济的原则可能是主要的;在山间盆地地区,客观上与外界隔绝,行政管理更为重要;年轻的国家与新开发的地区,交通线对移民来讲是"先锋性"的工作,交通原则占优势。克里斯塔勒得出结论:在三个原则共同作用下,一个地区或国家,应当形成如下的城市等级体系:A 级城市 1 个,B 级城市 2 个,C 级城市 6 至 12 个,D 级城市 42 至 54 个,E 级城市 118 个。如图 6-6 所示。

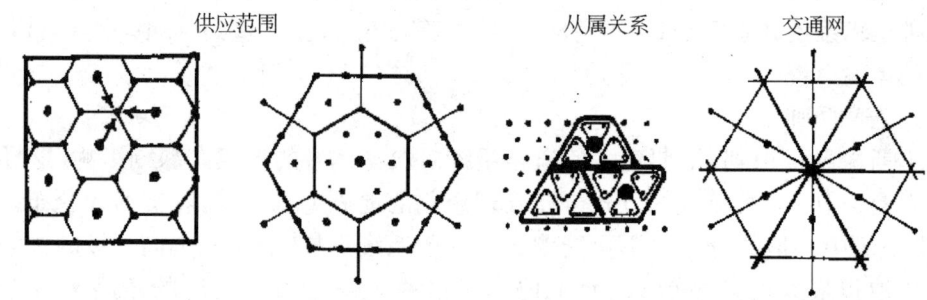

(a) 根据市场原则形成的中心地体系(K3 系统)

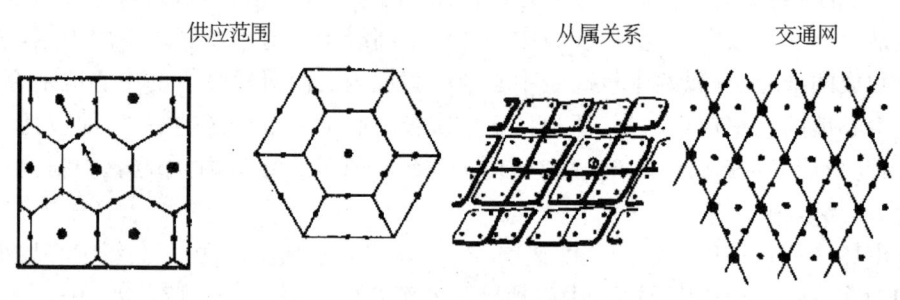

(b) 根据交通原则形成的中心地体系(K4 系统)

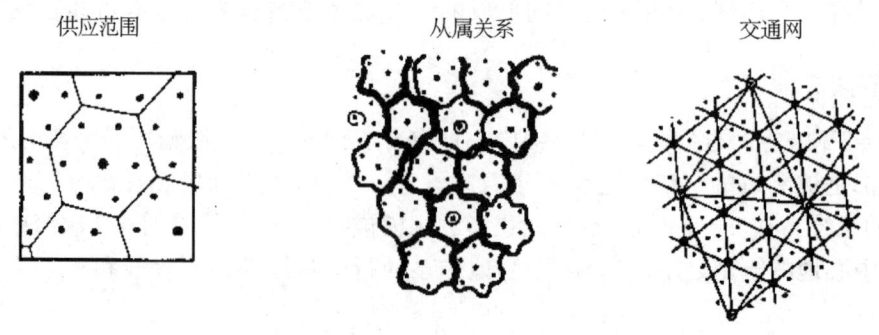

(c) 根据行政原则形成的中心体系

图 6-6 中心地市场等级系列形成过程图

第五节 城市土地空间布局模式

城市土地空间形态是指城市各类用地在空间上的组合关系,是城市土地利用空间布局的特定组合。在市场经济中,微观经济的行为主体——居民、厂商和政府等选址行为,形成了城市中主要用地的不同分布,从而决定了城市内部的空间布局形态。城市内部空间布局形态是城市中各种力量根据自然经济和社会条件为了效用的最大化相互博弈的结果。不同类型用地者在城市形态形成过程中起决定因素,如:政府决策者、家族和种族、企业投资者、交通技术人员和决策精英等。在城市的发展历程中,曾出现了多种模式的城市形态并有多种布局理论。

一、同心圆布局形态

该布局理论由伯吉斯(E. W. Burgess)于1952年总结芝加哥城市土地利用结构后提出。他是基于社会生态学的入侵和承继概念来解释土地利用在空间上的排列形态和扩展过程。高收入家庭会居住在离城市中心较远的最新住房中,原来的住房由收入较低的家庭居住,最贫困的家庭就住在靠近市中心最老的旧房,直至市中心的旧房被拆除成为中央商业区,此所谓"过滤"机制。由此形成城市各功能用地以中心区为核心,自内向外作环状扩展的同心圆用地结构[图6-7(a)]。其中,第1圈层为中心商业区;第2圈层为中心商业区与住宅区的过渡地带:轻工业、批发商业、老式住宅、货舱;第3圈层为工人住宅区(低收入);第4圈层为中产阶级住宅区;第5圈层为高级及通勤人士住宅区。

该理论的缺陷是忽略了交通、自然障碍物、社会文化和区位偏好的影响。1932年巴布科克(Babcock)考虑交通轴线的辐射作用,将同心圆模式修正为星状环形模式,这一理论更接近单中心中小规模城市的真实状况。

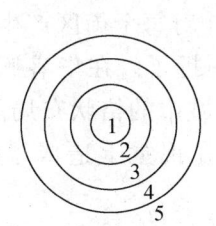 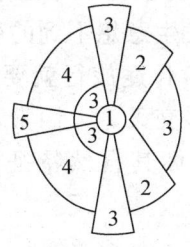 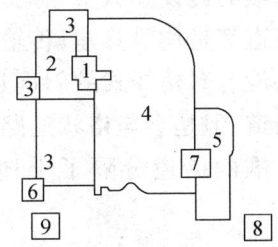

(a) 伯吉斯同心圆理论模式　　(b) 霍伊特扇形模式　　(c) 哈里斯乌尔曼多中心模式

图6-7　城市土地空间布局形态

二、扇形布局形态

扇形理论是霍伊特(Homer Hoyt)于1939年对美国64个中小城市及纽约、芝加哥、底特律等城市的住宅区分析中得出。该理论的核心是各类城市用地趋向于沿主要交通线路和沿自然障碍物最少的方向,由市中心向市郊呈扇形发展[图6-7(b)]。他认为,由于特定运输线路可达性和定性惯性的影响,各功能用地往往在道路两侧形成。第1圈层为中心商业区;第2圈层为轻工业和批发商业,对运输线路最为敏感,沿交通干线扩展;第3圈层工人住宅区(低收入),环绕工商业布置;第4、第5圈层为中高收入住宅区,沿交通主干道或湖泊、公园向外发展。当城市人口增加用地扩大时,高收入富人从原住区搬到新的声望更高的地方,原高收入住宅区则供贫民使用,由此出现土地利用的演替和过滤。

三、多核心布局形态

多核心理论由麦肯其(R. D. Makenzie)于1933年提出,1954年被哈里斯(C. D. Harris)和乌尔曼(E. L. Ullman)丰富发展。该理论强调城市土地利用过程中并非只形成一个商业中心,除此之外还会有多个次中心。城市中心数目的多少及其功能与城市规模大小有关。中心商业区为最主要的核心,其次还有工业中心、批发中心、外围地区的零售中心、大学聚集中心及近郊社区中心等[图6-7(c)]。多核心理论没有假设土地均质,土地功能分区没有一定顺序,规模大小也不同,空间布局具有较大的弹性,很多大城市都属于这一类型。

四、棋盘形形态

棋盘形城市有很多实际应用的例子。其基本思路很简单:街道把城区分割成许多相同的长方形街区,可以向任何方向发展。理论上这种城市形态不需要边界和中心。人类活动可以发生在任何地点,因为城内任何一点都是平等的,而且每个街区的形状都是相同的。城市内部可以进行建设,也可向外部寻求发展空间。标准化的土地规划为标准化的建设提供了条件。人们可以轻松地丈量、分配、出售土地。有意思的是,人们采用格子形状来规划城市有两个恰恰相反的目的:一是保证中央控制,表现至高无上的完美,二是体现人人平等的社会主张和个人主义。

当然,棋盘形城市的规模实际上是受到限制的,城市不可能无限向外发展而丝毫不影响其中心区域的建设和城市布局。当城市中心出现时,势必对平均发展的道路造成压力。如果所有街道都是均等修建,传输会发生意想不到的变化,并对每个街区产生了不必要的影响。如果没有对角线式的斜向道路,长途旅行就要耗费周折了。在华盛顿特区就有这样的斜线街道,但是会与格状道路过多交叉。人们常常批评城市的格状布局的低利用率,因为统一标准的街道分隔了土地,破坏其自然特征,而且在视觉上造成了单一性和分散性。

五、多中心发展

随着城市的发展,单中心城市逐渐被多中心城市所代替。多中心城市通常有城市CBD、城市副中心、区域中心和郊区中心等多中心体系。每个中心都包含商业、办公、酒店和娱乐设施等多种商服与产业业态,是所在地区的就业中心和商业中心。多中心城市中心地区的土地租金形成一条起伏的土地竞标租金曲面。

不论在迅速增长的城市,如亚特山大、休斯顿、旧金山,还是古老传统的城市,如纽约、波士顿、芝加哥等,次中心都同样发展。上海作为长三角城市群核心城市,也从单一中心城市逐步发展到一个 CBD、6 个城市副中心（原有徐家汇、五角场、真如、花木，新增新金桥、张江）、4 个主城副中心（新虹桥、莘庄、川沙、宝山）、5 个新城中心（嘉定、松江、青浦、南桥、南汇）、2 个核心镇中心（金山、崇明）和多个地区中心组成的多中心城市空间体系（图 6-8）。

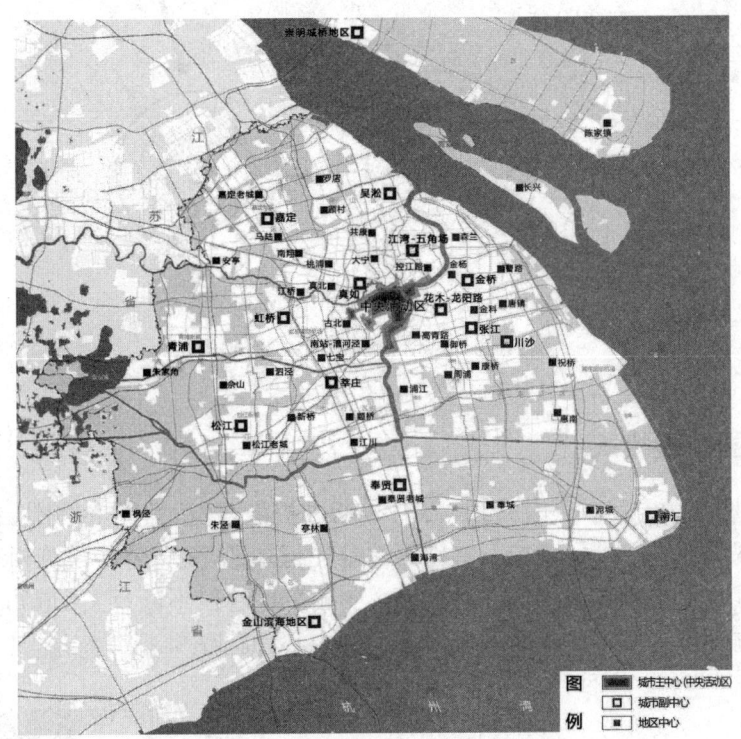

图 6-8　上海市多中心城市空间体系

第六节　城市土地空间扩展模式

一、城市用地区域分化

生产的发展使交换频繁，逐渐形成固定的交易场所，出现专门的商人。为了经商方便，商人便在市场区内定居下来，由此又吸引附近一些手工业者为节约运输费用，也到市场区内定居并生产，形成初具规模的居住工业商业区，这就是城市的雏形。进一步的发展使中心商业区周围形成了混合居住区。聚集到一定程度，一些富裕人员和手工业者为了得到更好的居住环境，从混合居住区迁出，形成独立的居住区。工业进一步发展，为了寻求发展空间也从混合区内分离至近郊，从形成独立的近郊工业区。至此，城市内各业用地分化基本完成，中心商业区职能更为明显。随着近郊工业区和居住区的进一步发展，城市聚集和密度进一步加大，出现了分担中心商业区部分职能的副城市中心；同时，工业又进一步向远郊扩散，形成郊区工业区。城市形成及地域分化过程如图 6-9。

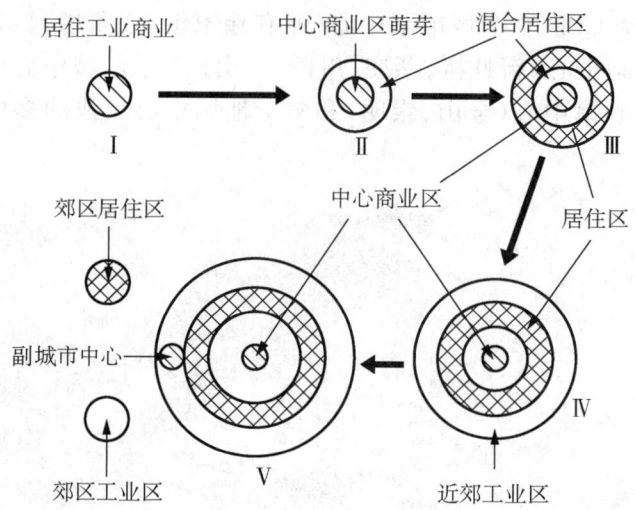

图 6-9 城市用地地域分化过程

二、同心圈扩展模式

一般来说，城市的空间扩展总是由内向外，渐进扩散，最后呈同心圆圈层式发展。这个过程突出地表现为住宅、工厂、学校及特殊医院等先行外迁，随后公共建筑相继建设，使其连成一片，原来的城市逐渐演化成城市核心区。随着此过程不断反复，城市规模不断扩大（图 6-10），会进一步在城市边缘区形成新的商务中心、商业中心。

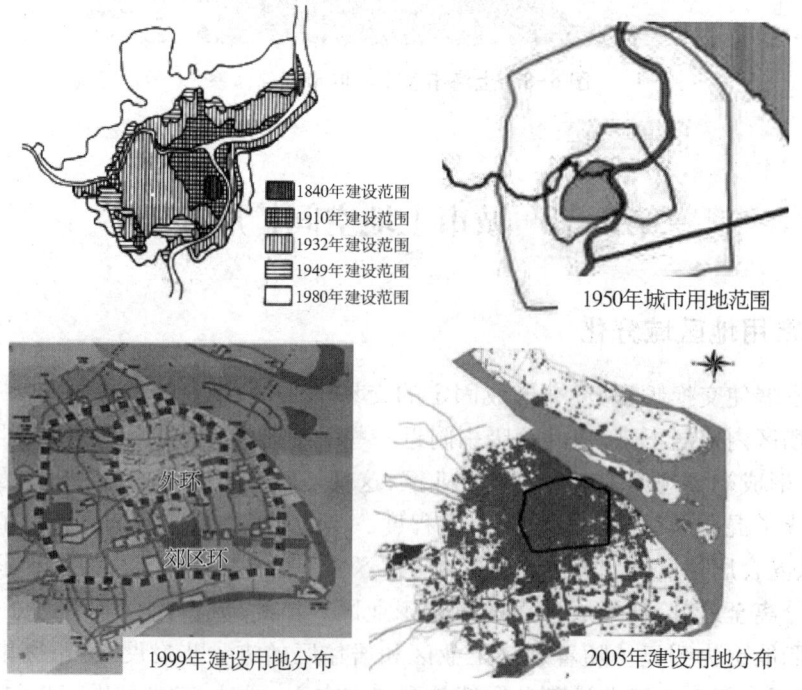

图 6-10 上海城市空间圈层扩散示意图

三、轴向放射性填充扩展模式

城市沿着主要交通线的两边发展,形成城市空间的指状形态,这是最适宜大中型城市的发展形态。此种模式的城市有一个人口密集的多功能的核心区,由此核心向外发散四到八条运输骨干道,包括综合传输系统和主要公路。骨干道上间隔分布着次中心。繁华地点围绕次中心形成,或沿着骨干道向外辐射,这样就在放射性发展的骨干道之间形成了较为偏僻的 V 形地带。几条环形公路围绕核心区建成。当指状体增长到一定程度,指状体之间的横向联系加强时,其间的三角形或梯形空间则被逐渐充填。如图 6-11 所示。

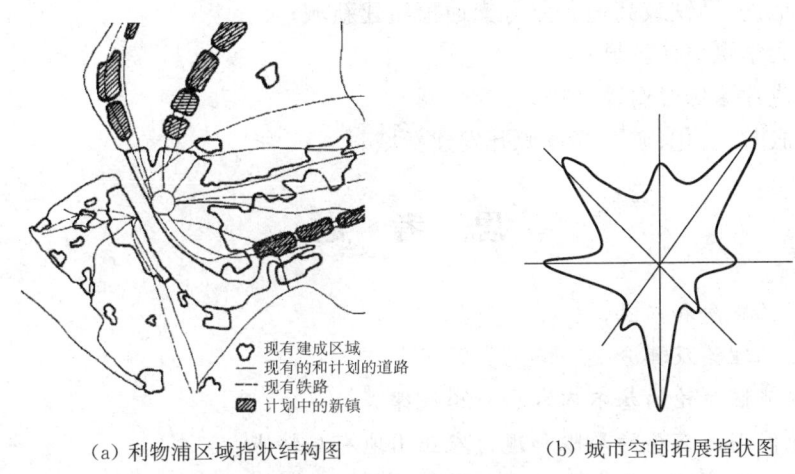

(a) 利物浦区域指状结构图　　　　(b) 城市空间拓展指状图

图 6-11　轴向放射性填充扩展模式图

四、线性条带形模式

城市用地发展围绕一条或几条交通干线呈线性展开,生产、生活、商业和服务设施沿主干道两侧布局。沿主干线土地使用者可以最大限度地享受便利,同时线性城市能够根据地形曲折变化,灵活发展,从而连接旧的城市。形成线性条带扩张的原因多源于地形限制。

但是,这种模式在城市结构上存在着严重的缺陷。线性城市的各个要素之间的距离比紧凑的城市大得多,居民进行联系或运动方向的选择则少得多。由于所有人都住在主干线两侧,主干线上的任何一点传输都不能中止。一旦传输在某点停止,人们不得不向更远的站点寻求帮助,以满足自己的需要。

城市形状率太低,造成城市效率不高。形状率 $=A/L^2$(A 建成区面积,L 建成区长轴长度)。一般认为区域形态最为紧凑的是圆形,形状率 $\pi/4$;其次为正方形,形状率为 0.5。小于 0.5 认为不紧凑。通常线性条带形城市存在用地较为分散,城市效率不够高,供水、供电管线铺设过长,基础设施投入增大等弊端。

五、新城发展模式

城市的快速增长需要新的建设空间。在城市快速发展时期,旧城发展限制因素较大时,新城发展成为城市快速发展的最有效选择。新城通常面积规模大,有其新的城市中心及相对完整的城市结构。新城与老城的空间关系可以与老城紧邻,亦可与老城新城形成蛙跳式发展,还可以作为老城的卫星城。新城建设成败在于"人—城—产业",即人、产业和商服配套设施的协同导入和发展。

新城有如下多种发展类型和模式。

(1) 依托行政中心迁移建新城;
(2) 依托产业发展建新城;
(3) 依托居住扩张建新城;
(4) 依托原有小城镇建新城;
(5) 依托地铁、高铁或高速公路等交通枢纽建新城;
(6) 依托大学聚集建新城;
(7) 依托成片区域改造建新城;
(8) 依托旅游、文化、矿产等资源开发建新城。

思 考 题

1. 简述区位概念和内涵。
2. 简述区位理论及其分类。
3. 简述农业区位论的基本内容和布局规律。
4. 说明屠能用地布局的局限和现代农业用地布局特点。
5. 简述工业区位论的基本内容和布局规律。
6. 试用韦伯工业区位论解释钢铁工业布局指向的变化。
7. 简述中心地理论的基本内容和中心地布局规律。
8. 说明港口城市产生和资源城市产生的原因。
9. 结合所在城市说明该城市的工业布局规律。
10. 运用中心地理论,说明城镇体系规划和商业用地规划的主要内容。
11. 简述城市土地空间的扩展模式有哪些?各有哪些优缺点?
12. 简述城市的同心圆布局、扇形布局和多核心布局的内容。
13. 结合所在城市说明该城市土地空间布局与空间扩张的特点。
14. 说明城市用地的地域分化过程,并分析你所在城市的特点。
15. 说明城市多中心布局模式的优缺点。
16. 说明条带形城市形态的优缺点。
17. 新城发展类型有哪些?促进新城发展,重点需要处理好什么关系?

第七章 城市土地区位选择与利用

> 城市住宅、商业、办公及工业是城市最重要的四大功能用地,每种用途都有其独有的区位选址要求、特点、空间变动规律、土地开发定位与利用方式。
> 　　本章重点掌握城市住宅、商业、办公及工业用地区位的选择和开发利用方式。包括住宅用地的类型、选址、区位变化、要求影响因素以及开发定位,商业用地的类型及特点、定位及商业中心的选址与配置,办公用地的类型、选址与区位变化,中央商务区及总部基地的选址,工业用地的类型、选址与区位变化等。

第一节 住宅用地区位选择与利用

居住是城市的最基本职能,住宅用地是构成城市地域的最基本单元。城市内部居住空间的格局深刻反映着城市发展和城市空间格局的基本状况。

一、住宅用地类型

按照市场化特征,住宅用地分为:商品住宅用地和保障性住宅用地。商品住宅用地属于经营性用地,根据持有规定可分为销售性住宅用地与持有性住宅用地,采用出让方式供应。保障性住宅用地可分为经济适用房用地、公共租赁和廉租房用地,采用行政划拨方式供应。

按照建筑形态,住宅用地分为:公寓住宅用地、联排住宅用地(连体别墅)、别墅住宅用地。

按照住宅层数,住宅用地分为:超高层住宅用地(30层以上)、高层住宅用地(16~30层)、小高层住宅用地(8~16层)、多层住宅用地(5~8层)和低层住宅用地(4层以下)。

按照建设强度,住宅用地分为:高密度住宅用地和低密度住宅用地。

按照客群特征,住宅用地分为:人才公寓用地、养老公寓用地、蓝领公寓用地等。

二、住宅用地选址与区位变化

1. 住宅用地选址

住宅用地的选址核心是考虑人口的流动、分布及需求与支付能力。住宅用地选址,可从宏观层面的城市选择、中观层面的城市区域选择和微观层面的地块选择三方面考虑。

(1) 宏观选址

宏观选址主要指城市选择，需要考虑的要素包括城市区位、经济状况和住宅供求状况三大层面。城市区位是影响人口导入的关键要素，可用城市的交通区位、城市规模与等级、城镇化水平和城市规划发展潜力等指标分析评价；城市经济状况关系到产业发展能力与潜力，直接影响人口流入或流出，可用城市 GDP、产业结构、人均收入水平等指标分析评价；住宅市场供求状况，包括人口导入状况、住宅用地的供应情况、住宅用地的需求状况等指标。

(2) 中观选址

中观选址指城市内部的区域选择，需要考虑的要素有区位状况、区域性市场供给和需求状况三大具体要素。区位状况指区域生活便利性、交通便捷度与通达度、区域环境与景观、人文环境及区域发展与规划等。区域市场供给状况包括区域住宅用地的竞品供给量、户型、房型等供给结构、供给档次、交易价格和去化水平等。住宅需求要素包括客群居住条件、收入水平、教育状况、就业状况和来源地等。

生活的便利性。指住宅周边的超市、菜场、美容美发等商业设施的完备性；邮局、银行、学校和医院等公益设施的完备性；上下水、电、煤气和电信等基础设施的完备性。有学者研究，假设迁移成本为零，人们将尽量选择适合自身公共支出偏好的社区。

交通的便利性。指住宅周边公交线路及站点、轻轨、地铁线路及站点等交通设施的便捷程度；交通道路的通畅与拥挤状况、与主干道路连接的方便状况、道路的等级类型等交通通达度状况。快速交通延伸区域及快速交通站点周边区域往往形成新的居住集中区。

景观生态环境。指住宅周边的绿化、水景、山景等景观环境资源优美程度、噪声污染程度、空气污染程度等。随着人们生活水平的提高，住宅环境要素越来越成为住宅选址的重要因素。

人文环境。人文环境指与人的发展有关的社会因子集合，包括历史要素、文化要素、风俗习惯、种族状况、消费偏好、社会地位、犯罪状况及阶层分异等。这些要素最终将资本化到住宅的价值，并从深层次影响到人们的居住区位选择。

规划发展。规划因素不仅关系到居住区位的现状和周边利用的规制，更重要的是规划建设方案的实施将直接影响未来居住区位的变化，成为改变居住区位和提升居住价值的重要因素。

(3) 微观选址

住宅地块最后坐落选择即为微观选址。具体需要考虑地块四至状况，临街、临水（河湖海）、临绿地状况，邻避状况（殡仪馆、污染工业、垃圾场等），临轨道交通站点状况，采光通风状况，地块面积大小、地块形状与完整性、地块容积率等指标状况。

2. 住宅区位变化

居民选择住宅区位总是在家庭收入允许范围内追求满足最大区位效用，且多选择在与自身社会阶层相适应的住宅区内。人们对区位的选择在城市交通设施改善、旧区改造、新区开发、基础设施的延伸和级差地租等因素的影响下，会逐渐发生变化。换言之，城市经济规模不断扩大到一定的"度"后，必然会激发人们新的居住观念和住宅需求的产生，进而推动住宅区位的重新调整。

城市居住区位变化同时会表现在城市居住用地的减少、增加和转化上,这又称之为城市居住空间再造。城市居住区位变化有多种模式。

(1) 中心区大量兴建高层住宅

通过城市更新,城市中心区实施旧城改造和用地功能转换。在城市中心新建大量高密度住宅,住房小区规模不断扩大,住宅类型向高层发展,住宅档次不断提高,住宅小区环境和住宅配套得到提升。

(2) 边缘区住宅成片开发

一方面边缘区特定区位出现高收入住宅区,开发豪华别墅等低密度住宅;另一方面,出现低收入住宅区,包括经济适用房和动拆迁安置房等。

(3) 住宅呈现显著郊区化

伴随着城市发展以及经济水平提高,居住用地呈现不断开发建设和不断外迁的格局。如美国人口在中心城所占份额从 1948 年的 64% 减少到 1980 年的 43%。2003 年,上海郊区土地住宅供应量大幅上升。全年出让地块 184 幅,总面积 1 550.33 公顷,其中,中心城区 6.66 公顷,次中心城区 214.04 公顷,城市边缘地区 250.71 公顷,郊区 1 078.92 公顷。分别占到出让面积的 0.5%,13.8%,16.2% 及 69.5%。同时,郊区住宅价格迅速上涨,可见住宅郊区化现象明显。2007—2010 年间,上海居住用地更加速呈现郊区化现象,如图 7-1 所示。

住宅郊区化原因主要有以下几方面。

(1) 居民收入提高。居民收入提高会促使其改善居住条件,增加住房消费面积和土地消费面积,同时支付上下班成本的能力提高,故倾向到具有空间优势的郊区居住。

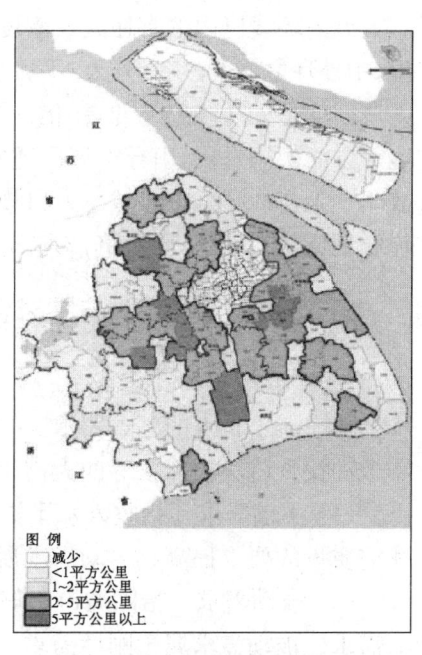

图 7-1 上海居住用地郊区化

(2) 交通工具和设施的改善。交通工具和设施的改善导致上下班成本降低,居住竞标租金函数的斜率减小,郊区用地需求增加,人口密度增加。如上海的轨道交通将包括四条市域快速铁路,八条市区地铁,五条轻轨,总数达到 17 条,同时进行的还有高速公路的"15,30,60"工程。这些交通设施建设将大大缩小空间和时间距离,促成上海人口的郊区化。

(3) 城市病的避让。中心城房屋老化、交通拥挤、环境污染和居住紧张,国外还存在犯罪、种族冲突等社会问题。美国学者 1981 年利用美国 121 个标准城市统计资料研究发现,如果一个城市的中心城区有比较旧的存量房屋,比较高的税收和比较多的黑人人口,则该市区居住郊区化的进程就越快。

(4) 郊区环境和空间的向往。住宅郊区化既有经济因素,也有社会人文因素。城市居民对居住品质的要求不断提高,只有郊区能够提供优美的居住环境和宽敞的居住空间。居民把目光从拥挤的市区转向了环境优美的郊区,更有诸多富裕阶层人士纷纷在郊区二次置业,实现"1+1"和"5+2"的生活模式。另外,随着私家汽车的普及和道路网络的完善,居民可接受的空间距离将大大延长。在住宅郊区化的过程中,还存在被动郊区化,即部分的工薪阶层,由于收入有限,只好舍弃市中心的种种便利,选择郊区更为便宜的住宅。

(5) 就业郊区化的影响。产业的迁移造成就业岗位的迁移。美国1980年大约40%的工人在郊区上班,是从市郊到中心城上班人数的两倍。因此,就业岗位的郊区化进一步推进了居住郊区化。21世纪初,上海航运枢纽、航空枢纽、临海综合经济区及现代钢铁、石化、汽车和高新技术产业"四大产业基地"已全部布局在市郊,同时在郊区分布着国家级、市级和区县级所属各类各级工业园区。上海郊区已经形成了上海二次产业的基本空间框架,也成为人口郊区化的重要促进因素。

(6) 公共政策的作用。如政府的城市规划、人口导入政策、税收政策等。据统计,2006年上海内环线以内的常住人口密度为3.39万人/平方公里,内中环之间为1.75万人/平方公里,中外环之间为0.70万人/平方公里,外环线以外为0.14万人/平方公里。内环线以内的人口密度是外环线以外的24倍。为了保持上海这座特大城市在人口、经济、社会、资源和环境等方面协调发展,引导上海向适宜人居的现代化城市迈进,上海新一轮规划提出人口疏解战略。到2020年,中心城总人口规模控制在800万,人口密度降至2.6万人/平方公里,人口疏解到新城和郊区,由此将带来郊区住宅的开发热潮。

三、住宅用地类型与需求量

1. 住宅用地需求类型

住宅需求是人的基本需求。按产生动因,住宅需求可以分为主动需求、被动需求、自动需求和投资(投机)需求等四大需求。

(1) 主动需求。指收入水平提高和社会地位上升等原因引起的居民对住宅面积水平和住宅质量的要求提高。主动需求属于弹性需求。

(2) 被动需求。指因城市旧城或城中村改造、城市设施建设造成房屋动拆迁引起的住宅需求。被动需求属于刚性需求。

(3) 自动需求。指因为区域人口增加、农村人口城市化等引起的住宅需求。区域人口增加类型包括:区域自然增长人口、机械增长人口、暂住人口和流动人口。自动需求属于刚性需求。

(4) 投资需求。指基于投资(投机)目的而产生的需求。该类需求受经济发展和市场发展影响很大,具有很强波动性,属于弹性需求。投资需求的主体有本区域投资者、区域外投资者、境外投资者。

2. 住宅用地需求总量确定

城市住宅用地需求总量可以通过多种方式分析预测。基于人口变动及其需求视角的需求总量预测流程如下。

(1) 在人均居住水平预测基础上,预测城市原常住人口改善性住宅需求量;

(2) 在历年动拆迁人口趋势基础上,预测城市动拆迁人口住宅需求量;

(3) 在本地人口自然增长、城镇化水平和外来人口预测基础上,预测城市新增人口住宅需求量；

（4）在市场预期分析基础上，预测城市住宅投资需求量；

（5）基于住宅用地平均容积率，和预测的总住宅量测算城市住宅用地总需求量。

四、住宅用地开发定位

住宅用地开发定位首先需要对住宅市场供求进行总体分析，然后深入分析客群细分市场和竞争性项目，在此基础上进行住宅客群定位、住宅产品定位和住宅价格定位。

住宅客群分析包括以下内容。

（1）家庭可支配收入。收入水平决定住房购买能力，也是划分居住社会层次的基本因素，是影响居民住宅选择的关键。

（2）家庭状况及生命周期。家庭状况直接关系到住宅需求。居民家庭一般经历单身、新婚、有子女、子女长大、子女独立、退休和鳏寡等阶段，在家庭生命周期的不同阶段会选择不同的居住区位。单身家庭没有小孩，精力充沛，事业心强，希望住房周围基础设施好，且离工作场所近，这样就必然会选择城区。随着成家立业，有了孩子，收入增长，为了给孩子提供一个较好的成长环境，希望更大的居住空间，就会向居住环境较好的住所迁移。到了老年，孩子长大离开，生活的孤独和生活基础设施的相对不足，使得老人重返城区。

（3）职业结构。不同的职业不仅影响家庭收入，更直接影响所处的社会圈层，且具有不同的消费观念，成为影响住宅需求的重要因素。

（4）教育结构。居民所接受的教育程度和文化环境会影响到居民基本价值取向、偏好和行为方式，从而对需求产生作用。

（5）购房动机。包括刚性自住、改善需求、持有租赁和投资买卖等各种购房目的。

（6）购房偏好。包括对房型、户型、面积、价格、环境及设施等各种需求偏好。

住宅产品定位包括住宅总体概念定位、小区平面方案、物业类型与层数、住宅档次、建筑风格、房型、户型、设施和设备、装修标准和品牌、景观环境和物业服务等各种相关要求的策划。

第二节　商业用地区位选择与开发利用

一、商业用地类型及特点

1. 商业及商业用地类型

（1）商业业种与业态

城市诞生之初源于军事防御职能"城"和商业职能"市"。因此，商业始终是城市最重要和基本的职能。商业用地亦成为城市用地的主要组成部分和重要空间节点。

商业经营有不同的业态和业种。商业业种指各细分的商业行业，反映的是"卖什么"问题。商业行业可为商业服务业、旅游业、金融保险业、餐饮业和娱乐业及其细分行业。商业业态指为了满足目标顾客消费需求所进行的商业要素空间组合，形成不同的营业形态或营业形式，解决"怎么卖"问题。如零售商业业态有大型购物中心、百货店、超市、便利店、大型综合超市、仓储商店、专业店、大型专业店和专卖店等九种业态类型。

商业地产策划与运营时,通常将商业业种与商业业态统称为商业业态。

(2) 商业用地细分

城市商业用地广义上指进行各类商业行业经营的用地。商业用地属于经营性用地,国有土地使用权出让最高年限设定为 40 年。基于商业行业视角,商业用地及细分如表 7-1 所示。狭义商业用地主要指零售业用地和批发业用地。

表 7-1 广义商业用地类型一览表

行业细分	用地细分
商业服务业	零售商业用地(购物中心、百货商场、专卖店和超市等)、批发市场用地、会展用地、车船航空售票处、美容院、婚纱摄影、拍卖行、维修点、加油站及停车场等
旅游业	饭店、酒店、度假村、游乐园、旅馆和旅游附属设施等用地
金融保险业	银行、信托、证券和保险机构等
餐饮业	餐馆、酒楼、饭庄、快餐店、酒吧及茶坊等
娱乐业	俱乐部、康乐中心、棋牌室、歌舞厅、网吧、体育场馆、健身房、电影院、高尔夫球场和赛车(马)场等

2. 商业用地的特点

商业用地主要用于商业地产的开发建设和运营。相较于其他类型用地与物业类型,商业用地及其上物业(即商业地产)具有以下显著特点:

(1) 区位敏感性强

商业运营利润与顾客数量、消费水平、消费结构、消费心理和消费习惯等要素紧密关联,而对区位敏感的顾客数量和人流则是商业成败的首要因素。因此,商业地产对区位具有极强敏感性。在水平空间尺度,商业经营效益与商业地价表现出随着与商业中心距离增加而急剧下降的现象,还经常会出现仅一路之隔的商业运营效益出现巨大差异的状况;在垂直空间尺度,商业经营效益与商业地价表现出随着楼层增高而下降的现象,底层商业地价最高。因此,进行商业选址与商业业态配置,区位是首要考虑因素。

(2) 等级规模聚集效益强

商业用地与相邻商业地产的相关性显著,除了相互竞争外,还会产生共生和互补效应,吸引更多人流,从而带来规模聚集效益。比如,大城市高等级商业中心具有强的聚集效应和大的商圈范围,需要若干购物中心或其他商业业态规模聚集而成。同样,大型购物中心需要多业种配置,除去服装等零售业态外,还会配置各类餐厅、电影院等餐饮、休闲业态以满足消费者的各类需求,形成需求互补,创造出规模效益;专业性市场如建材市场,则需要聚集建筑材料、装潢材料、卫生洁具、家具、五金和工具等齐全的专业类商品品种而形成巨大的专业市场规模聚集效应。

另外,如果商业聚集规模过大,则会因为同质竞争产生负效益。根据中心地理论,适度规模与商业等级及其辐射范围密切关联。准确地说,即商业具有等级规模效应。等级规模效应本质上具有三层含义:一是一定等级商业中心有其适宜的商业聚集规模;二是一定的商圈范围内，与其等级匹配的通常只能有一个相应的商业规模，否则必定你死我亡；三是商业规模存在等级序列分布。等级规模聚集效应是商业地产开发利用必须遵循的基本准则。

(3) 可达性要求高

可达性指人流接近商业物业的方便程度。可达性是测度商业地产选址合理性和区位价值的重要指标。通常交通干道型道路、超宽道路、建筑物隔断、绿地隔断、非底层物业等都会降低商业可达性，并降低物业价值。如二层商业租金远低于底层商业租金，宽阔的交通干道型道路两旁很难形成商业街。充分提高商业地产的可达性是商业策划的关键环节，只有提高可达性，才能带来商业利润，提高商业地租支付能力，从而提升商业用地和商业物业价值。

(4) 业态定位与运营复杂

商业地产的灵魂是业态定位与招商经营。住宅项目开发售出即完成了地产开发过程，但商业地产项目竣工后需经过业态定位与招商运营，才算真正完成整个开发过程。因此，商业地产利用更侧重于运营。商业运营复杂性高，合理配置商业业态、完成招商是运营的关键。业态配置受到商业物业的自身建筑形态与规模、周边商业物业经营类型与规模、周边客群及其消费能力等多种因素影响。不同商业业态具有不同的租金支付能力，导致商业物业租金水平不同，从而直接影响整个商业地产价值。

(5) 投资回收期长风险高

相比住宅、办公、工业等其他类型地产，商业地产需要持有运营，投入资金无法一次性收回。因此，商业地产占有资金量大，资金周转慢，运营能力要求高，投资回收期长，投资运营风险大。

(6) 目标客户的双重性

商业地产的客户涉及终端消费者和商业经营者，即顾客和承租或购买商业地产的商家或投资客。所以，商业地产选址、物业设计建造、动线设计、店面或店铺分割、业态定位、招商运营和物业管理不仅需要考虑最终消费者需求，还需考虑商家需求和特点。

(7) 建筑设计要求复杂

商业建筑不同于住宅，对建筑层高柱距、荷载、电梯等都有更高的要求，任何差池都可能影响项目定位与招商运营。不同的业态对建筑设计的要求不同，如对于层高的要求，一般超市为5米，电影院至少9米以上。因此，商业物业的规划设计必须与商业业态定位策划与招商运营要求密切协同。

(8) 商业地产租售模式多样

住宅的销售模式较为简单，一般为直接销售，双方一次性交易即可。商业地产的销售模式较为复杂，一般分为整幢直接销售、分割销售、售后返租、带租约销售、持有自营及出租经营等模式，灵活多样。

3. 商业用地空间形式

1) 按建筑形式分类

(1) 沿街商铺。指沿街的建筑底层用于商业运营。底层商铺价值受物业进深和面宽影响较大。

(2) 大型商场。指利用多层建筑（一般地下 1～2 层到地上 6 层）进行商业整体统一运营。购物中心、百货商场属此类型。

（3）地下商业。指利用地下空间运营商业，如地下商场。

（4）地铁商业。指利用地铁站点周边地下或地上空间进行的商业运营。

（5）商业综合体。指商场、商铺、酒店和办公等多种商业建筑集合体，可以是建筑单体亦可多个建筑群。

2）按空间分布分类

（1）沿街类商业。商业物业呈沿街型线状分布，商业街是城市商业的主要空间存在形式。

（2）组团型商业。商业物业呈组团状成片分布，此形式是新开发区片集中商业的典型模式。

（3）点状商业。零星商业物业或独幢商业物业分散分布模式。

二、商业用地选址与商圈

1. 商业用地选址与区位变化

1）商业用地选址

商业地产的区位敏感性更加深了商业用地选址的重要性。商业用地的选址包括宏观层面的城市选择、中观层面的城市区域选择和微观层面的地块选择三方面。

（1）城市选择。宏观选址主要指城市选择。选址需要考虑的要素包括城市区位状况、经济状况和消费状况三大层面。城市区位是影响商业发展的首要基底要素，可用城市的交通区位、城市规模与等级、城市规划与发展潜力等指标分析评价；城市经济状况关系到商业发展能力与潜力，可用城市GDP、产业结构、市场规模等指标分析评价；消费状况直接影响商业消费能力，可用人均收入水平、人均消费额、社会零售总额等指标分析评价。

（2）区域选择。中观选址指城市内部的区域选择，区域选择需要考虑的要素有区域区位状况、市场供给和消费客群三大具体要素。区位状况反映区域商业区位价值，可用所在区域的规划与更新发展、区域商圈等级、区域配套状况、区域交通状况和区域景观环境等指标分析；市场供给状况反映区域商业市场竞争情况，可用区域商业总量、竞争对手状况、商业成熟度等指标分析评价；消费客群关系到区域商业消费潜力与结构，可由辐射范围人口规模与结构、家庭结构、就业结构、人均消费支出和人均可支配收入等指标分析。

（3）地块选择。商业地块最后坐落选择即为微观选址，具体需要考虑地块四至状况、临街状况、地块进深与面宽、地块大小、地块形状与完整性及地块容积率等多指标状况。

2）商业区位变化

伴随城镇化发展和城市规模扩大，商业用地空间布局演变呈现几大特点。

（1）城市范围内呈现多商业中心空间分布格局，高等级的、大型商业中心或购物中心等零售业通常仍然定位在市一级中心或次级中心；

（2）交通枢纽型站点周边区域成为商业中心新的布点区域；

（3）社区商业因为住宅小区四周的底层商铺的开发而大量分布；

（4）新开发区域或新城中心因为人口与产业的重新聚集，形成商业中心新布点区域；

（5）零售商业用地呈现郊区化特征。伴随着居住郊区化，具有较小市场辐射区域的零售业将跟随它的消费者前往郊区。迁往郊区的零售业通常也是聚集成群，形成新的购物中心和商业中心，如美国零售业就业岗位在中心城所占份额从 1948 年的 75% 减少到 1980 年的 49%，表明零售业用地的郊区化倾向；

（6）大型专业化市场在城区或近郊兴起。随之专业化分工和聚集规模的显现，以及汽车普及和交通条件改善，促使了大规模专业化市场发育。如汽车城、工农业生产设备供应市场（大型机械设备等）、生产物资供应市场（农产品交易市场等）、消费品批发市场（小商品交易市场、副食品批发市场、水果批发市场、服装批发市场等）、进口商品供应市场（保税区、保税商店等）。

2. 商圈

1）商圈概念

商圈（Trade Area）是商业的服务半径与辐射范围，体现商业的能级。商圈理论最早起源于德国地理学家克里斯泰勒（W.Christaller）在 20 世纪 30 年代提出中心地理论。该理论认为不同等级中心地具有其自身的商品和服务辐射范围，此即商圈。美国韦氏词典（Merriam-Webster）将商圈定义为：受企业、零售中心或批发中心的产品和服务所吸引的顾客分布的地理区域。综上，商圈是指不同等级商业中心、商店或某种商品或服务的顾客分布的地理范围。商圈反映的是商业地产经营互动空间与顾客消费行为空间在地理上的依存关系。商圈范围越大，辐射力越强，商圈的等级越高。

2）商圈类型

商圈有核心商圈、次级商圈和边缘商圈（又称辐射商圈）三种类型。

核心商圈（Primary Trading Area）的辐射半径在 1 公里左右，占顾客总数的 55%～70%。该商圈的商业聚集度和消费人群密度最高，一般涵盖了区域内较大型的购物中心等，档次也相对较高，经营业态、服务功能最为完备，很少与其他商店的商圈发生重叠。

次级商圈（Second Trading Area）的辐射半径在 3～4 公里左右，占顾客总数的 15%～25%。该商圈能够辐射的消费者分布较不均匀，与核心商圈相比，规模、档次、商品种类存在较大差异，辐射范围关键取决于经营业态。

边缘商圈（Fringe Trading Area）的辐射半径在 7 公里左右，一般情况下只有大型百货商场、专业店具备这样的辐射能力。

3）商圈的特点

（1）不规则性。由于商圈对消费者的吸引力受多种因素的影响，所以商圈的形状并非以中心地为圆心的圆形，而是在地理上展现出不规则的空间区域。商圈不规则的原因包括人口在地理上的不均衡分布和其他阻碍顾客到该商圈购物的物理、心理因素，物理因素如交通、道路隔离栏等，心理因素如心理距离、购物娱乐的满足程度等。

（2）叠加性。城市商圈中的"面"，即单个零售店产生的企业商圈，具有相互叠加的效应。在商圈中，某一区域的"面"越多，说明该区域对顾客的吸引力越强。因此商圈具有明显的叠加性，如核心商圈通常是商业企业较为集中的区域。

(3) 重叠性。商圈与商圈之间并没有清晰的界线，随着商圈辐射范围的不断扩大，两个相同功能的商圈边缘位置发生重叠，因此产生商圈间的竞争。重叠的区域越大，商圈在该区域的目标顾客越相似，竞争越激烈。

(4) 动态性。商圈内部各市场要素为实现交易而进行的各类活动随环境的改变而发生变化，如商圈的辐射范围、主要功能等都会随城市的发展、消费者的需求而变，商圈具有动态性和生命周期演化过程。

4) 商圈影响要素

影响商圈辐射范围的因素有外部因素与内部因素。从商业策划的角度，估测商业地产项目商圈范围需综合考量内、外部因素。

(1) 外部因素

外部因素主要是指商业物业地段环境中的各种条件，其中地段的居住状况、人口状况、交通状况、经济状况和商业环境是影响商业商圈的主要外部因素。

居住状况。周边居民的居住密度、分布方式对商圈范围的影响十分明显，居住密度越大，人口总量越多，商圈范围越广。

人口状况。周边人口及流动人群的特点、消费水平、消费习惯、消费结构及购物消费的可能性与规模的大小。

交通状况。地段交通条件越发达，交通辐射范围越广，外围区域的居民到达商业物业地段就越便利，吸纳力也越强，商圈范围就越广。

经济状况。包括经济结构、经济状况等。消费需求主要由购物人数和购买力大小决定，购买力的大小主要受居民人均可支配收入、社会零售消费品总额以及网购消费量影响，好的经济环境能增加购买力和旅游顾客的人数。

商业环境。包括政策扶持和周边竞争等。好的商业环境可以增强整个商圈范围；相反，恶劣的商业环境不但不能增强其影响力，还可能使其中的商业物业无法继续生存发展。

(2) 内部因素

内部因素则是指商业物业的经营规模、各种构成元素的组合以及促销广告活动等。

经营规模。商业物业提供商品和服务的种类越多，吸纳力越强，会吸引更广泛区域的消费者前来购物。但当规模增大到一定程度，达到极限值时，再继续扩大经营规模，商圈范围并不会随之扩大。

业态种类。业态配比越丰富，商业供给越充足，商圈范围越大。一般经营日常用品的商店吸引顾客能力较弱，商圈范围小；经营高档、品牌商品的商店吸引顾客的能力强，商圈范围大。

营销水平。商业物业的经营者如果重视对项目的宣传，可以提高商业物业在消费者中的知名度，扩大商业物业的辐射范围。

三、商业定位

商业地产是一种拥有明确经营目标，由多业态组合的商业组织模式。商业定位是商业土地开发运营的关键要素，关系着商业地产开发运营方向和内容，是商业物业规划设计、招商运营的前提和依据，也是商业地产运营的最终目标和结果。

商业定位指的是在商业地块分析、建筑物业分析、市场调研分析的基础上,明确商业总体定位、商业客群、功能、业态、规模、商户、档次及租金价格等商业经营要素的行为。

(1) 总体定位

总体定位是魂,既要明确客群的主要群体又确定产品定位。如,上海恒隆广场定位为都市型高档精品购物中心、宝山万达广场定位为时尚休闲购物中心、三林印象城定位为家庭生活购物中心、上海新天地定位为风情餐饮商业街等。

(2) 客户定位

商业地产的客户主要包括购买商铺的投资者、在商业地产项目内经营的商户和进行购物的消费者三类。其中,消费者的需求会直接影响投资者和商户的行为,因此最为关键。

消费者定位。明确项目为谁服务,研究商圈内的所有消费者或潜在客户群的消费行为和消费模式,包括消费的金额、频次、时间、时长和距离等,通过调研准确了解消费者的习惯偏好与需求,为满足其需求做基础。

商户定位。明确谁为消费者提供服务。根据所在商圈范围和消费群体定位招商对象,如社区型购物中心以日用品商户为主。不同的经营特色采用不同的商品陈列方式,需制订不同的招商计划。项目的建筑设计条件也会限定商家的入驻,如某些建材设备需要8米以上的层高。知名商家的品牌效应能够影响项目形象,如国际一线奢侈品牌营造高端定位。

投资者定位。投资者关心项目的投资回报率和未来的可持续发展,企业对投资者的调研也要把握这种需求,从投资意愿和对区域商业的预期两方面进行。投资者的投资特点、心理和偏好的投资产品、渠道、预期投资回报率等会影响其投资意愿;投资者对于区域商业的现有和未来价值、目前和未来收益的判断决定其对前景的预估。

(3) 功能定位

功能定位明确项目的基本服务内容,即项目可以做什么。商业地产通常承载购物、休闲、娱乐和服务四大功能。购物是最基本的功能,经营各种零售品种;休闲功能作为商场的附属功能,一般由令人愉悦的消费环境实现;娱乐功能的业态有游戏房、电影院、抓娃娃机等;服务功能主要由商场的物业管理和商户的服务组成。

主题定位体现核心商业功能和客群取向。购物中心常见主题有如儿童主题、女性主题、艺术主题和水主题等。儿童业态对楼层和位置要求相对不高,且聚客能力、顾客黏性强,连带消费多;女性主题主要针对年轻女孩和都市白领,为其提供时尚的一站式生活服务,如上海大悦城;艺术主题通常引入 IP 运营,以中小型展览及小型展品为购物中心吸引人流,但对场地要求较高,如 K11;水主题布置小型水族馆或室内瀑布、河流,环境优美,如上海的世博源、澳门的威尼斯人。

(4) 规模定位

规模定位明确项目的体量大小。商业地产项目若盲目追求大体量,则会增加投资额、增加运营难度、延长资金回报周期,造成资源浪费,提高投资风险。比如,体量过大会增加招商难度,资源不够则会造成空置率上升,对打造旺铺形象造成负面影响,形成恶性循环。

(5) 业态定位

习惯上,商业物业的业态定位是指在商业功能明晰的基础上对细分经营业种的选择与组合。合理的业态定位要形成同业差异、异业互补，促使同业间良性竞争，激发消费者即兴消费，最终达到经营收益最大化。

业态定位任务是完成业态选择、业态比例结构、业态空间分布和业态的主要商户等。业态定位需要注意不同属性业种之间的搭配和比例，尽量避免把相互排斥的业种放在一起。业种的整合一般有三种模式：①互补型定位。以互补为原则进行业种的规划，如日用品与食品等不同业种互补；②填充型定位。在某个范围下同属一个业种，另一种仅仅作为补充，比如计算机及其配件；③混合型定位。商品的品种齐全、品牌齐全，形成价格差异，混合业种进行组合。

主力业态的确定及其面积占比是购物中心业态定位的重点。通常每层主力业态占70%左右；次主力业态占20%，其他配套的业态约占10%。比如，上海闵行的龙湖星悦荟是社区商业定位成功的项目，它将自身定位于社区型时尚生活中心，集高校、风景、商圈于一体，向消费者提供休闲、购物、美食和娱乐等多种多样的服务。园林式建筑风情街巷、低调简洁双坡屋顶、空中观景廊桥平台等将中西建筑融合元素。其业态组合为餐饮（88%）、零售（7%）和娱乐（5%），餐饮为核心业态，有肯德基、顾一碗、1点点等知名品牌入驻。该商业定位不仅满足了周围居民的日常生活所需，还吸引了大量追求时尚潮流的消费人群。

（6）价格定位

商业物业租售价格定位除了考虑商业物业楼层价值以及同一楼层不同空间区位的价值不同外，还必须与业态业种密切关联。不同商业业种业态承租能力大不相同，且对空间区位要求和规模要求也不同。因此，商业物业租售价格与物业楼层、空间分割、商业流线规划、业态类型与结构及业态空间分布等要素直接关联。

（7）档次与品牌定位

档次与品牌定位明确项目的经营特色、差异化战略和营销推广方向。通过项目的品牌定位，为项目树立特色鲜明的品牌形象，增加在商圈内与商圈间的竞争优势，提升项目知名度，从而吸引更多消费者前来，增加人气。

四、商业中心选址与配置

1. 商业中心等级

商业中心是城市内部零售商业最重要的空间组织形态。城市商业承担着产品从流通领域向消费领域最终转换的职能，这种转换职能通过分布在城市各处的商业中心完成。满足居民不同需求的不同规模、不同等级的商业中心构成城市商业空间结构的主体框架。

现代城市商业中心的等级体系，一般分成四级，即市级商业中心、区域级商业中心、居住区级（社区级）商业中心和街坊级（邻里级、居住小区级）商业中心。

（1）市级商业中心。市级商业中心是全市商业、服务业中心，这里大型商场、专业商店、高级宾馆、风味餐厅及各类文化娱乐场所高度集中，呈凝聚型分布态势。市级商业中心的服务范围达到全市，甚至超过市域范围，为更大区域服务。市级商业中心一般占据通达性较好的市中心，主要提供高档消费品和服务。如《上海市商业网点布局规划（2013—2020）》规划14个市级商业中心（图7-2），分别是南京东路商业中心、南京西路商业中心、四川北路商业中心、豫园商城商业中心、徐家汇商业中心、中环(真北)商业中心、淮海中路商业中心、小陆家嘴—张杨路商业中心、五角场商业中心、中山公园商业中心、国际旅游度假区商业中心、虹桥商务区商业中心、大宁商业中心和真如商业中心。市级商业中心以城市总体规划确定的市级公共活动中心和综合性商业街区为主要空间载体,服务于国内外的消费群体,商业设施高度集聚且总建筑面积不低于50万平方米。

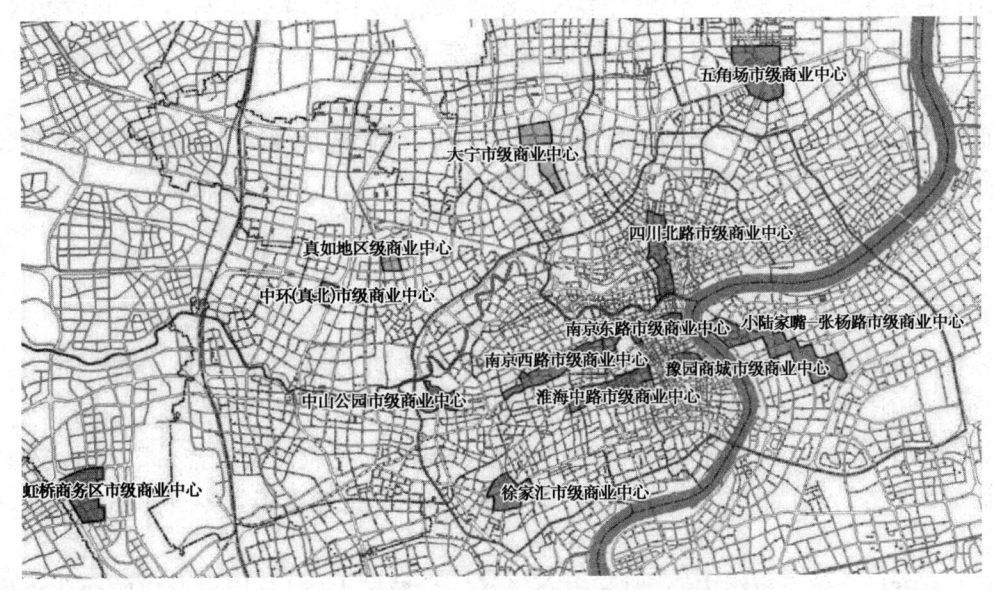

图7-2　上海市中心城市级商业中心布局图

(2) 区域级商业中心。区级商业中心为二级商业中心,辐射范围为城市地区,多分布在城市地区中心区位好的地点。二级商业中心的商业网点结构及其布局合理与否,关系到城市商业中心体系是否合理。它与地区公共活动中心相结合,服务于本区域及周边区域的消费人群,依托交通枢纽、旅游景点、大型居住区和商务区,商业设施总建筑面积不低于30万平方米。

(3) 居住区级商业中心,又称社区级商业中心。该级商业中心服务于居住区范围,多分布于街道的交叉路口和住宅区中心,主要为附近居民服务,由提供中档商品和日用品的一些商业设施组成,并且多与银行、邮局、代理店等一些服务设施相比邻。一般来说,规模较大的居住区都设有居住区级商业中心。社区商业设施以块状为主、条状为辅,采取相对集中或集中与适当分散结合的布局方式。

(4) 街坊商业中心,又称邻里级商业中心。指服务于居住小区的商业网点,现在很多新开发楼盘的成熟小区都设有一定的商服设施。街坊商业业态有:零售便利店、药房、水站、咖啡馆、快餐、教育、美容健身、面包房、花店和干洗店等。居住小区商业的空间形态模式有沿街式、团组式、多点式和会所式,通常基地大于3万平方米的小区都必须做街坊配套商业。

2. 商业中心配置

城市商业中心配置需要完成三方面内容:商业中心等级体系设置、商业中心规模及数量体系设置、商业中心体系的空间布局。

等级体系设置是指确立城市的市级商业中心、区域级商业中心、居住区级（社区级）商业中心和街坊级（邻里级、居住小区级）商业中心、专业街等级序列。商业中心数量配置遵循着由高级向低级逐渐递增的金字塔式等级体系。百万人口以上的大城市，尤其是人口密度高的特大城市，会划分空间尺度，设立城市副中心，作为次市级商业中心，辐射和影响相应的区域范围。日本东京建有新宿、池袋、涉谷等3个副都心；法国巴黎建有台方斯、克雷泰等副都心；上海2035规划也确立了五角场、真如、花木、宝山、虹桥、莘庄、川沙、金桥和张江9个主城副中心。

商业中心选址及空间分布则根据商业发展历史、商业选址要点、商圈范围与分布、城市地域特征及交通枢纽状况等要素进行空间选择设定。

五、零售用地选址与开发

1. 零售业分类与选址经营

零售商业业态有大型购物中心、百货店、超市、便利店、大型综合超市、仓储性超市、专业店、大型专业店、专卖店和专业街等多种业态类型。

（1）大型购物中心。位于市级中心、城郊结合部的交通枢纽交汇点。购物中心通常由百货店或大型综合超市作为核心店，同时配置各类专业店、专卖店等零售业态和餐饮、娱乐设施。

（2）百货店。位于市级中心、地区中心、新城（县城扩大）以及历史形成的商业集聚地，百货店商业门类齐全，主要销售服装、衣料、化妆品、礼品和家庭生活用品。

（3）超市。位于地区中心、居住区，主要销售食品、生鲜食品、日用品。

（4）便利店。位于地区中心、居住区、交通要道以及车站、医院、学校、娱乐场所及办公楼等公共活动区，主要销售食品、小百货，有即时消费性、小容量、应急性等特征。

（5）大型综合超市。位于城郊结合部、交通要道和符合城市规划的大型居住区附近，大众化衣、食、日用品齐全，满足一次性购全，注重企业品牌开发。

（6）仓储性超市。位于城郊结合部的交通要道，主要销售大众化衣、食、日用品，自有品牌占相当比例，实行低价格、批量销售。

（7）专业店。位于市级中心、地区中心、专业街以及百货店、购物中心内，主要销售某类商品，体现专业性、深度性、品种丰富，选择余地大。

（8）大型专业店。位于地区中心、城郊结合部、交通要道和符合城市规划的大型居住区附近，主要销售某一大类或几个大类商品。

（9）专卖店。位于市级中心、地区中心、专业街以及百货店、购物中心内，主要销售某一品牌系列商品。

（10）专业街。经营某类特定商品的商业街或专业市场，一般专业街长200米以上，由同一系列的专业店、专卖店高度集聚（30家以上），提供专门商品和专业服务。

每种零售业态的选址特点、商圈范围、目标客户、规模、经营机构与经营方式详见表7-2所示。

表 7-2 九种零售业态基本条件一览表

	基本条件				
	选址	商圈、目标客户	规模	经营结构	经营方式
大型购物中心	市级中心、城郊结合部的交通枢纽点	半径10公里以上,流动顾客为主	10万平方米以上	由百货店或大型超市作为核心店,以及各类专业店、专卖店和餐饮、娱乐设施构成	由发起企业统一规划布局运营管理,店铺分散承担独立经营
百货店	市级中心、地区中心、新城及其他商业集聚地	流动顾客为主	5 000平方米以上	销售衣料、化妆品、礼品和家庭生活用品为主,综合性、门类齐全	柜台销售和开架面售结合
超市	地区中心、居住区	半径0.5公里,居民为主	500平方米以上	销售食品、生鲜食品、日用品为主	自选销售,出入口分设,在收银处集中结算
便利店	地区中心、居住区、交通要道、车站和办公楼等公共活动区	居民、单身人士、年轻人为主	100平方米左右	销售食品、小百货为主	开架自选,收银处统一结算
大型综合超市	交通要道和大型居住区附近	半径3公里以上,居民、流动顾客为主	5 000平方米以上	销售大众化衣、食、日用品齐全,满足一次性购全	自选销售,出入口分设,在收银处集中结算
仓储超市	城郊结合部的交通要道	半径5公里以上,以中小零售店、集团购买和流动顾客为主	10 000平方米左右	销售大众化、衣、食、日用品齐全,自有品牌占相当部分,实行低价格、批量销售	自选销售,出入口分设,在收银处集中结算
专业店	市级中心、地区中心、专业街及百货店和购物中心内	有目的选择该类商品的流动顾客为主	根据商品特点而定	销售某类商品为主,体现专业性、深度性	柜台销售或开架面售
大型专业店	城区中心、城郊结合部、交通要道、大型居住区	半径5公里以上,有目的选择该类商品的流动顾客为主	3 000平方米以上	销售某一大类或几个大类商品为主,品种齐全	柜台销售和开架面售结合
专卖店	市级中心、地区中心、专业街及百货店和购物中心内	中高档消费者和年轻人为主	根据商品特点而定	销售某类商品为主,销售量少、质量优、高毛利	柜台销售或开架面售

资料来源:上海商业委员会.《上海零售商业业态划分》.2010.5

2. 购物中心选址与开发利用

1) 购物中心概念

国际购物中心协会的定义为:购物中心是指由开发商规划、建设、统一管理的商业设施,有大型的主力店、多元化商品街和一定规模的停车场,能满足消费者购买需求。中国国家质量技术监督局发布的国家标准《零售业态分类》中的定义为:在一个建筑体(群)内,企业有计划地开发、拥有、管理运营的各类零售业态、服务设施的集合体。百货店或超级市场为其核心店,各类专业店、专卖店等零售业态和餐饮、娱乐设施为一体,服务功能齐全。

2) 购物中心选址与开发运营

购物中心根据规模与功能等级,可以分为社区型购物中心、市区购物中心、城郊购物中心以及工厂直销店。各细分购物中心开发运营特点如表7-3所示。

表7-3 我国购物中心分类和开发运营方式

名称	选址	商圈与目标客户	营业面积	商品(经营)结构	商品售卖方式	服务功能	管理信息系统
社区型购物中心	市、区级商业中心	商圈半径为5~10公里	建筑面积5万平方米以内	20~40个租赁店,包括大型超市、专业店、专卖店、饮食服务及其他店	各个租赁店独立开展经营活动	停车位300~500个	各个租赁店使用各自的信息系统
市区购物中心	市级商业中心	商圈半径为10~20公里	建筑面积10万平方米以内	40~100个租赁店,包括百货店家、大型超市、各种专业店、专卖店、饮食店、杂品店以及娱乐服务设施等	各个租赁店独立开展经营活动	停车位500个以上	各个租赁店使用各自的信息系统
城郊购物中心	城郊结合部的交通要道	商圈半径为30~50公里以上	建筑面积10万平方米以上	200个以上租赁店,包括百货店家、大型超市、各种专业店、专卖店、饮食店、杂品店以及娱乐服务设施等	各个租赁店独立开展经营活动	停车位1 000个以上	各个租赁店使用各自的信息系统
工厂直销中心	一般远离市区	目标顾客多为重视品牌有目的地购买	单个建筑面积100~200平方米	为品牌商品生产商直接设立,商品均为本企业的品牌	采用自选式售货方式	多家店共有500个以上停车位	各个租赁店使用各自的信息系统

资料来源:中国国家质量技术监督局.GB/T 18106—2004《零售业态分类》.

此外按照购物中心的商场面积规模可以分为四类:

(1) 超级购物中心:面积在20万平方米以上,如,曼谷西康广场Seacon Square、马尼拉SM Megamall和香格里拉广场Shangri-La Plaza、吉隆坡Midvally Megamall购物中心、台北京华城、新加坡义安城和新达城广场Suntec City、上海正大广场和香港海港城;

(2) 大型购物中心:面积在12万平方米至20万平方米之间,如广州天河城和中华广场、大连和平广场等;

(3) 中型购物中心:面积在5万平方米至12万平方米之间,如上海友谊南方商城、北京东方广场、北京中友百货和上海九百城市广场等;

(4) 小型购物中心:面积在2万平方米至5万平方米之间,如乐购上海七宝店、JUSCO吉之岛青岛东部店等。社区购物中心一般也是小型购物中心。

第三节　办公用地区位选择与开发利用

一、办公用地与办公类型

1. 办公活动

办公活动是第三产业中从事收集、整理和传递各种信息，为企业和社会提供保险、金融、会计、广告、研究设计、咨询、信息服务、法律和行政管理等多种服务的活动。国家统计局在1985年《关于建立第三产业统计的报告》中，将第三产业分为四个层次：第一层次是流通部门，包括交通运输业、邮电通讯业、商业饮食业、物资供销和仓储业；第二个层次是为生产和生活服务的部门，包括金融业、保险业、公用事业、居民服务业、旅游业、咨询信息服务业和各类技术服务业等；第三个层次是为提高科学文化水平和居民素质服务的部门，包括教育、文化、广播电视事业、科研事业和生活福利事业等；第四个层次是为社会公共需要服务的部门，包括国家机关、社会团体以及军队和警察等。除去第一层次流通部门活动和第二层次的居民服务业、旅游业等之外的其他三个层次的活动基本都属于办公活动。承载办公活动的用地称为办公用地。

城市规模发展过程中，从事办公活动的行业，特别是现代服务业如保险、金融、咨询、信息、法律和行政管理等已成为大都市产业发展和劳动就业的核心领域。不同类型办公用地的空间聚集形成新的城市景观和城市格局，更直接促进了城市中央商务区、现代服务业聚集区、创意产业基地及总部基地等城市用地形态的形成和发展。

2. 办公用地类型

（1）按照产业类型划分

办公用地按产业划分包含：金融保险业，如银行、信托、证券和保险机构等用地；商业办公，如商业型写字楼、会展中心、普通办公楼等用地；科研办公，如科工贸一体化办公楼、科研和勘测设计机构等用地；文教体育卫生，如各种学校、体育场馆、文化馆、博物馆、图书馆、影剧院及博物馆等的办公用地。

（2）按照办公楼等级划分

我国的办公物业按照等级一般分为甲级写字楼、乙级写字楼、丙级写字楼。划分主要指标有：区位、规模、设备设施标准、建筑设计、内外装修和物业管理等楼宇品质方面的指标。其中，区位是影响办公物业等级划分的最重要因素之一。如，甲级写字楼用地，一般位于主要商务区或城市副中心区域，交通便利，有多种交通工具直达。其中高端的甲A级写字楼通常占据主要商务区的核心区域或重要地段。这些物业一般临近两条以上的主干道，有多种交通工具和地铁直达，具有极佳的可达性。

（3）按照盈利性质划分

办公用地根据其承载办公活动的盈利性可分为经营性办公用地和非经营性办公用地。经营性办公用地承载的是以盈利为目标的企业或组织的办公活动，包括银行、证券、保险机构、商业写字楼和会展中心用地；非经营性办公用地是指政府办公、科教文卫这类公益性办公用地。其中，私立医院、私立学校等盈利性机构用地属于经营性用地，并纳入国家土地招拍挂用地范围。

二、办公用地选址与区位变化

1. 办公区位选址要素

办公用地的选址同样包括宏观层面的城市选择、中观层面的城市区域选择和微观层面的地块选择三方面。办公活动不直接涉及生产劳动，也不直接涉及销售活动，主要负责处理货物的权属，收集、整理和传递各种信息。在投入上，它以信息密集、较多的劳动投入和较少资本投入为特征；在空间上，它以占用土地空间小、产品运输指向低为特征。因此，影响办公用地在城市、区域和地块三个层面进行选址时，特别需要更加关注以下因素对办公选址影响的特殊性。

（1）区位中心性因素

办公服务业需要完成各种信息处理工作，需要客户的面对面沟通交流，需要占有市场。办公空间将大量分散的人员集中在一个相对聚集的特定区域，并形成办公的聚集效应。所以，办公用地尤其是商业性办公用地对区位的要求非常高。办公用地往往选址在城市中心区位或区域次中心区位或者郊区次中心，同时形成办公用地的规模聚集。

（2）产业转型升级因素

随着工业产业升级转型，大量旧有工业或工业区开始发展文化传媒产业、研发科创产业、设计创意产业及金融保险服务产业等各种现代服务业。也就是说，伴随产业升级，现代服务业办公用地可以在郊区相关产业聚集区选址。

（3）交通设施与配套设施因素

虽然办公用活动产品运输指向低，但由于办公用地的人口密度非常大，因此对区域的可达性和配套设施要求非常高。一般办公用地处于道路网络发达和公共交通便捷的地方。区域内除基础设施完善，还需要具有充足和完善的配套设施满足办公人员办公、商务、生活需求。

（4）联系成本与聚集因素

联系成本是指办公信息的传递交流和人员相互联系而发生的成本支出。联系成本的大小是办公区位选择必须考虑的因素。因为，面对面交流和联系在办公活动的各种联系方式中一直占有非常重要的地位，但这又是一种高成本的联系行为。国外研究表明，大量机构的集中使业务会谈十分便利，可以减少不确定性，加快信息传递的速度，及时了解市场需求的变化，并且获得会计、法律等专业性服务。因此，办公用地在总体上有相对集中和聚集的分布趋势。

（5）地租地价因素

办公用途对地租和地价的承受能力较工业、住宅和一般商业等都要高，办公租金是办公的主要经营成本之一。行业内不同职能、规模的办公企业对租金和地价的承受能力是不一样的，如大的跨国公司总部选址主要不是考虑租金因素，而是商业信誉的增加、联系成本的减少、交通的便捷等。我国北京、上海等大城市为了提升城市竞争力纷纷提出总部经济概念,并制订政策充分吸引跨国公司总部进驻,以形成城市高档办公区域。而一些小公司或大公司的研发、后勤职能部门为节约成本,向城市次级中心或郊区适应于其产业、研发发展的工业区和高科技园区转移。

一般而言,政府机关和民间机构对集聚效益要求较低,支付能力也较低,不需要布局在黄金地段。历史上,城市政府机关曾占据着城市中心区位,以显示政府的重要性和权威性。19 世纪后,西方国家中央和地方政府机构则趋向于布局在城市地域内地价低廉的地点。

(6) 劳动力资源

办公本来就是劳动集约度高的活动,不仅需要高素质、高技能的专业人才,还需要大量的普通雇员。伦敦调查结果表明,如果办公活动总费用为 100 元的话,劳动力费用为 73 元,区位租金为 18 元,电话和邮件等费用为 8 元。因此,能够获得或以较低成本获得所需类型的劳动力是办公区位选择的重要因素。办公企业在市中心的劳动力选择范围较城市其他区域大。

(7) 景观环境

城市内部的各种地域景观、楼盘品质、绿化系统等往往被认为代表了这一地域公司的实力、成就、信誉或更直接地代表了公司的形象。这种地域景观不仅影响公司形象和凝聚员工的能力,而且对公司的客户,特别是投资者产生心理暗示作用。

(8) 城市规划及政策

城市规划是城市未来的发展的蓝图,代表了城市基础设施配置和产业布置的方向。为了完成城市规划和城市发展的目标,政府会通过制定各种鼓励政策或限制政策来引导投资开发和产业发展。因此城市规划及政策是影响办公用地选址的重要因素。

2. 办公区位空间变化

1) 呈现多极化倾向

办公用地选择性的外迁,使城市的商务中心产生更富等级性、层次性的布局体系,使城市的办公用地的空间布局趋于多极化。中央商务区将逐渐成为高档甲级办公楼的集聚地,而较低层次的办公服务功能则逐渐向非中心区转移。

2) 呈现郊区化倾向

20 世纪 70 年代以前,大部分办公机构仍在市中心城,但之后,市郊办公机构开始以很高的比例增长。70 年代,全美郊区办公就业岗位增长速度为 116%,比中心城办公就业 15% 的增长速度高出 7 倍。美国办公就业岗位在中心城所占份额也从 1948 年的 85% 减少到 1980 年的 56%。芝加哥市郊办公面积从 1980 年到 1987 年几乎翻一番,而占全市办公面积的比也由 28% 增加到 38%。

办公郊区化的原因主要有以下几方面。

(1) 通信技术的进步。网络技术、电子邮件、电话会议和电视会议等通信方式大大降低了传送数据、声音、图像等各种数据信息的成本和速度,增强了办公信息的快捷沟通能力,使得某些办公业务不再依靠或较少依靠与客户的面对面接触。

(2) 交通设施和交通工具改善。快速道路和轨道交通等交通设施的建设,汽车的普及使得距离不再是办公选址的重要因素。

(3) 土地成本较低。城市中心土地价格不断提高,造成企业经营成本大幅上升,企业开始寻求迁往郊区以降低办公租赁的成本负担。

(4) 办公业务专业化。办公业务可分为 CBD 业务和市郊业务两部分。CBD 业务侧重与客户面对面接触,如谈判、设计、咨询、销售及研究等。郊区业务侧重能室内办公,运用现代通信技术替代的业务活动。如一些会计师不需要跟客户直接接触,主要任务是完成报表等信息处理,然后向机构经理汇报,由机构经理与客户进行业务交往。

三、中央商务区选址与开发

1. CBD 与 SBD 概念

1923 年伯吉斯在他的同心圆理论中提出中央商务区 CBD(Center Business District)概念。中央商务区顾名思义就是位于城市的中心,通达性最好、吸引力和服务范围最大的中心区域。CBD 是城市的功能核心,在这个地域内,以商务办公为主要职能,辅助以相应的服务设施。零售业、服务业、批发业、仓储业、娱乐业以及办公事务、文教事业等公共设施高度集中;高层建筑密集;交通极为便利,人流车流量大;昼夜间人口数量变化大;城市地价处于峰值状态;土地利用率和利用强度极高;并保持向外围地带迅速扩展的趋势。如美国纽约的曼哈顿,纽约 60% 的活动集中于此,容纳了全市 58% 的职工。

世界级城市的 CBD 往往与全球经济的发展密切相关,无论是在功能构成、空间形象、交通组织和设施配备等方面都已经演化为一个相当独立区域。它的影响超越了城市本身的意义,变成了全球或区域经济一体化系统中的一个单元。世界级公司、商务机构、跨国公司总部、世界级金融保险业以及由两者发展衍生出来的专业化的生产服务机构进驻其中,全球经济相关的商务机构的聚集和潜在增长导致世界级、区域级中心城市商务区的大规模扩展。

应该指明,不是每个城市都适合建设 CBD。一个城市建设 CBD 需要具有以下条件:①在经济上有较强和不可替代的辐射能力,具有成为一个地区、一个国家,甚至全世界的经济中心潜力;②在地理位置上具有突出的区位优势,能形成一定经济区域范围内各类资源相互转移和配置的最优结点;③已形成与特定经济区域内各次级经济城市的便利、通畅的交通和信息网络,具有一定的综合城市功能和充足的资源配置;④在城市内部的核心位置具有足够的地域空间,既能满足用地规模,又便于城市内外交通枢纽的连接、布置和建设,且现有城市结构与功能配置能为未来 CBD 的建设提供良好的衔接条件,形成低成本的功能升级和规模扩张。

随着城市中心办公区域的供应量开始日益减少、租金日益上涨,加上现代通信手段、交通手段的发展缩短了时间距离,改变了空间概念,使得许多大公司为了利于公司的运营、节约成本和安置预期的人员扩张,开始将自己的研发部门、后勤部门(Back Office),甚至部分管理职能部门向城市次级中心或郊区适应于工业、研发发展的工业和高科技园转移,形成了一种新的商务中心 SBD。可以是次级商务中心(Secondary Business District),也可以是郊区商务中心(Suburban Business District)。SBD 功能强调的不是综合性,而是主导性。根据主导功能,SBD 可以分为:金融主导型、商务办公主导型、文化旅游型、会展型、科技型、零售商业型和国际贸易型等。

2. CBD 及 SBD 选址

CBD 区位选择一般遵循以下特点：
(1) 位于经济发达，具有很强聚集效应的城市中心。
(2) 基础设施完善，道路网络四通八达，公共交通便捷，可达性非常高。
(3) 区域内现代服务业聚集水平高，具有支撑企业活动的各种辅助性功能。
(4) 区域内信息化程度高，信息获取的渠道畅通。
(5) 脑力劳动力资源充沛。

SBD 区位选择一般遵循以下特点：
(1) 与 CBD 保持一定距离，位于城市某区域空间范围内相对中心区位。
(2) 交通区位好，甚至为城市交通枢纽。
(3) 大型公共设施相对完善，如有会展中心、大型剧院等。
(4) 依托科研机构、科技园区，或已形成的开发园区。
(5) 脑力劳动力资源充沛的地区。

3. CBD 范围与结构配置

1954 年美国学者墨菲和万斯提出确定 CBD 范围的方法。他们认为地价峰值是 CBD 最显著的特征，以此划定的 CBD 应包括零售和服务业、娱乐业、商业活动及报纸出版业，而批发业、工业、居住区和政府机关等不在这一范围。并提出界定 CBD 的两个量化指标：

$$中心商务高度指标(CBHI) = 中心商务建筑面积总和 / 总建筑基底面积$$

$$中心商务强度指标(CBII) = 中心商务建筑面积总和 / 总建筑面积$$

将 $CBHI>1$，$CBII>50\%$ 的地区界定为 CBD。$CBHI>1$ 说明该街区至少有一层的建筑面积被中心商务所用；$CBII>50\%$ 说明该街区中心商务用途的比例较高。但随后的研究表明，这一界定指标不同国家具有不一致性。戴维斯对开普敦的研究认为，$CBHI>4$，$CBII>80\%$ 的地区为"硬核"（相当于 CBD 的核心区）；我国高文杰研究认为 $CBHI>2.5$，$CBII>70\%$ 的地区为 CBD 地区。

核心区 CBD 主要配置商办，规模比较大的 CBD 会增加住宅用地配置。各 CBD 的用地结构配置比例差异较大，如表 7-4 所示。

表 7-4 我国城市 CBD 用地规模及结构配比

城市 CBD	规模/平方公里	住宅:办公:商业	城市 CBD	规模/平方公里	住宅:办公:商业
北京建外	2.0	1:2:1	南京河西新城	1.8	2:5:3
上海陆家嘴	1.7	1:7:2	杭州钱江新城（一期）	4.0	2:6:2
深圳福田	4.5	5:4:1	广州珠江新城	1.1	95%商办

四、总部基地及区位选择

1. 总部经济与总部基地

所谓总部经济，是指企业总部脱离传统的生产部门，在具有人才、技术、信息等资源比较密集的同一个中心聚集,产生巨大的聚化和极化效应,形成强大的辐射作用,加速整个区域经济发展的一种经济形态。总部基地为公司和企业的总部提供一个集中的办公场所,是发展和建设总部经济的重要载体和具体体现。

总部基地按区域分可分为全球总部、地区总部(如亚太总部)、全国总部(如中国总部);按功能分可分为运营中心、研发中心、物流中心、采购中心、营销中心和信息中心。

2. 总部基地产生原因

人类社会的生产力和生产关系发展到一个特定的历史阶段,由于交通、信息、科技和生态的发展水平突破了传统的地域限制,企业总部和制造基地分离,形成了众多跨地域经营的企业决策机构。这些机构在无数个规模不等且具有特殊优势资源的同一个中心地点聚集,由此产生了人力、财力、智力和决策能力,以及周边所有可控社会资源和自然资源的能量的聚化和极化作用,为区域发展带来多种经济效应,如税收效应、产业乘数效应、消费效应、就业效应和社会资本效应。这个中心地点就是总部基地。总部基地发展的过程要经历一个能量聚集、经济效能最大化、效应扩散的一个过程,这个过程不仅使总部基地在价值链中占据了高端位置,而且加速了整个区域经济的发展。

3. 总部基地建设条件

总部基地的建立要依托所在城市的优势资源,它要求所在城市:①具有良好的政治经济环境、高效的法律制度环境和多元的文化氛围;②良好的区位优势和良好的交通运输网络设施,具有国际航空港、高速公路网和便捷的市内路面、轨道交通系统;③便捷的信息获取和沟通的渠道,包括硬件上的城市通信基础设施和软件上的信息发布与沟通机制;④拥有大量高素质的人力资源和科研教育资源;⑤高标准的其他基础设施,如国际会议展览中心、高级酒店;⑥围绕总部服务的现代服务业聚集水平高。

除了对所在城市的要求,总部基地对所在的具体区域的环境景观、相关产业族群的聚集状况、周边土地潜在供应量及对外交通的便捷程度等也有较高要求。同时,要形成总部基地还需要有一定数量的企业总部或总部派出机构在基地里聚集,其中每一个企业单体也需要具备一定规模。

第四节 工业用地区位选择与利用

一、工业用地类型

《城市用地分类与规划建设用地标准》(GB 50137—2011)中,工业用地是指工矿企业的生产车间、库房及其附属设施等用地,包括专用的铁路、码头和附属道路停车场等用地,不包括露天矿用地。

《土地利用现状分类》(GB/T 21010—2017)中,工矿仓储用地是指用于工业生产、物资存放场所的土地,但不包括已建成的农村建设用地中的工矿仓储用地。其中,工业用地指工业生产、产品加工制造、机械和设备修理及直接为工业生产服务的附属设施用地。采矿用地指采矿、采石、采砂(沙)场、盐田、砖瓦窑等地面生产用地排土(石)及尾矿堆放地。仓储用地指用于物资储备、中转的场所用地。

1. 工业用地分类

工业房地产是因工业生产工艺的要求而设计建造的,在构成材料、建筑结构和建筑形式上存在重大差异,这使得工业用地具有不同的类型。

1) 按照标准化程度分类

(1) 标准厂房用地。这类厂房用地一般适用于一些轻工业产品的生产,如电子装配、成衣加工等,这类土地上的建筑一般具有标准的柱距、层高和楼面负载。在一些新兴工业园区、出口加工区,主要以标准厂房用地为主。

(2) 非标准厂房用地。工业厂房用地中的大部分为非标准厂房用地,即根据各类生产的需要对工业用地进行设计。在这类土地上建筑的厂房的跨度、柱距、梁底标高、(行车)轨顶标高及楼面负荷等都是根据生产的需要而定,还有一些非标准厂房只有屋盖没有围护(外墙)。专用厂房用地一般都属于非标准厂房用地,而其通常只能为冶金、化工、纺织、造纸、采掘或军事工业的特定生产工艺服务。

2) 按产业类型划分

(1) 工业用地。工业生产及其相应附属设施用地。

(2) 仓储与物流用地。用于物质储备、中转的场所及其相应附属设施用地。

(3) 产业用地。介于传统制造业与办公服务之间的产业用地类型,有些城市称研发总部类用地。

3) 按污染程度划分

(1) 一类工业用地。对居住和公共设施等环境基本无干扰和污染的工业用地,如电子工业、缝纫工业、工艺品制造工业等。

(2) 二类工业用地。对居住和公共设施等环境有一定干扰和污染的工业用地,如食品工业、医药制造工业、纺织工业等。

(3) 三类工业用地。对居住和公共设施等环境有严重干扰和污染的工业用地,如采掘工业、大中型机械制造业、化学工业、造纸工业、制革工业及建材工业等。

2. 工业用地特点

(1) 供应以新增建设用地为主。随着城市化和工业化的发展,以及"退二进三"的产业发展布局思路的实施,工业用地数量剧增,有关数据显示,在土地利用实践中,工业用地约占土地供应总量的60%~80%。其中大部分以集中至工业园区的形式表现出来。工业园区用地选址尽量远离市区,独立新建各种市政设施及生活配套设施,包括水、电、气、通信、道路和排污等。

(2) 对配套设施、交通运输的需求和依赖程度比较大。工业用地布局一般要求:①用地条件优越。工业用地要求有良好的地质地形条件,一般要求地势平坦,以利于工厂总平面的布置,还要有足够的用地面积。②基础设施可靠性强。特别是供排水、能源等条件。③交通运输方便。工业生产需要大量的原材料、燃料和产成品的厂外运输,需要良好的交通运输条件。④生产协作条件好。为降低生产成本和提高劳动生产率,能够固定协作的工厂,应该相互靠近。另外，部分项目选址时，对方位还有特殊要求，例如，对大气有污染的工业不能建在城市的上风向，对水有污染的工业不应布置在河流的上流地区等，规划要求限制比较严格。

（3）行业内部差异大，用地指标没有统一的标准。由于工业行业之间差异较大，门类繁多，产品多样，因此对土地利用的要求也千差万别。因此，工业用地建设指标只能分行业、分类别制订。

二、工业用地选址与区位变化

1. 工业选址要素

工业用地区位选择影响因素包括一般性因素和地方性因素。

一般因素指不受地方限制对于各种工业用地区位选择均存在共同影响的普遍性因素，如市场因素、聚集因素等。

地方性因素又称地方投入因素，指不能有效地从一个地方运输到另一个地方的生产投入，如，自然条件和资源、能源、劳动力、中间投入产品、地方基础设施和投资环境等。如果一家企业的总成本中很大一部分属于某一种地方投入，则其区位决策时首先考虑如何减少该地方投入成本，企业则尽量向该种地方投入价格比较低的地区转移。比如一个能源密集型的企业选址在能源产地，意味着其因此而节省的成本超过运输和其他地方投入可能多花费的开支。对于地方性投入企业我们称其具有地方投入布局指向，具体分为原料指向、燃料指向、动力指向、劳动力指向、投资环境指向和中间产品投入指向等。

（1）市场因素布局指向

市场因素泛指商品销售市场，它不仅包括最终产品的消费地，也包括原材料或半成品的深加工地。它对区位的影响体现在：①市场与企业的相对位置，这一因素促使产业区位指向能使产品以最短路线、最少时间、最低花费进入市场合理区位；②市场规模，即其商品或服务的容量。产业布局只有注重市场规模，才能得以生存和延续；③市场结构，即其商品或服务的种类，反映市场的需求结构。从某种意义上讲，它将进一步引导产业区位指向最有利的地方。拥有各种各样劳动力市场、中间产品市场、大量消费群体的城市，越来越成为工业活动的理想区位，因为这样可以方便产品联结、减少运输成本、减少联络成本和直接占有消费市场。

（2）集聚因素布局指向

产业集聚可以减少前后关联产业的运费，从而降低交通成本；利用公共公用设施，从而减少开发成本；利用交流科技成果和信息的便利，减少交易成本；利用已有市场区位，扩大市场服务范围。产业在区位上集中，一方面产生各种不同类型的集聚经济，另一方面又会产生一种集聚不经济。集聚经济作用下会导致产业区域集中，形成产业集群；集聚不经济作用下会导致产业由过度集聚的区域分散出去，形成新的产业聚集地。

（3）技术因素布局指向

技术已经成为影响工业发展乃至整个经济发展的主要因素，技术提高导致工业生产工序的变革、生产标准化程度的提高和工业空间组织的重组。例如，一个企业的总部可以放在信息便利的大都市中心，其研究和开发部放在人才集中且具创新氛围的高科技中心或科学城,而生产部门则分散到劳力丰富、地价便宜的其他地区。随着信息产业等高新技术产业的崛起和产业的更新换代,各地区出现了高科技园区、物流园区等新兴城市工业空间。

(4) 运输成本布局指向

运输成本定位是指运输成本在该类企业选址决策时运输成本起主要作用,决策的标准是使总的运输成本达到最小。运输成本通常由采购成本(运进工厂的原材料运输成本)和经销成本(运出工厂的产品运输成本)两部分组成。采购成本大于经销成本,企业通常定位在资源产地,该类企业多属失重企业;反之,定位在市场地,该类企业多属增重企业。需要注意的是,运输成本的大小不仅考察运输重量,同时还应考察由于运输难、易腐烂损坏的物质运输造成的高运输费用率。采购成本等于经销成本时,企业可在其间任何一个地方定位。但通常由于运输中存在规模经济,居间定位的可能性将被打破,仍为资源定位或市场定位。如果一家企业有几种需转运的资源投入和几个市场,只要企业是运输成本定位的企业,它的选址原则总是总运输成本费用最小化。

(5) 自然因素布局指向

包括自然条件和自然资源,可分为遍存性、区域性、局限性的自然条件和自然资源。遍存性的自然条件和自然资源,主要有大气、水、土地、一般建筑材料灰、砂、石、黏土等。一般而言,它们对产业区位没有影响或影响不大。区域性自然条件和自然资源,诸如地貌区、气候带、植被带、土壤区和水力资源富集区等自然地域,它们对产业区位有一定的影响。局限性的自然条件和自然资源,如煤、石油、铁矿、有色金属矿及能源等在地表的分布很不平衡,并且同一种矿产资源在不同的产地,其储量、质量等也差异很大,它们的分布可以大大减少交通运输费用,往往对工业区位有决定性的影响,并成为原料指向、燃料指向、动力指向企业的选址定位。

通常,具有相应资源和能源的地区,总能吸引众多资源或能源密集型的企业,并形成相应的产业聚集地。但应注意,随着交通运输条件的改善,自然资源初加工能力的增强及其可得性增加,曾经是工业企业区位选址的重要制约条件的自然因素已经退居次要地位。相应的市场、投资环境和技术因素变得更为重要。

(6) 劳动力因素布局指向

劳动力的数量、素质和劳动力价格是构成劳动力因子的主要方面,也是确定产业区位的重要因素。之所以称之为地方性投入,在于地区间的劳动力迁移不是完全流动的,造成地区间存在劳动力成本、数量和素质的诸多差异。劳动力布局指向的企业指劳动力成本在总成本中占很大比重,这类企业通常是劳动密集型企业。美国能源技术的进步使纺织企业减少了对地方水力能源的依赖,劳动力成本占据比重越来越大,于是众多纺织企业从工资较高的新英格兰地区迁往工资水平较低的美国南部各州。近年来,发达国家的服装、制鞋等加工行业甚至计算机芯片制造和软件开发等技术含量较高的行业迁往第三世界国家,就是利用当地的廉价劳动力。

(7) 中间投入产品布局指向

中间投入产品不仅指一般的非最终消费的产品,还包括专门化商业服务和地区性公共服务。服务性产品对任何企业都是不可缺少的中间投入。如果某企业的中间投入产品成本比重大,则将布置在提供该种中间产品的地区。低成本的中间投入产品通常是地区化经济的产物,由于众多相同工业企业的集聚以及对某种中间投入产品的需求,中间产品供应商能够在生产中形成规模经济,因此企业对中间产品的需求导致了地区化经济,而地区化经济又吸引更多中间投入产品的需求者(服装业、公司总部)和供应者(纽扣制造商、广告公司等)。

(8) 基础设施与投资环境布局指向

投资环境包括地区性的基础设施、公共配套设施、地方政策和政府机构办事效率等。城市之间和城市内部通畅的交通运输网,完善的上水、下水、电、煤、热、通信等基础设施,完备的教育卫生、公园绿化、公共安全和商业服务等公共配套等都是工业用地区位选择的必须考虑的基本因素,特别是对于一些需要从外地获取原料和中间产品、市场范围大大超过所在城市的工业部门往往分布在对外交通联系便利的机场、港口、铁路枢纽和高速公路通达的地区;政府的各种优惠政策又是吸引投资的重要因素,世界上许多国家为了吸引新企业投资,采取不同优惠政策,如减免税、政府贷款和政府担保、发行免税工业券、供地优惠等。投资环境的好坏,越来越成为工业选地重要因素。

2. 工业区位变化

1) 郊区迁移布局

工业用地是城市郊区化过程中最先外迁的用地类型,工业制造业用地的郊区化倾向非常明显,如,美国制造业的就业岗位在中心城所占份额从 1948 年的 67% 减少到 1980 年的 46%。工业用地占城市中心用地比例越来越低,城市中心的工业用地主要是占地面积少、技术含量高的都市型工业用地。工业用地郊区化原因主要有以下几个方面:

(1) 汽车的大量使用与普及降低了工业企业竞标租金函数的斜率;

(2) 交通条件和交通设施的改善降低了工业企业竞标租金函数的斜率,并在环线公路及其与城市道路接口区域形成租金峰值;

(3) 城市中心地价的不断增高超过工业支付能力;

(4) 工业企业对空间扩展的需求高;

(5) 工业生产容易产生三废污染,对城市环境影响大。

2) 自动聚集成片

工业企业之间的价值链关联,加剧了工业企业的经济、技术和市场的联系。在工业企业搬离市中心的同时,技术经济联系密切的企业会自然聚集成团。这不仅便于统一的服务体系形成、基础设施和公共设施建设,还有利于技术交流、竞争、学习和市场拓展,从而推动技术改革和进步,扩大市场占有。

三、开发区选址与利用

1. 开发区的概念、类型及土地利用特点

1) 开发区概念

开发区,最早是沿海 14 个对外开放城市的经济技术开发区的简称,指在城市政府管辖下,有明确地域界线、实行经济特区的政策、集中兴办"三资"企业和科研机构的地域。其总目标为:开展对外经济合作和技术交流,兴办新产业,开发新技术,增加出口创汇,培养人才,并发挥四个"窗口"的作用。

开发区发展至今,其内涵和外延有了很大发展。当前背景下,开发区是指划出一定的地理范围和区域,给予优惠政策,吸引资金、技术和人才,兴办企业,加快拓展对外经济贸易关系,带动和促进区域经济发展,经国家或省级政府科学规划论证和严格审批,为吸引外资、发展高新技术、促进地区经济快速发展而设立的经济区域。该区域通常是具有类似功能特征的工业、旅游、科研教育等用地的聚集空间。从区域经济学的角度讲,一个国家的经济是由大大小小的经济中心和经济腹地构成的,实际上开发区就是利用产业、资金在空间上的聚集与扩散,进而促进区域经济增长的新的经济中心。

2) 开发区类型

(1) 按照开发区等级划分。开发区类型有:国家级开发区、省级开发区、市级开发区、县级开发区和乡镇级开发区。

(2) 按照开发区的性质划分。开发区类型有:经济技术开发区、高新技术开发区、产业开发区、出口加工、保税园区及大学园区等各级各类开发区。

(3) 按照产业类型划分。开发区类型有:工业开发区、农业开发区、旅游度假区、商贸开发区、软件园区、环保产业园区、物流产业园区及创业园区等各级各类开发区。

3) 开发区土地利用特点

(1) 土地用途的集中性

开发区用地集中发展产业用地,尤其工业产业。开发区聚集相同类别的产业可以形成规模效益,同时为母城产业结构转化和提升,实现母城土地退二进三提供足够的土地空间。开发区也是我国引进外资、引进先进技术和先进管理经验的重要窗口。

值得关注的是,目前很多开发区规模大,用地类型单一,缺乏公共服务配套设施,居住地和就业地分离。随着开发区开发渐成规模,这种情况已经严重影响了工业区就业人员生活和企业辅助活动,甚至造成上班高峰交通拥挤,下班时间工业区形同死城的现象。工业区用地类型的高集中性开始显现负面效应。如何根据开发区的规模和产业发展状况,适当混合配置工业区用地,推进职住平衡与产城融合,已经成为开发区建设面临的紧迫问题。

(2) 土地开发供应模式统一性

开发区通常都是由政府专门成立开发区管委会负责开发区的统一征地、统一规划、统一开发、统一招商和统一供地。由政府完成土地的三通一平或五通一平或七通一平,统一实施招商引资,统一供地。按照我国现行政策,开发区工业用地供给实行最低价供地政策,且必须实行招牌挂方式供地。

(3) 土地利用管理政策优惠性和标准化

开发区往往享受政府的相关政策优惠,如税收政策、土地优惠政策等。为了方便企业经营,开发区往往提供一条龙服务,大大提高了政府的办事效率,提高了企业满意度。同时,为了进行开发区工业用地的统一规范管理,政府制订了相应规范管理标准。如上海市土地管理各相关部门先后制定颁布了《上海市建设项目审批中用地规模控制管理试行办法》《上海产业用地指南》《上海工业产业导向及布局指南》《上海工业供地导则(试行)》《上海工业用地的出让价格标准》以及相关各类实施细则和管理标准,为工业用地规范化管理奠定了良好的基础。

此外,在工业区土地利用转型升级的背景下,工业用地 50 年期的出让政策已受到质疑。

目前，全国已在推进工业用地年租制，土地出让年限缩短至20年，同时推行全寿命周期土地出让管理制度，加强出让前期、中期以及后期的统一管理，以提高土地利用质量。

2. 开发区的选址

开发区的选址布局从与母城的相对位置上来看，大致有三种方式：

（1）依托老城区。它的特点是可以充分利用原有的基础设施和生活服务设施，同时利用原有城区便利的区位优势。土地开发重点放在生产性工业项目上，投资少、见效快，容易形成规模。但这种方式开发的开发区一般与母城连成一片，也往往容易造成城市用地规模的连绵扩张。

（2）远离城区独立。开发区距母城30~50公里左右，其道路、水电、煤气、供热、通信和电力等基础设施和相关的生活服务设施均要新建。为了方便开发区与母城的交通联系，通常要修筑高速公路或快速通道，用地选择范围相对要大，可以充分利用便利的对外交通条件而设置，如沿海的许多经济开发区多紧依港口而建，这类开发区投资量很大且需占较多农用地。

（3）充分利用荒地、劣地开发。这类开发区可以减少耕地的占用，对保护耕地起了一定作用，如天津经济技术开发区就是建在沿海的盐碱地上。20世纪80年代建立的国家级经济技术开发区，如大连经济技术开发区、青岛经济技术开发区也属这一类型。

思 考 题

1. 住宅用地类型和住宅需求类型有哪些？
2. 如何进行城市住宅用地总需求量预测？
3. 住宅需求演变特征有哪些？
4. 简述住宅用地开发定位内容。
5. 简述居住空间发展和空间再造的特征。
6. 城市商业用地类型有哪些？
7. 何谓商业圈？影响商业圈大小的因素有哪些？
8. 何谓业态、业种？何谓业态定位？
9. 阐述城市商业中心等级体系和各等级中心布局特点。
10. 零售商业用地选址特点有哪些？
11. 何谓办公用地？办公用地类型及办公用地选址要求有哪些？
12. 简述中心商务区的概念、特征和演变趋势。
13. 简述总部基地区位选择特点。
14. 简述开发区类型及开发区用地特点。
15. 工业用地布局指向有哪些？意义何在？
16. 简述一般开发区与高新技术产业开发区选址要求。
17. 简述我国工业区开发存在的问题和你所在城市工业区发展特点。

第八章 土地报酬递减理论与集约利用

 章前导读

土地报酬递减理论是土地经济学经典理论,是农村和城市土地集约利用的理论基础。

本章重点掌握土地报酬递减理论和土地报酬变化的三阶段分析、城市土地集约利用内涵及规律;熟悉城市土地集约利用评价内容和方法包括区域建设用地评价、工业区土地集约利用评价方法以及其他功能区集约利用评价方法。

第一节 土地报酬递减理论与三阶段分析

一、土地报酬递减理论

1. 土地报酬递减理论的定义

土地报酬递减理论指一定生产力水平和技术条件下,在一定土地面积上追加劳动和资本,所得的土地报酬由递增到递减的现象。土地报酬又称土地收益。在此,我们将土地报酬定义为对一定面积土地投入中某项变动要素的生产率。土地报酬有三种形态:实物形态报酬、价值形态报酬和价格形态报酬。土地报酬可分三种类型:总报酬、边际报酬和平均报酬。

2. 土地报酬递减理论的理解

土地报酬不同于土地肥力。土地报酬是指土地的产出与土地投入的对比关系,而土地肥力是指土地生产某种产品的潜在能力,因此他们的变化模式是不同的。

"在一定的技术水平下"。因为从人类生产的历史看,随着技术进步,土地报酬是递增的,而只有在一定的生产过程中,技术一定,报酬变化才符合"递减规律"。

不是针对生产部门或人类历史过程。报酬递减规律是针对某一个生产单位,在一定阶段,因投入变动要素(如劳动力)的数量不同而导致的总产出量和变量要素的边际产量的变化。因此它只对一个具体的生产过程适用,而不能无限扩大。

该理论本质为若干生产要素投入量保持不变,某变动要素报酬的变化规律。报酬递减其实是不变要素的功能全部发挥出来以后出现的情况。随变动要素投入的增加,变动要素的边际生产率先递增再递减。

"递减规律"是生产力范畴,与生产关系,社会制度无关。它只是为人们找出资源的最佳

组合和投入量提供了理论依据。

"由递增到递减"。土地报酬递减规律实质反映了报酬先为递增然后递减的过程。如表8-1所示。

表 8-1 土地投入与土地报酬关系表

总投入	边际投入	总报酬	边际报酬	平均报酬
0		0		
1	1	7	7	7
2	1	20	13	10
3	1	31	11	10.3
4	1	37	6	9.25
5	1	38	1	7.6
6	1	35	−3	5.8

3. 土地报酬递减理论的发展过程

美国经济学家威廉·配第:17世纪中叶,最早注意土地报酬递减现象。发现一定面积土地生产力有一定限度,超过此限度,土地产出物的数量就不可能随劳动的增加而增加;

法国重农学派杜尔格:18世纪70年代,最早详细描述土地报酬递减的内涵,但未将其提升为规律;

英国农场主安德森:1777年,最早注意科学因素对土地报酬递减现象的影响;

英国威斯特(E. West):最早正式提出"土地报酬递减律"的概念;

美国经济学家西尼尔:1836年给这个规律的内涵添加了"农业生产技术保持不变"这一重要条件;

美国经济学家克拉克(J. B. Clark):引入"若干生产要素投入量保持不变"作为报酬递减律发生的又一条件;

克拉克和马歇尔(A. Marshall):引进生产函数后,将生产单位视作研究报酬变化的基点;

布赖克(J. D. Black):在《生产经济学导论》一书中,提出总产量曲线、边际产量曲线、平均产量曲线的概念和图解,突出变动要素生产率曲线,使土地报酬递减规律更加完整,并推广于一般经济生产领域;

卡尔·马克思:全面论述了土地报酬理论。

二、土地报酬变化的三阶段分析

1) 农业生产函数

设农业生产函数表示为:

$$Y = f(X_i) = f(X_1, X_2, \cdots, X_n)$$

为了研究生产要素的最佳投入量,固定其他要素投入量,只研究一种生产要素与产出的关系，为此构造新函数（Y 为总产量，X 为某一生产要素投入量）：

$$总报酬 Y = \varphi(X)$$

于是有：

平均报酬（APP）＝Y/X，表示每单位投入生产出的产量。

边际报酬（MPP）＝dY/dX，表示每增加一单位投入所引起的产出的变化量。

研究报酬变化主要是研究边际产量。

生产弹性＝APP/MPP，表示报酬变化强弱和变化方向。

总报酬、平均报酬、边际报酬的变化曲线如图 8-1 所示。

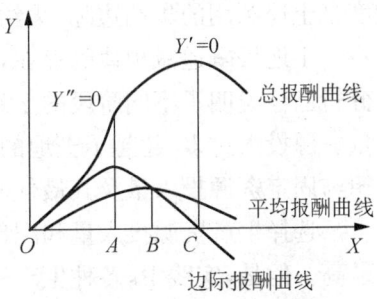

图 8-1　总报酬、平均报酬、边际报酬曲线图

2）三阶段分析

（1）O—A 阶段：粗放阶段，生产要素的投入量不能停。资源利用和生产潜力发挥很不充分。总产量和平均产量均未达到最高点，且总产量加速递增。

（2）A—C 阶段：集约阶段，生产要素的合理投入期。总产量以递减速度增加，边际产量下降。B 点为边际产量与平均产量相等的点，也是边际产量与平均产量大小的分界点，没有实际的价值。

（3）C—阶段：过度集约阶段，生产要素不能继续投入。总产量在减少，边际产量小于零。

3）最佳投入点分析

考虑实物报酬：C 点为最高产量点，显然该点为最佳投资点。

考虑价格报酬：最佳投入点为边际投入等于边际产出的点，即获得土地利润的最大化的点，有：$dY/dX = Px/Py$。该点肯定在 A 点与 C 点之间。

三、农业用地集约经营

集约经营与粗放经营对应，其概念最先来自农业，指在农业生产中对农业土地进行的劳动、资本和技术的投入。农业集约分为劳动集约、资本集约和技术集约。美国著名的土地经济学家伊利在其所著的《土地经济学原理》中指出："对现在已利用的土地增加劳力和资本，这个方法叫作土地利用的集约。"

土地利用集约度是指人们为了提高土地收益在单位面积土地上投入的密集程度，主要可从单位面积土地上劳力、资金、技术和物质等方面投入去考察。常见的农业土地集约度指标有单位面积土地施肥量、单位面积土地用电量、单位面积土地农机拥有量、机播面积占农田比例及有效灌溉面积占耕地比例等。

土地的供需矛盾日益尖锐，对土地实行集约经营势在必行。土地利用采用何种集约度取决于农产品的社会需求量、农业技术水平、农业投资能力、土地数量、土地质量、人地比例、交通条件、区位条件、土地受容力和土地生产效率等。一定技术条件下，土地资源与其他生产资源的最佳配合比例所能受容其他变量资源的数量多者称土地受容力大；反之，受容力小。受容力大的土地其土地集约利用潜力大。土地生产效率指所获报酬与所投成本的比例。从经济学原理讲，土地集约是有限度的，逾越这一限度则为过度经营。集约度的最高限度是土地利用的集约边际，集约度的最低限度称为利用的粗放边际。

　　土地报酬递减规律的存在，要求我们要地尽其利，集约利用土地。上述土地报酬三阶段分析已经说明了不同阶段的土地集约利用特征。第一阶段没有达到粗放边际；第三阶段变量资源投入过多，超越了土地的受容力，越过了集约边际；只有第二阶段，是我们寻求变量资源与固定资源投入量及其最佳配比的阶段。

　　选择生产资源投入量和配比的重要目的就是取得最佳经济效益，使生产成本最低，产量最高。但是，实践中，各种生产资源的费用大小和供求关系不尽相同。经营中各种生产资源的配合比例必须符合经济原则，以珍贵资源所获得报酬高低为要素参考依据。

　　最佳的投入点不能仅考虑最低成本点，也不能仅考虑最高物质报酬点或价值报酬点，而应该以报酬与成本差额即利润的最大化为一定市场环境下的最终选择依据，实现市场对资源配置的最佳化。

第二节　建设用地集约利用内涵与规律

一、建设土地集约利用内涵界定

1. 集约利用内涵

　　土地集约利用研究起源于农业土地利用的研究，关于城市土地集约利用的概念大多从农业土地集约利用借鉴过来的。但由于城市土地利用有其自身的特殊性，迄今为止，中外学者对于城市土地集约利用的概念和内涵有多种观点。

　　马克伟主编的《土地大辞典》中对"土地集约经营"词条的解释是："土地集约经营是粗放经营的对称。是指在科学技术进步的基础上，在单位面积土地上集中投放物化劳动和活劳动，以提高单位面积土地产品产量和负荷能力的经营方式。……在建筑业中，集约经营则是通过对单位土地面积多投放活劳动和物化劳动，来提高土地利用率，增加建筑层数，提高土地的经济功能和负荷能力。"

　　毕宝德认为："所谓集约度，就是指单位土地面积上所投资本和劳动的数量。……非农用地的效益可分为两类：用于住宅建设的是所建房屋的面积；用于工业、商业和交通运输的在于所获经营利润。前一类是实物性的，后一类是价值性的，但两者集约经营的共同点是力争获得单位土地面积上的最大收益。"

　　肖梦认为："城市土地集约化使用，可以多维地利用城市土地的立体空间，并使城市土地一地多用。城市土地立体空间的多维利用，就是利用土地的地面、上空和地下进行各种建设。一地多用则是在同一块土地上根据需要安排各种不同用途的多种建设项目。这也就是提高城市土地利用的集约化利用。"

　　丘金峰主编的《房地产法辞典》在解释城市土地利用的集约程度时指出："城市土地利用

的集约程度指单位面积城市土地上的投资和使用状况。衡量城市土地利用集约程度的指标有：①资金集约度，即单位面积城市土地上的土地投资额，表现为土地上的土地投资占土地面积之比；②技术集约度，即土地之上建筑物或设施在施工中和落成后所应用的先进技术程度，这往往可通过资金集约度反映；③人口集约度，即单位面积城市土地上的人口数量，通常用人口密度表示。"

杨重光认为，城市土地集约利用包括三个方面的内容：①城市单位面积的产出率不断提高；②通过土地利用规划和城市总体规划科学和合理利用城市土地，建立合理和经济的空间布局，并且使城市的经济、社会和环境得到协调发展；③通过旧城改造和房地产开发，结合产业结构及用地结构的调整，提高城市土地的整体利用水平，最大限度地利用现有土地。

原国家土地管理局局长邹玉川在1996年土地日发表的文章中，指出城市土地内涵挖潜、集约利用的潜力来自四个方面：一是城市人均占地有潜力可挖；二是调整城市用地布局，提高土地产出率有潜力可挖；三是小城镇用地有潜力可挖；四是城市空闲地和地下空间也有潜力可挖。

徐忠国等认为，城市土地集约利用的内涵是对现有城市存量土地加大人力、物力、财力的投入，提高土地的经营管理水平，在现有经济技术水平许可的条件下，尽可能提高城市土地的使用强度和效率，以获得单位面积土地更多的产品产量或土地负荷能力的经营方式。

经济增长方式的理论中对集约型和粗放型经济增长方式的概念认识又有不同。所谓集约型的经济增长方式，是指高产出、高效率、高质量、低消耗地实现经济增长，注重内涵发展、质量提高、追求效益，依靠科技进步和结构优化升级，实现规模经营和合理布局生产力等达到经济的增长；而粗放型的经济增长方式是指高投入、高消耗、低产出、低质量地实现经济增长，注重外延扩张、数量扩展，靠资金和资源的不断投入和积累去支撑经济增长的速度。

综上，城市土地集约利用应体现五个方面内容：①体现投入程度及与产出效益关系，即土地投入低产出高；②体现水平结构关系，即土地规模、结构和布局合理；③体现垂直空间利用关系，即土地利用强度提高；④体现土地资源利用程度，即土地利用率高；⑤体现综合效益，即土地生态、经济和社会效益最大化。

可见，城市土地集约利用概念虽来源于农业土地的集约经营，然而其内涵及外延已完全不同。城市土地集约利用具有更加宽泛的含义。土地集约利用的最初涵义是表示农业土地上投入与产出的关系，反映对农业土地生产潜力的挖潜。城市土地集约利用则不仅关注城市土地投入产出关系，关注城市土地利用潜力的挖潜，还具有土地的节约利用、合理利用、高质量和高效率利用的宽泛含义。

城市土地集约利用就是指合理土地投入和充分挖潜城市土地利用规模、结构、布局和强度潜力，使城市土地投入产出效率与土地综合效益最佳、土地利用率与土地利用质量最高。

（1）土地投入、产出与土地综合效益

土地投入是指单位土地上物质、资本、技术和人力投入，土地产出是指单位土地经济、生态和社会等综合效益。土地投入和产出单一指标均不能反映集约利用状况，应关注土地投入与产出的最佳比配与效率情况。土地投入产出效率、土地综合效益最佳是土地集约利用的二种目标导向。

(2) 土地利用规模、结构和布局

土地规模、结构和布局反映的是城市土地水平空间尺度的集约利用状态。如图 8-2 所示。

土地规模。城市土地、各用地类型区土地、各类用途地块的聚集程度数量指标。合理规模的确定需要平衡用地的规模效益与规模负效益,寻找土地内部规模与土地外部扩张的平衡点,获得土地最大规模聚集效应。

土地结构和布局。表征不同用地对象内部数量结构和空间分布的合理配置程度。通过结构和布局优化可以挖潜土地水平结构潜力,实现水平空间尺度的集约利用潜力。

(3) 土地利用强度。表征土地地上、地表、地下垂直空间维度的集约利用状态。地上利用指标有建筑容积率、建筑层数与建筑高度等;地面利用指标有建筑覆盖率、绿地化率、站点周边利用等;地下利用指标有地下空间利用深度、规模等。通过强度优化可以挖潜土地利用强度潜力。

(4) 土地利用率。土地利用率是从资源的合理和充分利用视角衡量土地资源的节约利用状态。城市土地利用率指标有城市已利用土地比率、低效用地比例、空置土地比率和已建成面积比例等。

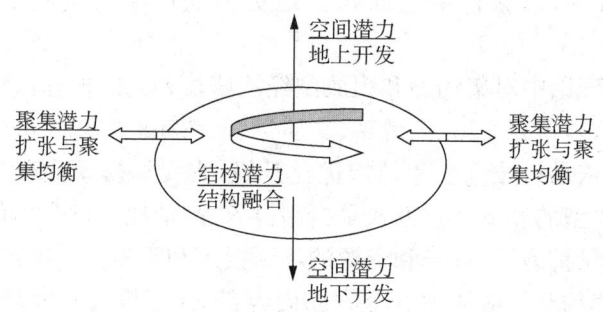

图 8-2 城市土地集约利用潜力内涵图

2. 集约利用类型

根据集约的程度和内涵的不同,城市土地集约利用形式类型有三种。

(1) 粗放利用。土地投入低、土地产出低、土地利用率低,土地利用潜力大。

(2) 过度利用。对土地过度投入,导致土地利用综合效益下降,如出现规模负效益、交通拥挤、环境破坏等问题。

(3) 集约利用。对土地利用程度适宜,既达到了合理规模效益,又达到合理结构、布局和强度,实现了城市土地综合效益最大化和投入产出高效率,充分挖潜了土地利用潜力。

二、城市土地集约利用规律

1. 集约强度分布规律

(1) 单中心城市土地集约强度分布

城市土地集约利用强度可以用城市空间密度直接反映。空间密度是指某一要素在一定空间范围内的数量。由于城市中心具有较高的便利性、通达性和营利性,使得活动强度会在市中心达到峰值,以后在所有方向随着与中心距离的拉大,密度逐步下降。密度曲线可以描述这种变化现象。美国考林·克拉克以及米尔斯运用指数函数对现代大城市中随半径距离而变化的人口密度曲线进行了实证,并发现居住密度下降的百分比实际上与该活动单位与中心的距离增加相一致。因而,密度曲线可由中心密度峰值和斜率因子两个参数限定。其公式如下:

$$Dx = Do \times e - b \times x$$

式中:Do—— 中心密度峰值;

B——斜率因子;

x——半径的长度;

e——2.718…是自然对数的底。

研究表明,大城市除了具有较高的中心密度以外,还有较低的斜率系数(即曲线呈扁平状)。随着从城市中心向外延伸,密度下降趋势有若干不同的组合,如土地开发容积率逐渐降低、房屋单元数逐渐减少、人口密度逐渐降低、开敞空间逐渐增加等。中心密度的变化在很大程度上取决于城市交通设施、公共服务设施、产业结构、收入水平和消费方式等因素的影响,如高速公路的崛起和汽车时代的到来,可有效化解过高的中心密度;网络的兴起会缩短城市中心与其他区域的时空距离;现代服务业的兴起则为城市中心高就业密度提供可能。

(2) 多中心城市集约强度分布

高等级中心地商品和服务档次高且种类齐全,高档商品和服务充分聚集,可以共同维持其服务范围达到和超过其需求门槛,实现经营利润。因此,高等级中心地通常聚集程度大,聚集效益高,土地集约利用程度高。

就城市区域范围而言,城市的中心地等级序列会随着城市的发展发生着变化和演替。当城市发展到一定阶段和扩展到一定规模后,将形成完整的中心地等级序列,即中央商务区(CBD)—次级中心(副中心)—区级中心——一般商业中心。不同中心等级序列,土地集约度不同。中心地随着距离城市中心距离的加大,集约利用程度由高变低,且存在峰值现象。如图 8-3 所示。

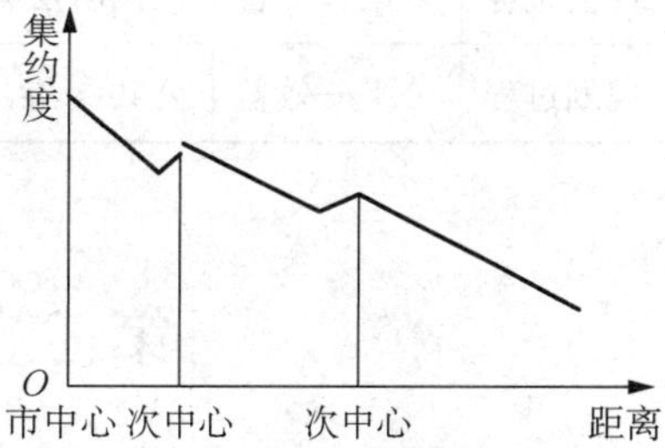

图 8-3 多中心城市集约利用强度与距离关系

2. 集约利用进程与精明利用

城市化由起飞阶段到加速阶段,再到后期阶段,城市化的形式表现为向心到离心的过程,城市土地集约利用状态亦呈现不同阶段特点。

城市化起飞发展阶段,人口、产业、资本向城市集中,城市土地同时快速扩张,土地利用多呈现粗放利用状态。城市化加速期,城市中心聚集继续增强,城市规模继续扩大,此时,不断增长的城市规模开始产生聚集的负面效益,形成聚集的不经济,土地出现过度利用的不良状态。于是,城市开始向离心化和逆城镇化方向发展。

城市化后期阶段,城区一方面向外继续分散形成新的聚集中心;另一方面,内城开始城市更新,城市土地利用呈现结构型集约。土地集约利用目标转向高质量利用和土地精明利用。

城市土地利用与发展过程，始终需要不断平衡表 8-2 所示的十大土地精明利用核心要素。

表 8-2　基于大十核心要素的城市土地精明利用与粗放利用理念与方式比较

核心要素	冲突均衡	土地集约利用与精明利用	粗放利用
增长模式	集中—分散	城市规模控制（增长边界），紧凑发展、填充式，存量有机更新	城市蔓延，分散发展，水平扩张
开发密度	高—低	垂直紧凑、高密度、活动中心密集，容积率转移奖励	低密度、中心分散
空间尺度	人—车	宜人尺度（建筑、街区、道路）	大尺度（建筑街区道路）
土地利用	混合—分区	混合复合利用，TOD 利用，产城融合	单一利用
社区更新	步行—分离	公共设施地方性、分散、适合步行；15 分钟生活圈；职住平衡	区域型、集中、适合机动车
公共空间	公共—私人	重点公共领域（街景、步行环境、公园、广场、绿地）	私人领域（私人庭院、封闭社区、私人俱乐部）
交通道路	人—车	公共交通、步行、自行车主导，且道路高度连通，道路设计为多种活动服务场所，慢行步道	小汽车导向，许多环形路和尽端路，道路设计只为提高交通容量和速度
生态环境	重视—忽视	保护空地、农业用地、自然景观与生态区域（二线控制）	占据绿色空间
社会包容	阶层分—合	强调阶层融合、可支付住宅供给	阶层分异、空间失配
规划过程	公平—效益	公共参与、多元主体协同治理	缺少协商与沟通

第三节　城市土地集约利用评价

根据原国土资源部 2008 年颁布《建设用地节约集约利用评价规程》（TD/T 1018—2008），城市建设用地土地集约利用评价目的是为了全面掌握城市土地集约利用状况和潜力，科学管理和合理利用城市土地，提高土地利用效率，为国家和各级政府制定各项土地政策和调控措施、编制土地规划、计划及城市规划提供科学依据，以促进土地资源合理利用和配置。建设用地节约集约利用评价可以分为城市区域建设用地集约利用状况评价、中心城区建设用地集约利用潜力评价、城市其他功能区如商办、住宅等用地区集约利用评价。另颁布《开发区土地集约利用评价规程》（TD/T 1029—2010）专门针对开发区和工业园区用地的节约集约利用状况进行评价。虽然国家对土地集约利用评价已经出台了相应规程，但如何科学评价土地集约利用程度与潜力仍然是个需要不断研究的领域。

一、区域建设用地集约评价

区域建设用地集约状况评价是以设区市所辖的市区整体、未设区市的市域整体等范围内的全部城乡建设用地作为评价对象,通过对相同或相近类型的城市土地利用现实状况的评价和比较,揭示城市的土地集约利用总体状况及其差异。区域状况评价应开展定性分析和定量评价。通过评价,评定城市土地集约利用程度:低度利用型、中度利用型、集约利用型和过度利用型。

区域土地集约利用状况评价指数可分为利用强度指数、增长耗地指数、用地弹性指数、贡献度指数和管理绩效指数。各评价指数及指标详见表8-3所示。

表8-3 区域用地状况评价指数和指标体系

指数(代码)	分指数	选择要求	分指数指标	选择要求
利用强度指数	人口密度指数	必选	城乡建设用地人口密度	必选
			城镇工矿用地城镇人口密度	备选
	经济强度指数	必选	建设用地地均固定资产投资	必选
			建设用地地均生产总值	必选
			地均城乡建设用地财政收入	备选
			地均城镇工矿用地工业产值	备选
	建设强度指数	备选	城市综合容积率	备选
增长耗地指数	人口增长耗地指数	必选	单位人口增长消耗城乡建设用地数量	必选
	经济增长耗地指数	必选	单位地区总产值增长消耗城乡建设用地数量	必选
			单位固定资产投资消耗城乡建设用地数量	备选
			城市批次土地供应比率	必选
			城市土地供应市场化比率	必选
用地弹性指数	人口用地弹性指数	必选	人口与建设用地增长弹性系数	必选
	经济用地弹性指数	必选	地区生产总值与建设用地增长弹性系数	必选
贡献度指数	人口贡献度指数	必选	人口与城乡建设用地增长贡献度	必选
	经济贡献度指数	必选	地区生产总值与建设用地增长贡献度	必选
管理绩效指数	城市用地管理绩效指数	必选	城市闲置空置用地比率	必选
			城市批次土地供应比率	必选
			城市土地供应市场化比率	必选

二、工业区土地集约利用评价

1. 评价内容

工业园区土地集约利用评价内容分为土地利用状况调查、土地集约利用程度评价和土地集约利用潜力测算三个方面。

（1）土地利用状况调查

土地利用状况调查是对特定时间点的工业园区土地集约利用状况开展基础调查，进行汇总分析，掌握用地情况，推动工业园区土地利用管理基础信息建设的过程。具体包括：① 基本信息调查；②土地利用类型、供应类型、高新技术产业用地状况调查；③用地效益调查；④管理绩效调查；⑤典型工业企业调查；⑥土地供应与保障情况调查；⑦其他相关调查。

（2）土地集约利用程度评价

土地集约利用程度评价是指通过基础调查研究，依据有关指标体系及评价方法，确定相应理想值，计算工业园区土地利用集约度分值，对特定时间点的工业园区土地集约利用状况进行评价的过程。具体包括：①评价指标的确定与计算；②指标权重的确定；③指标理想值的确定；④指标标准化；⑤土地集约度分值计算。

（3）土地集约利用潜力测算

土地集约利用潜力测算是指在用地调查和程度评价的基础上，对特定时间点工业园区土地集约利用的扩展潜力、结构潜力、强度潜力和管理潜力进行测算，推算工业园区用地潜力规模和尚可供地年数的过程。具体包括：

① 扩展潜力测算。扩展潜力是指截至评价时点，开发区评价范围内尚可供应土地的面积。开展扩展潜力测算时，应对尚可供应土地面积、尚可供应工矿仓储用地面积分别进行测算，推算相应的尚可供地年数。

② 结构潜力测算。结构潜力是指开发区评价范围内已建成城镇建设用地中，通过用地结构调整可增加的工矿仓储用地面积。

③ 强度潜力测算。强度潜力是指开发区评价范围内已建成城镇建设用地中，现状工业用地综合容积率、工业用地建筑密度、工业用地固定资产投入强度、工业用地产出强度与相应理想值的差距换算形成的用地面积。

④ 管理潜力测算。管理潜力是指通过处置到期项目用地和应收回闲置土地，可增加的土地供应面积。

2. 评价指标体系

工业园区土地集约利用评价从土地利用状况、用地效益和管理绩效三个方面开展。评价指标体系包括目标、子目标和指标三个层次，如表8-4所示。

表中，土地开发率是指工业园区评价范围内已达到供地条件的土地面积与不可建设土地以外的土地面积之比；土地供应率已供应国有建设用地面积与已达到供地条件的土地面积之比；土地建成率是指已建成用地面积与已供应国有建设用地面积之比；工业用地率是已建成工矿仓储用地面积与已建成建设用地面积之比；高新技术产业用地率是指已建成的高新技术产业用地面积之和与已建成建设用地面积之比。

表 8-4　工业园区土地集约利用程度评价指标体系

目标	子目标	指标
土地利用状况	土地开发程度	土地开发率、土地供应率、土地建成率
	用地结构状况	工业用地率、高新技术产业用地率（A22）
	土地利用强度	综合容积率、建筑密度、工业用地综合容积率和工业用地建筑密度
用地效益	产业用地投入产出效益	工业用地固定资产投入强度、工业用地产出强度、高新技术产业用地产出强度
管理绩效	土地利用监管绩效	到期项目用地处置率、闲置土地处置率

三、其他功能区集约评价

功能区评价的指标体系按不同类型功能区来设定，居住功能区、商业功能区、工业功能区指标按照土地的利用强度、投入状况和经济效益设定，教育功能区评价指标重点考察土地的利用强度和投入强度，特别功能区重点考察土地的利用强度。功能区评价指标体系如表 8-5 所示。

表 8-5　功能区评价指标体系

功能区类型（代码）	指标（代码）	选择要求
居住功能区（R）	综合容积率（R1）	必选
	建筑密度（R2）	必选
	人口密度（R3）	必选
	基础设施完备度（R4）	必选
	生活服务设施完备度（R5）	必选
	绿地率（R6）	备选
	住宅地价实现水平（R7）	备选
商业功能区（C）	综合容积率（C1）	必选
	基础设施完备度（C2）	必选
	商业地价实现水平（C3）	必选
	单位用地从业职工数（C4）	备选
	单位用地营业额（C5）	备选
教育功能区（E）	综合容积率（E1）	必选
	建筑密度（E2）	必选
	单位用地服务学生数（E3）	必选
	基础设施完备度（E4）	必选
	绿地率（E5）	备选

(续表)

功能区类型(代码)	指标(代码)	选择要求
教育功能区(E)	单位校舍用地服务学生数($E6$)	备选
	单位体育活动场地服务学生数($E7$)	备选
特别功能区(S)	综合容积率($S1$)	必选
	建筑密度($S2$)	必选

第四节　土地混合利用

一、土地混合利用内涵与尺度

1. 内涵

在用途管制与分区利用规划理念下，我国城市普遍存在城市功能分区明显，空间布局分散的格局。由此产生了因跨区域工作、居住、文化娱乐和休闲而产生的高流量、高耗时、高排放的交通压力，降低了城市的宜居性，还被动地增加了各类交通设施、公共服务设施的用地需求，进一步加剧了"三生"（生产、生活、生态）用地对资源承载力的巨大挑战。为此，亟须转变单一功能分区利用方式，推行土地混合利用，提高土地节约集约利用水平，推进产城融合和职住平衡，实现社区复兴、城市紧凑发展和低碳可持续发展。

土地混合利用是相对土地分用途利用提出，是指一定尺度区域空间范围，多种功能在水平维度和垂直维度的有机协调配置，这也是广义的土地复合利用。土地复合利用则是狭义的土地混合利用，特指单一宗地或单一建筑具有两类或两类以上使用性质，侧重于微观层面的地块与建筑的平面和立体开发、建设和使用。

土地混合与复合利用的提出既是当前我国城市土地集约利用和土地利用方式的转型的要求；更是城镇化和城市发展特定阶段，城市更新优化发展的要求。而产业结构升级转化客观上产生了多种具有相容性的细分用地类型，使得现阶段实施土地混合利用具有可行性和必要性。

2. 空间尺度

土地混合利用空间尺度由微观到客观，可划分为建筑单体、地块、区域和城市四个空间尺度。其中区域是指各种独有特征和边界的区域，可以是商务区、工业园区、高科技园区、历史风貌区、居住区、轨道交通站点周边地区、一个或多个街区、或一个特定城市开发区或新城区域。

3. 管理体系

国外已较早开展了对土地混合利用的规制和引导，英国在《大伦敦规划 2004》中明确提出，"国家政策强力支持混合功能开发"；美国通过的"总体规划—区划—详细规划—交通规划"等各个层面规划对土地混合利用进行了规定；新加坡划定"白色用地"和"商务用地"，允许商业、居住、旅游业或其他无污染的项目在该地带内混合发展，并允许同一建筑具有不同的用途。

利用功能分离的目的源于规避不同用途利用的负的外部性影响,如工业用地对居住用地的负面影响。土地复合利用是一种紧凑高效、多样丰富、整体有序的用地方式,具有节能环保、节约资源、宜居宜业及提质增效等特征。不过,土地混合利用配置必须明确兼容性用途、有条件兼容用途和相斥型用途。这个意义上,土地混合利用本质是土地分区利用与分区规划管制制度下的土地弹性利用。因此,土地混合利用的管理可以与土地用途与分区管理制度协同整合。具体详见本书第十五章第一节和第二节。

二、土地混合利用方式

1. 不同尺度土地混合利用

（1）区域层面

树立土地复合利用理念,在明确区域总体开发建设定位基础上,综合生产、生活、生态、居住、休闲、娱乐、教育、医疗及交通等各种功能,明确区域主要功能及相关功能配置,梳理土地利用空间逻辑关联,均衡土地分区与融合,合理各类用地配比,优化空间布局,实现职住平衡,完善公共设施布置,打造15分钟生活圈,提升产业社区、居住社区和区域整体品质。

（2）地块与建筑层面

地块与建筑微观层面混合利用包括地块平面方案设计中的不同用途复合利用、垂直方向的地上地下空间利用和建筑复合使用。该类土地复合利用需在综合考虑不同用途的价值关联基础上确定。包括地块内部各类不同性质用地面积与不同功能建筑面积配比（商业、酒店、办公、休闲娱乐及交通等功能）,不同类型的用地布局与分层布局,综合考虑地块的功能定位、控制要求以及周边的地块条件和交通、环境承载情况,等等。

2. 产业园区复合利用

针对产业园区用途单一、范围过大,导致影响产业升级融合、设施服务供给缺失、职住分离和交通潮汐现象严重等问题,亟需实施复合利用。一些企业在产业升级中,开展多元化业务,不再仅仅从事单一的生产或仓储,而是逐步转型为集展示、销售、采购、结算、研发、培训和管理等功能为一体的复合型企业。单一用途的管制已经无法满足企业发展需求。上海自贸试验区"综合用地"土地新政是国内首个成体系的关于土地复合利用的土地管理政策。该政策从规划引导、土地供应、出让价格以及后续监管等环节指导和鼓励土地混合利用和建筑复合利用,提出规划弹性管控和土地刚性管控相结合的管理思路和措施。规划弹性管控指在综合考虑空间布局、产业融合、建筑兼容和交通环境要求等情况下,从规划功能分区、用途兼容、公共配套及整体品质等方面,明确综合用地供应前规划控制要求。土地供应刚性管控指满足安全生产、环境保护、相邻用地关系等要求,结合产业用地需求的前提下,结合用途兼容和业态混合特点,在供地方式、出让年限、出让底价等方面,采取差别化管理方式。上海自贸试验区外高桥保税片区将一幅工业用地调整为集商业、办公、研发和展示等功能为一体的综合性用地,推进了区内功能布局优化,为自贸试验区新兴业态的落地提供政策保障。

---

* 说明:本小节核心内容来自文献:胡国俊.上海土地复合利用方式创新研究[J].科学发展,2016,88(3):46-55.

3. 公共空间复合利用

因地制宜地在城市公共空间建设中推行与周围环境协调的土地复合利用方式，如集街心花园或沿街花园、水岸空间绿化、屋顶绿化和行人休息场所等方式，营造具有生态和休憩功能的公共空间。例如，西亚宾馆城市更新项目，在酒店转型为办公用途的同时，通过适度提高容积率，在经营性物业面积不增加的情况下，将1～2层开发为公共空间、3～4层开发为社会停车场，以提高区域环境，完善地区功能。静安区因地制宜，以"小、巧、高"为特色，率先开展屋顶绿化、"五口"绿化、透墙绿化、墙面绿化和垂直绿化等，显著提高了绿视率，美化了城市景观，同时，也有效缓解了热岛效应。

4. 交通设施立体混合利用

在城市土地紧张，拓宽路面有困难的城市，可以考虑兴建高架路面或街道，使车辆在空中实现立体分道。在城市繁华区位或交通枢纽地段还可以兴建高架人行道，实施人、车立体分流。如地铁一号线北延伸段高架部分8.38公里，与高架道路统筹布置、同期建设了地面道路、轨道交通和南北高架共和新路段的三层立体交通。

5. 地块建筑复合利用

地块或建筑复合利用指地上地下联合开发建筑综合体和城市综合体。

建筑综合体。城市中心区位、繁华地段的临街高层建筑，可以实施多功能综合分层利用。如六层以下的楼层作为购物中心，中间的楼层作为办公用房、餐饮、娱乐或其他用房，高层建筑的顶层作旅游、观光场所或旅游景观等。

城市综合体。围绕市中心、城市副中心或轨道交通站点周边区域建设，上海已建成人民广场、徐家汇、五角场及虹桥机场等多个大型地上地下城市综合体，土地空间得到高效利用。

思 考 题

1. 何谓土地报酬递减理论？掌握该理论需注意的问题？
2. 对土地报酬三阶段和最佳投入点进行分析。
3. 简述农业土地集约利用内涵和度量指标。
4. 简述城市土地集约利用内涵、类型和度量指标。
5. 简述城市土地集约利用空间分布规律和进程规律。
6. 如何进行城市土地集约利用评价？
7. 如何进行工业区土地集约利用评价？
8. 何谓土地混合与复合利用？

第九章 土地规模聚集理论与适度规模利用

章前导读

> 土地规模与聚集利用理论是指导城市适度规模发展、城市居住、商业、办公、工业和农业土地等适度规模利用的理论基础。本章重点掌握土地规模与聚集经济的概念内涵与原理,城市土地适度规模发展、城市商业和办公适度规模利用、住宅区适度规模利用和农业适度规模利用原理,熟悉城市、商务、住宅、工业区和农业用地适度规模利用实践。

第一节 土地规模与聚集经济原理

土地的空间属性使得土地利用存在规模经济和聚集经济。土地利用规模是反映土地生产要素聚集程度和范围的指标。合理的土地利用规模应该使土地利用规模聚集效应最大。为此,需要明晰几对概念:规模效应和聚集效应、规模经济与规模不经济、聚集经济和聚集不经济、聚集效应和分散效应、地区化聚集效益和都市化聚集效益。

一、土地规模经济

规模效应是普遍存在的经济规律,适用于各种资源配置的研究。规模效应存在规模正效应即规模经济和规模负效应即规模不经济。

土地利用规模是指相对独立的某项或某类经济活动占用土地面积的大小。根据经济活动的不同类型特征,土地利用规模可包括城市用地规模,城市类型区用地规模如居住区规模、商业区规模、商务区规模、工业区规模和开发区规模等,不同用途地块规模,农业用地经营规模等。

土地规模经济效应是指随着土地利用规模变化而带来土地利用收益增减变化的经济现象。土地规模经济是指土地规模扩大导致单位土地面积效益增加或单位土地成本下降的现象;反之,则称为土地规模不经济。

土地规模经济来源于土地生产成本的分摊与土地生产效率的提升,土地规模经济效应可用土地利用的生产弹性值 E 来测度。即:

$$E = (\Delta Y/Y)/(\Delta X/X) \tag{9-1}$$

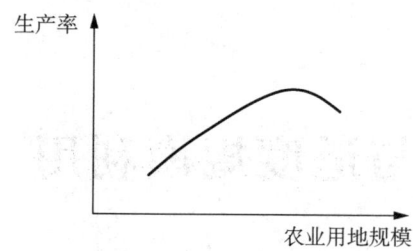

图 9-1 农业用地规模与生产效率关系曲线

其中，Y 为土地产出，ΔY 为土地产出变化；X 为土地投入规模，ΔX 为土地规模变化。

生产弹性值 E 大于 1 表示规模效益递增；等于 1 表示规模效益不变；小于 1 表示规模效益递减。因此，土地利用存在适度规模。只有土地适度规模利用才能使土地利用效益最大化。对于农业用地，土地是直接生产资料，农业土地经营的规模经济原理同企业或厂商规模经济（图 9-1）；城市用地规模经济除源于规模经济外，还源于特定要素在空间上的聚集效益。

二、土地聚集经济

1. 聚集内涵及动因

1）聚集内涵

聚集是指各种经济活动在特定空间集中的现象。聚集这一概念最早由韦伯在其《工业区位论》中提出，研究的是生产型聚集。韦伯首次将聚集因素作为重要的区位因子之一，认为企业在空间上的集中能形成聚集经济，从而达到降低生产和消费成本、提高经济利益的目的。哈佛大学教授波特认为，集聚是指在地理上一些相互关联的公司、专业化的供应商、服务提供商和相关的机构，如学校、协会、研究所、贸易公司及标准机构等在某一地域的集中，他们既相互竞争又相互合作的一种状况。克鲁格曼（1995）就曾利用 Dixit-Stiglitz 的垄断竞争模型，进行高度形式化的空间模拟实验。他假设制造业开始在空间上环绕一个圆对称地布置，然后让其演化。结果众多制造商自动聚集，在空间投下"聚集阴影"，并在聚集阴影下形成一种吸引力。

2）聚集类型

聚集绝不仅局限于企业和厂商，消费者或居民人口也会在空间聚集，由此形成功能型聚集。功能型聚集指以某主导功能为主的聚集区，根据主导功能类型可分为工业区、商业区、办公聚集区和居住社区等各种功能聚集区。

综合型聚集则是指因为人口、产业、公共服务等各种活动所形成的空间聚集，可分为地区化聚集、城镇化聚集等。地区化聚集效益又称地区化经济，是指相关行业企业在特定城市区域范围内因各相关行业与活动聚集规模的扩大而产生的效益增长。城镇化聚集效益指各行业及活动在城市范围内聚集规模扩大而产生的效益增长。

3）聚集动因

聚集的根本动因在于，聚集可以产生聚集成本效应、投资乘数效益、同化效应、异化效应、吸引效应、扩散效应和辐射效应，具体表现如下。

（1）企业在价值链上具有上下游关系，可更经济地获得专业化的投入要素和人力，加强生产协作和联合，减少交易费用；

（2）企业与其他企业、机构如高校、科研机构紧密联系，可更低成本地获取相关产品、信息与服务，促进新兴工业孵化和技术创新；

(3) 人口集中提供了人力资本,扩大了市场需求规模和多样化的产品需求,提高了商业和厂商利润,最终提高了区域经济整体效益;

(4) 集聚降低了政府提供公共产品的门槛,居民、企业均能低成本享受公共服务和设施;

(5) 可以使大量的中间产品达到规模效益,并形成进一步聚集。中间产品是一个广阔和相对的概念。在社会化和专业化生产条件下,某种特定行业的企业需要从同一供应商处购买相同的产品,此产品称为中间产品,如服装生产需要纺织厂生产布料、需要纽扣厂生产纽扣等众多中间产品。这种生产工艺流程紧密联系的企业形成聚集协作,必会节省中间产品的运输成本,便于生产设计的沟通联系。往往单个企业对中间投入产品的需求不足以达到开发该种中间投入产品的规模经济,只有企业在供应商附近聚集,一家企业产品供多家使用,才能保证中间产品形成规模经济。而且,通过这种聚集还可以保证产品供求信息的迅速沟通。

2. 聚集经济与聚集成本

土地聚集经济又称聚集效益,是指因企业、厂商、机构、居民和政府等各种活动的空间集中而带来的经济利益或成本节约。聚集经济本质上是研究行为活动产生的外部性。有些学者甚至用外部性分析代替聚集经济分析,从而建立关于聚集效应内生化的理论模型。各聚集方的生产、商业或生活活动都会直接或间接地影响他人,或有利或有害。这种外部性大量存在,不仅在微观上决定着厂商或居民的行为决策,宏观上也制约着整个区域的空间结构和形态。

聚集的外部性影响可正可负。当一方的决策行为给他方带来经济效益时,称外部经济,又称聚集经济或聚集效益。当一方的决策行为给他方带来经济损害时,则为外部不经济,又称聚集不经济或聚集负效应。

聚集不经济主要产生于聚集成本或称拥挤成本不断高企。聚集成本可细分为高地价成本、高建筑成本、交通拥挤成本和环境损坏成本等。

高地价成本。聚集程度越高,土地需求越大,地价也就越高,各行各业的商务运营成本和居民居住生活成本上升,进而导致企业成本压力提高,竞争力下降;居民生活压力加大,生活质量下降。从而将会促成企业和人口分散,限制区域和城市的进一步扩张发展。

高建筑成本。土地数量的稀缺和土地价格的上升迫使人们充分挖潜土地的地上、地下空间,建高楼、造地铁、架轻轨、开设地下商城和地上地下停车场等。很明显,这些不得已的措施会导致建筑成本提高甚至呈指数级提升。

交通拥挤成本。拥挤的最显著和直接的特征表象是交通堵塞。具有一定规模的城市大多数无法避免交通给人们的压力,这几乎成为大城市的通病。它的直接损失甚至达到当地GDP 的 5%~10%,间接损失更是无法估计。

环境损坏成本。人口密度、建筑密度增加,导致三废污染增加、城市垃圾增加、城市热岛效应、水资源短缺、地表下沉、采光通风条件恶劣、绿地系统缺乏和犯罪率增高。这些环境成本虽然很难以货币化度量,但其危害深远,与可持续发展背道而驰。

3. 聚集(向心性)和分散(离心性)

聚集经济形成了空间聚集的吸引力,又称聚集的向心性。聚集不经济产生空间排斥力,导致各种要素的分散,称聚集的离心性。因此,聚集与分散的均衡一直是空间经济学研究一对主要矛盾。

聚集的向心性是空间聚集的力量。该力量可以产生于城市或新城、城市中心、商业中心、开发区或交通干线或枢纽等。聚集的向心性会造成土地利用规模的增大,规模效益增加;聚集的离心性是空间扩散的力量,其方向与向心力正好相反。这种相反的力量往往形成新的聚集、新的增长点和新的向心力。

三、土地规模和聚集经济区分

规模效益侧重特定对象的内部性效益,是针对特定主体及其系统内部而言;聚集效应侧重对象空间集聚的外部性后果,是针对不同系统及主体聚合的整体性效益。如果以城市整体作为对象,则城市内部各用地聚集而产生的整体效益即为城市规模效益;如果以城市内部各子系统作为研究对象,以各类用地的效益为规模效益,各类用地聚集产生的整体效益为聚集效益。

由于土地利用具有空间聚集特性,土地利用规模效益本身具有强烈的聚集效益特征。因此,就土地利用而言,聚集经济通常是空间意义上的规模经济。土地规模经济(效益)与土地聚集经济(效益)可以当成同一概念,或直接称为土地聚集规模经济(效益)。

第二节 城市土地适度规模利用

一、城市适度聚集规模

1. 城市规模与效益倒 U 形原理

城市土地面积和人口规模是衡量城市规模的主要指标。城市用地规模通常为人口规模与人均用地标准的乘积。城市用地规模聚集亦存在正负效应。正效应称城市用地聚集规模效益,源于完备的基础设施和公益设施、广泛的就业机会、便利的生活条件和多样的专业服务等带来的生产生活成本节约,是吸引各类活动主体向城市集中的主要经济力量,是城市活动多样化的决定因素。在城市聚集的最初阶段,聚集经济效果明显,聚集经济超过聚集不经济,同样的投入可以获得更高的产出,从而会刺激资本、人才、技术等生产要素流入的增加,推动城市经济向更大规模扩张。但达到一定规模后,城市地价成本、交通成本、生活商务成本和环境污染与生态成本等各项拥挤成本呈上升趋势,并作为排斥力限制着城市的进一步聚集和规模扩大。聚集不经济逐步增强,直至抵消或超过聚集经济,城市则可能出现停滞或衰退,由此城市效益与城市规模存在典型的倒 U 形关系,如图 9-2 所示。因此,寻找适度聚集规模是城市土地规模利用研究的重要课题。

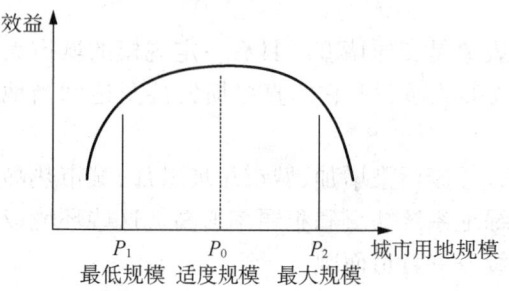

图 9-2 城市规模与效用关系

所谓城市土地适度聚集规模即能够实现聚集效益最大化的城市用地规模,此处城市聚集效益指的是经济、生态和社会综合效益。城市适度规模不仅强调经济效益最佳,同时更需要协调城市建设用地扩张与农业用地保护和生态用地保护之间的关系,要使城市扩张符合区域生态系统负荷能力亦即国土空间的承载力,确保城乡协同发展。影响城市土地适度聚集规模的因素包括:城市宏观区位、城市性质、城市人口规模、城市自然与生态条件(水、气候、地形地貌和植被等)、城市产业发展水平、城市交通状况、人地关系及城市规划,等等。

2. 城市规模与效益关系事实

我国采集长三角城市群 26 个城市的相关数据,社会效益取教师数量、医师执业人数等指标,经济效益取固定资产净值、GDP、城镇居民可支配总收入等指标,生态宜居效益取绿地面积等指标,进行三大方面人均综合效益测算,作为纵坐标;以城市人口规模为横坐标,如图 9-3 所示。可见,城市人口规模与城市综合效益呈现显著的倒 U 形关系。

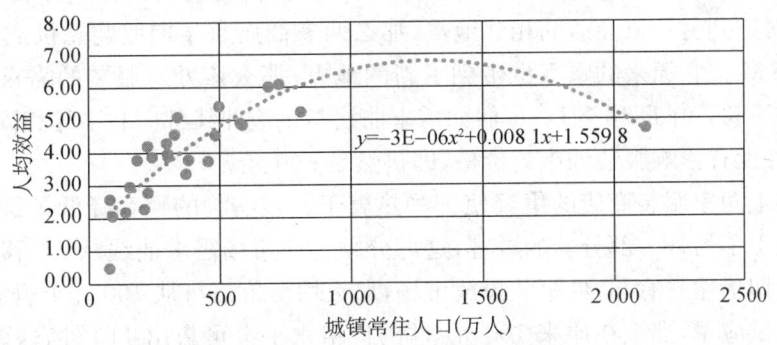

图 9-3　长三角城市群城市规模与城市综合效益的倒 U 形关系图

3. 城市用地适度规模管制

城市用地规模管控是实现农业、生态用地空间保护和区域可持续发展的重要手段。为此,各国家都会实施必要的管制措施。概括起来有:①城市成长管理;②城市空间边界(三线管控之一)制订;③建设用地指标管控。

城市成长边界管理(Urban Growth Boundary, UGB)是为了遏制城市蔓延,由美国首先提出的一种城市用地管理政策工具。其概念最早在 1976 年美国的塞勒姆市(Salem)提出,指"城市土地和农村土地之间的分界线"。该线即为我国提出的城市空间边界线,也是我国国土空间规划制定的"三线之一"。

二、商务适度聚集规模

1. 商业聚集规模原理

商业聚集规模得益于购物的外部聚集效益。所谓购物的外部性指一家商店的销售状况受该区域其他商店存在的影响。由于商业的聚集,增加了该商业区域的商品多样性,进而扩大了该商业区域的吸引范围,通过顾客对不完全替代品的比较购物偏好和对互补商品临时购物欲望,提高了商店的销售额,增加了商业的收益。

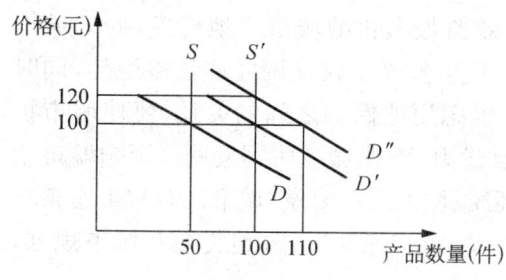

图 9-4　商业聚集经济的产生

假如顾客要购买一件服装,他会在购买中作比较、选择。为了减少选择比较时间和车费,以及扩大选择范围,他通常不愿分别走访三家距离相距较远的商店,或者由于路途较远的原因,可能只走访其中的两家,觉得不太满意就打消了购买的念头。但是如果这几家商店聚集在一起,那么顾客一定会同时走访几家商店,因此商店的集聚降低了顾客比较购物的成本,对顾客起到了吸引购物的作用。

图 9-4 可以说明比较购物所产生的集聚经济的概念。假如在一个城市里有两家商店,分别销售两种不同服装。开始时这两家商店相距甚远,每家商店每个星期的服装供应量固定 50 件。它们的供应曲线都是过 50 这一点的垂直线 S。因为每家商店所面临的需求曲线都为 D,所以当市场达到均衡时,他们都以 100 元的价格销售各自 50 件服装。假如其中一家商店 M 搬迁到另一家商店的相邻地点,那么两家商店每星期服装总供应量变成了 100 件。假如商店 M 把它原来的顾客也带到了新的地点,那么该处对服装的需求也翻了一倍:需求曲线向右平移,由 D 移至 D'。假如需求曲线与供应曲线都向右平移相同的量,那么商店 M 的搬迁并没有影响服装的市场价格,即仍然是 100 元。

但是事实上两家服装商店的集聚使一些热衷于比较购物的顾客降低了购物成本,因此商店的集聚吸引了另外一部分新的顾客,这部分顾客使市场需求曲线从 D' 移至 D''。假如每家商店每星期仍然只有 50 件服装投放市场,那么均衡价格将从 100 元上升至 120 元。假如增加服装的供应量,那么在原来 100 元/件的价格水平上可售出 110 件,这就是说商店的集聚使另外 10 名顾客光顾了这两家商店。无论是哪一种情况,由比较购物引起的需求曲线的右移,对两家商店都是有利的,或者是提高了销售价格,或者是增加了销售量。

现代区域理论认为,区域现代经济活动的空间聚集的发生,是因为聚集经济在现代技术和社会经济条件下能产生更为巨大的效益。由此可见,现代经济活动的空间聚集,已经远远超过早期一般性的地理集中的概念,并继续成为影响现代区域空间结构形成的先导性因素。

2. 商务中心适度规模

大公司的总部一般都聚集在 CBD 地区,因为这里有各种服务机构,提供金融、保险、法律、经济咨询和广告宣传等方面的服务。这种商服业的聚集也是因为另一种类型的中间产品——服务机构所提供的各种服务必须有足够的聚集需求达到规模经济,才能生存。对于需求方如公司总部若需要进行一项决策咨询,它总是希望能够容易地寻找所需要的咨询机构。同时,咨询项目都是个性化强的项目,无法标准化设计,因此必须要求公司与咨询机构频繁接触与沟通。对于咨询公司来讲,也需要通过聚集,获取足够的信息寻找客户,实现它的生产规模,创造利润。

通常 CBD 规模为 1~2 平方公里,但我国城市 CBD 规划规模普遍偏大。国内外主要城市 CBD 的用地规模和建筑规模如表 9-1 所示。

表 9-1　国内外主要城市 CBD 的用地规模和建筑规模

CBD	用地面积（平方公里）	建筑面积（万平方米）	容积率
巴黎拉德方斯	1.6	250	1.6
芝加哥中心	1.8	600	3.3
休斯顿中心	1.5	420	2.8
悉尼金融区	1.0	250	2.5
新加坡 CBD	1.5	350	2.3
上海陆家嘴 CBD	1.7	450	2.6
北京建外 CBD	2.0	600	3.0
大连新市中心区	2.2	400	1.8
深圳福田 CBD	4.5	750	1.7
广州珠江新城 CBD	1.1	460	5.0
杭州钱江新城（一期）	4.0	715	1.8

三、居住区适度规模

居住区是指城市中住宅建筑相对集中布局的地区。不同级别居住区应当有其合理的用地规模，以保证商业、医疗、娱乐、学校及幼儿园等公共设施配套的最低使用门槛规模。

2018 年，住建部颁布了《城市居住区规划设计标准》（GB 50180—2018），规定从 2018 年 12 月 1 日开始实施。该标准关注发展理念与居住生活环境，以"时间＋配套"结合人口提出生活圈概念，将居住区分为四个级别，各级别的步行距离、居住人口、住宅数量和配套设施控制指标如表 9-2 所示。

表 9-2　居住区分级控制规模

距离与规模	十五分钟生活圈居住区	十分钟生活圈居住区	五分钟生活圈居住区	居住街坊
步行距离（米）	800～1 000	500	300	—
居住人口（人）	5 万～10 万	15 000～25 000	5 000～12 000	1 000～3 000
住宅数量（套）	17 000～32 000	5 000～8 000	1 500～4 000	300～1 000
配套设施用地面积控制指标（平方米/千人）	1 600～2 910	1 980～2 660	1 710～2 210	50～150
配套设施建筑面积控制指标（平方米/千人）	1 450～1 830	1 050～1 270	1 070～1 820	80～90

（1）十五分钟生活圈居住区。以居民步行十五分钟可满足其物质与生活文化需求为原

则划分的居住区范围;一般有城市干路或用地边界线所围合,居住人口规模为 50 000~100 000 人(约 17 000~32 000 套住宅)。配套设施有文化活动中心、社区服务中心(街道级)、街道办事处等服务设施,宜联合建设并形成街道综合服务中心,其用地面积不宜小于 1 亩,用地指标范围为 1 600~2 910 平方米/千人,建筑指标范围为 1 450~1 830 平方米/千人。

(2) 十分钟生活圈居住区。以居民步行十分钟可满足其基本物质与生活文化需求为原则划分的居住区范围;一般由城市干路、支路或用地边界线所围合,居住人口规模为 15 000~25 000 人(约 5 000~8 000 套住宅),配套设施齐全,主要包括社区服务站、文化活动站(含青少年、老年活动站)、老年人日间照料中心(托老所)、社区卫生服务站、社区商业网点等服务设施,集中布局、联合建设并形成社区综合服务中心,用地指标范围为 1 980~2 660 平方米/千人,建筑面积指标范围为 1 050~1 270 平方米/千人。

(3) 五分钟生活圈居住区。以居民步行五分钟可满足其基本生活需求为原则划分的居住区范围;一般由支路及以上级城市道路或用地边界线所围合,居住人口规模为 5 000~12 000 人(约 1 500~4 000 套住宅),配建社区服务设施的地区。对应的居住人口规模配套建设的生活服务设施,主要包括托幼、社区服务及文体活动、卫生服务、养老助残和商业服务等设施。其用地面积不宜小于 0.3 亩,用地指标范围为 1 710~2 210 平方米/千人,建筑面积指标范围为 1 070~1 820 平方米/千人。

(4) 居住街坊。由支路等城市道路或用地边界线围合的住宅用地,是住宅建筑组合形成的居住基本单元;居住人口规模在 1 000~3 000 人(约 300~1 000 套住宅,用地面积 2~4 亩),并配建有便民服务设施,主要包括物业管理、便利店、活动场地、生活垃圾收集点及停车场(库)等设施。配套设施的单位用地指标范围为 50~150 平方米/千人,单位建筑面积指标范围为 80~90 平方米/千人。

四、工业区适度聚集规模

工业区适度规模具有相当的不确定,通常与所在城市能级、工业区区位、工业区行政级别、工业区产业类型以及地方政府招商引资的意愿等要素相关。

2018 年国家级开发区共 552 个,总面积 49.70 万公顷,平均每个开发区面积约为 10 平方公里。上海市有国家级开发区 9 个,开发区总面积 223.32 平方公里,平均规模 24.81 平方公里;上海市市级工业区 10 个,规划开发面积 215.43 平方公里,平均规模 21.5 平方公里。区县级工业区 45 个,规划开发面积 155.75 平方公里,平均规模 3.46 平方公里。乡镇级工业区 203 个,规划开发面积 203.89 平方公里,平均规模 1 平方公里。山东省有国家级开发区 9 个,省级开发区 9 个,各类经济开发区 64 个。省内开发区中,济南、青岛、潍坊、烟台和威海等开发区发展较好。开发区规模从 6 平方公里到 67 平方公里不等。就规模而言,山东省开发区规模普遍偏大。国家和省级开发区规模大于 30 平方公里的有 5 个,其他大部分在 15~20 平方公里之间。

我国工业区规模由于受到政府业绩考核的影响,通常存在工业区普遍规模大的问题(表 9-3)。

表 9-3 部分国家和地区工业园区用地比较

国家或地区	一般规模/平方公里	最大规模/平方公里
美国	3.0~27	30.4
英国	0.01~0.4	0.53
日本	0.32	28.5
韩国	0.17~6.60	6.60
中国台湾地区	2.38	21
长株潭地区	10~30	100
上海	8~20	26.88
山东	10~36	48
全国	10(平均)	

数据来源:《城市规划汇刊》《上海土地利用规划》《东营经济技术开发区规划》。

省市级工业区规模一般最好不超过 20 平方公里;县区级工业区规模 3~10 平方公里,乡级工业区规模 1~2 平方公里。

第三节 农业土地适度规模利用

一、农地适度规模原理

土地适度经营规模指与一定经济发展水平、物质装备程度和生产技术结构相适应的,保证土地生产率最高,并能够取得劳动生产率最高的土地规模。在一定技术条件下,如果经营规模过大,劳动和机械等要素配置不足,会导致粗放经营,土地利用不经济;如果规模过小会导致其他生产要素的闲置和利用不当,引起规模不经济。

规模经营的影响因素包括:当地的土地状况(土地条件、人地关系、土地价格、土地流转流程和土地利用方向与结构)、人口与经济状况(人口与劳动力数量与素质、非农产业发展状况、市场化程度和人均收入水平)、生产技术管理状况(生产力水平和技术水平、技术装备和资金条件、管理条件与水平及农业产业化机械化专业化程度)及社会化程度(社会保障)等诸多因素。

农业土地适度规模是个相对、动态的概念,它具有地区性、动态性和适应性等特点。

(1) 地区性。各个地区土地条件不同,具有各不相同的适度规模。土地的丰缺程度决定着土地适度经营规模的数量级。美国、加拿大等国家土地资源丰富,农业土地经营规模在较大的数量级上;韩国、日本土地资源贫乏,农业土地经营规模在较小的数量级上。中国土地资源丰富的东北地区相对于人多地少的江南地区,土地经营规模要相差几个数量级。

(2) 动态性。农业土地经营适度规模值,受多种自然要素、经济要素的影响。随着时间的推移,各种影响条件的变化,适度规模也将随之发生着变化。如工业化、机械化水平的提高、劳动力数量转移和素质提高、农业现代化的实现等必然对适度规模产生直接影响。

（3）适应性。农业机械、劳动力等生产要素的质量和数量不同，农业经营组织和土地经营项目不同，等等都会产生不同的土地适度经营规模。如经营蔬菜的农户土地适度经营规模一般小于种植大宗作物的土地适度规模。

二、农地适度规模经营

1. 国外农业土地适度规模

随着工业化进程的加快和农业劳动力比重不断下降，国外农场的土地经营规模不断扩张，农场数目大大减少。

美国。20世纪30年代以前，农场数目在650万个左右，农场平均规模长期停滞。但在40年代以后，农场数目大量减少，平均面积迅速扩大，农场平均规模为59.1公顷，1940年为67.6公顷，1960年为120.2公顷，1980年为173.7公顷。根据美国农业普查数据，1997年，美国农场数目有近221.6万个，农场平均规模为174.4公顷；2017年农场数目近204.2万个，农场平均规模178.5公顷。从不同规模农场占比来看，小于50英亩（1英亩＝0.405公顷）的小农场数目占比从1997年的33.23%提高到2017年的41.93%；大于1000英亩的大农场数目占比从1997年的8.01%小幅提高到2017年的8.46%；而介于50英亩到1000英亩之间的中等规模农场数目占比从58.76%下降到了49.61%。

加拿大。从1951年到1976年，农场平均面积由112.9公顷增大至202公顷，农场数目减少一半左右。据统计，2003年加拿大农场总数约为25.4万个，种植业家庭农场土地经营面积平均达到300公顷左右，其中，100公顷以下的小农场占农场总数的45%，500公顷以上的大型农场占农场总数的10%，土地规模经营以大型家庭农场为主。

德国。从战后到1980年，农场平均面积由7公顷增大至16公顷。2014年，德国有28.68万个家庭农场，是德国最主要的农业经营主体，经营总面积1672.48万公顷，平均每户经营面积58.3公顷。经营规模在100公顷以下的家庭农场数量占比87.66%；超过100公顷的家庭农场数量虽然只占12.34%，却占了57.31%的耕地面积。

法国。法国从1955年到1977年，农场平均面积由14.3公顷增大至23公顷。1975年，20~50公顷的中等规模家庭农场占总耕地面积的37%，50公顷以上的大规模家庭农场占总耕地面积的42%，即79%的耕地实现了不同程度的规模化经营。到2010年法国50公顷以上的农场数占比17%，20~50公顷的占28.3%，20公顷以下的占54.7%，中小农场占很大比重。

日韩。日本在20世纪50年代就开始了家庭农业小规模经营，户均经营规模为0.8公顷，到80年代中期扩大到1.2公顷，到2010年左右为1.56公顷。韩国农场规模从1995年平均每农户1.31公顷提高到2000年的1.36公顷（USDA，2002），但由于城市占地和工业用地，2005年农户平均面积反而下降到户均1.19公顷。

2. 国内农业土地适度规模

经过土地改革、农业合作社、人民公社等运动，我国在原来土地经营规模十分狭小的小农经济基础上，建立起集体经济组织和国营农场，实行大规模的农业集体经营。据统计推算，1956年高级农业社的平均规模为200公顷左右，1958年的人民公社平均规模4000公顷左右。实践证明,这种过大规模的集体经营,不利于调动农民积极性。

1978年农村经济体制改革后,我国普遍实行农业家庭联产承包责任制,建立了以家庭经营为基础的双层经营形式。就农业生产规模而言,形成了一种以农户为经营实体的超小规模状况。承包后的农户平均土地经营规模只有0.53~0.63公顷。2007年对全国68 190农户抽样调查显示,农地经营的户均规模0.58公顷,人均0.144公顷,远远小于美国、西欧等国家土地经营规模,比日本的户均1.1公顷规模还要小。而且为了所谓公平承包,平均化分配不同质地土地,造成地块零碎。有些地方每个农户的土地平均分隔为9.7块。考虑地块的零碎,实际土地经营规模更小。

随着土地承包权的流转,2008年我国土地流转面积在家庭承包经营总面积中的占比达到了8.9%,到2016年底则达到35.1%,流转总面积为4.71亿亩。尽管土地流转比例不小,但是中国的土地规模经营水平依然不够高。2015年中国土地经营面积在10亩以下的农户有21 275.1万户,占全国农户总数的79.6%;土地经营面积在30亩以上的农户占比则仅为3.9%。中国农业仍然以小规模经营为主,土地流转没有改变中国土地小规模经营的现状。

我国将具有较大农业经营规模、以商品化经营为主的农业经营户认定为规模农业经营户。种植业的较大经营规模是指,一年一熟制地区露地种植农作物的土地达到100亩及以上、一年二熟及以上地区露地种植农作物的土地达到50亩及以上、设施农业的设施占地面积25亩及以上。根据《第三次全国农业普查主要数据公报》,2016年我国共有20 743万农业经营户,其中仅有398万规模农业经营户。家庭农场作为中国最主要的农业适度规模经营主体,2016年经农业部门认定的有41.4万户,平均经营面积约11.33公顷,总经营面积469.2万公顷,仅占全国总耕地面积的3.8%左右。

3. 农业土地适度规模经营形式

(1) 家庭经营型。指通过租赁、转包、互换、转让等形式流转土地,使土地向规模家庭经营主体集中、扩大土地经营规模的行为。根据机械化程度和管理水平不同,又可分为家庭农场和专业种植大户。家庭农场通常具有较高的机械化水平,且采用企业式经济核算。而专业种植大户通常机械化水平较低,机械化作业通常通过社会化专业服务完成。

(2) 合作经营型。指在不改变土地承包经营权的前提下,按照合作制原则,将分散的农户、生产和经营集中统一起来,形成农业土地规模经营和农产品统一经营的行为。根据组织方式不同,可分为社区型土地股份合作社、土地流转合作社等。社区型土地股份合作社是指村集体范围内农民承包土地入股由村股份合作经济组织统一规划、统一经营或招标经营的经营模式,股权结构上通常集体股和个人股并存。土地流转合作社是指根据《农民专业合作社法》成立新型合作社将入社承包经营权折股统一经营。

(3) 企业经营型。指的是工商社会资本通过土地租赁、转包、入股等形式进行农业用地规模经营,通常该类经营都是按照现代企业管理制度要求进行农业经营。

(4) 服务经营型。指在家庭经营的基础上,通过委托农机合作社或其他社会化服务组织提供全方位、全过程、高标准的农业社会化服务,实现对农业产业的统一布局、统一苗供应、统一技术标准和统一营销。

思 考 题

1. 何谓规模经济与规模不经济;聚集经济和聚集不经济;内部规模效益、地区化聚集效益和城镇化聚集效益;聚集内部经济和聚集的外部不经济?
2. 简述城市合理规模与城市用地的关系。
3. 选择一处商务中心进行调研,阐述商业适度规模和办公适度规模。
4. 就你所在城市工业区规模及开发状况说明工业区开发的最佳规模。
5. 说明农业用地规模利用影响要素和你所在城市农业规模利用状况。

第十章 城镇化与城镇用地发展

章前导读

城镇化是城市经济学的核心内容之一。城镇化发展直接影响城镇建设用地扩张总量与速度,影响区域空间结构和城市用地结构。

本章重点掌握城镇化内涵及其水平测度、新型城镇化内涵、城镇化总进程规律和城镇规模与数量变化规律,掌握城镇体系概念与四大构成体系、大城市群内涵及特征;掌握城镇化空间演替的四种类型及土地发展规律;熟悉城镇化发展动因,新型城镇化任务等内容。

第一节 城镇化内涵与任务

18世纪工业革命及其带来的工业化浪潮,推动了全球性城镇化的进程。至今,城镇化一直成为人类社会发展最有力和最持久的趋势之一,改变了现代人的生活方式,也成为对经济发展和社会进步的重要推动。

一、城镇化内涵

1. 城市产生和发展

城市是人类文明的结晶,社会经济不断发展的产物。城即设防,市即交易,城市便是城与市融合。在原始公社制度发展中,人类已经由游牧逐渐定居下来,原始畜牧业和原始农业的产生,又使许多萌芽状态的村落逐渐发展成为定型的乡村。社会第一次大分工即农业与畜牧业的分离促进了农业与畜牧业的发展,使得有了产品剩余可以交换。一旦这种交换由偶然性演变成经常性的活动,就需要固定交换的场所,进而演变成集市。社会第二、三次大分工即手工业、商业的分离使得剩余产品交换的范围扩大,交换更加繁荣,并逐渐形成手工业和商业的集中地,集市逐渐发展成为城市。

古代城市中还有一部分是专门为统治阶级服务和防卫用的城堡。这是由于社会分工和剩余产品的产生,导致社会阶层分化和社会财富集中,为了保护统治者和富有者的利益与安全,需要设防城市。近代城市诞生于产业革命之后。第一、二、三次产业革命促使农村转为城市,城市化迅猛发展,城市数量、规模和人口迅速增加,第四次产业革命则促使城乡一体化、全球化，城市发展到了更高阶段。

2. 城市的特征

城市最大的特征就是集中和聚集，并在集中和聚集之后产生扩散和辐射效应。

（1）城市的聚集功能

城市聚集功能表现在：①城市是资源转换中心。城市庞大的生产体系加工着自然资源、原材料、知识和信息，并将其转换成各种产品、货物和信息知识产品。②城市是价值增值中心。在资源要素的转换过程中，城市创造出新价值，成为利润和价值增值中心。③城市是物资集散和流转中心。资源要素的转换要求城市必须进行资源要素的输入和产品货物的输出，成为物资分配的枢纽。④城市成为资金配置中心。一方面，城市的生产体系对资金产生强大需求。另一方面，随着实物流转和分配，同时进行着资金流转和分配。⑤城市是信息交换处理中心。由于重要的经济活动都在城市进行，因此，各种信息首先在城市产生、交换，然后进行扩散。⑥城市是人才集聚中心。城市的生产体系运作需要大量人才，同时，大量人才也被城市的活力和发挥环境所吸引。⑦城市是经济增长中心。综合以上各种活动，城市成为区域经济活动中心和区域经济增长中心。

（2）城市的扩散功能

城市扩散功能表现在：①扩张城市各种要素和产品市场的作用范围。②构筑更大空间的经济协作体系。③扩散城市的优势能力，如技术、资金、管理、观念及加工体系等，提高和带动周边区域经济发展水平，从而确立城市对周边地区发展的主导作用。

3. 城镇化的内涵

人们把由传统的乡村社会转变为现代先进的城市社会的过程称为城镇化（Urbanization）。具体说，城镇化就是农业人口转化为城市人口、农村地域转化为城市地域、农业活动转化为非农业活动，以及农村生活方式转化为城市生活方式与城市意识观念的过程。城镇化始于在英国，继而在发达国家和发展中国家相继铺开，成为世界范围内的一种普遍现象和历史趋势，当今的世界已进入城镇化高度发展的时代。

二、城镇化水平

1. 城镇化指标

城镇化水平是衡量一个国家社会经济进步状况的重要标志。城镇化水平测度方法有两种，即单一指标法和复合指标法。

单一指标法一般是选择对城镇化表征意义最强且便于统计的指标来描述城镇化达到的水平。常选择的指标有城镇常住人口比例、非农人口比例和城镇建设用地比例。

（1）城镇常住人口比例。指城镇常住人口占城镇总人口的比例。该指标反映了人口城镇化水平，能很好地反映人口城镇化的空间分布属性。我国统计年鉴中的城镇化水平就是使用该项指标。但由于城镇常住人口受行政区划、设市镇标准等因素影响很大，该指标也存在缺陷。我国城镇常住人口大多数包含城镇市区中从事非农业人口和一部分近郊区的农业人口。如果用城镇常住人口比例测度，一方面，城镇人口中可能包含部分农业人口，另一方面，又没有将从事非农产业的农村人口包含在内。因此，该指标在真实反映人口就业非农化的程度方面尚存一定瑕疵。

(2) 非农人口比例。指非农人口占城镇总人口的比例。该指标体现了人口在经济活动中的城乡结构关系，较准确地把握了城镇化的内在动因，反映了生产方式变革的广度和深度，与城镇常住人口指标相比更能反映城镇化的非空间属性。但由于广大农村地区居住着大量非农人口和兼业人口，导致非农人口的准确统计比较困难。同时，由于这部分非农人口仍居住在村庄，生活方式上也并没有完全呈现城市特征。

(3) 城镇建设用地比例。指城市建成区面积占城市区域总面积比重。该指标反映了土地城镇化水平，也是当前分析城镇土地节约集约利用程度的一项参考指标。

复合指标法则通常选用与城镇化有关的多种指标予以综合评价，以全面考察城镇化的进程水平，复合指标法可避免单一指标的不完整性。但该方法多在城市地域或具体国家地区的城镇化分析研究时使用，难以应用于实践，不易直观广泛地用于比较分析。

2. 半城镇化与市民化

半城镇化是我国户籍制度管制下的独有现象。半城镇化水平是指城镇非户籍常住人口与城镇总人口的比值。城镇非户籍常住人口不享受所居住城镇的教育、医疗、养老等各种社会保障。农村进城人口享受城镇户籍人口福利保障的过程即为人口市民化。2018年，全国城镇常住人口及城镇化水平分别为 83 137 万和 59.58%，其中非户籍城镇常住人口及占全国总人口比重分别为 22 619 万和 16.21%。也就是说，我国实质上享受全部城镇福利的人口占比仅为 43.37%，2 亿多农业流动人口无法市民化，无法真正享受城镇福利和城镇化红利。户籍制度改革和新型城镇化还任重道远。

三、城镇化动因

1. 聚集效益是城镇化本质诱因

历史长河中，城市形成原因极其复杂，可能源于宗教、军事、文化和矿产开采等诸多的因素。但城市不断扩张和发展，本质上源于城市的规模聚集效应，没有聚集效应，经济活动可采取分散的形式，而不必集聚为城市。聚集经济导致人口、资源在空间上聚集。对生产者而言，聚集经济的存在节约了生产成本，从而获得超额利润；对于消费者而言，聚集经济使同样的支出获得了更大效用，从而获得消费者剩余；对于中间产品与服务提供者而言，聚集经济的存在，使其产品与服务具备规模效益，得以生存和发展。

2. 工业化是城镇化的根本动因

工业化兴起，生产规模扩大，非农就业人口、资本、技术和生产资料需求加大，且向城市集中，由此不断推动城镇化的发展。反过来，城镇化又促进工业化进一步发展。在城市发展的后期，由于现代制造业对劳动力技术的严格要求，单纯依靠农村人口向城市的转移已经不能适应这一需要，工业选址偏好对城镇化的贡献已相当有限。在高度城镇化的国家中，工业向技术和资金高密集型产业转移，第三产业发展迅速，产业结构不断升级，城镇化以越来越快于工业化的速度发展，城镇化与工业化开始脱节，工业化对城镇化的拉动作用也由强变弱。

3. 信息化是城镇化的新动力

进入 21 世纪后，以信息和知识为基础的经济生产方式、传播方式、分配方式与使用方式,逐渐改变着世界历史的面貌,给人类社会带来了新的增长空间。信息化已经成为推动城市发展的新动力,具体表现在以下几个方面。

(1) 推动区域一体化发展。信息化将缩短交换与流通的时间和空间距离,使人与人之间、地区与地区之间、国与国之间的经济联系与文化交流日益方便、快捷、经济,推进全球和区域一体化发展。

(2) 推动城市空间分散与多中心化。随着信息业的发展,厂商和居民选址对时间和空间的依赖性降低,城市边缘区与中心区的聚集效应差距缩小,城市空间结构将趋于分散化和多中心化。

(3) 推动城镇向高质量发展。信息化也是推动智慧城市建设的重要推动力,共享单车、线上支付、打车软件的普及极大改善了人们的生活和出行方式,使城镇居民生活质量不断提升,公共服务领域的数字化政务发展,也提升了城市运行效率。

(4) 推动城乡融合。信息化为农村人口融入城市提供了更多机会和可能,促进城市和乡村进一步融合。例如,互联网的普及带动了非农就业和农村居民自主创业,同时也带动了观念的转变。

四、新型城镇化

1. 新型城镇化内涵

2012年我国提出新型城镇化的发展理念。其基本背景源于我国半城镇化人口的大量存在,人地城镇化快速扩张导致的城镇化发展呈现粗放模式。国际经验表明,当一个国家城镇化率达到50%～70%后,会经历一个由规模型向质量型转变的过程需要进入新型集约式城镇化发展阶段。该阶段不仅需要经济发展动能的转变,也将引发一系列的社会变革和社会治理问题。为此,我国2014年出台《国家新型城镇化规划(2014—2020)》,国家"十一五"规划又将新型城镇化上升至国家发展战略。

所谓新型城镇化就是实现从快速扩张型、土地财政型、GDP导向型和城市偏向型等外延式城镇化发展模式,向质量发展型、人口福祉型、绿色GDP导向型和城市反哺农村型等内涵式城镇化发展模式转变。新型城镇化的最终目标是实现城乡一体化。

2. 新型城镇化任务

户籍制度改革、城镇体系与城镇质量提升、集体土地流转制度改革和城乡融合发展是新型城镇化最为基础和关键的任务。

(1) 加快农业转移人口市民化,推进户籍制度改革。提高半城镇化人口的社会福祉,使未落户城镇的常住人口平等享有基本公共服务。

(2) 优化城镇化布局形态。推动城市群和都市圈健康发展,促进数量城镇化和质量城镇化的有机结合,构建大中小城市和小城镇协调发展的城镇化空间格局,支持特色小镇有序发展,引导人口流向,强化交通运输网络支撑。

(3) 推动城市高质量发展。全面推进城市国土空间规划编制,推进"多规合一",统筹优化城市空间规划、产业布局和人口分布,促进城市精明增长;通过"三区三线"管控,均衡生态环境保护与经济发展矛盾,提升城市可持续发展能力;提高城镇质量,实现产城融合和职住平衡,加强城市基础设施建设,改进城市公共资源配置;推动城市绿色发展,塑造城市生态风貌,推广生态修复;提升城镇品质魅力,建设宜业宜居、富有特色、充满活力的现代城市。

(4) 推进城乡融合发展。深化土地制度改革,切实推进城乡人地钱要素自由流动、深化"人地钱挂钩"等配套政策;合理配置公共资源,缩小城乡基本公共服务差距,提高城乡基础设施建管能力;重塑新型城乡关系,提高乡村经济与收入。

 专栏

我国人口城镇化与土地城镇化水平变化比较

2010—2016年间,我国城镇建设用地增长比例为24%,而城镇人口增长只有18%。其中,北京、天津、河北省、山西省、山东省和西藏地区城镇用地增长小于城镇人口增长,用地增长弹性指数在0.35~0.65之间。弹性指数最大的为吉林省、贵州省和黑龙江省弹性指数最大,弹性指数超过2.4,表明土地扩张快于人口扩张,如表10-1所示。

表10-1 2010—2016年我国城镇人口—建设用地变化及弹性指数

地区	城镇建设用地增长率	城镇人口增长率	用地增长弹性指数
全国	24.25%	18.39%	1.32
北京市	7.06%	11.48%	0.61
天津市	10.86%	25.29%	0.43
河北省	15.86%	24.42%	0.65
内蒙古自治区	24.05%	12.39%	1.94
山西省	12.85%	20.53%	0.63
上海市	7.05%	3.44%	2.05
江苏省	15.17%	13.63%	1.11
浙江省	12.49%	11.59%	1.08
山东省	13.71%	23.21%	0.59
安徽省	32.91%	25.72%	1.28
辽宁省	18.73%	8.55%	2.19
吉林省	15.63%	4.41%	3.54
黑龙江省	13.07%	5.41%	2.42
河南省	36.11%	27.67%	1.31
湖北省	39.30%	20.10%	1.95
湖南省	34.34%	26.51%	1.30
江西省	44.70%	24.00%	1.86
广东省	19.29%	10.15%	1.90
广西壮族自治区	30.90%	26.14%	1.18

（续表）

地区	城镇建设用地增长率	城镇人口增长率	用地增长弹性指数
海南省	21.92%	20.45%	1.07
福建省	27.36%	16.85%	1.62
重庆市	43.14%	24.75%	1.74
四川省	24.38%	25.79%	0.95
贵州省	87.95%	33.48%	2.63
云南省	33.58%	34.52%	0.97
西藏自治区	15.33%	43.75%	0.35
陕西省	32.74%	23.45%	1.40
甘肃省	39.32%	26.1%	1.51
青海省	40.77%	21.44%	1.90
宁夏回族自治区	41.36%	25.33%	1.63
新疆维吾尔自治区	43.61%	23.32%	1.87

第二节　城镇化数量演替规律

城镇化是一个复杂的空间形态变化和社会经济的发展过程，它不仅仅体现在农业人口转化为城市人口的过程中，还表现在多方面的变化过程与特征。一是城镇化总进程呈现 S 形变化曲线；二是城镇数目和大城市数目双增；三是城镇化类型呈先集中向心型发展后离心发散型发展的规律。

一、城镇化水平总进程

1. 总进程呈现"S"形变化

城镇化是一个过程，是生产力发展和生产方式变化引致的必然过程。这一过程在生产力发展和产业结构升级的原动力下通过聚集与分散效应的驱动表现出一定的规律。美国地理学家诺瑟姆把城镇化划分为三个阶段，并将非农人口增长的运动轨迹描述为"S"曲线。

第一阶段为城镇化初期，即前工业化阶段。以劳动密集型家庭小生产为主，城市人口增长缓慢，城镇化水平低于 20%～30%。

第二阶段为城镇化加速期，即工业化阶段。经济活动以企业化、集团化生产为主，工业活动集中性增强。城市人口比重加速增加并持续到 70% 时趋于平缓。工业化阶段还可细分为三个时期：早期，第一产业下降，工业产业上升，工业生产以劳动密集型为主；成熟期，工业技术日益成熟，工业生产由劳动密集向资本和技术密集型过渡；后期，第三产业上升势头强劲，超过工业产值。

第三阶段为城镇化后期,即后工业化阶段。城市人口比重保持平缓,在70%～80%之间。产业结构以第三产业为主,交通网络、信息网络大力发展,城市的主要功能逐渐由产品加工向信息处理和高层次服务过渡。

诺瑟姆的"S"曲线与罗斯托的"五阶段"关系如图10-1所示。

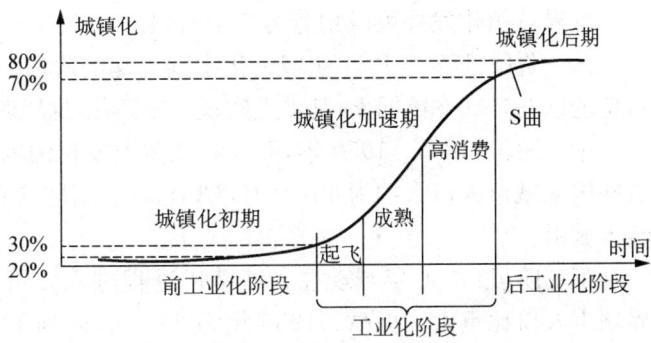

图 10-1 工业化与城镇化"S"曲线关系图

2. 世界城镇化进程

从英国工业革命揭开城镇化序幕至今,世界发达国家城镇化进程确实符合诺瑟姆"S"曲线变动规律,如图10-2和图10-3分别是日本与美国的城镇化进程图。

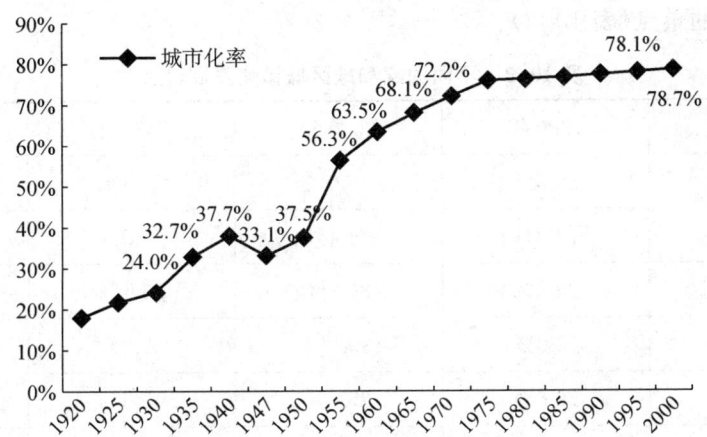

图 10-2 日本城镇化水平变化图

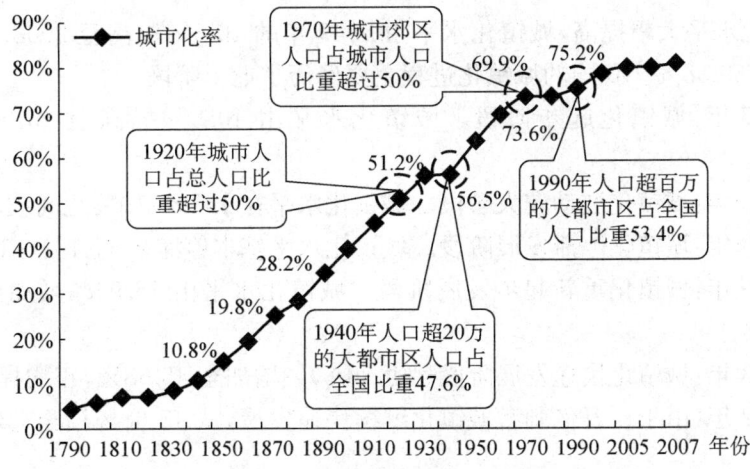

图 10-3 美国城镇化水平变化图

世界城镇化发展可以划分为3个阶段：

第一阶段：1760—1851年城镇化刚刚兴起的阶段。1850年，英国成为世界第一个城市人口超过总人口50%的国家，基本上实现了城镇化，这段时间从1760年算起，大约为100年。

第二阶段：1851—1950年，欧洲和北美洲发达国家也基本上实现了城镇化。在1850年，这些国家城市人口大约为4 000万，到1950年则增加到4.49亿，100年内大约有4亿多人口转入城市。

第三阶段：1950年到现在。城镇化进程进入转折阶段，全世界城镇化的呈现高潮。世界城市人口比重大大提高。1950年为28.4%，而到了1990年已上升到50%左右。主要工业国家都实现了高度的城镇化，同时又有一批国家进入城镇化加快发展的阶段。

日本城镇化率由33.1%（1949年）提高到68.1%（1965年），用了18年时间，年均提高1.64%；韩国城镇化率由20%（1960年）提高到56%（1981年）用了21年时间，年均提高1.71%；世界低收入国家平均城镇化水平由33%（1960年）提高到57%（1987年）用了27年的时间，年均提高0.89%。目前，全世界城镇化的水平以每年1%以上的速度递增，而且发展中国家成为增长的重点（表10-2）。

表10-2　不同国家和地区城镇化发展趋势

地区	1980年	2000年	2020年	年均增长率
全世界	39.6%	46.6%	57.4%	1.12%
发达国家和地区	70.2%	74.4%	77.2%	0.25%
发展中国家和地区	29.2%	39.3%	53.1%	2.0%
非洲	27.0%	39.0%	52.2%	2.3%
亚洲	26.6%	35.0%	49.3%	2.1%
拉丁美洲	65.4%	76.8%	83.0%	0.7%

3. 我国城镇化进程

我国城镇化水平大幅提高，城镇化水平由1949年的10.6%提高至2008年的45.68%，再到2018年的59.58%。我国的城镇化进程主要经历了七个阶段。

1949—1957年：城镇化起步阶段。城镇化水平由10.6%提高至15.4%，年均提高0.6%。

1958—1965年：城镇化波动较大阶段。城镇化水平在16%~19%之间波动。

1966—1978年：城镇化停滞发展阶段。城镇化水平基本停滞在17.1%~17.9%之间。

1979—1999年：城镇化重新起步发展阶段。城镇化水平由18.96%增加至30.89%，年均提高0.63%。

1999—2008年：城镇化快速发展阶段。由30.89%增加至45.68%，年均提高1.64%。

2008—2012年：由于4万亿刺激城镇化继续快速发展，从45.68%增至52.57%，年均提高1.72%。

2012—2018年：伴随经济下滑，城镇化增速减缓，由52.57%增加到59.58%，年均增速减至 1.17%。

二、城镇规模与数量规律

由于大城市的规模聚集效应,大城市相对小城市更具竞争优势。城镇化过程中,城镇数目与规模呈现显著"双增长"趋势。

(1) 世界城市规模与数量双增

根据联合国的统计结果显示,全世界百万人口城市数量从 1950 年的 76 个增长到了 2015 年的 513 个,预计到 2020 年将达到 579 个,是 1950 年的 7.6 倍。同时,百万以上人口规模城市人口占全部城市总人口的比例也在不断增加,从 1950 年(25.2%)到 2020 年(44.9%),增幅高达 19.7%。可见,世界城市的规模在不断扩大,数量不断增长,同时人口不断向大城市集中,如图 10-4 所示。

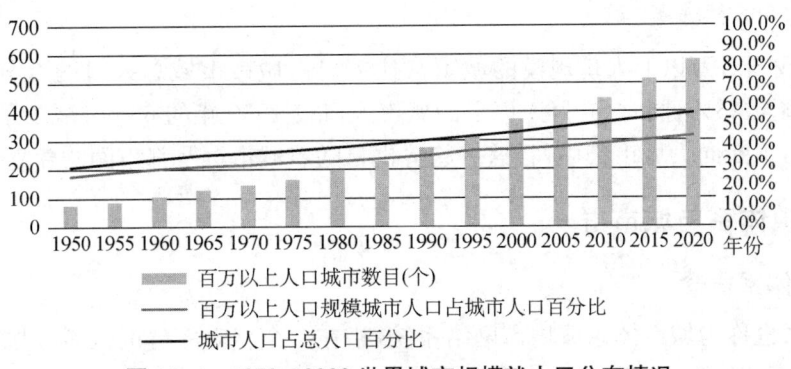

图 10-4　1950—2020 世界城市规模就人口分布情况

数据来源:联合国统计局网站:https://population.un.org/wup/Download/

(2) 我国城市规模与数量双增

从城市数量来看,1949—2007 年间,我国的城市数量由 69 个增长到 656 个,至 2016 年增至 698 个。不同时期《中国城市统计年鉴》对城市规模具有不同分类标准。具体如表 10-3 所示。

表 10-3　2000—2017 年城市规模分类标准

时期	小城市	中等城市	Ⅰ型大城市	特大城市	超大城市
2000 年	20 万以下	20 万以上 50 万以下	50 万以上 100 万以下	100 万以上 200 万以下	200 万以上
2007 年	50 万以下	50 万以上 100 万以下	100 万以上 200 万以下	200 万以上 400 万以下	400 万以上
2016 年	Ⅰ型小城市 20 万以上 50 万以下;Ⅱ型小城市 20 万以下	50 万以上 100 万以下	Ⅰ型大城市 300 万以上 500 万以下,Ⅱ型大城市 100 万以上 300 万以下	500 万以上 1 000 万以下	1 000 万以上

上述标准下,我国城市数量及规模变化详见表 10-4。可见,人口呈现向大型城市集中

的趋势显著。城市规模与城市数量呈现双增规律。

表 10-4　中国城市数目与规模发展状况比较表

城市级别	1949 年	1986 年	1994 年	2000 年	2007 年	2016 年
超大城市	—	8	10	13	13	12
特大城市	6	15	22	27	26	69
大城市	10	31	41	53	79	150
中等城市	19	95	177	218	342	301
小城市	34	204	372	352	195	166
镇	—	—	—	未统计	19 248	20 883

数据来源：历年《中国统计年鉴》

2016 年我国百万以上人口规模的城镇常住人口占城市市域总人口的百分比也较 1950 年的 23.4% 增至 48%，同时 50 万人以下的城市人口较 1950 年的 66.6% 减少了 34.3%，可见我国城市人口不断向大城市集中，且这一趋势也将随着城市群及都市圈的建立而不断加强。

三、城镇体系与城市群

1. 城镇体系概念

城镇体系也称为城市体系或城市网络系统，指在一个相对完整的区域或国家中，由不同职能分工、不同等级规模、联系密切、互相依存的城镇集合。它以一个区域内的城镇群体为研究对象。城镇体系具有所有"系统"的共同特征。

（1）整体性。城镇体系是由城镇、联系通道和联系流、联系区域等多个要素按一定规律组合而成的有机整体。其中某一个组成要素的变化，如某一城镇的兴起或衰落，某一条新交通线的开拓，某一区域资源开发环境的改善或恶化，都可能通过交互作用和反馈，"牵一发而动全身"，影响整个城镇体系。

（2）等级性或层次性。系统由逐级子系统组成。城镇体系的各组成要素按其作用大小可以分成多个等级序列，如全国性的城镇体系由大区级、省区级体系组成，再下面还有地区级或地方级的体系。这就要求制订某一级城镇体系规划时要考虑到上下级体系之间的衔接。

（3）动态性。城镇体系不仅作为状态而存在，也随着时间而发生阶段性变动。这就要求城镇体系规划要不断地修正、补充，以适应实际变化。

（4）开放性。指城镇体系本身及其所有城镇在其发挥功能的运行过程中，始终与外界保持密切的相互作用，呈现出不同层次的扩散特征和聚集特征。

从城镇体系的个性特征来看，它既不是简单的机械系统或自然系统，也不是严格的经济系统或政治系统，而是兼有自然、经济、政治和文化等多种层面的社会系统。社会系统的开放性特点，使城镇体系很容易受到来自外部的、难以预料的复杂影响。因此，就系统的变化状态而论，它有高度的不稳定性。城镇体系的布局，就是要打破自求平衡、自成体系、条块分割和互相封闭的传统体制,力图建成一体化的城镇体系,使城镇体系与外部环境之间以及体系内各城镇之间,形成协同发展的内在机制。

2. 城镇体系构成

完整的城镇体系包括四方面结构,即城镇体系的职能结构、等级规模结构、空间结构和社会经济网络结构。城市体系空间结构必须建立在职能结构、等级结构配置的基础上,并有利于社会经济网络结构的优化。

(1) 职能结构

城镇职能配置是指基于城镇职能构成的特点,结合区域社会经济发展环境与发展战略,确定城镇的性质、特色、地位、作用及发展方向。其实质是使体系中每个城镇具有明确合理的分工,使各自优势得到充分发挥,以取得最佳的整体效益。城镇职能结构类型有行政中心城市(首都、省会等)、交通枢纽城市(港口、铁路枢纽、公路枢纽等)、矿业城市(煤矿、石油等)、工业城市(钢铁、化工、轻工业等)、金融贸易中心城市及旅游城市等。

(2) 规模等级结构

城镇体系等级规模配置是指划分城镇级别并确定各级别的城镇数量及级配、各城镇的人口和用地规模等。城市的存在与发展取决于其作为一个中心对周围地区的吸引力和辐射力。吸引力和辐射力由于城市大小等级的不同而对城镇周围区域产生不同影响,并形成地域空间的等级规模特征。城镇规模和数量的配比状态取决于区域城镇化进程、分布及地域差异,并受职能结构发展条件制约。

城镇体系现状等级规模特征常常用首位度和四城市指数来反映。首位度最早由马克·杰斐森于1939年提出,它指最大城市人口与第二大城市人口之比。四城市指数指首位城市与余下三大城市人口之和的比。两指标数值越小,表明城镇体系内各等级差异越小。

从行政角度,我国城镇体系分为5级:首都—省会—地区中心或省辖市—县或县级市—建制镇。从规模角度,我国城镇体系分为4级:全国性中心城市(1 000万人口以上)—地区级中心城市(500万~1 000万人口)—区域性中心城市(100万~500万人口)—地方性中心城市(50万~100万人口)—小城市(20万~50万人口)—小城镇(0.1万~3万人口)。

城镇体系的规模系列和等级系列具有内在对应性,层次愈高(低),规模越大(小),数量越少(多),即符合克里斯塔勒的市场等级序列理论。1913年德国学者奥埃贝奇通过对美国及欧洲五国城市规模分布的分析后,也提出区域内的城市按人口规模呈由大到小、由少到多的序列分布法则,并有 $P_i R_i = K$。其中,R_i 为序列 i 的城市数;P_i 为序列 i 的城市人口;K 为常数,表示最大城市人口数。1939年,美国学者杰弗逊又提出一个截然不同的首位度法则,他分析了世界50个国家的资料,发现一个国家或区域的首位城市规模往往比其他城市规模大得多,多数国家的首位度在3以上。

(3) 空间结构

城镇体系空间结构指体系内各个城镇在空间的位置、联系及其组合状态,是地域经济结构、社会结构和自然环境条件在空间上的投影。城镇体系空间结构分析通常包括城镇分布密度、联结形式、城镇群分布形态特征等方面。城镇的空间分布形式有分散型、集中型、分散集中型和集中分散型。城镇体系空间结构配置中往往需要充分考虑城镇生长点、增长级、发展轴或发展走廊,并且加以不同层次、不同级别的限定。通常区域的交通网络结构,特别是交通主要干道分布对城镇体系的空间结构具有深远影响,并因此而形成以交通走廊为构架的空间分布格局。

(4) 城镇体系社会经济网络结构

城镇体系网络结构指城镇与城镇之间,城镇与区域之间所组成的各种有机的社会经济联系。城镇体系的网络组织依赖于体系内部各城镇之间的物质与非物质因素的联系以及体系之间的信息、能量和物质的交流。它包括以下几类:自然及交通联系网络、生产协作等经济联系网络、人口活动联系网络、技术联系网络、社会联系网络、信息联系网络、商品流通等服务联系网络和行政管理网络。

城镇体系社会经济网络结构规划是在前三项结构规划的基础上,对整个区域的社会经济等系统进行统一协调,是推动整个区域社会经济生态的协调发展的市场抓手,也是我国目前城市群一体化战略的最重要突破口。

3. 城市群(城市带)

1)城市群内涵

城市群又称城市带,指在特定地域范围内具有相当数量的不同性质、类型和等级规模的城市,依托一定的自然环境条件,以一个或两个超大或特大城市作为地区经济的核心,借助现代化的交通工具和综合运输网以及高度发达的信息网络,发展城市之间的联系,共同构成的一个相对完整的城市网络"集合体"。城市群是城镇化发展到成熟阶段的最高空间组织形式。大型城市群的发展往往成为国家级发展战略。

2)大城市群特征

世界级大都市群存在如下典型特征。

(1) 人口密集和规模性。人口通常高密度,规模至少在 2 500 万以上,城镇化率在 50%~70%以上。

(2) 核心性和世界性。通常集外贸门户功能、现代化工业职能、商业金融职能及文化先导职能于一身,具有世界级城市并在国家和世界经济交往中起枢纽作用。全带经济规模在 2 000 亿美元以上,占全国的 20%以上,中心城市经济占区域经济的 1/3(单个)到 50%(多个)以上,占全国经济的 10%以上。

(3) 多核性和有序性。由多个高人口密度的大都市核心或大都市区组成,具有不同的功能,至少有 1 个世界级城市以及 2 个以上的大都市圈。城市规模和功能形成梯度等级体系。

(4) 形态带状性。城市群大多沿交通轴线形成交通走廊,呈带状发展并连接到港口。

(5) 设施系统性。具有港口城市的航运交通系统及其综合交通体系,基本建成 3 小时大都市带交通圈。

(6) 用地连片性。城市和农田分界带越来越模糊,城市地域呈现连成一片的趋势。

城 市 群

1) 世界级城市群

20世纪50年代,法国地理学家简·戈特曼(Jean Gottmann)在对美国东北沿海城市密集地区进行研究时,提出了"城市带"的概念,认为城市群应以2 500万人口规模和每平方公里250人的人口密度为下限。按照简·戈特曼的标准,世界上有六大城市群达到此规模级别。

(1) 美国东北部大西洋沿岸城市群。该城市群从波士顿到华盛顿,包括波士顿、纽约、费城、巴尔的摩和华盛顿几个大城市,共40个城市(指10万人以上的城市)。该城市带长965公里,宽48到160公里,面积13.8万平方公里,占美国面积的1.5%。该区人口6500万,占美国总人口的20%,城镇化水平达到90%以上。是美国最大的生产基地和商贸中心,世界最大的国际金融中心。

(2) 北美五大湖城市群。该城市群分布于五大湖沿岸,从芝加哥向东到底特律、克利夫兰、匹兹堡,并一直延伸到加拿大的多伦多和蒙特利尔,集中了20多个人口达100多万以上的大都市。该城市群,是美国、加拿大工业化程度最高、城镇化水平最高的地区,与美国东北沿海城市群共同构成了北美的制造业带。

(3) 日本太平洋沿岸城市群,也称为东海道城市群,一般指从千叶向西,经过东京、横滨、静冈、名古屋,到京都、大阪和神户的范围。该城市群一般分为东京、大阪、名古屋三个城市圈。这个区域面积3.5万平方公里,占日本全国的6%。人口将近7 000万,占全国总人口的61%。

(4) 欧洲西北部城市群。这一超级城市带实际上由大巴黎地区城市群、莱茵—鲁尔城市群、荷兰—比利时城市群构成。主要城市有巴黎、阿姆斯特丹、鹿特丹、海牙、安特卫普、布鲁塞尔和科隆等。这个城市带10万人口以上的城市有40座,总面积14.5万平方公里,总人口4 600万。

(5) 英国以伦敦为核心的城市群。该城市带以伦敦—利物浦为轴线,包括大伦敦地区、伯明翰、谢菲尔德、利物浦和曼彻斯特等大城市,以及众多小城镇。这是产业革命后英国主要的生产基地。该城市带面积为4.5万平方公里,人口3 650万。是英国产业密集带和经济核心区。

(6) 中国以上海为中心的长江三角洲城市群。长三角城市群以上海作为中心城市,涵盖了江浙沪徽三省一市范围内的26个城市。截至2017年,长三角城市群人口已达1.5亿,城市群面积约21.2万平方公里,与其他世界级城市群相比,长三角人均地区生产总值、地均生产总值等反映效率和效益的指标仍存在明显差距,但自2018年长三角一体化发展上升为国家战略后,其在世界城市群中的竞争力也将逐渐提高。

2) 国家级城市群

2018年11月18日,中共中央、国务院发布的《关于建立更加有效的区域协调发展新机制的意见》明确指出,建立以中心城市引领城市群发展,城市群带动区域发展的新模式,推动区域板块之间融合互动发展。国家发改委发布的《2019年新型城镇化建设重点任务》也指出,坚持以中心城市引领城市群发展,增强中心城市辐射带动力,形成高质量发展的重要助推力。探索建立中心城市牵头的都市圈发展协调推进机制,加快推进都市圈交通基础设施一体化规划建设。

根据《中华人民共和国国民经济和社会发展第十三个五年规划纲要》,我国将建设京津冀城市群、长三角城市群、珠三角城市群、成渝城市群、长江中游城市群、中原城市群、哈长城市群、辽中南城市群、山东半岛城市群、海峡西岸城市群、北部湾城市群、呼包鄂榆城市群、山西中部城市群、关中平原城市群、宁夏沿黄城市群、兰西城市群、天山北坡城市群、滇中城市群、黔中城市群。最具代表性的三大城市群长三角城市群、京津冀城市群和粤港澳大湾区在十八大以来已上升为国家战略,其中粤港澳大湾区是由珠三角城市群加上香港和澳门组成的新城市群。如图10-5所示。

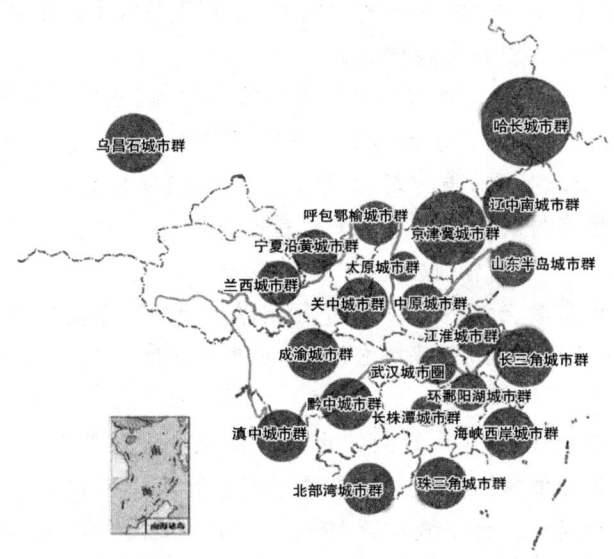

图 10-5 我国国家级城市群分布

(1) 京津冀城市群

京津冀城市群包括北京、天津两大直辖市,河北省的保定、唐山、廊坊、石家庄、秦皇岛、张家口、承德、沧州、衡水、邢台、邯郸、定州、辛集,以及河南省的安阳。其中北京、天津、保定、廊坊为中部核心功能区,京津保地区率先联动发展。城市群总面积40.28万平方公里,人口总数1.88亿人,2017年京津冀城市群地区生产总值11.46万亿元,占全国GDP总量的13.86%。从产业结构来看,2017年京津冀城市群三次产业结构比为4.2∶35.7∶60.1,第三产业占比首次突破60%。

京津冀城市群城市众多,但区域内发展差异比较明显,核心城市虹吸效应较强,两个特大型城市引领了本地区城市群的发展趋势。北京作为全国的政治中心、文化中心、国际交往中心和科技创新中心,在人口规模、城镇化水平、经济发展还是信息技术都要显著高于周围地区。党的十八大以来,党中央作出关于建设北京城市副中心、建设雄安新区,与首都北京形成"一核两翼"战略格局,继而带动建设京津冀世界级城市群的一系列重要部署,为疏解北京非首都功能、京津冀地区协同发展指明了方向。

(2) 长三角城市群

长江三角洲地区是以上海为龙头、由浙江(杭州、宁波、湖州、嘉兴、绍兴、台州、舟山和金华八市)和江苏(南京、无锡、常州、苏州、南通、盐城、扬州、镇江和泰州九市)安徽(合肥、芜湖、马鞍山、铜陵、安庆、滁州、池州和宣城八市)三省26个城市所组成的城市带,国土面积21.17万平方公里,总人口1.5亿人。如图10-6所示。

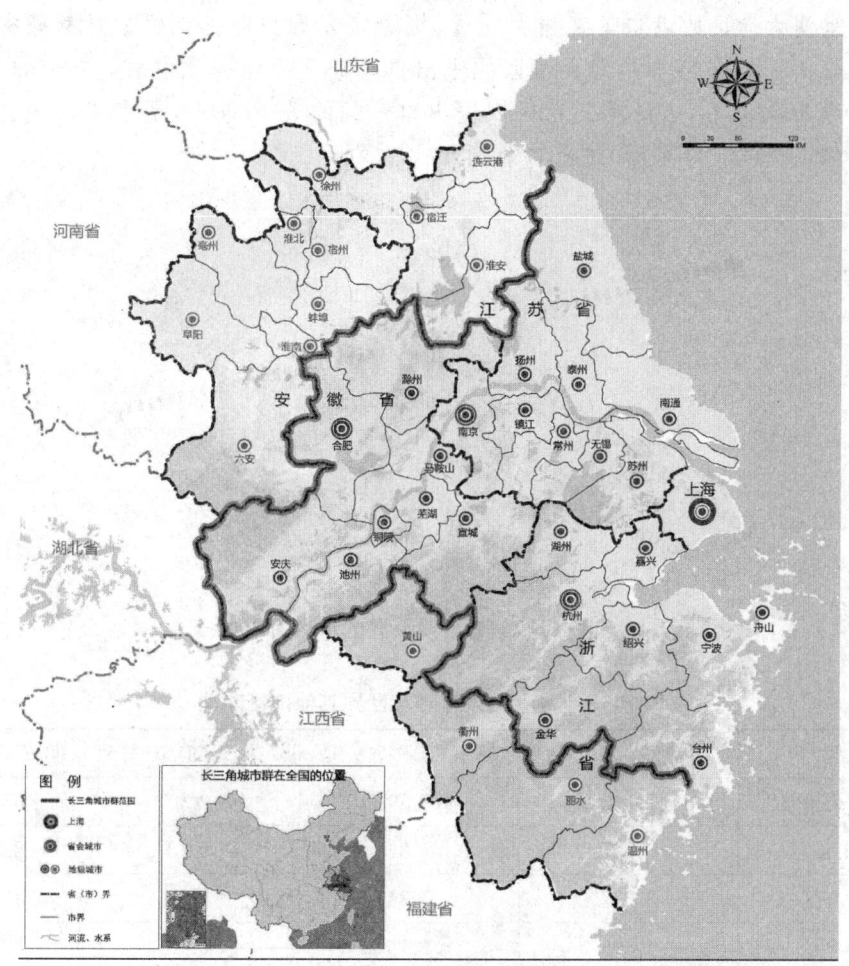

图10-6 长三角城市群范围

长江三角洲地区历来是我国经济最发达的地区之一。在这块占全国土地面积2.1%的地方,容纳了我国10.7%的人口。2017年,长三角城市群26个城市实现地区生产总值超过16万亿元,达到16.52万亿元,占全国比重20.13%。其中,上海首次突破3万亿元,无锡首次突破万亿,"万亿俱乐部"城市达到5个,占全国"万亿俱乐部"城市数量近30%。从三产占比来看,长三角城市中,有9个城市第三产业占比超过了50%,有3个城市的三产占比超过了60%,分别是直辖市上海和两座副省级省会城市杭州和南京。

这三座城市教育、医疗、交通等公共资源好,中心性更强,辐射和带动周边的能力强。

未来长三角城市群将定位于打造成面向全球、辐射亚太、引领全国的世界级城市群,也将是中国第一个世界级城市群。

(3) 粤港澳大湾区

粤港澳大湾区,由香港、澳门两个特别行政区和广东省广州、深圳、珠海、佛山、惠州、东莞、中山、江门和肇庆(珠三角)九个地市组成(图10-7)。总面积5.6万平方公里。2018年末,该区总人口已超过7 000万人,经济总量6万亿元,占广东省的75%和全国12%。粤港澳大湾区的港口集装箱吞吐量、机场旅客量和进出口贸易总额等在全球湾区中独占鳌头。2016年粤港澳大湾区的进出口总额9万亿美元左右,占全国(含港澳)进出口总额40%左右,占泛珠三角区域进出口总额的80%以上,是京津冀地区进出口总额的4倍,占全国(含港澳)进出口总额40%左右。

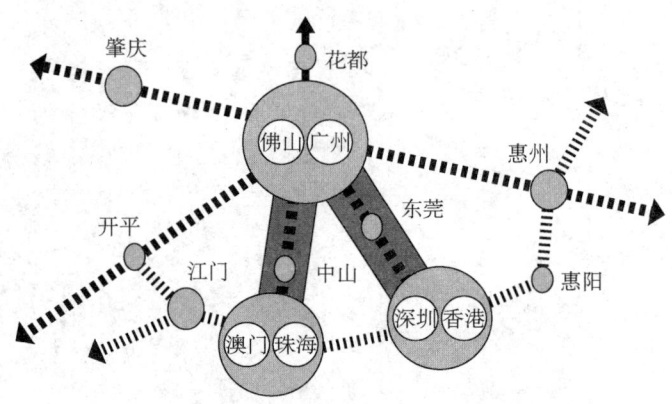

图 10-7 粤港澳大湾区示意图

表 10-5 粤港澳大湾区与世界其他湾区对比

湾区	人口/万人	面积/万平方公里	人均GDP/万美元	第三产业比重
粤港澳大湾区	7 112	5.59	2.30	65.6%
旧金山湾区	777	1.8	10.78	82.8%
东京湾区	3 597	1.34	3.72	89.4%
纽约湾区	4 396	2.15	8.46	82.3%

数据来源:东京湾区人口、面积、人均GDP引自日本总务省2017年发布的《基于居民基本台账的人口、人口动态及户数统计报告》;其他数据源自中国国际贸易促进委员,截止日期2017年末。

3) 东京都市圈

日本由北海道、本州、四国和九州四个大岛及7 200多个小岛组成,总面积37.8万平方千米,总人口约1.26亿。人口主要分布于六大城市,分别是东京、横滨、名古屋、大阪、神户和京都,分属于东京圈、大阪圈和名古屋圈。其中,东京都市圈总面积1.34万平方公里,占全国面积的3.5%;人口则多达3 597多万人,占全国人口的三分之一以上;GDP更是占到日本全国的一半。如图10-8所示。

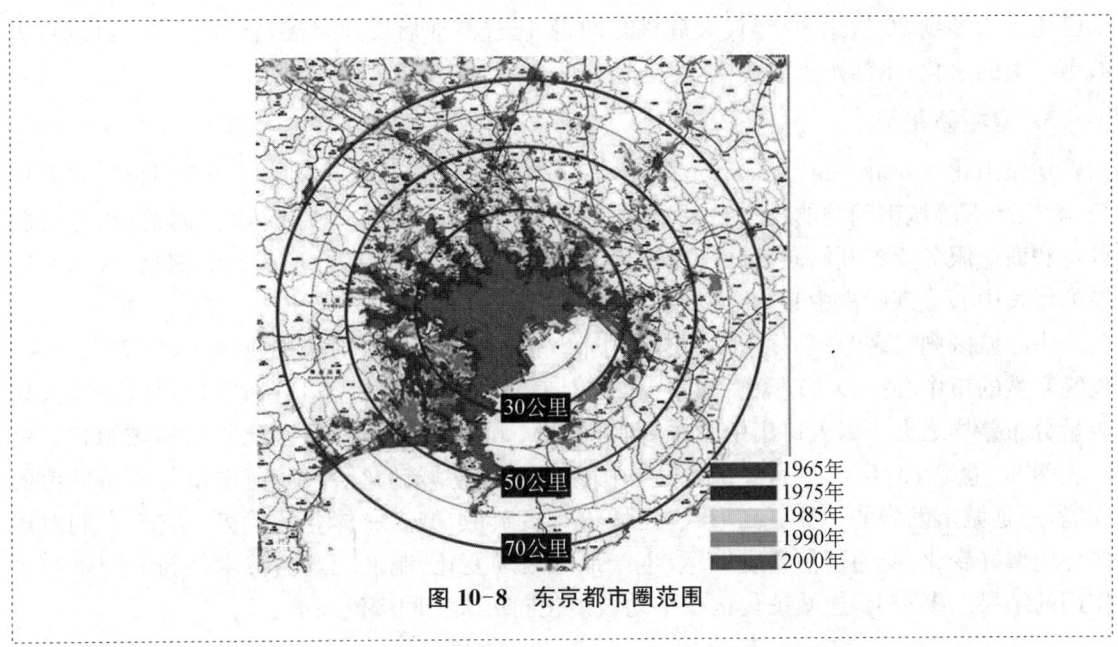

图 10-8 东京都市圈范围

第三节 城镇化空间演替规律与用地发展

根据城镇化的空间发展特点,基于独立城市视角,将城镇化空间发展分为向心型城镇化和离心型城镇化两种方式。进一步根据城镇化发展阶段特点,可细分为集中型城镇化、郊区化、逆城镇化和再城镇化四种类型,并呈现着由集中型依次向郊区化、逆城镇化、再城镇化顺次转变的过程。这一过程亦是城镇化发展由低级到高级的四类型演变过程。基于区域整体发展视角,城镇化空间发展的最高阶段是城市群和都市圈。

伴随着城镇化的空间演替进程,城镇土地开发利用也呈现相应的特征和模式。

1. 集中型城镇化

集中型城镇化(centralized urbanization),指人口、产业、资金、企业和机构等要素向城市聚集的过程。集中型城镇化出现在城镇化初始阶段和城镇化加速阶段。城市的政治、经济、文化和娱乐等功能不断增强,城市活动烈度增强,城市土地利用密度升高,开发向立体发展,促进形成中央商务区。

2. 郊区化

郊区化(sub-urbanization),指城市土地不断向郊区扩张的过程。由于城市要素不断聚集,城市规模膨胀,城市环境恶化,城市出现用地紧缺、住房紧张、基础设施供不应求及环境恶化等城市病,一些机关、研究机构、需要安静的部门、高收入群体等开始到郊区寻求环境良好的场所,如研究院、大学、精神病院和传染病院等;一些不具支付城市中心高地价能力和需要空间扩张的工厂开始分散外迁,如大型工业企业、自来水厂等;一些有灾害和污染的产业也要离开市区,如煤气厂、垃圾处理厂等。城市土地开始向外迅速扩展,此所谓城镇郊区化。

郊区化可追溯到20世纪30年代大危机时期,各国经济战后飞速发展,特别是50年代后,大城市环境的恶化,生活水平的提高,交通通信的发展,使得郊区化现象加剧。

3. 逆城镇化

逆城镇化(counter-urbanization)又称广域城镇化。城镇化后期由于交通拥挤、犯罪增长、污染严重等城市问题的压力日见增大,郊区化现象更加严重,城市人口、制造业、办公服务业和商业服务业等开始向郊区小城镇流动,或在区位较好的地方形成新的聚集,成为城市新的增长中心或郊区次中心,并逐步形成城市多极中心状态。

中心城区则出现"空心化",人口数量下降,就业岗位不足,国家税收减少,白天人流大,夜晚空城的市中心空心化现象。如图10-9为美国曼哈顿昼夜人口分布图,可见,昼夜人口数量分布差异之大。以人口集中为主要特征的城镇化由此发生逆转,此所谓逆城镇化。资料表明20世纪70年代以后,经济发达的国家正步入逆城镇化阶段。逆城镇化不是城市的衰退,而是城市发展的一种更高形式,是城市有机疏散,城乡一体化的趋势。它是人们对居住环境偏好变化、交通通信高度发达、生产地理格局变化、制度变迁与技术创新等因素综合作用的结果。事实上,逆城镇化正在推动城镇化向更大空间广泛发展。

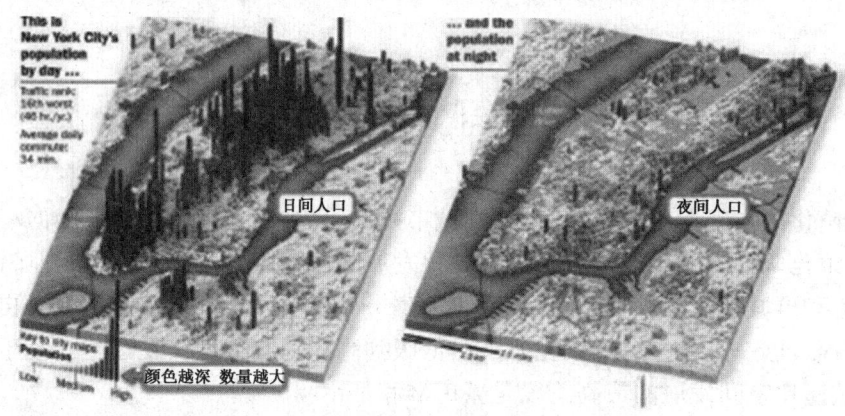

图10-9 曼哈顿昼夜人口数量分布图

卫星城发展就是逆城镇化的一种典型模式。1919年英国规划师韦林在规划第二个田园城市时第一次使用了"卫星城"名称。其核心宗旨是希望通过在中心城市周围发展卫星城,将中心城市的一些经济职能转移,以此控制中心城市人口规模的增长。该理论认为,城市发展超过一定规模,其效率就会下降,显露出各种弊端。中心城市应保持一定规模,通过新建卫星城分散主城人口和产业。所谓卫星城指在距中心城市一定距离之处分布着的多个城镇,它们像卫星一样围绕母城,故称卫星城。卫星城与母城被广袤的田野分隔开,且有绿色植物带环绕城外。每个卫星城都有自己的中心、服务机构和生产活动,这里的居民只需在城内往返便可。卫星城亦是我们现今规划所指的新城。卫星城或新城的最佳规模从2.5万人到25万人不等,从当前实践看,这个规模呈上升趋势,如上海新城甚至达百万人口能级。

世界卫星城发展经历了四代历程。第一代为卧城(1912年),即人口居住在卫星城,就业在主城,通勤成本高,卫星城分散或截流人口的效果不佳。第二代为半卧城(1918年),即卫星城开始有产业聚集,能够消化部分就业,但就业和居住仍然不均衡。第三代为半独立卫星城(1960年),即卫星城达到一定的人口和产业聚集,基本具备城市功能,但对主城的依赖很大。第四代为独立卫星城(1980年),卫星城已具规模,与主城保持相对独立,真正起到截流和控制母城人口规模、承担母城的一些经济职能(特别是工业职能,如污染工业等)以及改善居民生活生产条件的作用。整个城市地域结构呈现多中心开敞式。

4. 再城镇化

20世纪80年代以来,因为一些年轻专业工作者向往城市生活,老年家庭希望接近便利的公共设施和社会保障,他们开始回流。特别是为了解决市中心人口空洞化,政府实施城市复兴计划,人口回流已在一些发达城市出现,此所谓再城镇化(Re-urbanization)。它是城镇化的最高阶段,如英国大伦敦的人口在连续30多年下降后,于1985年起开始微弱增长。

思 考 题

1. 何谓城镇化?何谓新型城镇化的具体表征?如何测度城镇化水平?
2. 简述城镇化的动因。
3. 城镇化类型有哪些?
4. 简述城镇化的用地数量和城市数目演变规律。
5. 阐述城镇化空间演变规律并说明其对土地发展的影响规律。
6. 何谓城镇化体系?城镇四大结构体系具体指什么?
7. 简述工业用地、住宅用地、办公用地和商业用地郊区化表现及其原因。
8. 卫星城的发展经历哪几个阶段?简述大都市新城建设的意义。
9. 何谓城市群,它有哪些基本特征?
10. 就你所在城市,分析其所至区域城镇体系状况及该城市在城市群中的地位。

第十一章 产业结构与土地利用

> 产业结构理论是区域经济学的核心理论。土地利用结构受产业结构的影响直接且显著。某种意义上,土地利用结构是产业结构在空间上的投影。
>
> 本章重点掌握产业结构划分方法、产业结构演替规律、土地利用类型划分,产业结构与土地利用结构关联规律、土地利用结构变动的基本规律;熟悉产业结构与经济增长之间的关系;了解不同学科不同阶段的土地利用类型划分标准差异。

第一节 产业结构及其变动规律

一、产业结构划分

产业结构是指生产要素及其生产活动结果在各产业部门之间的分配比例及其相互关系。国民经济的产业结构划分可从不同角度进行,并因此体现了对产业结构的多层面理解和对产业特征的多角度认识。常使用的分类方法有:三次产业分类法、国际标准产业分类法、资源密集度分类法、两大部类分类法、重要性程度分类法及农轻重分类法等。

1. 三次产业分类法

英国经济学家费希尔(A. G. B. Frisher)在 1935 年提出三次产业概念,将全部经济产业分成三大产业,即第一、第二、第三产业。

1940 年,英国经济学家科林·克拉克(Colin Grant Clark)在《经济发展的条件》一书中,对三次产业做了详细的划分,并进一步指出在收入差异作用下劳动力由低级向高级产业次第转移的规律,从而开创了产业结构理论。

随后英国学者范登堡和美国经济学家库兹涅茨提出了社会经济发展和生产结构演变的理论,从而使三次产业的划分流行于国际,成为国际通用产业划分标准。三次产业分类法是根据社会生产活动历史发展的顺序对产业结构进行划分,它的逐渐产生本身就是经济发展进程的标志。

第一产业指对自然资源进行采集和初步加工的部门,第二产业指对第一产业部门产品进行加工的部门,第三产业指为生产和消费提供各种服务的部门。

对于第三产业,西方具有代表性的四分法如下。

(1) 流通性服务业：作为商品流通和增加能源利用的辅助性服务业，包括交通运输业、通信业、商业和进出口贸易；

(2) 消费性服务业：以最终消费者为对象的直接消费支出的服务业，包括餐饮业、旅馆业、娱乐业和其他私人服务（如理发、修理、洗衣）等；

(3) 生产性服务业：又称"中间投入服务业"，是为生产、商务活动和政府管理提供非直接面向消费者的服务，包括金融保险业、信息服务业、现代物流业、房地产业和商务服务业（企业研发中心、管理中心、采购服务及数据结算等）等；

(4) 社会性服务业：政府机构或非盈利组织向社会提供的各类服务，具有非流通性和非盈利性的显著特点，主要包括政府提供的各类行政服务项目以及科教、健康、福利、国防和司法等行业。

2. 国际标准产业分类

为了统一国民经济统计口径，联合国于1971年颁布《全部经济活动的国际标准产业分类索引》，简称"国际标准产业分类"(ISIC)，把"全部经济活动"分为十个大项，下分若干中项，中项下又分若干小项，小项又分为细项，形成大、中、小、细四个层次，并对各项都规定了统计编码。其中十个大项是：①农业、狩猎业、林业和渔业；②矿石和采石业；③制造业；④电力、煤气、供水业；⑤建筑业；⑥批发与零售业、餐馆与旅店业；⑦运输业、仓储业和邮电业；⑧金融业、不动产业、保险业和商业性服务业；⑨社会团体、社会及个人的服务；⑩不能分类的其他活动。

目前通行的是1988年的第三次修订本。这套《国际标准产业分类》划分出A～Q共17个部门，包括99个行业类别。17个部门为：A. 农业、狩猎业和林业；B. 渔业；C. 采矿及采石；D. 制造业；E. 电、煤气和水的供应；F. 建筑业；G. 批发和零售、修理业；H. 旅馆和餐馆；I. 运输、仓储和通信；J. 金融中介；K. 房地产、租赁业；L. 公共管理和国防；M. 教育；N. 保健和社会工作；O. 社会和个人的服务；P. 家庭雇工；Q. 境外组织和机构。

对照三次产业划分理论，"国际标准产业分类"中，第一大项（或A～B）为第一产业，第二至第五大项（或C～F）为第二产业，第六至第十大项（或G～Q）为第三产业。因此，该方法与三次产业分类法是相对应的。

3. 中国产业分类

为与国际接轨，1984年12月1日我国第一次公布了《国民经济行业分类与代码》，后又分别于1994年、2002年、2008年、2011年进行了多次调整和修订，2017年颁布了最新版《国民经济行业分类与代码》(GB/T 4754—2017)。新版及时、准确地反映我国经济新常态和产业结构转型升级涌现出来的新产业、新业态、新商业模式，监测经济增长动力转换进程，反映"中国制造2025"战略和国家"互联网＋"行动计划实施情况，为提供更好的统计信息服务奠定了标准基础，并为派生产业分类提供了可操作的基础行业分类。

新版行业分类有20个门类、97个大类、473个中类、1 380个小类。与2011年版比较，门类没有变化，大类增加了1个，中类增加了41个，小类增加了286个。20个大类包括：A. 农、林、牧、渔业；B. 采矿业；C. 制造业；D. 电力、热力、燃气及水生产和供应业；E. 建筑业；F. 批发和零售业；G. 交通运输、仓储和邮政业；H. 住宿和餐饮业；I. 信息传输、软件和信息技术服务业；J. 金融业；K. 房地产业；L. 租赁和商务服务业；M. 科学研究和技术服务业；N. 水利、环境和公共设施管理业；O. 居民服务、修理和其他服务业；P. 教育；Q. 卫生和社会工作；R. 文化、体育和娱乐业；S. 公共管理、社会保障和社会组织；T. 国际组织。

房地产业为第三产业，其内涵不断变化。1984年颁布的《国民经济行业分类与代码》将房地产管理业列入第七类，具体指：①住宅、土地的管理和经营单位；②房地产开发公司及房管所兼营的零星维修。为与国际接轨，1985年5月发布的《国务院办公厅转发国家统计局关于建设第三产业的报告》中提出了房地产业，并将其列入第三产业第二层次。而后，鉴于房地产业17年来的迅猛发展，2002年颁布的《国民经济行业分类与代码》将房地产业分为4个大类部分，包括房地产开发经营、物业管理、房地产中介服务和其他。2017年颁布的《国民经济行业分类与代码》将房地产行业分为5个大类，包括房地产开发经营、物业管理、房地产中介服务、房地产租赁经营和其他。其中，房地产开发经营指房地产开发企业进行的房屋、基础设施建设等开发，以及转让房地产开发项目或者销售房屋等活动；物业管理指物业服务企业按照合同约定，对房屋及配套的设施设备和相关场地进行维修、养护、管理，维护环境卫生和相关秩序的活动；房地产中介服务指房地产咨询、房地产价格评估、房地产经纪等活动；房地产租赁经营指各类单位和居民住户的营利性房地产租赁活动，以及房地产管理部门和企事业单位、机关提供的非营利性租赁服务，包括体育场地租赁服务。

4. 要素密集度分类法

该分类法按照各产业所投入的占主要地位资源的不同为标准进行划分。根据劳动力、资本和技术三种生产要素在各产业中的相对密集度，把产业划分为劳动密集型、资本密集型和技术密集型产业。

（1）劳动密集型产业。指生产主要使用大量劳动力，对技术和设备的依赖程度低的产业。其衡量标准是在生产成本中工资占比高于研究开发支出和设备折旧占比。一般来说，劳动密集型产业主要指农业、林业及纺织、服装、玩具、皮革和家具等制造业。随着技术进步和新工艺设备的应用，发达国家劳动密集型产业的技术、资本密集度也在提高，并逐步从劳动密集型产业中分化出去。例如，食品业在发达国家已被划入资本密集型产业。

（2）资本密集型产业。指在单位产品成本中，资本成本占比高于劳动成本占比，每个劳动者所占用的固定资本和流动资本金额较高的产业。当前，资本密集型产业主要指钢铁业、一般电子与通信设备制造业、运输设备制造业、石油化工、重型机械工业和电力工业等。资本密集型工业主要分布在基础工业和重加工业，一般被看作是发展国民经济、实现工业化的重要基础。

（3）技术密集型产业。指在生产过程中，对技术和智力要素依赖大大超过对其他生产要素依赖的产业。目前技术密集型产业包括：微电子与信息产品制造业、航空航天工业、原子能工业、现代制药工业和新材料工业等。

当前以微电子、信息产品制造业为代表的技术密集型产业正迅猛发展，成为带动发达国家经济增长的主导产业。因此可以说，技术密集型产业的发展水平将决定一个国家的竞争力和经济增长前景。

5. 两大部类分类法

该分类法按生产活动性质及产品属性对产业进行分类,把产业部门分为物质资料生产部门和非物质资料生产部门两大领域,前者指从事物质资料生产并创造物质产品的部门,包括农业、工业、建筑业、运输邮电业和商业等;后者指不从事物质资料生产而只提供非物质性服务的部门,包括科学、文化、教育、卫生、金融、保险和咨询等。

6. 按重要性程度划分

按重要性程度可以将产业划分为主导产业、基础产业、专业化部门和非专业化部门等。主导产业又称支柱产业、爆剂产业、带头产业,是在一国或区域产业结构中需求收入弹性较高、产业关联度大、可以带动其他产业的先导性产业。对地区产业发展程度的衡量可以用区位商来量化。区位商指当地某行业劳动力所占比例与上一级区域该行业劳动力所占比例的比值。产业区位商>1,称专业化部门;区位商>2,通常为主导产业;区位商<1,为非专业化部门,即进行辅助生产、劳动力平衡、维修和材料综合使用等的部门。

决定支柱产业选择的依据主要有产业现状、技术状况、资金状况和资源状况等。不同地区、不同发展阶段主导产业的确定不同。例如,上海"九五"规划将家用电器、通信设备、石化、钢铁、汽车和成套设备作为六大支柱产业。"十五"规划则提出加快构筑新型产业体系,大力发展附加值高、关联带动大的信息、金融、商贸、汽车、成套设备和房地产六大支柱产业;积极培育生物医药、新材料、环境保护和现代物流四大新兴产业;优化发展石化、钢铁两大基础产业;鼓励发展都市型产业;严格限制高能耗和有污染的产业,不断提高上海产业的能级和水平。"十一五"规划提出继续坚持"三、二、一"产业发展方针,按照逐步形成以服务经济为主的产业结构的总体要求,优先发展先进服务业和先进制造业,其中,重点发展金融、物流、文化及相关产业。"十二五"规划则提出推动三二一产业融合发展,大力推进产业结构战略性调整,优化产业布局,加快构建以现代服务业为主、战略性新兴产业引领、先进制造业支撑的新型产业体系。"十三五"规划结合新时代发展特征提出新的产业发展方向:按照高端化、智能化、绿色化、服务化要求,不断完善以现代服务业为主、战略性新兴产业引领、先进制造业支撑的新型产业体系。

此外,还有其他不同角度的划分,例如:按照发展前景,产业可划分为夕阳产业和朝阳产业;按照生产目的,产业划分为农业、轻工业、重工业三大部门产业等。

二、产业结构演替规律

产业结构演替规律有多种表述,但基本规律表现为:产业结构高度化规律、产业结构扩散化规律和产业结构发展物耗趋低化规律。产业结构高度化,指区域产业结构在经济发展的历史和逻辑序列顺向演进过程中所达到的阶段和层次。产业结构高度化规律可从以下三方面阐述。

1. 要素利用角度

产业结构由以劳动密集型产业为重心,逐步转向以资本密集型产业为重心,再转向以知识技术密集型产业为重心的方向发展。自1880年开始,这种结构变动就在英国、德国、美国及日本等国家展开。从生产要素密集程度看,产业变动规律表现为:一次产业革命前,产业主要以劳动密集型为主；以英国蒸汽机发明为标志的一次产业革命和以德国钢、电、汽车产业发展为标志的二次产业革命以后，产业发展方向以资本密集型为主，工业发展为工业1.0和工业2.0；以美国电子、空间技术发展为标志的三次产业革命及信息产业发展为标志的四次产业革命后，产业发展方向为技术和知识密集型，工业进入工业3.0和工业4.0阶段。

2. 三次产业分类角度

1) 配第-克拉克定律

配第-克拉克定律是经济发展过程中产业结构变化的经验性学说。早在1691年，西方经济学家威廉·配第就已经发现，随着经济的不断发展，产业中心将逐渐由有形的财物的生产转向无形的服务性生产。威廉·配第根据当时英国的实际情况明确指出，工业往往比农业利润大、商业往往比工业利润大。因此劳动力必然由农转工，而后再由工转商。

配第的这一发现一直没被重视。直到1940年，英国经济学家科林·克拉克在威廉·配第的关于收入与劳动力流动之间关系学说的成果上，计量和比较了不同收入水平下，就业人口在三次产业中的分布结构和变动规律。故后人把克拉克的发现称为配第-克拉克定律。该定律主要内容为：不同产业间相对收入的差异，会促使劳动力向能够获得更高收入的部门移动，随着人均国民收入水平的提高，劳动力首先由第一次产业向第二次产业移动；当人均国民收入水平进一步提高时，劳动力便向第三次产业移动。结果，劳动力在产业间的分布呈现出第一次产业人数减少、第二次和第三次产业人数增加的格局。配第-克拉克定律揭示了经济发展中劳动力在三次产业中分布结构的演变规律，指出劳动力分布结构变化的动因是产业之间相对收入的差异。

2) 库兹涅兹产业法则

在克拉克研究基础上，被誉为"GNP之父"的美国经济学家西蒙·库兹涅茨（Simon kuznets）进一步收集和整理了欧美主要国家长期统计数据，在其著作《国民收入及其构成》中阐述了国民收入与产业结构间的重要联系。他根据10多个国家国民收入和劳动力在产业间分布结构的大量统计数据，从时间系列分析和横断面分析中得出如下结论。

（1）农业部门实现的国民收入比重和劳动力在全部劳动力中的比重都处在不断下降之中，且农业国民收入比重下降的程度超过劳动力比重下降的程度。农业部门国民收入在大多数国家都低于工业部门和服务部门，劳动力则大于其他部门。因此，大多数国家农业劳动力减少的趋势仍不会停止。

（2）工业部门国民收入比重呈上升趋势，而劳动力的相对比重则大体不变。

（3）服务部门劳动力和国民收入比重几乎在所有国家中都是上升的，其中工业化前期和中期的劳动力比重上升速度快于国民收入比重上升速度。

综合上述两个理论，三次产业结构演替规律可简单表述为：随着经济发展，第一次产业国民收入和劳动力的相对比重逐渐下降；第二次产业国民收入和劳动力的相对比重上升；第三次产业国民收入和劳动力的相对比重也逐渐上升。

3. 产业内部角度

1) 第一产业内部演变

产业结构从技术水平低下的粗放型农业向技术要求较高的集约型农业，再向生物、生态等技术含量高的绿色农业和生态农业发展。

2) 第二产业内部演变

第二产业变化过程就是工业化的演变过程。根据四大产业革命历程，工业发展可分为四个阶段。

(1) 第一次工业革命蒸汽机革命——工业1.0

18世纪英国发起的技术革命是技术发展史上的一次巨大革命，它开创了以机器代替手工工具的时代。这不仅是一次技术改革，更是一场深刻的社会变革。这场革命以蒸汽机作为动力机被广泛使用为标志。从生产技术方面来说，工业革命用工厂制代替了手工工场，用机器代替了手工劳动，工业发展趋向机器化、模块化。

(2) 第二次工业革命电气革命——工业2.0

19世纪最后30年和20世纪初，科学技术的进步和工业生产的高涨，被称为近代历史上的第二次工业革命。我们由"蒸汽时代"进入"电气时代"。在这一时期里，一些发达资本主义国家的工业总产值超过了农业总产值；工业重心由轻纺工业转为重工业，出现了电气、化学、石油等新兴工业部门。由于19世纪70年代以后发电机、电动机相继发明，远距离输电技术的出现，电气工业迅速发展起来，电力在生产和生活中得到广泛应用，为流水线生产和自动化生产提供了技术支持和能源保障。

(3) 第三次工业革命信息革命——工业3.0

第三次科技革命是人类文明史上继蒸汽技术革命和电力技术革命之后科技领域里的又一次重大飞跃。它以原子能、电子计算机、空间技术和生物工程的发明和应用为主要标志，涉及信息技术、新能源技术、新材料技术、生物技术、空间技术和海洋技术等诸多领域的信息控制技术革命。这次科技革命将信息化技术引入工业生产和发展当中，而且还极大地推动了人类社会经济、政治、文化领域的变革，影响了人类生活方式和思维方式，使人类社会生活和人的现代化向更高境界发展。

(4) 第四次工业革命智能制造革命——工业4.0

被称为第四次工业革命的工业4.0战略于2011年诞生于德国，是德国联邦教研部与联邦经济技术部在2013年汉诺威工业博览会上提出的概念，于2013年被德国政府纳入国家战略。其内容是指将互联网、大数据、云计算及物联网等新技术与工业生产相结合，最终实现工厂智能化生产，让工厂直接与消费需求对接，表现出数据化、网络化和智能化特征。

《中国制造2025》提出十大重点突破领域：新一代信息技术产业、高档数控机床和机器人、航空航天装备、海洋工程装备及高技术船舶、先进轨道交通装备、节能与新能源汽车、电力装备、农机装备、新材料和生物医药及高性能医疗器械等。提出加快行业生产设备的智能化改造，提高精准制造、敏捷制造能力；统筹布局和推动智能交通工具、智能工程机械、服务机器人、智能家电、智能照明电器和可穿戴设备等产品研发和产业化；发展基于互联网的个性化定制、众包设计、云制造等新型制造模式，推动形成基于消费需求动态感知的研发、制造和产业组织方式，积极发展服务型制造和生产性服务业，等等。

3) 第三产业内部演变

第三产业内部主导产业沿着传统服务业→现代服务业→信息产业→知识产业的方向演

变。传统服务业属于劳动密集型,就业者不需要很高的技术或知识水平,所提供的服务主要满足消费者的基本需求。现代服务业是指现代社会中应用现代科学技术装备、实施现代管理方式的服务业,在我国更多地表现为技术含量较高、管理模式先进、运行机制灵活和产品富于创新的服务行业,比如产品研发、物流配送服务、金融保险、信息服务、中介咨询和服务营销等新兴产业服务业。信息产业是指国民经济活动中以信息为主要资源,从事信息资源的研究、开发与利用,以信息及其设备、设施等产品为主要产出,生产信息产品和提供信息服务的新兴产业。知识产业是指为自身消费或者他人消费而生产知识的,具有较为密集的技术和人力资源投入的新兴产业。

我国改革开放初期,第三产业主要集中在商业、住宿和餐饮业、交通运输、仓储和邮政业等传统产业领域。在二十多年的发展过程中,交通运输、仓储和邮政业等传统产业对第三产业和 GDP 的带动作用逐渐减弱,住宿和餐饮业呈现缓慢平稳发展趋势。

在传统第三产业持续发展的同时,随着市场经济逐步完善、物资流通配送方式转变和科学技术不断进步,旅游、信息服务、中介咨询、科技服务、社区服务、金融保险、房地产、教育和文化娱乐等新兴行业快速发展,第三产业中技术密集型和知识密集型产业逐步成为发展最快的产业。

三、产业结构与经济增长关系

1. 产业结构与经济阶段

20 世纪 40 年代,美国社会学家贝尔(Daniel Bell)将人类社会的演进过程划分为前工业社会、工业社会和后工业社会三个历史时期。

美国经济学家罗斯托(Rostow)1960 年在其 *The Stage of Economies* 中提出经济发展进化序列 5 阶段模型,即传统社会阶段、起飞阶段、向成熟推进阶段、高消费阶段和追求生活质量阶段。

美国哈佛大学迈克·波特(Michael Porter)教授从要素竞争和增长推动力的历史演变角度,将经济增长划分为要素推动、投资推动、创新推动和财富推动四个不同的阶段。

三次产业变化与经济增长的阶段性有着直接的联系。其相互关系如表 11-1 和图 11-1 所示。

表 11-1 经济发展阶段与产业结构

从业人员比例	前工业化阶段	工业化阶段			后工业化阶段
		早期	成熟期	后期	
第一产业	>80%	下降至 50%	下降至 20%	下降至 10%	<10%
第二产业	<20%	上升至 40%	上升至 50%	下降至 25%	<25%
第三产业	<10%	上升至 20%	上升至 40%	上升至 70%	>70%
非农人口/总人口	<20%	上升至 30%	上升至 50%	上升至 70%	>70%

注:此产业结构比值为相应产业从业人员比值

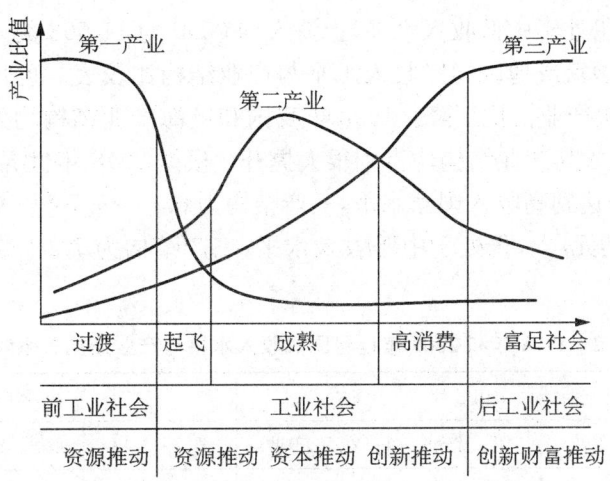

图 11-1 三次产业结构演替与经济增长关系

2. 产业结构与国民收入

(1) 钱纳里标准结构

20世纪60年代以来,一些经济学家对经济增长与结构演变进行了更加深入而广泛的研究。其中,美国经济学家霍利斯·钱纳里(Hollis Chenery)的"标准结构"最具影响力。

钱纳里利用101个国家1950—1970年间的统计资料进行归纳分析,构造出著名的"世界发展模型",并由发展模型求出一个经济发展的"标准结构",即经济发展不同阶段所具有的经济结构的标准数值。他将工业发展划分为5个阶段:初级阶段人均GDP 800~1 300美元;中级阶段人均GDP 1 300~2 600美元;高级阶段人均GDP 2 600~12 500美元;超高级阶段人均GDP 1.25万~2万美元;后工业阶段人均GDP 2万~3万美元。他认为,在经济发展的不同阶段,有着不同的经济结构与之相对应,如当人均国民收入达到400美元时,农业的产值份额为22.8%,工业的产值份额为27.6%,服务业的产值份额为41.1%,基础设施的产值份额为8.5%;农业的就业份额为43.8%,工业的就业份额为23.5%,服务业的就业份额为32.7%。随着经济的不断发展,产业结构呈现出规律性变化,如当人均国民收入由400美元飞跃到1 000美元时,农业的就业份额降至25.2%,工业的就业份额升至32.5%,服务业的就业份额升至42.3%。这为分析和评价不同国家或地区在经济发展过程中产业结构组合是否"正常"提供了参照规范,同时也为不同国家或地区根据经济发展目标制定产业结构转换政策提供了理论依据。

(2) 世界收入类别与产业结构

根据世界银行网站官方数据,1998年全球210个国家和地区可划分为四类:人均国民产值755美元为低收入国家,756~2 595美元为中下等收入国家,2 596~9 265美元为中上等收入国家,9 266美元以上为高收入国家。1998年,中国人均GDP为820美元,为中下等收入国家;上海人均GDP为2919美元,刚达到中上等收入水平。

2009年时,人均国民产值低于995美元为低收入国家,996~3 945美元为中低收入国家,3 946~12 195美元为中高收入国家,12 195美元以上为高收入国家。2009年,中国人均

GDP 为 3 743 美元，仍处于中低收入水平，上海人均 GDP 为 11 563 美元，接近高收入水平。

表 11-2 为不同国家或地区国民收入水平与产业结构比较表。可见，随着收入增长，三次产业占比上升，一次产业占比下降。1998 年我国和上海产业结构均处于低级水平。2018 年我国和上海人均收入与产业结构均得到很大提升。根据 2018 年世界收入水平划分，上海 20 393 美元/人，已经达到高收入国家水平，三产结构为 0.3：29.8：69.9，第三产业比重高达 70%；中国为 9 769 美元/人，仍处于中等收入水平，三产结构为 7.2：40.7：52.2，第三产业比重刚超过 50%。

表 11-2　1998 年和 2009 年世界国民收入水平与产业结构关系对照表

国家与地区	1998 年			2009 年		
	第一产业	第二产业	第三产业	第一产业	第二产业	第三产业
世界	5%	34%	61%	2.9%	27.5%	69.4%
低收入国家	21%	41%	38%	26.9%	26.2%	46.9%
中低收入国家	12%	36%	52%	10.5%	36.1%	53.4%
中高收入国家	7%	35%	57%	10%	36.2%	53.8%
高收入国家	2%	33%	65%	1.5%	25.7%	72.8%
中国	18%	49.2%	32.8%	10.4%	46.3%	43.4%
上海	1.9%	49.3%	48.8%	0.7%	40.2%	59.1%

日本、美国、中国、上海三次产业结构变动比较

由图 11-2 可见，日本三次产业产值比重由 1955 年的 19：34：47，变为 2009 年的 1.5：27.5：71。1947 年美国的三次产业产值占比约为 10：30：60，此后，第一产业产值占比呈持续下降态势，1952 年低于 9%，1959 年低于 6%，1991 年逐渐稳定在 3%。在 20 世纪 50 年代和 60 年代，美国的第二产业产值占比一直在 30% 至 35% 之间徘徊，2001 年之后则进一步下降到 20% 左右。美国第三产业占比持续攀升，1957 年超过

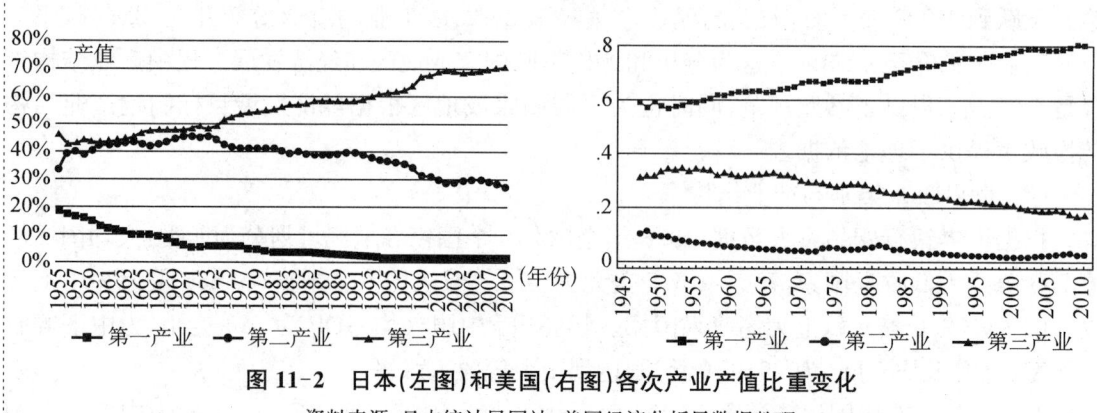

图 11-2　日本（左图）和美国（右图）各次产业产值比重变化

资料来源：日本统计局网站、美国经济分析局数据整理

60%,1985年超过70%,2009年进一步超过80%,标志着美国已经正式蜕变为一个依靠第三产业支撑的经济体。

由图11-3可见,我国第二产业比重于1985年首次超过第一产业比重,并在之后维持不断上升趋势。2013年,第三产业比重首次超过第二产业比重。上海市第三产业比重从1998年就超过了第二产业比重,在2017年达69.2%。

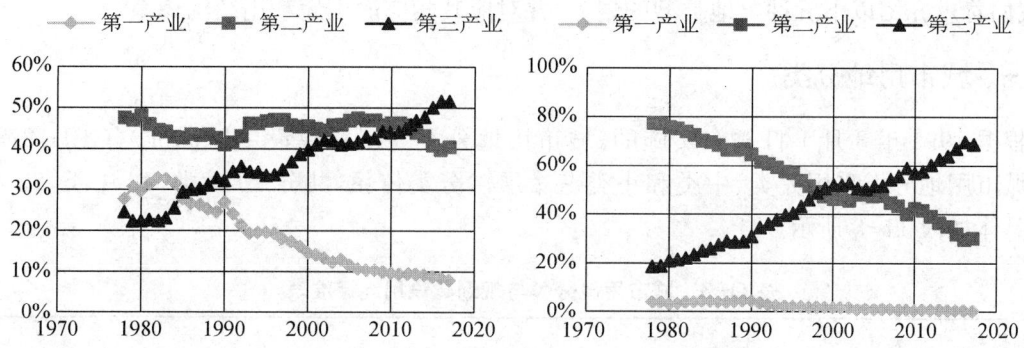

图11-3 中国(左图)和上海(右图)三次产业结构发展趋势(1978—2017年)

数据来源:国家统计局《中国统计年鉴2018》《2018年上海统计年鉴》

上海与纽约三次产业占比比较可以看出(图11-4),上海工业用地占比远高于纽约。三次产业内部占比看,上海金融服务、房地产业(含租赁及服务)、科研与技术服务和卫生与护理服务占比还低于纽约。

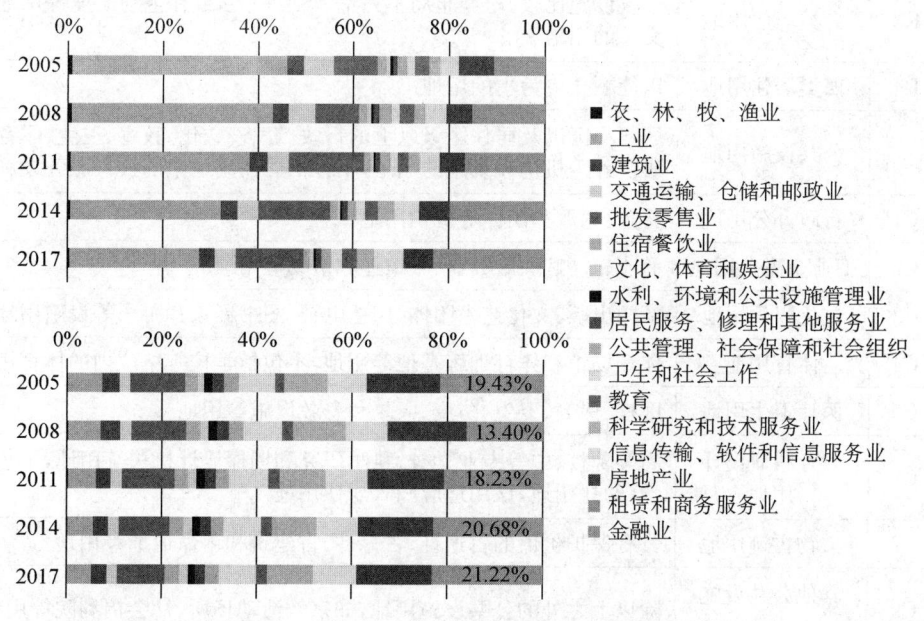

图11-4 上海(上)与纽约(下)产业结构发展比较

第二节　土地利用类型与结构

土地利用结构指一定区域范围内各种用途(类型)的土地面积在土地总面积中所占的比重。不同学科，土地类型划分不同，土地利用结构就有了不同的内涵。从土地资源管理角度，我们着重介绍以下五种土地类型的划分，并对应其相应的土地利用结构体系。

一、城市用地分类

根据1991年3月1日颁布实施的《城市用地分类与规划建设用地标准》(GBJ 137—90)，城市用地分类采用大类、中类和小类三个层次分类体系，共分10大类，46中类，73小类。具体如表11-3所示。

表11-3　城市用地分类与规划建设用地标准表

类别代号		类别名称	范　围
大类	中类		
R		居住用地	居住小区、居住街坊、居住组团和单位生活区等各种类型的成片和零星用地
	R1	一类居住用地	市政设施齐全、布局完整、环境良好，以低层住宅为主的用地
	R2	二类居住用地	市政设施齐全、布局完整、环境较好，以多、中、高层住宅为主的用地
	R3	三类居住用地	市政设施比较齐全、布局不完整、环境一般，或住宅与工业等用地有混合交叉的用地
	R4	四类居住用地	以简陋住宅为主的用地
C		公共设施用地	居住小区以及居住区级以上的行政、经济、文化、教育、卫生、体育以及科研设计等机构和设施的用地，不包括居住用地中的公共服务设施用地
	C1	行政办公用地	行政、党派和团体等机构用地
	C2	商业金融业用地	商业、金融业、服务业、旅馆业和市场等用地
	C3	文化娱乐用地	新闻出版、文化艺术团体、广播电视、图书展览和游乐等设施用地
	C4	体育用地	体育场馆和体育训练基地等用地，不包括学校等单位内的体育用地
	C5	医疗卫生用地	医疗、保健、卫生、防疫、康复和急救设施等用地
	C6	教育科研设计用地	高等院校、中等专业学校、科学研究和勘探设计机构等用地，不包括中小学、幼托用地，该用地应归入居住用地
	C7	文物古迹用地	具有保护价值的古遗址、古墓葬、古建筑和革命遗址等用地
	C9	其他公共设施用地	除以上之外的公共设施用地，如宗教活动场所、社会福利院等用地
M		工业用地	工矿企业的生产车间、库房及其附属设施等用地，包括专用的铁路、码头和道路用地。不包括露天矿用地，该用地应归入水域和其他用地

(续表)

类别代号		类别名称	范围
大类	中类		
M	M1	一类工业用地	对居住和公共设施等环境基本无干扰和污染的工业用地，如电子工业、缝纫工业、工艺品制造工业等
	M2	二类工业用地	对居住和公共设施等环境有一定干扰和污染的工业用地，如食品工业、医药制造工业、纺织工业等
	M3	三类工业用地	对居住和公共设施等环境有严重干扰和污染的工业用地，如采掘工业、大中型机械制造业、化学工业、造纸工业、制革工业及建材工业等
W		仓储用地	仓储企业的库房、堆场和包装加工车间及其附属设施等用地
	W1	普通仓库用地	以库房建筑为主的储存一般货物普通仓库用地
	W2	危险品仓库用地	存放易燃、易爆和剧毒等危险品的专用仓库用地
	W3	堆场用地	露天对方货物为主的仓库用地
T		对外交通用地	铁路、公路、管道运输、港口和机场等城市对外交通运输及其附属设施用地
	T1	铁路	铁路站场和线路用地
	T2	公路	高速公路、一、二、三级公路线路及其长途客运站等用地，不包括村镇公路用地，该地归入水域和其他用地
	T3	管道运输用地	运输煤炭、石油和天然气等地面管道运输用地
	T4	港口用地	海港和河港的陆地部分，包括码头作业区、辅助生产区和客运站等用地
	T5	机场用地	民用及军民合用的机场用地，包括飞行区、航站区等用地，不包括净空控制范围用地
S		道路广场用地	市级、区级和居住区级的道路、广场和停车场等用地
	S1	道路用地	主干路、次干路和支路用地，包括其交叉路口用地；不包括居住用地、工业用地的内部道路用地
	S2	广场用地	公共活动广场用地
	S3	社会停车场库用地	公共使用的停车场和停车库用地
U		市政公用设施用地	市级、区级和居住小区的市政公用设施用地，包括其建筑物、构筑物及管理维修设施用地
	U1	供应设施用地	供水、电、燃气和供热等设施用地
	U2	交通设施用地	公共交通和货运交通等设施用地
	U3	邮电设施用地	邮政、电信和电话等设施用地
	U4	环境卫生设施用地	环境卫生设施用地
	U5	施工和维修设施用地	房屋建筑、设备安装、绿化和地下构筑物等施工和养护维修设施用地

(续表)

类别代号		类别名称	范围
大类	中类		
U	U6	殡葬设施用地	殡仪馆、火葬场、骨灰存放处及墓地等设施用地
	U9	其他市政公用设施用地	除以上之外的其他用地,如消防、防洪等设施用地
G		绿地	市级、区级和居住小区级的公共绿地及生产防护用地,不包括专用绿地、园地和林地
	G1	公共绿地	向公共开放,有一定游憩设施的绿化用地,包括其范围内的水域
	G2	生产防护绿地	园林生产用地和防护用地
D		特殊用地	特殊性质的用地
	D1	军事用地	直接用于军事目的的军事设施用地
	D2	外事用地	外国驻华使馆、领事馆及其生活设施用地
	D3	保安用地	监狱、拘留所、劳改场所和安全保卫部门等用地,不包括公安局和公安分局,该地归入公共设施用地
E		水域和其他用地（城市之外）	除以上各大类用地之外的用地
	E1	水域	江、河、湖、海、水库、苇地、滩涂和渠道等水域,不包括公共绿地及单位内的水域
	E2	耕地	种植各种农作物的土地
	E3	园地	果园、桑园、茶园和橡胶园
	E4	林地	生长乔木、竹类、灌木和沿海红树林等林木用地
	E5	牧草地	生长各种牧草的土地
	E6	村镇建设用地	集镇、村庄等农村居民点生产和生活的各类建设用地
	E7	弃置地	由于各种原因未使用或尚不能使用的土地,如裸岩、石砾地
	E8	露天矿用地	各种矿藏的露天开采用地

二、城镇地籍分类

根据1993年颁布实施的《城镇地籍调查规程》(TD 1001—93),土地分类为10个一级类,24个二级类,具体如表11-4所示。

表11-4 城镇土地分类表

编号	一级类	二级类
10	商业金融用地	11 商业服务业、12 旅游业、13 金融保险业
20	工业仓储用地	21 工业、22 仓储

(续表)

编号	一级类	二级类
30	市政用地	31 市政公用设施、32 绿化用地
40	公共建筑用地	41 文体娱、42 机关宣传、43 科研设计、44 教育、45 医疗卫生
50	住宅用地	
60	交通用地	61 铁路、62 机场、63 港口码头、64 其他交通(广场、道路、车站、公路、街、巷等)
70	特殊用地	71 军事、72 涉外、73 宗教、74 监狱
80	水域用地	
90	农用地	91 水田、92 菜地、93 旱地、94 园地
00	其他用地	

三、全国土地利用现状分类(一调)

根据 1984 年制定的《土地利用现状调查技术规程》，土地分类划分 8 大类 46 小类用地，如表 11-5 所示。这是我国第一次土地详查的分类依据。

表 11-5　土地利用现状分类表(第一次土地利用详查分类)

编号	一级类型	二级类型
1	耕地	11 灌溉水田、12 望天田、13 水浇地、14 旱地、15 菜地
2	园地	21 果园、22 桑园、23 茶园、24 橡胶园、25 其他园地
3	林地	31 有林地、32 灌木林、33 疏林地、34 未成林造林地、35 迹地、36 苗圃
4	牧草地	41 天然草地、42 改良草地、43 人工草地
5	居民点及工矿用地	51 城镇用地、52 农村居民点用地、53 独立工矿用地、54 盐田、55 特殊用地
6	交通用地	61 铁路、62 公路、63 农村道路、64 机场、65 港口码头
7	水域	71 河流水面、72 湖泊水面、73 水库、74 坑塘、75 苇地、76 滩涂、77 沟渠、78 水工建筑、79 冰川及永久积雪
8	未利用土地	81 荒草地、82 盐碱地、83 沼泽地、84 沙地、85 裸土地、86 裸岩石砾地、87 田坎、88 其他

四、全国土地利用现状分类(二调)

根据国家质量监督检验检疫总局、国家标准化管理委员会于 2007 年 8 月 10 日发布的《土地利用现状分类》(GB/T 21010—2007)国家标准，土地分为 12 个大类 57 个小类

(表 11-6)。这是我国首次在行政法规中规定土地调查应当采用的土地分类标准,作为第二次土地详查的分类标准。

表 11-6 土地利用现状分类(第二次土地利用详查分类)

编码	名称	编码
01	耕地	011 水田、012 水浇地、013 旱地
02	园地	021 果园、022 茶园、023 其他
03	林地	031 有林地、032 灌木林地、033 其他林
04	草地	041 天然牧草地、042 人工牧草地、043 其他草地
05	商服用地	051 批发零售用地、052 住宿餐饮用地、053 商服金融、054 其他
06	工矿仓储用地	061 工业用地、062 采矿用地、063 仓储用地
07	住宅用地	071 城镇住宅用地、072 农村宅基地
08	公共管理与公共服务用地	081 机关团体用地、082 新闻出版用地、083 科教用地、084 医卫慈善用地、085 文体娱乐用地、086 公共设施用地、087 公园与绿地、088 风景名胜设施用地
09	特殊用地	091 军事设施用地、092 使领馆用地、093 监教场所用地、094 宗教用地、095 殡葬用地
10	交通运输用地	101 铁路用地、102 公路用地、103 街巷地、104 农村道路、105 机场用地、106 港口码头用地、107 管道运输用地
11	水域及水利设施用地	111 河流水面、112 湖泊水面、113 水库水面、114 坑塘水面、115 沿海滩涂、116 内陆滩涂、117 沟渠、118 水工建筑用地、119 冰川及永久积雪
12	其他土地	121 空闲地、122 设施农用地、123 田坎、124 盐碱地、125 沼泽地、126 沙地、127 裸地

五、全国国土调查工作分类(三调)

根据国家质量监督检验检疫总局、国家标准化管理委员会于 2017 年 11 月 1 日发布的《土地利用现状分类》(GB/T 21010—2017)国家标准,土地分为 12 个大类 57 个小类。根据国务院通知,第三次全国土地调查按照《土地利用现状分类》(表 11-7)和《第三次全国国土调查工作分类》(表 11-8),实地认定地类,确保地类不重不漏全覆盖,在自然资源调查中发挥基础性作用。

表 11-7 土地利用现状分类(第三次土地利用详查分类)

编码	名称	编码
01	耕地	0101 水田、0102 水浇地、0103 旱地
02	园地	0201 果园、0202 茶园、0203 橡胶园、0204 其他园地
03	林地	0301 乔木林地、0302 竹林地、0303 红树林地、0304 森林沼泽、0305 灌木林地、0306 灌丛沼泽、0307 其他林地

(续表)

编码	名称	编码
04	草地	0401 天然牧草地、0402 沼泽草地、0403 人工牧草地、0404 其他草地
05	商服用地	0501 零售商业用地、0502 批发市场用地、0503 餐饮用地、0504 旅馆用地、0505 商务金融用地、0506 娱乐用地、0507 其他商服用地
06	工矿仓储用地	0601 工业用地、0602 采矿用地、0603 盐田、0604 仓储用地
07	住宅用地	0701 城镇住宅用地、0702 农村宅基地
08	公共管理与公共服务用地	0801 机关团体用地、0802 新闻出版用地、0803 教育用地、0804 科研用地、0805 医疗卫生用地、0806 社会福利用地、0807 文化设施用地、0808 体育用地、0809 公用设施用地、0810 公园与绿地
09	特殊用地	0901 军事设施用地、0902 使领馆用地、0903 监教场所用地、0904 宗教用地、0905 殡葬用地、0906 风景名胜设施用地
10	交通运输用地	1001 铁路用地、1002 轨道交通用地、1003 公路用地、1004 城镇村道路、1005 交通服务场站用地、1006 农村用地、1007 机场用地、1008 港口码头用地、1009 管道运输用地
11	水域及水利设施用地	1101 河流水面、1102 湖泊水面、1103 水库水面、1104 坑塘水面、1105 沿海滩涂、1106 内陆滩涂、1107 沟渠、1108 沼泽地、1109 水工建筑用地、1110 冰川及永久积雪
12	其他土地	1201 空闲地、1202 设施农用地、1203 田坎、1204 盐碱地、1205 沙地、1206 裸地、1207 裸岩石砾地

表 11-8 土地利用分类(第三次全国国土调查)

编码	名称	编码
00	湿地	0303 红树林地、0304 森林沼泽、0306 灌丛沼泽、0402 沼泽草地、0603 盐田、1105 沿海滩涂、1106 内陆滩涂、1108 沼泽地
01	耕地	0101 水田、0102 水浇地、0103 旱地
02	种植园用地	0201 果园、0202 茶园、0203 橡胶园、0204 其他用地
03	林地	0301 乔木林地、0302 竹林地、0305 灌木林地、0307 其他林地
04	草地	0401 天然牧草地、0403 人工牧草地、0404 其他草地
05	商业服务业用地	05H1 商业服务业用地、0508 物流仓储用地
06	工矿用地	0601 工业用地、0602 采矿用地
07	住宅用地	0701 城镇住宅用地、0702 农村宅基地
08	公共管理与公共服务用地	08H1 机关团体用地 新闻出版用地、08H2 科教文卫用地、0809 公共设施用地、0810 公园与绿地
09	特殊用地	0901 军事设施用地、0902 使领馆用地、0903 监教场所用地、0904 宗教用地、0905 殡葬用地、0906 风景名胜设施用地
10	交通运输用地	1001 铁路用地、1002 轨道交通用地、1003 公路用地、1004 城镇村道路用地、1005 交通服务场站用地、1006 农村道路、1007 机场用地、1008 港口码头用地、1009 管道运输用地

(续表)

编码	名称	编码
11	水域及水利设施用地	1101 河流水面、1102 湖泊水面、1103 水库水面、1104 坑塘水面、1107 沟渠、1109 水工建筑用地、1110 冰川及永久积雪
12	其他土地	1201 空闲地、1202 设施农用地、1203 田坎、1204 盐碱地、1205 沙地、1206 裸土地、1207 裸岩石砾地

第三节　土地利用结构变动规律

经济增长会扩大土地需求量、改变土地需求结构,表现在一方面经济总量的扩张刺激投资和消费,从而扩大社会总产品需求,导致对生产生活空间基地的土地需求量增长;另一方面,经济结构特别是产业结构的演变直接决定着各类用途的土地需求量,引起土地需求结构的变化。因此,产业结构变动直接影响到土地利用结构变动,并同时带来空间结构变化。产业结构的转变对城市用地结构的调整已经成为当前大规模城市改造最重要的动因之一。

一、产业结构与土地利用结构的关系

产业发展必须以土地为依托,产业结构优化必须以土地利用结构优化为前提。由于土地资源的不可再生性,城市土地资源的稀缺供给和土地资源的多样性、适宜性,决定了必须对土地资源进行优化配置。城市土地不仅是城市区域经济发展的生产要素,也为城市区域的产业发展提供了空间和场所,二者是相互影响、相互制约、相互作用的统一体,具体体现在以下几个方面。

(1) 土地利用与产业发展演化有内在联系

土地资源的利用直接影响和制约着产业的发展演化,产业发展演化影响土地资源的利用方式、结构和空间布局,影响土地资源的配置和利用效益。

(2) 产业结构与土地利用结构变化同步

土地利用结构随着产业结构的变化而变化,产业发展的规模决定了土地利用的规模,产业发展的重点决定了土地利用的重点,产业布局的特点决定了土地利用的布局。

(3) 产业结构优化减少了城市土地资源绝对使用量

日本的统计资料表明,用于第一、二、三产业的土地的单位面积产值之比为 1∶100∶1 000。所以,遵循产业结构演变规律,在产业结构优化、升级的过程中第一产业比例的下降,第二、三产业比例的上升,不仅增加了单位土地的收益,还减少了土地的使用量,因为第三产业中的商业、金融、服务业和旅馆等行业占地较少且更易获得较高利润。

(4) 产业结构优化促进土地资源有效配置

城市经济结构的调整与用地结构的调整是密切结合、协调进行的。单位用地产出率高的产业和行业,如第三产业,特别是金融业,一般集中在交通条件好,居民较集中的中心区,而单位用地产出率低的产业和行业需要适当向边缘地区分散。所以城市的土地位置与交通运

输对城市经济发展和产业结构优化升级的限制较大,土地位置不同意味着运输成本高低不同,商品流转到消费者手中的时间长短不同,交通运输条件可促使消费者迅速集聚或疏散。

(5) 土地资源的优化配置为产业结构的优化提供了物质基础

产业发展必须以土地为依托,产业结构优化必须以土地资源的优化配置为前提。土地利用结构的不断调整为产业结构调整提供了条件,是推动产业结构调整的动力。没有土地资源的优化合理配置,产业就不能获得升级。土地资源的优化配置,要求土地资源在各个产业中合理分配,并使土地利用效率水平达到最高,从而推动产业结构的优化。

一个地区土地资源的特性影响着该地区产业的发展,与此同时,产业的发展对不同地区土地利用结构变化也起着决定性作用。不同的产业结构可以决定不同的土地利用结构,不同城市主导产业的不同和产业结构的变动,都会影响到城市土地的用地结构,上海与国际城市用地结构比较如表11-9所示。

表11-9 城市用地结构比较表

用地类型(%)	汉堡	芝加哥	内伦敦(1971年)	上海(1993年)	上海(2035年)	发达国家	国家标准
工业用地	12	6.9	3.9	22.9	10	<10	10~15
公共设施	5.3	4.5	5.2	3.4	12	10~15	10~15
居住	32.2	24.1	36.2	28.8	32	30~45	40~50
交通	6.0	31.6	22.2	13.5	22	15~25	8~15
绿地旷地	44.5	28.9	20.8	19.1	15%	15~25	8~15

注:上海2035年土地利用规划结构中尚有10%为其他用地;城市建设用地总量2 933平方公里,加上270平方公里留白用地,建设用地总量3 200平方公里。此为上海建设用地的最大规模界线。

二、产业演替下土地利用结构变动

产业演替发展对地区土地利用结构变化起着决定性作用。具体表现在:一是产业结构变化影响不同行业用地需求量及供给量,进而影响用地结构;二是产业变化带来区位选择变化,进而影响城市土地利用空间结构调整。

1. 一产比重下降,农业用地减少

随着农业对经济增长的贡献份额显著减少,第一产业产值比重下降,其结果是耕地被占用,耕地面积呈减少趋势。由于2009年进行了第二次土地调查,数据缺失连续性,因此,分别用2001年至2008年、2009年至2016年的数据分段反映我国第一产业比重与耕地用地面积关系,如图11-5所示。可见,伴随一次产业占比的下降,我国耕地面积不断下降,虽然2004年以后下降速度渐缓,但仍然处于下降状态。

2. 二三产业发展,建设用地快速增加

工业化进程中,二三产业的快速发展使得对建设用地的需求快速增长,其结果是我国建设用地规模呈快速增加态势。我国二三产业比重与建设用地面积关系,如图11-6所示。伴随二三次产业比重上升,我国建设用地面积同趋势呈上涨态势。

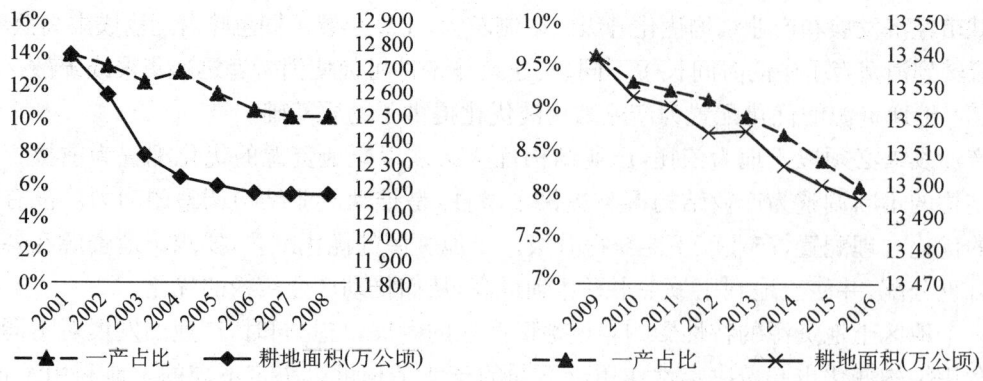

图 11-5　2001—2008 年、2009—2016 年我国一次产业比重与耕地面积关系

数据来源：耕地面积源于《中国国土资源公报》，建设用地源于 wind 数据库，产业产值源于《中国统计年鉴》

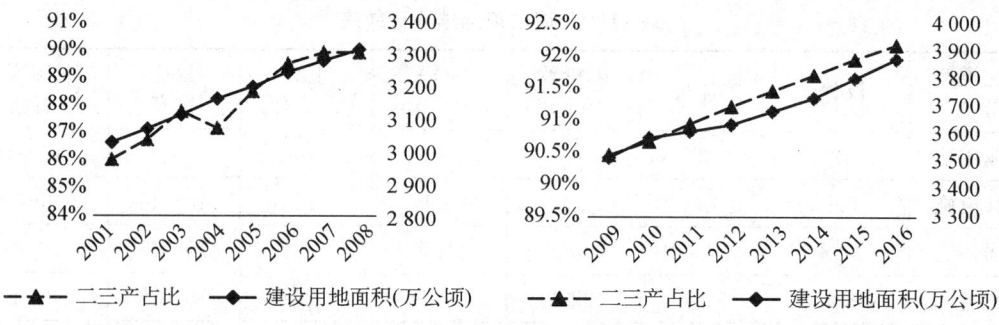

图 11-6　2001—2008、2009—2016 年我国二、三次产业比重与建设用地面积关系

数据来源：耕地面积源于《中国国土资源公报》，建设用地源于 wind 数据库，产业产值源于《中国统计年鉴》

应该注意到，经济增长与城市规模的同步扩张并不是永久的，它只是工业化初期及迅速发展时期所特有的。随着工业化进入成熟时期，建设用地的外延扩张将转向以内涵挖潜为主，集中型的城镇化过程将转向分散型城镇化过程，城市规模甚至呈缩小态势。如伦敦、纽约进入后工业化时期后，其城市用地规模分别从 1960 年的 1 869 平方公里和 826.5 平方公里，降至 1983 年的 1 579 平方公里和 786.6 平方公里。

3. 产业升级，工业外迁

中心城分布的大量工业，占据了高地租土地，不利于发展第三产业，同时高能耗、高水耗、高污染和高资源耗对城市环境影响恶劣，客观上要求中心城工业用地减少，实施退二进三，以优化产业布局和城市用地布局。由于产业用地空间调整成本远远高于产业结构的调整，所以进行土地利用安排时，更要高瞻远瞩，有预期地根据产业结构调整方向配置用地。中心城内工业用地拆除重建发展商办或住宅，亦可更新转型发展创意产业，促进产业升级和提高级差地租。外迁工业一定要在扩散中集聚，升级企业入驻近郊工业园区和科技园区，重化工业向远郊转移，传统工业可向更远腹地扩散。工业用地的外迁不仅是城市用地布局的调整，也是实现产业梯度转移的方式。

4. 现代服务业迅速发展，商办用地增加

随着经济发展，第三产业对经济增长的贡献越来越大，特别是现代服务业发展致使商务

办公用地需求大幅增加,呈现出向中心城市及城市中心区域高度聚集的特性,使得特大城市或大城市出现众多商务中心,包括中央商务区、城市副中心、郊区商区中心等商办聚集中心。在城市中心建设商贸、办公、金融及服务等功能区已成为我国城市更新的重要标志之一。除此之外,城市中心及近郊传统工业用地升级更新,大量建设总部型办公楼,发展现代服务业。

总之,现代服务业发展,致使商办用地快速增加。产业调整和产业置换的结果,可产生楼宇经济,带来经济增长,又能优化城市用地结构,提高土地效益。如上海将在外滩和陆家嘴建成4平方公里左右的CBD区域。通过外滩置换,金融一条街土地释放了巨大的级差效益,由置换前租金每天每平方米几分钱,增至置换后日租金每平方米1.5美元,房屋转让价格平均高达每平方米4 000美元左右。

5. 产业专业化,相应用地需求不断增加

初始阶段,生产与各种服务性、辅助性活动融为一体,并存于生产机构的内部。伴随专业化和社会化程度的提高,各种服务性、辅助性劳动逐渐从生产中分离出来,并成为独立的第三产业,同时带来了人口、资金、信息和物资在城市中心的集中,又进一步促使为流通服务的运输、通讯、商业等部门,为生产和生活服务的金融、保险、房地产及旅游等部门,以及为提高文化素质与公共服务需要的教育、文化、卫生、体育及机关等部门迅速发展,各部门用地需求不断增多,城市土地结构同时升级优化。比如:各类星级酒店、宾馆、饭店大量涌现;小汽车和轨道交通发展,导致交通用地需求大幅增长;商业中心、购物中心、零售网点、各类批发市场及专业市场等大量涌现;文化创意产业的发展导致剧院、影院、传媒产业和文化广场等用地需求大幅增加;产业增长还将带来生活水准的提升,增加住宅用地、绿地以及休闲游憩用地等用地需求;如此等等,不一而足。总之,产业发展变化过程就是土地利用结构与布局的优化过程。

思 考 题

1. 简述产业结构如何划分以及各种划分的经济含义。
2. 产业结构的变动规律表现在哪几个方面?
3. 简述产业结构高度化的规律。
4. 绘制产业结构演替规律图。
5. 简述经济总量发展与产业结构变化关系。
6. 通过调研,阐述你所在城市产业的发展规律与土地利用变化的基本情况。
7. 对比了解城市规划用地分类、城镇土地分类、一调、二调、三调土地利用现状分类的异同之处。
8. 简述产业变动下城市土地利用结构变动规律。

第十二章 土地可持续利用与评价

> 土地可持续利用是土地利用的根本目标。可持续发展理论是土地可持续利用的理论依据;土地可持续利用的内涵与目标明晰是土地可持续利用理论的基础,土地可持续利用评价是土地可持续利用的管理手段。土地综合承载力评价、资源环境承载力评价、国土空间开发适宜性评价和土地可持续利用综合评价是土地可持续评价的重要类型和方法。
>
> 本章重点掌握可持续发展内涵与三大原则、土地可持续发展内涵的五大目标及内涵,土地可持续利用评价类型;熟悉土地可持续发展的内涵演变、土地综合承载力评价、资源环境承载力评价、国土空间开发适宜性评价和土地可持续利用综合评价等理论和方法;了解可持续发展思想的产生和发展。

第一节 可持续发展理论概述

一、可持续发展思想的产生

20世纪中叶以来,随着科学技术的飞速进步和社会生产力的迅猛发展,人类创造了前所未有的物质财富,加速了人类社会经济的发展进程。然而,正当人类为所取得的物质文明感到欣喜的时候,全球人口规模的迅速膨胀,各种废水、废渣、废气、化肥农药残留物及生活垃圾等有毒有害物质排放量的成倍增长,人类对耕地、草原、森林、河流、海洋和石油等自然资源的掠夺性开发利用,使得人类社会赖以生存和发展的生态环境急剧恶化,自然资源存量告急。此外还出现了"温室效应"、南极臭氧洞、石油危机、粮食危机、水资源危机、关键性非再生资源储量急剧下降等一系列严重威胁人类社会生存和延续的问题。全球环境与发展问题的急剧恶化,从根本上动摇了传统经济社会发展模式的合理性,迫使世界各国不得不寻求一种更为健康、合理的新型发展道路。可持续发展思想就是顺应这一时代要求而产生的。

1. 20世纪40—60年代 萌芽阶段

20世纪40—60年代,人们重发展轻环境,单纯追求GDP增长,导致全球环境恶化,出现了震惊世界的八大公害。这迫使人们开始反思自己的行为,并于60年代初开始了第一次绿色运动。1962年美国生物学家卡逊出版的《寂静的春天》,描述了有机农药的无节制使用会带来的环境污染问题,引起西方社会巨大反响,率先为环境问题敲响了警钟,从而产生了以保护环境为基本内容的可持续发展理论的萌芽。

2. 20 世纪 60—70 年代　提出阶段

20 世纪 60—70 年代,人们开始考虑发展中应该兼顾环境。工业的高速发展使得资源日益耗竭,环境问题不断出现。70 年代初,以人口、资源、环境为主要内容,以讨论人类前途命运为中心议题的罗马俱乐部成立。1970 年美国麻省理工学院管理学教授麦多斯(D. L. Meadows)受罗马俱乐部的委托,与他人合作,于 1971 年出版了《增长的极限》一书。该书从影响经济增长的五个主要因素即人口增长、粮食供应、资本投入、环境污染和资源耗竭出发,根据指数增长原理,认为:"由于人口增长引起粮食需求的增加,经济增长引起不可再生自然资源耗竭速度的加快和环境污染程度的加深,在 2100 年到来之前,人类社会将崩溃。"该书出版后,在全世界引起了强烈反响,各国的政治家、经济学家都纷纷关注起经济增长、经济发展的方式等问题。70 年代的全球绿色运动含有很多可持续发展的思想,它的兴起与发展是可持续发展思想产生的社会基础和促进动力。于是,有关可持续发展的研究蓬勃兴起,可持续发展也提上了一些国际组织和各国政府的议事日程。

1972 年 6 月联合国在斯德哥尔摩召开了第一次"人类环境会议",在这个会议上,来自 114 个国家的 1 300 名代表首次对地球的环境问题进行了世界范围的讨论。会议期间,出版了由经济学家 B.沃德和微生物学家 R.杜博斯为会议准备的背景报告《只有一个地球》,并通过了具有历史意义的《人类环境宣言》,提出了"只有一个地球"的口号。虽然这次会议的主题偏重于讨论环境问题,但还是讨论了罗马俱乐部提出的增长极限理论问题,并形成了可持续发展理论的雏形。1980 年,由世界自然保护同盟等组织和有关国家的专家参与制订的《世界自然保护大纲》,终于明确提出了可持续发展的思想。

3. 20 世纪 80—90 年代　发展和完善阶段

20 世纪 80—90 年代人们意识到经济发展问题和环境问题是不可分割的,应该在兼顾发展的同时解决环境问题。1983 年成立的世界环境与发展委员会(WCED),对可持续发展理论的成型和发展起到了关键性的作用。该组织在前挪威首相布伦特兰夫人的领导下,由 21 个国家的环境与发展问题的著名专家,经过 900 多天的工作,于 1987 年向联合国提出了一份著名报告《我们共同的未来》(*Our Common Future*),该报告对可持续发展的内涵作了界定和详尽的理论阐述。至此,可持续发展已经形成了完整的理论体系。

4. 20 世纪 90 年代　实践阶段

20 世纪 90 年代,可持续发展理论为全世界普遍接受,并由理论探讨转变为社会实践。联合国于 1992 年 6 月在巴西里约热内卢召开了由各国政府首脑参加的第二次"世界环境与发展大会",提出了具有划时代意义的《21 世纪议程》,将可持续发展的概念变成各国政府和国际组织在共识基础上的发展战略,期望通过政府行为来推行可持续发展战略。会议提出一个重要口号:"人类要生存,地球要拯救,环境与发展必须协调。"1992 年 7 月,我国计委和科委牵头组织编制我国的《21 世纪议程》行动计划。1994 年,中国正式发表了《中国 21 世纪议程》,表明中国正式选择可持续发展战略。

至此,可持续发展已不再限于一种概念、一种思想和一种理论,而是全世界各国普遍认同并指导人类行为的一种原则和一种发展战略,已是人类发展的共同目标。这一目标就是:人类所有活动必须谋求人口、环境、资源的协调,实现生态环境、社会、经济的协调统一,要在不损害后代人满足其生存与发展需要的前提下满足当代人的生存和发展需要。

二、可持续发展的定义

可持续发展内涵一直是世界各国理论界广泛探讨的问题。由于可持续发展涉及自然、环境、社会、经济、科技和政治等诸多方面,所以研究者站的角度不同,对可持续发展作的定义也就不同。

1. 从发展的自然属性定义——生态可持续发展

"持续性"一词首先是由生态学家提出来的,即所谓"生态持续性",意在说明自然资源及其开发利用程序间的平衡。1991年11月,国际生态学联合会(1NTECOL)和国际生物科学联合会(1UBS)联合举行了关于可持续发展问题的专题研讨会。该研讨会的成果是明确并强调了可持续发展概念的自然属性,将可持续发展定义为"保护和加强环境系统的生产和更新能力",即可持续发展是不超越环境系统再生能力的发展。

2. 从发展的社会属性定义——社会可持续发展

1991年,由世界自然保护同盟(INCN)、联合国环境规划署(UN—EP)和世界野生生物基金会(WWF)共同发表《保护地球——可持续生存战略》,将可持续发展定义为"在生存不超出维持生态系统容纳能力的情况下,改善人类的生活品质",并提出了人类可持续生存的九条基本原则。这九条基本原则强调了人类的生产方式和生活方式要与地球承载能力保持平衡,保护地球的生命力和生物多样性,同时提出了人类可持续发展的价值观和130个行动方案,着重论述了可持续发展的最终落脚点是人类社会,即改善人类生活质量,创造美好的生活环境。

3. 从发展的经济属性定义——经济可持续发展

爱德华·B·巴比尔(Edivard B. Barbier)在其著作《经济、自然资源不足和发展》中,把可持续发展定义为"在保持自然资源的质量及其所提供服务的前提下,使经济发展的净利益增加到最大限度"。皮尔斯(D. Pearce)认为:"可持续发展是今天的使用不应减少未来的实际收入","当发展能够保持当代人的福利增加时,也不会使后代的福利减少。"

4. 从发展的科技属性定义——科技可持续发展

实施可持续发展,除了政策和管理因素之外,科技进步也起着重大作用。没有科学技术的支持,人类的可持续发展便无从谈起。因此,有的学者从技术选择的角度扩展了可持续发展的定义,认为"可持续就是转向更清洁、更有效的技术,尽可能接近'零排放'或'密闭式'工艺方法,以此减少能源和其他自然资源的消耗"。还有学者提出:"可持续发展就是建立极少产生废料和污染物的工艺或技术系统。"他们认为,污染并不是工业活动不可避免的结果,而是技术差、效益低的表现。

5. 布伦特兰的可持续发展定义

1987年,挪威前首相布伦特兰夫人主持的世界环境与发展委员会,在对世界重大的经济、社会、资源和环境问题进行系统调查和研究的基础上,提交了长篇专题报告——《我们共同的未来》,并提出了可持续发展概念。这一概念在最一般的意义上得到了广泛的接受和认可,并在1992年联合国环境与发展大会上取得共识。布伦特兰提出的可持续发展定义是:"既满足当代人的需要,又不对后代满足其自身需要能力构成危害的发展。"它包括两个关键性的概念:一是人类需要,特别是世界上穷人的需要,即"各种需要"的概念,这些基本需要应被置于指导一切的优先地位;二是环境限度,如果它被突破,必将影响自然界支持当代和后代人生存的能力。环境能力的有限性思想、技术状况以及社会组织状况决定了环境满足现在和未来的各种需要的能力是有限的。

因此,可持续发展的基本思想包括以下几方面。

(1) 强调三位一体的综合发展。即可持续发展是自然、社会、经济的整体发展和统一。保证经济高速发展,又保护生态环境,使社会资源同资源环境实现良性循环,要协调好人口、资源、环境、社会及经济发展间的关系。不仅安排好当期的发展,还要为子孙后代着想,为未来发展创造好的条件。

(2) 强调适度发展。即要着力协调发展与环境的关系,在发展中解决问题。特别要克服"发展"中片面追求经济增长的思想,防止以牺牲环境为代价换取暂时的经济增长。

(3) 强调能力建设。保证可持续发展除了思想理念认识外,还要从科技、管理、法制、教育及公众参与等体制机制和能力建设上给以实际操作保证。

(4) 强调以人为本。即全面发展的人本论,以人为本是可持续发展的根本目的和核心要点。满足所有人的基本需求,向所有人提供实现美好生活愿望的权利和机会。

三、可持续发展的基本原则

1. 公平性原则

所谓的公平是指机会选择的平等性。可持续发展所追求的公平性原则,包括两层意思。

(1) 本代人的公平。即同代人之间的横向公平性。可持续发展要满足全体人民的基本需求并给全体人民满足他们要求较好生活的愿望的机会。目前的现实是:只占全球人口26%的发达国家消耗的能源、钢铁和纸张等却占全球的80%。这种贫富悬殊、两极分化的现象不可能实现可持续发展。因此,想要给世人以公平的分配和公平的发展权,要把消除贫困作为可持续发展进程中特别优先的问题。

(2) 代际间的公平。即世代人之间的纵向公平性。要认识到人类赖以生存的自然资源是有限的,本代人不能因为自己的发展与需求而损害人类世世代代满足需求的条件——自然资源与环境。要给未来隔代以公平利用自然资源的权利。

可持续发展不仅要实现当代人之间的公平,而且也要实现当代人与未来各代人之间的公平,向所有人提供实现美好生活愿望的机会。这是可持续发展与传统发展模式的根本区别之一。从伦理上讲,未来各代人应与当代人有同样的权利来满足他们对资源与环境的需求,可持续发展要求当代人在考虑自己的需求与消费的同时,也要对未来各代人的需求与消费负起历史与道义的责任。

2. 持续性原则

持续性原则的核心思想是要求人类的经济建设和社会发展不能超越自然资源与生态环

境的承载能力。资源与环境是人类生存与发展的基础和条件,离开了资源与环境,人类的生存与发展就无从谈起。资源的永续利用和生态系统的可持续性保持是人类持续发展的首要条件。可持续发展主张建立在保护地球自然系统基础上的发展,因此发展必须有一定的限制因素。人类发展对自然资源的耗竭速率应充分顾及资源的临界性,应以不损害支持地球生命的自然系统为前提。换言之,可持续发展要求人们根据持续性原则调整自己的生活方式,在生态可能的范围内确定自己的消耗标准,而不是过度生产和过度消费。"发展"一旦破坏了人类生存的物质基础,"发展"本身也就衰退了。

3. 共同性原则

鉴于世界各国历史、文化发展水平的差异,可持续发展的具体目标、政策和实施步骤不可能是唯一的。但是,可持续发展作为全球发展的总目标,所体现的公平性原则和持续性原则,是应该共同遵从的。要实现可持续发展的总目标,就必须采取全球共同的联合行动,认识到我们的家园——地球的整体性和相互依赖性。从广义上说,可持续发展战略就是要促进人类之间及人类与自然之间的和谐发展。如果每个人在考虑和安排自己的行动时,都能考虑到这一行动对其他人(包括后代人)及生态环境的影响,并能真诚地按"共同性"原则办事,那么人类内部及人类与自然之间就能保持一种互惠共生的关系,也只有这样,可持续发展才能够实现。

公平性原则、持续性原则、共同性原则是可持续发展的基本原则,为了实现可持续发展,世界各国必须共同遵守这些原则,协调发展,从地球的整体性出发来考虑问题。

第二节 土地可持续利用内涵与目标

一、土地可持续利用的提出与内涵

土地资源与其他资源相比,本身具有可永久利用的特性。然而,由于土地资源本身的稀缺性,农业用地存在适宜性要求,而非农建设用地对自然生态具有破坏性。特别是 20 世纪中期以来,伴随经济快速发展和人口增长,全球性的资源、环境、人口、粮食危机加剧,作为生态环境、粮食生产和人类各种活动的载体的土地资源的可持续利用就具有了特定的内涵和价值。

土地资源可持续利用研究可追溯到 1976 年联合国粮农组织(FAO)出版的《土地评价纲要》。它将"适宜性是指可持续利用而言"作为六项基本原则的一项,但这里的"可持续"仅指土地利用引起的"环境退化问题"。从 1987 年世界环境与发展委员会向联合国提交报告《我们共同的未来》将可持续发展定义为"既满足当代人需要,又不对后代人满足其需要能力构成危害的发展",至 1992 年里约热内卢《环境与发展宣言》《21 世纪议程》等重要文件和公约通过之后,人们对可持续发展思想已有了更深的认识。

土地可持续利用概念的首次正式提出,是在 1990 年 2 月在新德里举办的由印度农业研究会(ICAR)、美国农业部(USDA)和美国 Rodale 研究所共同组织的首届国际土地可持续利用研讨会上。在此之前,"土壤可持续利用"仅限于德语国家普遍使用,主要是指一种在长时间内能够保持土壤的自然肥力,并获得高产量、高品质食物及其他可更新资源的土地管理方式。因此,此时土地可持续利用内涵主要是指农业和林业用地管理,重点是考虑土壤和其他环境要素,如水、大气等之间的物质和能量的循环。

继首次国际土地可持续利用研讨会之后,在泰国清莱(1991)、加拿大莱斯布瑞(1993)、德国波恩(1996)和中国北京(2001)举行的多次相关研讨会上,人们就土地可持续利用的概念、内涵、基本原则和评价纲要进行了广泛而深入的讨论和研究。

1993 年,联合国粮农组织颁布了《可持续土地利用管理评价纲要》,提出土地可持续利用的概念、原则、评价标准和评价程序,成为指导全球文件的纲领性文件,这在土地可持续利用研究上具有里程碑式的意义。土地资源可持续利用的定义为:"如果预测到某一种土地利用在未来相当长的一段时期内都不会引起土地适宜性的退化,则可认为这样的土地利用是可持续的。"该定义的核心体现在土地可持续利用是土地适宜性在时间上的延伸。根据这个定义可知,土地适宜性评价是土地持续利用评价的基础和核心。考虑到时间上的"置信度",该纲要也给出了长期持续、中期持续、短期持续、轻度不稳定、中度不稳定和高度不稳定的一系列评价参考指标。

1994 年 3 月,中国政府出台的《中国 21 世纪议程——中国 21 世纪人口、环境和发展白皮书》,将土地资源管理与可持续利用列为第 14 章"自然资源保护与可持续利用"的八大重要领域之一,促使土地资源可持续利用成为我国政府管理层及学术界普遍重视的战略主题。

1999 年,联合国粮农组织与联合国环境规划署(UNEP)合作出版了《可持续土地资源管理综合规划指南》,提出了综合土地管理发展的本质以及建立在政府和公民相互合作关系上的土地资源可持续管理综合规划方法。这种方法的核心是将公众参与同资源规划评价的系统过程相结合,体现利益相关者及其认可的目标,政府则创造条件使公众能有效地在可持续利用中发挥作用。

美国学者 Young(1991)从土地科学的研究角度给出的定义是"获得最高收获产量,并保护土地赖以生产的资源,从而维持其永久的生产力的土地利用方式";Hart 和 Sands(1995)则从系统科学角度出发,将土地资源可持续利用定义为:"通过利用自然和社会经济资源,在生产当前社会经济环境价值超过商品投入的产品的同时,能维持将来的土地生产力及自然资源环境的运作方式。"

我国学者周诚(1997)认为:"土地可持续利用是使有限的土地持续地满足人类需求";陈百明(2001)认为:"土地可持续利用可以理解为生态自然方面具有适宜性,经济方面具有获利能力,环境方面能适应良性循环,社会方面具有公平性和公正性的土地利用方式。"曲福田,诸培新(2018)认为,土地资源可持续利用是"特定时期和地区条件下,对土地资源合理的开发利用、治理、保护和管理,并通过一系列的合理利用组织,协调人地关系及人与自然、环境关系,以期满足当代人与后代人生存和发展的需要"。

综上,基于可持续发展的本质内涵和我国土地利用的固有内涵,所谓土地可持续利用是指能持续满足当代人和后代人生存与发展需要的土地开发、利用、保护、治理、修复和管理的综合利用方式。

二、土地可持续利用目标

1993 年联合国粮农组织颁布了《可持续土地利用管理评价纲要》,提出土地持续管理目标;可持续土地管理是将技术、政策和能使社会经济原则与环境考虑融为一体的行为结合起来,以便同时实现保持或提高生产力与服务(生产性)、降低生产风险(安全性或稳定性)、经济上可行(可行性)、保护自然资源潜力和防止土壤退化(保护性)和社会上可接受程度(可接受性)。据此,土地可持续利用目标应充分体现以下五方面。这五个层面分属经济、生态和社会三个维度。

1. 土地经济可持续性

(1) 土地生产性。指的是土地利用应该有利于保持或提高土地的生产力以保证土地利用的效益,包括农业与非农业用途的产出效益。土地资源利用所获得的财富和利益应该是在维持现有水平的基础上可以保持不断增加的。

(2) 经济可行性。土地利用在经济上必须合理。人们开发利用土地是为了获得利益,所以土地资源利用方式在不会使土地退化的基础上产生的经济效益或报酬应该超过成本。

2. 土地生态可持续性

(1) 资源保护性。指土地资源利用应该在不破坏水土资源或者有利于保护土地资源潜力的情况下进行。强调的是土地利用自身内部生态效果即土地自身质量和数量的保护。

(2) 土地安全性或稳定性。指土地利用方式应该与主要环境条件实现协调,以降低生产风险,侧重土地利用的后期外部性生态效果。在土地资源利用的过程中存在许多的不确定因素,一些利用的后期影响是在使用时无法预料的,为此必须进行利用的后期影响分析,建立一个可以降低风险性的土地资源利用模式、可能发生的风险,比如土地资源利用加速可能导致的生态系统服务功能退化、生物多样性减少、水土流失和土地荒漠化等环境问题。

3. 土地社会可持续性

社会可接受性。指土地资源利用方式被社会的接受程度和社会承受能力。土地资源的持续利用应该促进人民生活质量和社会文明程度的提高,满足人民的物质文化需求。社会的可接受性具有全局意义。如果某种土地利用方式被某个区域或某个阶层接受,但对整个社会是有害的,那么这种土地利用也是不能持续的。因为社会不会允许其长期存在。因此,社会可接受性还与土地利用的公平公正性直接关联。一方面,土地利用应该能满足当代人各种需要,使人们平等享用土地资源权利和机会,并通过公共参与方式沟通参与土地利用决策,形成土地利用中的人与人间公平和区域与区域间公平。另一方面,能满足后代人生存与发展需要,留给后代人公平的权利和机会。

第三节 土地可持续利用与评价

土地可持续利用不是一种终结状态、一个宏伟蓝图,而是一种动态发展的过程,具有过程特性和地域特性。土地可持续利用状态与潜力需立足区域和时间维度进行评估。土地可持续利用评价指以土地可持续利用目标为导向的土地评价。与土地可持续利用密切关联的评价类型包括有土地适宜性评价、土地综合承载力评价、资源环境承载能力评价、国土空间开发适宜性评价和土地可持续利用综合评价等。

国土资源部 2016 年 7 月颁布《国土资源环境承载力评价技术要求(试行)》(土地部分);2017 年 9 月,中共中央办公厅、国务院办公厅印发了《关于建立资源环境承载能力监测预警长效机制的若干意见》,提出推动实现资源环境承载能力监测预警规范化、常态化、制度化,引导和约束各地严格按照资源环境承载能力谋划经济社会发展;2019 年 3 月颁布了《资源环境承载能力和国土空间开发适宜性评价技术指南(征求意见稿)》,正式明确了资源环境承载能力和国土空间开发适宜性评价(简称"双评价")的含义和评价内容,正式提出进行"双评价"工作,以此作为国土空间规划的依据。

一、土地综合承载力评价

1. 土地综合承载力内涵

土地综合承载力是指,在一定空间区域内,一定的社会、经济、资源、生态和环境条件约束下,区域土地资源所能支撑的最大国土开发规模和强度。

土地综合承载力评价是国家出台土地调控政策的重要依据,也是编制各级土地利用总体规划、国土规划等空间规划的必要基础性工作,可为规划方案的形成及合理性评判提供重要支撑。

土地综合承载力评价的基本任务是在区域资源禀赋、生态条件和环境本底调查等基础上,通过识别国土开发的资源环境短板要素,开展综合限制性和适宜性评价,判定区域土地综合承载状态,提出区域土地综合承载力提升对策。

评价内容包括限制性评价和适宜性评价。限制性评价要素包括自然生态、耕地资源、水资源、地形地貌、大气环境和水环境;适宜性评价要素包括人口、经济和区位等。最终结合规模和布局,得到综合适宜性评价结果。

2. 土地综合承载力评价指标体系

以县(区)为单位开展的土地综合承载力评价,评判指标体系共分为目标层、系统层、要素层、指数层和指标层五级。其中,目标层为土地综合承载状态,为达到这一测度目标,分别从土地资源本底基础评价系统与水资源、生态条件和环境质量等修正评价系统这两个系统四个要素分别构建指标体系。四个要素指标既相互独立又相互联系,尤其是基础系统与修正系统之间的相互关系是直接影响土地资源承载能力及状态的重要因素。各要素层又向下分为指数层及指标层,最终形成 7 个指数、14 个具体指标的综合承载力指标体系。各地在操作过程中可结合实际调整具体指标。见表 12-1。

表 12-1 土地综合承载力评价指标体系

目标层	系统层	要素层	指数层		指标层	
土地综合承载状态指标 A	基础评价系统 B1	土地资源 C1	D1	建设用地压力状态指数	E1	建设用地现状开发程度
					E2	现状建设用地布局匹配度
			D2	耕地开发压力状态指数	E3	人均耕地生产能力
					E4	人均基本农田生产能力
					E5	耕地开发利用程度

(续表)

目标层	系统层	要素层	指数层		指标层
土地综合承载状态指标 A	修正评价系统 B2	水资源 C2	D3 水资源承载指数	E6	可利用水资源潜力
				E7	农业水资源利用量
				E8	生活和工业水资源利用量
			D4 水土资源匹配指数	E9	农业用水与耕地匹配指数
				E10	生活和工业用水与城镇工矿用地匹配指数
		生态条件 C3	D5 生态退化指数	E11	土地退化指数
				E12	生态用地面积变化指数
		环境质量 C4	D6 大气环境质量指数	E13	空气质量二级以上天数比重（灰霾天数）
			D7 水环境质量指数	E14	劣Ⅴ类水体比例

二、资源环境承载能力评价

资源环境承载能力是指一定国土空间内自然资源、环境容量和生态服务功能对人类活动的综合支撑水平。其本质是对自然资源禀赋和生态环境本底的综合评价，其目的是确定国土空间在生态保护、农业生产、城镇建设等功能指向下的承载能力等级。并根据生态保护、农业生产、城镇建设功能指向的资源环境承载能力评价结果，总结刻画资源环境本底主要禀赋特征，对承载等级较高和较低的区域，追溯分析其主要影响因子，识别优势和短板因素。

评价方法包括单项评价和集成评价两个步骤。

1. 单项评价

第一步按照评价对象（生态、农业、城镇）和尺度差异（国家、省、市县）遴选评价指标，分别开展土地资源、水资源、海洋资源（仅滨海地区）、生态、环境和灾害等要素的单项评价。

（1）土地资源评价。主要表征区域土地资源对农业生产、城镇建设的可利用程度。针对农业功能和城镇功能指向，分别采用农业耕作条件、城镇建设条件作为评价指标，通过坡度、高程等综合反映。评价时扣除河流、湖泊及水库水面区域。

（2）水资源评价。主要表征区域水资源对农业生产、城镇建设的保障能力。针对农业功能和城镇功能指向，通过区域水资源的丰富程度（降水量、水资源总量）反映。

（3）海洋资源评价。主要表征区域海洋资源对农业生产、城镇建设的可利用程度。针对海洋牧场和港口建设功能指向，采用资源利用条件作为评价指标，分别通过初级生产力和岸线、水深等指标反映。市县层面可结合区域海洋资源禀赋条件，增加海上可再生能源利用等功能指向，通过可再生能源利用条件指标反映。

（4）环境评价。主要表征区域环境系统对经济社会活动产生的各类污染物的承受能力,以及光照、热量、通风及海洋环境等环境条件对城镇建设、农业发展的支撑能力。针对农业功能和城镇功能指向,分别采用农业生产气候和环境条件、城镇建设环境条件作为评价指标,通过大气、水、土壤环境容量以及光热条件综合反映。滨海地区还需进一步评价海洋环境条件对海洋牧场的支撑能力,采用海洋牧场水动力和环境条件作为评价指标,通过流速、海水水质综合反映。

(5) 生态评价。主要是识别区域生态系统服务功能相对重要、生态敏感或脆弱程度相对较高的地区,通过生态系统服务功能重要性(生物多样性维护、水源涵养、水土保持、防风固沙和海岸防护等)、生态敏感性反映。

(6) 灾害评价。主要表征区域灾害对农业生产和城镇建设的影响。选择气象灾害风险作为农业生产影响评价指标,通过干旱、洪涝、寒潮等灾害影响的大小和可能性综合反映。选择地质灾害危险性作为城镇建设影响评价指标,分别通过活动断层以及崩塌、滑坡、泥石流等地质灾害影响的大小和可能性综合反映。沿海地区还需进一步评价海洋灾害风险,并针对海洋牧场功能影响和滨海城镇建设影响分别遴选评价指标,通过海浪和海冰灾害危险性综合反映海洋灾害对海洋牧场功能的影响,通过风暴潮和海啸灾害危险性综合反映海洋灾害对滨海城镇建设功能的影响。

2. 集成评价

基于资源环境要素单项评价结果,开展生态保护、农业生产、城镇建设不同功能指向下的集成评价,根据集成评价结果,将相应的资源环境承载能力(生态保护等级)等级依次划分为高、较高、一般、较低和低 5 个等级。集成评价应遵循的基本准则如下。

(1) 保护等级高值区应具备重要的水源涵养、水土保持、防风固沙、生物多样性维护及海岸防护等生态功能,或属于水土流失、石漠化、土地沙化和海岸侵蚀等生态问题的敏感区域。

(2) 承载能力高值区应具备较好的水土资源基础,即同时要求土地资源、水资源均对农业生产、城镇建设具有较好的支撑能力。

(3) 承载能力高值区还应具备较好的生态环境本底,即同时要求环境容量较高、生态功能重要性较低。

(4) 承载能力一定程度上还受自然灾害的约束,即自然灾害危险较高的地区,承载能力受到约束。

资源环境承载能力评价流程如图 12-1 所示。

三、国土空间开发适宜性评价

国土空间开发适宜性指国土空间对生态保护、农业生产、城镇建设等不同开发保护利用方式的适宜程度。国土空间开发适宜性评价分为全域适宜性评价与适宜性潜力评价及其综合分析。

1. 全域适宜性评价

国土空间开发全域适宜性评价是基于生态保护、农业生产、城镇建设功能指向的资源环境承载能力集成评价结果,将全域空间分别划分为生态保护极重要区、重要区、一般区,农业

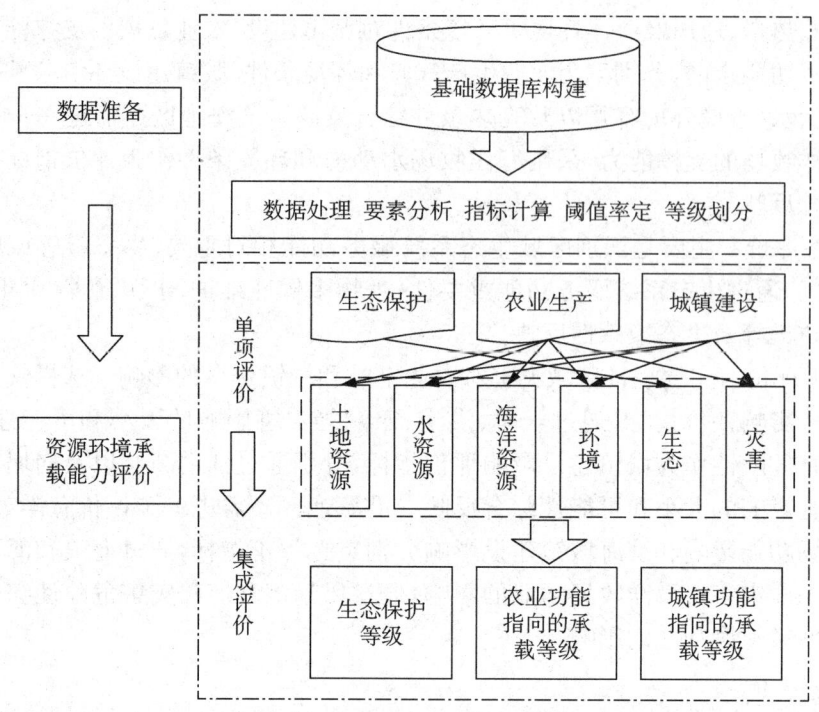

图 12-1 资源环境承载能力评价流程

生产适宜区、一般适宜区、不适宜区,城镇建设适宜区、一般适宜区、不适宜区。

基本方法是基于生态保护、农业生产、城镇建设功能指向的资源环境承载能力集成评价分别得到生态备选区域、农业备选区域和城镇备选区域。然后结合斑块集中度和生态廊道重要性划分为生态保护极重要区、重要区、一般区;结合地块连片度与综合优势度划分为农业生产适宜区、一般适宜区、不适宜区;结合地块集中度和综合优势度,划分为城镇建设适宜区、一般适宜区、不适宜区,如图 12-2 所示。

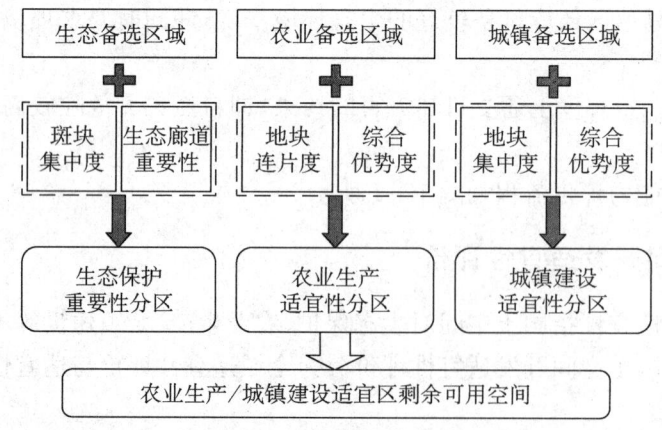

图 12-2 国土空间开发全域与潜力适宜性评价流程

综合优势度评价指标包括基础性指标和约束性指标。基础性指标包括区位优势、交通干线效应、人口密集度和经济发展水平等；约束性指标包括地形地势、生态环境脆弱性、自然灾害影响、环境容量及可利用土地等。

2. 适宜性潜力评价

国土空间开发是适宜性潜力评价是指基于适宜性分区结果分别识别农业生产与城镇建设用地的剩余可用空间。农业用地适宜性潜力是在农业生产适宜区基础上，依次扣除生态保护极重要区、现状城镇（不含农村居民点）及基础设施建设用地、连片分布的林地与优质草地、不宜作为耕地的坑塘水面、园地、耕地、海水增养殖区或海洋牧场以及难以满足现代农业生产的细碎地块等，识别农业生产适宜区剩余可用空间。城镇建设用地潜力规模则是在城镇建设适宜区基础上，依次扣除生态保护极重要区、连片分布的现状优质耕地（海水增养殖区或海洋牧场）、现状建设用地（海洋开发利用区域，不含农村居民点）以及难以满足城镇建设的细碎地块等，识别城镇建设适宜区剩余可用空间。

3. 综合分析

（1）空间格局特征分析。根据生态保护、农业生产、城镇建设功能指向的国土空间开发适宜性全域评价结果，总结分析区域生态保护、农业生产、城镇建设的空间格局特征。省级评价时，以县级行政区为单元，综合生态保护、农业生产、城镇建设国土空间开发适宜性全域评价结果，确定单宜性、双宜性、多宜性特征并说明主要功能特点。对有需求的市县，可以乡镇为单位开展相应分析。

（2）问题和风险识别。将国土空间开发适宜性全域评价结果与土地利用现状进行对比分析，识别保护利用中的问题、冲突和风险。主要包括：生态保护极重要区中的耕地、商业林、工矿用地、现状城镇（不含零星分散的居民点）规模和空间分布；现状耕地（或永久基本农田）在农业生产不适宜区、生态保护极重要地区中的规模和空间分布；现状城镇用地在城镇建设不适宜区、生态保护极重要区的规模和空间分布。

（3）潜力分析。分析农业生产适宜区剩余可用空间的规模、利用现状及空间分布特征，按照土地综合整治有关要求，结合水资源约束等条件，估算可利用后备耕地规模。分析城镇建设适宜区剩余可用空间规模、利用现状及空间分布特征，按照土地综合整治、海岸带开发利用有关要求，结合水资源约束等条件，估算城镇建设上限规模。分析重大调水工程、区位优势改变、能源结构调整、历史文化保护、技术进步、国家（区域）战略布局、全球气候变化及生产生活方式转变等，对该区域资源环境承载能力可能的影响，并针对国土空间规划，提出相应的措施和建议。

四、土地可持续利用综合评价

土地可持续利用综合评价是指通过构建土地可持续利用综合评价指标体系，选择合适的评价方法，对特定区域土地利用系统的可持续利用状态和潜力进行评价。

目前并没有系统完整的、具有普适性和广泛可接受性的土地可持续利用综合评价指标体系和评价方法。相对来看，以下三种模式构建土地可持续评价指标体系具有一定的广泛性。一是基于经济可持续性、社会可持续性、生态可持续性维度构建指标体系；二是基于联合国粮农组织的《持续评价纲要》的土地可持续利用目标展开，即土地利用生产性、安全性或稳定性、可行性、保护性和可接受性等五大方面；三是基于SPR（压力-响应-状态）理论构建土地可持续利用评价指标体系，理论和实践中还有多种评价思想和方法。

思 考 题

1. 简述可持续发展思想的产生过程。
2. 可持续发展的定义和原则是什么？
3. 简述土地可持续发展定义和目标。
4. 简述土地可持续利用目标及内涵。
5. 简述土地可持续利用评价及类型。
6. 何谓可持续土地综合承载力评价？如何评价？
7. 何谓资源环境承载力评价？如何评价？
8. 何谓国土空间开发适宜性评价？如何评价？
9. 何谓土地可持续利用综合评价？请阅读文献进一步说明。

下篇

土地制度与政策

第十三章 土地产权与土地制度

 章前导读

> 土地制度是土地利用配置与管理的法律保障。土地产权制度是土地制度的核心。本章总结了土地制度的框架体系,阐述了土地产权理论,土地产权制度以及涉及所有权变化的征收征用制度。
>
> 本章重点掌握土地制度内涵及构成体系、土地产权内涵及构成体系、土地发展权内涵及价值归属、土地产权制度及内容和我国土地所有权制度、城市和集体土地使用权制度、土地征收征用制度及内容。熟悉产权结构均衡、土地空间权、土地征收补偿理论及容积率奖励与转移等内容。

第一节 土地制度概述

制度是指大家共同遵守的一般性办事规程或行动准则。土地制度有广义和狭义两种内涵。土地制度有保障功能、激励功能、约束功能和调整土地资源资产配置等四大基本功能。完善的土地制度既能实现土地的有效配置,又能使利用相关者之间利益得到合理分配,以达到效率和公平的统一。

一、广义土地制度

广义土地制度概念有多种表达。巴洛维认为:"影响不动产所有权和不动产利用的制度因素就是土地制度。"毕宝德认为:"广义的土地制度泛指与土地所有、土地使用、土地管理及土地利用技术等有关的一切制度。"本书认为广义土地制度指与土地问题关联的土地产权制度、土地开发利用制度、土地市场管理制度和土地行政管理制度(土地管理体制)等一系列制度体系。

土地产权制度是土地制度的核心,包括土地所有权制度、土地使用权制度以及涉及土地所有权变更的土地征收制度。土地开发利用与市场管理制度是确保土地资源与资产优化配置的必须手段,也是土地制度建设的重要内容,可分为地籍管理制度、土地开发利用制度和土地市场管理制度。其中,地籍管理制度是土地开发利用与市场配置基础;土地开发利用制度侧重土地配置的技术管理规定;土地市场管理制度侧重土地配置的价值、市场、税收和金融等一系列市场管理规定。土地管理体制是建立和完善土地制度的行政组织和管理保障,

又称土地行政管理制度。各项制度包含的子制度及体系构架详见图 13-1。

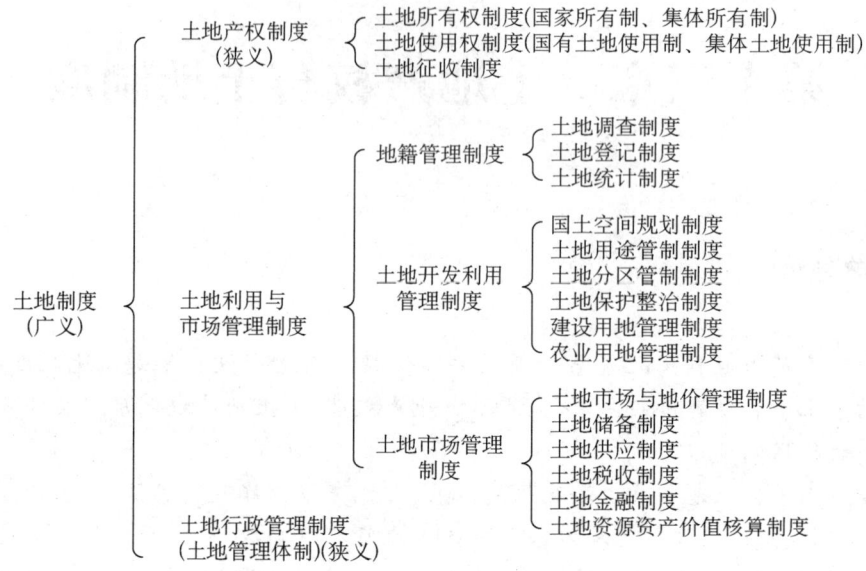

图 13-1　广义土地制度体系框架

二、狭义土地制度

部分观点认为,狭义的土地制度仅指土地产权制度;由于特定的历史原因,在人们的传统观念上,更多人认为,狭义的土地制度指土地所有权制度、土地使用制度和土地管理体制。

产权制度指以产权为依托,对财产关系进行合理有效安排的制度。产权制度包括三方面内容:产权关系和产权结构安排、各产权主体权利义务关系的界定和保护各种产权契约实现的安排规定。土地产权制度是指对土地的所有权、使用权、交易权、发展权及其产权流程等的一系列社会、法律规范的总称,它是社会强制力量和法律强制力量对土地产权及其交易的保护、约束和规范的结果。土地产权制度的核心内容是土地所有权制度和土地使用权制度。

第二节　土地产权及结构体系

一、产权内涵与功能

1. 产权内涵

产权,即财产权利的简称,是经济关系的法律表现形式,也是广义的财产所有权,指权利人依法对特定财产享有直接支配和排他的权利。产权是存在于任何客体之中或之上的完全权利,具有排他性。该完全权利包括狭义所有权(归属权)、占有权、使用权、处分权和收益权等权能。其中,所有权和使用权是主要权能,占有权、处分权、收益权均是所有权和使用权的从属权能。根据处分方式不同,处分权又可细分为担保权、债权、转让权及继承权等。产权不是单一权利而是若干独立权利的集合体和权利束,其中若干独立权利可以在不丧失所有权的前提下予以让予。

根据哈罗德·德姆塞茨(Harold Demsetz)产权理论,产权基本内涵体现在以下几个层面:①产权是附着于财产的排他性权利,是一种社会契约;②产权是对人与人行为的权利与责任的约定,尽管产权附着于物上,但本质是规定人与人之间行为关系,规定人们怎样受益和受损;③产权是可以分解的权利束,完备的产权是复数,主要包括使用权、收益权和处分权;④产权与交易密切联系,产权因为交易需要而产生,产权是可以交易的权利;⑤产权价值决定交换物品的价值,产权价值取决于权利束中权利量的多寡和强度。

2. 产权功能

(1) 激励功能

产权的激励功能首先体现在产权的利益上。如果当事人的利益能通过明晰产权而得到肯定和保护,那么行为主体就会有明晰产权的激励。如果产权不明晰,利益关系模糊,则必然导致当事人失去动力,失去生产经营的积极性。人是追求个人利益最大化的理性人,通过产权的界定和安排,可以使个人利益与整体利益结合起来,从而激励个人在为自身利益努力的同时实现整体利益的最大化。产权的激励程度与产权的明晰程度呈正相关关系,即产权越明晰,产权激励作用越大;反之,产权越模糊,产权激励作用越小。

(2) 约束功能

激励的反面是约束,约束与激励是相辅相成的。产权关系既是一种利益关系,又是一种责任关系。从利益方面说是一种激励,但从责任方面说则是一种约束。约束与激励二者缺一不可。约束作为一种负激励,不仅包括对产权主体自身的约束即自律,也包括对非产权主体的约束即他律。界定清晰的产权能限制产权主体使用资产的方式,对他们的不良行为进行约束,同时通过对产权主体以外其他人的排斥,使资源得到有效利用而不被浪费。

(3) 资源配置功能

产权的资源配置功能是指产权安排或产权结构能够改变资源配置状态或影响资源配置调节。具体表现在:①在没有产权或产权不明晰的情况下,资源的使用是混乱的和过度的,对产权进行界定后,产权主体在价格信息的引导下,将会对原有的资源配置进行重新配置,投入能带来个人效用最大化的领域,以减少资源浪费,提高经济效率;②产权变动将会改变资源的配置。每一种产权安排都有交易成本,且交易成本一般是不相等的,产权变动意味着交易成本发生变化,资源配置发生变化;③产权结构会影响甚至决定资源配置的调节机制。高度集中的产权结构,决定了资源配置适用于计划调节;分散多元的产权结构,决定了资源配置适用于市场调节。

(4) 交易功能

在市场经济条件下,商品的交易实质上主要是产权交易,产权交易归根结底体现的是经济利益的交换与分配。资源一方面需要在持有者手中通过激励和约束机制被充分利用,另一方面,当所有者在当前的激励和约束条件下仍不能充分利用资源时,就需要通过交易来调整。产权确定了交易的主客体和条件,人们可以根据清晰的产权规则来决定与他人进行权利交换时的具体合约形式,增加交易的频率,扩大交易规模。交易的发展可以促进分工和专业化,实现整体经济效率的改进。德姆塞茨认为,所谓交易或交换,无论是物品还是劳务,说到底都是一种权利,即"产权"的交换。既然交易是产权的交易,那么显然,如果产权没有界定清楚,就无法进行交换。同时,产权与市场运作的交易费用有关。德姆塞茨指出,在产权共有的条件下,高昂的交易费用也可能阻碍交易的达成。他认为:"在私有产权的安排下,所有者之间所进行的简单的、低成本的谈判,而在共有制条件下,成本将非常高昂。因此,所有者数量的增加就是财产共有程度的增加,这通常导致内部化费用的增加。"所以,交易的前提是产权的清晰界定。产权的清晰界定和完整有助于降低谈判成本和交易费用,促进产权交易的达成,提高资源利用效率,这是产权的另一个重要功能。正如科斯定理三指出:"当交易费用大于零时,产权的清晰界定将有助于降低人们在交易过程中的成本,改进效率。"

(5) 外部性内在化

德姆塞茨指出:"产权的一个主要功能是引导人们实现外部性较大地内在化的激励。"产权的明确界定可使外部性内部化,使人们对剩余的分配会有一个稳定的预期,从而激励行为主体的劳动投入和社会成员的生产性努力,最终达到节约交易成本、提高资源配置效率的目的。经济学家认为,采取何种方法来解决外部性问题应由这些方法的费用高低来确定。只有当内在化的收益大于内在化的成本时,才会产生外部性内部化的激励。一般来说,外部性问题只有在非完全竞争的条件下才会存在,现实世界是非完全竞争的,因而存在着大量的外部性问题。所以产权的一个重要功能就是在收益大于成本的前提下,尽量将外部性内部化。

(6) 界区功能

产权的界区功能是产权最基本的功能,它是在界定各产权主体之间、产权主体与非产权主体之间的权利与义务区间上的功能。产权作为一种社会工具,一经确立就明确界定了某一物品的不同产权主体之间的权利与义务,以及某一物品的产权主体与非产权主体之间的权利与义务,使交易双方在交易中能够正确预测对方的行为选择,形成合理的预期。在社会经济生活中,无论是个人还是社会组织,是否能作为独立的主体存在,在于它是否具有独立的利益要求和实现其要求的条件。个人是否具有独立的经济利益要求,以及要求的性质和形式都取决于社会生产力的发展水平;能否成为独立的经济主体,则要取决于是否具有产权。拥有了产权,就界定了产权主体和非产权主体之间的权利与责任界区,主体才可能与非主体之间彼此对立,才可能平等地进行商品交换。可见,产权的界区功能是产权发挥其他功能的前提和基础。产权的界区功能是通过确立产权的过程发挥出来的,而产权的确立过程就是界定产权主体权利、义务及责任的过程,这需要一系列完备的制度安排。

二、产权结构体系

1. 产权与物权结构体系

产权包括无形资产产权和有形资产产权。无形资产产权包括知识产权、商誉权、商标权、专利权和版权等;有形资产产权又称为物权,包括不动产物权和动产物权。土地产权属于不动产物权范畴。

物权又分为自物权和他物权。自物权又称所有权,指所有权人所拥有的财产占有、使用、收益和处分的权利。他物权是在所有权之上派生的权利,包括用益物权和担保物权。所有权人有权在自己的不动产或者动产上设立用益物权和担保物权。用益物权指对他人所有的财产依法享有占有、使用和收益的权利。根据我国物权法,用益物权包括国有建设用地使用权、宅基地使用权、土地承包经营权和地役权。担保物权指为了担保债的履行而设定的物权,包括抵押权(不动产)、典权(不动产)、质押权(动产)、留置权(动产)、扣押权和优先权等。也有观点认为典权为用益物权,但我国物权法未设定。产权基本结构体系如图13-2所示。

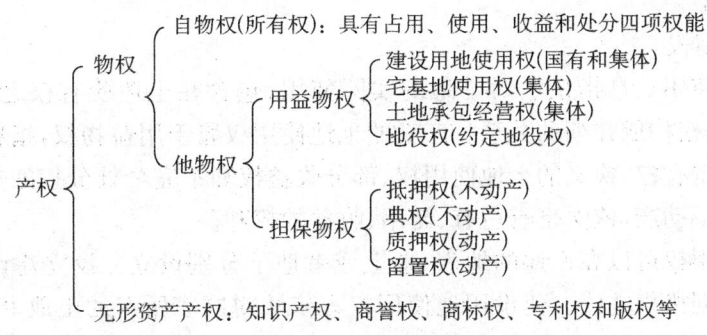

图 13-2 产权结构体系

2. 土地产权结构体系

土地产权是指土地权利人依法对土地享有直接支配和排他的权利,具有物权属性。土地产权只有在法律的认可下才能产生。它具有土地所有权、土地使用权、土地租赁权、土地抵押权、土地典当权、土地继承权、地役权及发展权等多项独立权能。如图13-3所示。

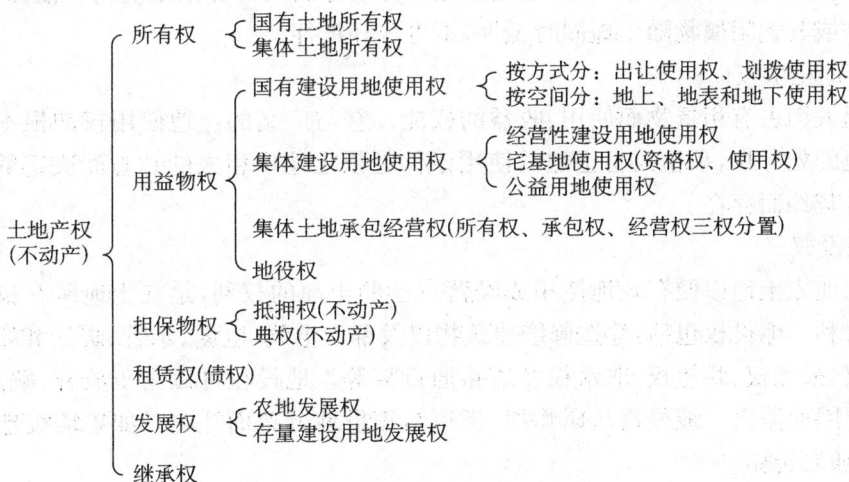

图 13-3 我国土地产权结构体系

2007年3月第十届全国人民代表大会第五次会议通过的《中华人民共和国物权法》指出,物权是指权利人依法对特定的物享有直接支配和排他的权利,包括所有权、用益物权和担保物权。因此,土地所有权、土地用益物权和土地担保权具有物权属性。土地用益物权包含土地承包经营权、建设用地使用权、宅基地使用权和地役权。用益物权是一种物权,可以买卖、继承、抵押、租赁和典当。

(1) 土地所有权

指土地所有者对土地拥有的完全权利,包括占有、使用、收益和处分等权利,具有物权属性,可以由此派生出多项权能。狭义的土地所有权是指土地的法律归属。土地所有权具有排他性、行使的绝对性、权利的完全和充分性及权利的可分性和复归性等特点。所有权人有权在自己的土地上设立用益物权和担保物权。用益物权人、担保物权人行使权利时不得损害所有权人的权益。

(2) 土地使用权

狭义的土地使用权是指依法对土地的实际使用,包含在土地所有权之内,与土地占有权、收益权和处分权构成并列的关系。广义的土地使用权属于用益物权,指独立于土地所有权之外的含土地占有权、狭义的土地使用权、部分收益权和不完全处分权的集合。用益物权人对他人所有的不动产,依法享有占有、使用、收益的权利。

建设用地使用权可以在土地的地表、地上或者地下分别设立。设立建设用地使用权可以采取出让或者划拨等方式。建设用地使用权人依法对国家所有的土地享有占有、使用和收益的权利,有权利用该土地建造建筑物、构筑物及其附属设施。

(3) 土地抵押权

指土地抵押权人对土地抵押人不转移占有并继续使用、收益而提供担保的土地,在债务不能履行时可享有土地处置价款优先受偿的权利。土地抵押权属担保物权,其具有优先受偿性、附属性和不可分性。优先受偿性指处分抵押财产所得,抵押权人优先受偿。附属性指土地抵押权具有从属债权的性质,一旦债务得以清偿,抵押权随之消失。不可分性指债务人必须以全部抵押物来行使义务,不因已经偿还部分债务而减少分割抵押物。依据我国法律,地上建筑物或其他附属物随土地同时抵押,不可分开抵押。

(4) 土地租赁权

指承租人因占有租赁物而使用、收益的权能。它与广义的土地使用权的根本区别是不拥有对土地的处分权,承租人对土地的使用条件是依土地出租人的意志而决定的。土地租赁权依租赁契约而存在。

(5) 地役权

指利用他人土地以便有效地使用或经营自己的土地的权利,是在土地所有权上设定的一种他项权利。地役权包括:建造修缮建筑物以及铺设电线、电缆、水管、暖气和燃气管线的建筑支持权、采光权、眺望权、取水权及道路通行权等。地役权可以由于放弃、解除、失效和某些其他原因而消灭。地役权从属物权,不得与需役地分离而让与。如果需役地所有权转移,地役权随之转移。

(6) 土地发展权

指在土地现状利用基础上进一步开发利用的权利,具体说就是变更土地使用性质和开发强度之权,是一种可与土地所有权分割而单独处分的财产权。我国目前法律未设置发展权,具体阐述参见下节。

(7) 继承权

指合法继承人依法取得被继承人土地财产的权利。

三、土地发展权及其转移

1. 发展权内涵及归属

土地发展权是一种可与土地所有权分割且可单独处分的财产权，是土地权利束中的一种权利。土地发展权具体指在土地现状利用基础上改变土地使用性质和开发强度并获得收益的权利，可以分为农转非之农地发展权和城市存量再利用之建设用地发展权。发展权本质上强调的是土地发展带来的收益权利，至于该地块是否可以进行性质和强度改变与发展，各国都是由政府规划控制的，这不属于发展权范畴，应是国家的空间管制权。设立土地发展权是为了解决和控制土地利用方式多样性以及相应的土地收益巨大差异产生的不公平问题。各个国家法律对发展权认定与归属规定不尽相同，发展权及其价值归属有归私、归公和公私共享类型。

（1）发展权归私

美国是发展权归私的典型代表。美国规定发展权自动归属于土地所有人，并创建了购买发展权制度（PDR）和发展权转移制度（TDR）。对需要保护耕地的郊区土地，政府向土地所有者购买发展权。已出售土地发展权的土地可以继续耕作，但不能改变用途。土地产权人对自己拥有的多余发展权还可以通过市场进行转让交易。

（2）发展权归公与公私共享

土地发展权归公指发展权属于国家或政府所有。土地所有人或使用人若想改变用途或利用强度，必须向政府申请或购买土地发展权。英国1947年《城乡规划法》明确规定，私有土地未来发展权归属国家。如果土地所有者要改变土地用途或者提高土地利用强度，需先向政府购买土地发展权，并交纳规划得益税，即土地发展税。借助征税，开发收益部分被征收归公。

我国法律上虽未明确设定发展权，但土地的实际发展权及其发展权价值通过一系列法律规定呈现归公模式。如我国国有土地上房屋拆迁补偿条例规定，被征收房屋按照原用途和利用状况的市场价格补偿；我国集体土地征收补偿标准是按照不超过农地价值30倍的限额补偿。这些规定本质上都是规定以原用途的土地价值予以补偿，土地发展权价值归公。此外，存量土地再开发补交出让金的规定也是土地发展权价值归公的直接体现。但随着土地制度改革的深入，我国土地发展权价值归属开始呈现公私兼顾的方向。国家明确提出国家、集体和农民共同享有土地发展带来的增值收益。在土地收储出让实践中，补偿额通过政府与被收储人博弈协商确定，客观上使被收储人也在一定程度享有了土地发展权价值。

2. 容积率奖励与转移

容积率奖励与转移属于因土地强度变化产生的发展权处置问题。容积率奖励与转移机制在平衡城市更新开发建设、生态保护、历史建筑保护、公共空间及公共设施等方面可发挥作用，其制度的完善主要体现在容积率奖励与转移条目设定、技术规则设计和交易规则设计三方面。

1）容积率奖励与转移条目设定

每个国家的容积率奖励与转移适合条目的设定都存在历史背景和区域特点。西雅图市是美国较早实行容积率奖励机制并取得成功经验的城市(张姣,2009)。早在1960年,西雅图便开始运用容积率激励技术来鼓励开发商为市民提供更多的公共空间、保障性住房等,但最初由于奖励对象较为局限、奖励条目较少,其实施效果并不理想。后在1985年,西雅图逐步将奖励条目扩展到了28项,并针对不同项目制订了具体的奖励指标和方式,在改善城市公共空间环境、增加公共设施方面取得了较好的成果。

纽约市规划委员会于1968年对纽约市土地分区管制法规进行了修改,允许业主在对其地块上的历史建筑或纪念性建筑进行良好保护或维护的前提下,将未能充分利用的容积率转移到自己持有的地块或其他业主持有的临近地块上。在这一政策背景下,1969年纽约中央车站的业主将其所拥有的75 000平方英尺(1平方英尺=0.092 9平方米)建筑面积的开发权转让给了持有邻近地块的其他业主,取得了相应的经济利益,最终完好地保存了纽约中央车站(顾昆鹏,2011)。

澳大利亚悉尼市对于有利于历史建筑保护的地产开发项目也建立了一套严格的标准,称为"HFS奖励和转移制度"(邹兵,2001)。历史建筑的保留价值在通过正规交易机构认定的基础上,依据公式计算出它的开发价值(即可转让的建筑面积),并根据该价值给予一定的容积率扩大奖励,可将该容积率指标转移至其他土地进行开发建设。

在生态环境保护方面,美国新泽西州是通过容积率转移保护松林地最具代表性的案例(金广君、戴铜,2010)。其具体做法是推行"松林地开发信用计划",将生态保护区、农业保护区和特殊农业生产区等未能充分利用的容积率,以开发信用的形式进行开发权的转让。开发信用的数量与生态资源的敏感度相关,不同区域因其生态敏感度的不同,所获得的单位开发信用也有所不同。如在保护区、高地资源区中每39英亩(1英亩=0.004平方公里)等于1个开发信用,而湿地资源区每39英亩只能兑换0.2个开发信用。委员会规定容积率转让率为1份开发权(1份开发权等于1个住宅开发单元),等于1/4个开发信用,即若在送出区转让1个开发信用,则可在接收区建设4个开发单元的住宅。截至2009年,该项计划的实施使得至少1.4万英亩的生态资源用地与1.8万英亩的农田得到永久性的保护。

在生态城市滨水区的建设上,英国政府通过裁定滨水区土地价值,为拥有滨水区土地开发权的公司提供另一块城市土地的开发权作为交换,并在一定程度上提高可开发容积率。同时,辅以税收延期和提供政府公共服务作为补偿。

日本1970年《建筑基准法》提出"容积率奖励"办法,以促进更多开放空间(或防灾避难所)形成。规定建筑区内有效开放空地面积比例不低于20%,如高于20%可依据一定的计算公式获得额外容积率奖励。至1986年5月,仅大阪、神户利用这一办法新增设的公开空地就有200多块(黄大田,1999)。此外,1996年日本颁布了《重要文物特别型特定街区制度》,规定在特定街区内被指定为国家重要文物的历史建筑物,根据其基础面积可以增加转移容积率(最高500%)。

只有在容积率奖励与转移的对象广、奖励条目多、奖励措施细致的条件下,才能更好地适应城市的各种需求。对于不同的项目需要制订具体的奖励措施,才会更具操作性。借鉴国外经验,结合中国现阶段城市空间环境规划目标、土地与房屋制度、城市更新制度等特点,可进一步将容积率奖励和转移条目扩大到生态环境保护、历史文化保护、公共设施建设、保障房建设和存量土地减量化五个层面。

(1) 生态环境保护：增加城市开放空间、增加城市绿地（含屋顶绿化）、保护基本农田和增加林地空间等。
(2) 历史文化保护：历史建筑保护、历史街区保护、风貌区保护等。
(3) 公共设施建设：公共建筑建设、基础设施建设等。
(4) 保障房建设：经济适用房建设、廉租房建设、公共租赁房建设等。
(5) 存量土地减量化：工业用地减量化、低效用地减量化、拆建联动等。

2) 容积率奖励与转移技术规则

(1) 设立可转移容积率弹性空间

分区规划制度是西方土地发展权转让制度的技术基础。美国依据区划法将城市用地按片区、性质和区位划定了密度分区，设定各片区的基础容积率与最高容积率。当建设容量不大于基础容积率时，开发商或业主可以在符合区划法的条件下自由建设；如果开发商或业主希望建设高于基础容积率的建筑，则需要为市民提供公共空间或公共设施，从而获得容积率奖励。

分区法的核心逻辑是为特定区域土地设立均等发展权。我国没有区划法律制度，规划实践也较少使用土地均等发展权和容积率弹性控制来实施城市开发与空间更新，对土地均等发展的认知与重视程度不够，致使技术上阻碍了容积率转移与奖励的推行。

在区划法缺失的背景下，政府与规划师应建立匀质区域（又称均等发展区域）土地均等发展理念。所谓均等发展是指针对土地区位价值匀质区域，实施相同的土地开发强度控制。土地价格与集约利用的经济学原理是其理论基础，即土地开发强度与土地区位价值高度相关，高地价高容积率，低地价低容积率。这一理念的建立，也为当前我国控制性详规容积率设定和现有容积率奖励实践随意性大、缺乏量化依据等问题解决提供了思路。

根据我国土地管理法，基准地价为各城市政府的公示成果。基准地价级别或区片揭示城市内部土地质量的地域差异，且同一级别或同一区片具有土地区位的匀质性。基于同一地价等级或地价区片划分均等发展区域，进行基础容积率和最高限定容积率弹性空间设定，为容积率的奖励与转移提供了经济依据和技术基础。

(2) 容积率重点移出区与重点移入区划定

合理确定容积率的移出区与移入区是容积率转移机制实施的基础工作。容积率移出区与移入区的划分应在考虑环境承载力的基础上，依据城市总体规划、环境与历史文化保护规划、空间管制规划、城市发展计划和容积率奖励与转移条目的设计等，对容积率移入与移出进行分区划定。通常，历史街区或历史风貌保护区、城市开敞空间与绿地建设区、生态环境保护区等为容积率移出区。容积率移入区通常为依据城市发展计划和总体规划划定的鼓励建设区，是新开发区域或高强度开发区域。同时，移入区的选择需进行环境容量和市场容量的预评估，以确保移入区的选定能满足开发市场和开发容量的需求。

3) 容积率奖励与转移交易规则

如何平衡移出区与移入区的利益，建立合理的奖励交易规则，是解决容积率转移的行政壁垒，也是推行容积率奖励与转移制度的关键之一。美国容积率转移主要是通过建立私人间的利益交换机制实现的。完整的容积率转移与奖励的市场交易机制需要进行"谁与谁交易、交易产品是什么"的交易结构和定价机制设计。

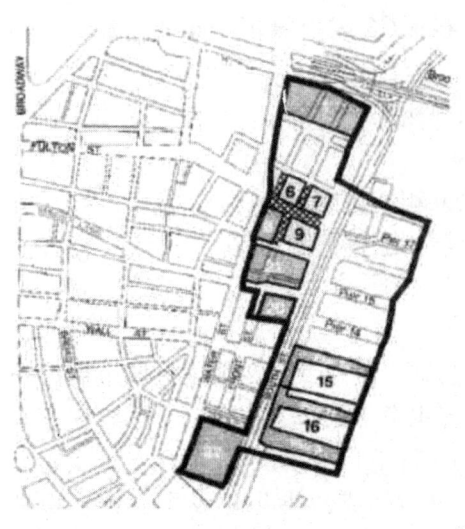

图 13-4　南街巷地区开发权转移示意图[①]

容积率转移交易结构存在三种方式:同一使用权人在不同地块转移、不同使用权人之间进行转移和地方政府之间的交易。

纽约市南街港地区容积率转移交易则是政—企、企—企交易模式。该地区是19世纪纽约造船工业中心所在地,历史悠久,建筑古朴,被当局划定为保护区。在曼哈顿发展局的努力下,一批银行团体购买了几个拥有历史价值街区(图13-4中的6、7、9号用地)的开发权。通过该开发权交易,政府获得巨额资金和充足的实力来实施南街港地区的保护更新,银行团体则因此获得114 000平方米的开发权,并可出售转移到南街港地区内指定开发地块(图13-4中的15、16号用地)中的任意一个。

容积率奖励与转移的交易机制应该反映土地空间价值。中国台湾地区出台的古迹土地容积移转办法将公告土地现值作为容积转移的计算基准,即私有历史建筑按所在土地分区所允许建筑的受限容积乘以其公告现值后,再除以接收基地的公告现值,得出接收基地可增建容积。但存在的问题是土地公告每年修订一次,无法及时反映土地价格变动,违背了市场经济价值规律。而国外如旧金山、纽约、洛杉矶则是由双方协商决定,通过市场机制保证历史建筑土地所有权人的权益,政府不通过强制规定干涉容积率转移的价值。

在我国特有的土地收支两条线管理制度与土地财政制度下,容积率的交易直接关系到各区县地方政府土地出让金收入与管理和土地财政的收支平衡。容积率交易结构设计和价格机制设计应充分对接我国特有土地财政问题与行政区域间利益均衡问题。容积率交易可如建设用地使用权交易般分为两级市场:政府间交易和政府与机构间交易。容积率价格可以空间楼面地价为基础,但具体如何设计我国容积率奖励与转移机制尚需进一步探讨。

四、土地空间权

19世纪末20世纪初开始,法律发达国家的不动产法规范的客体对象从平面转向立体,从土地法转向空间法,从地上空间权转向地下空间权。从世界范围来看,有关地下空间权的立法存在两个关键问题:一是空间权与土地是否依附,回答地上、地下空间权与土地的依附问题;二是空间权是否有限,回答公共利益与空间权绝对私有的矛盾问题。

1. 空间权分层设立模式

英美法系的空间权采取单独分层设立模式,承认土地与其上下部空间可以分别成为权利客体,为不同人所有。1891年,美国俄勒冈州有这样一个案例:被告将二楼房屋卖给原告后,整幢房屋被烧毁,原告在被告重建房屋时,提出其对二楼房屋所拥有的权利,但遭到了被告的拒绝。为此,原告以"相当于旧建筑物二层部分的空间所有权,不管建筑物存在与否,依

---

① 资料来源:Map of South Street Seaport Subdistrict [EB/OB]. http://www.ci.nye.ny/html/dcp/html/zone/zone

然归原属原告"的主张提起诉讼。最后，裁判做出"占有空间的权力是与地表所有权分别独立的权利"的判决，支持了原告的主张。这个案例表明，在美国，占有空间的权利是与地表所有权相独立的另一个权利，它不仅可以独立于地表而存在，而且可以让渡给第三人进行所有和利用。1973年，俄克拉荷马州率先完成立法，即著名的《俄克拉荷马州空间法》。该法集有关空间权领域的判例与研究成果之大成，规定地上、地表、地下构成的空间权是一种不动产，与其他不动产一样，可以成为所有、让渡、租赁、担保和继承的标的，并且在课税及公用征收上也与一般不动产相同，依照同一原则处理。

芝加哥修正大厦有40层建立在伊利诺斯火车站上方，波士顿玛莎诸塞大道穿越52层的行政大楼等空间分层利用均有空间权分层设置的权利保障。

英国普通法最初于1587年根据绝对土地所有权理念，规定土地所有权人享有地上及地下无限空间的所有权。但是这种体现私权神圣的"所有权绝对观念"显然阻碍了工业的发展。随着社会、经济的逐渐发展，英国承认土地上空以及地下可以单独成为权利客体，并在之后的法律中规定土地所有权能够按照时间、空间进行区分所有，使得土地及空间权利划分与利用更具灵活性。

中国台湾地区1988年开始施行立体空间的分层取得与使用，允许因工程需要，穿越公、私土地所有权上空、地面或地下，并就该穿越部分协议让受、收购或强制取得该土地的分层所有权，或强制设立"分层"地上权。

总之，土地所有权的范围，可按其垂直立体空间分层区分所有、分割处分，由不同的权利主体享有，亦可按现在与将来的时间区分所有、分割处分，分别属于不同的权利主体。

2. 空间权土地依附模式

以德国、日本为代表的大陆法系的空间权普遍使用依附普通地上权模式，即空间权只是土地所有权的一种延伸。

德国一般直接称空间权为"地上权"，无地下空间权概念，地下空间权只作为地上权的一种特殊形态。1896年颁布的《德国民法典》关于全部地上权的规定仅设有6个条文，常发生不敷使用的状况。为此，德国于1919年颁布《地上权条例》，明确规定地上权是指以在他人土地表面、上空及下空拥有工作物为目的而使用他人土地及空间的权利，包括普通地上权和空间地上权。

日本是地下空间利用法制化程度最高的国家之一。1966年，日本对原有民法典进行修订，在普通地上权规定外追加了空间权，即区分地上权制度，是典型的分层空间权模式。该模式的特征在于，既规定普通地上权，又单立条文另行规定区分地上权。日本民法第265条规定，普通地上权指"在他人土地上拥有工作物或者竹木等供本人使用的权利"，这里的"地上"并非仅指土地的上部全部空间，而是指土地的上下一定范围内的空间，也就是"土地的依附空间"。民法第269条规定他人土地上下的某一特定断层空间为客体而成立的特殊地上权，即区分地上权。为了配合这一规定，日本《不动产登记法》特别规定了区分地上权的登记程序：如果在建筑物下开发地下空间，则地下空间属于开发企业的私人产品，由政府部门办理产权证明；如果在公共绿地下开发地下空间，则需由政府颁发使用经营许可证后再进行开发利用。

可见,日本未像德国那样将空间地上权包容于普通地上权之中进行一体规定,而是在普通地上权之外单独区分地上权。区分地上权是一种物权,是设定于土地之上的他物权,拥有他物权的所有特性。土地所有人可以分层设定区分地上权,并使之属于不同的权利人。普通地上权和区分地上权各自有其权利范围,但并非在一物上设定数权,而是采用技术手段对土地立体分层,分层后的土地可以视为数物,不违反一物一权原则。

瑞士民法典将空间权作为一项建筑权,指的是在他人土地上下建筑建筑物的权利。其对空间权的规定本质上和日本德国是一样的,只是称呼不同而已。

在大陆法系中,法国也是典型代表之一,在不动产权利方面继承了罗马法的绝对所有权理念,认为所有权是对物绝对无限制的收益、使用和处分的权利。1804年颁布的《法国民法典》第546条规定:"物之所有权,不问其动产还是不动产,可扩张至该物由于天然或人工而产生或附加之物,此权力为添附权。有法律特别限制的情况除外。"对于空间权,该法典第552条规定:"土地所有权包含该地上空和地下的所有权。所有人可在地下从事其认为适当的建筑或发掘,并采取掘获的产物。"这种规定显然使土地所有者的权利绝对化,在早期人们无法或没有必要开发地上和地下空间的情况下,运行十分顺利。但随着社会经济发展和科技进步,这种权利的绝对化对土地的立体开发越来越不利,经常与公共利益冲突。因此,为避免绝对土地所有权理念所导致的权利滥用,法国开始通过一系列的法律如航空法、矿山法及治安法等,对这种绝对所有权加以修正和约束,使其绝对所有权向相对所有权转变。

从根本上说,大陆法系地下空间权和空中权仍然未脱离土地的束缚,被设定为土地的他物权,这与美国"空间与土地完全脱离"有所不同。德国模式试图扩张地上权的内容,立足于在传统体系下解决土地下层空间利用的问题;日本模式在普通地上权上增设区分地上权,立足于在基本法中创设区分空间权来解决土地分层利用的问题,兼顾了体系的协调,也为空间权制度留下成长的空间。

3. 空间权有限性设立

(1) 美国"有限性空间权"

美国一度认为土地所有权的范围"上达天宇、下及地心",体现土地空间权概念。然而,在19世纪末飞机发明之后,美国法律界不得不承认,在保护土地所有人的合法权益且不妨害土地所有人的前提下,飞机等有在他人土地上空飞行的权利。由此,土地空间权有限性原则获得确立。

(2) 瑞士"限于利益存在限度空间权"

瑞士民法典明确"土地所有权范围限于利益存在限度"的原则。其立法精神是:土地利用实际未达到的空间不构成土地所有权的支配范围。这为因公共需要而充分利用土地空间资源确定了法律基础,尤其为公共需要利用大深度地下空间确立了法律基础。

(3) 德国"无害使用权"

《德国民法典》第905条规定"土地所有权人的权利扩及地面上的空间和地面下的地层",且"所有权人不得禁止他人在与所有人无利害关系的高空和地层所进行的干涉",以限制土地所有权人的空间权,即土地所有权的范围包括地表及其上下空间,同时也赋予了他人的无害使用权。

（4）日本"公共事业大深度空间权"

日本于2000年通过的《关于地下深度空间公共使用的特别措施法》是世界上关于公共利用大深度地下空间的首个法律。其突出的法律意义在于将地表40米以下用于公共事业的地下空间产权排斥地表土地所有权人的支配，即可不经地表土地所有权人同意，也无须补偿地表土地所有权人，直接由政府用于公共事业建设（造成或影响地表土地利用损失的除外）。2001年，日本通过新的法例规定"土地所有者仅拥有地表以下一定深度的空间，其余空间为国家所有"。此项规定将日本地下空间产权完全归属于国家，为国家大规模开发利用地下空间营造了良好的法律环境。日本关于地下空间利用有各种法律，如地下区分地上权法、地下征收征用法、地下登记法、地下建设基准法、地下空间规划法、地下空间利用促进法、大深度法及地下环境保护与灾害防治法等，特别法有地下交通法、地下共同管道法、地下停车场法、地下街法及人防法等。

我国"空间权"的立法历程

（1）国家层面

我国空间权问题首先表现在地下空间权的立法瑕疵和缺失上。1996年10月29日颁布的《中华人民共和国人民防空法》（自1997年1月1日起施行）是我国政府最早对地下空间进行的立法，也是对地下空间利用的最高阶位的法律。但该法只规定了地下空间利用中的人民防空这一个空间领域，空间范围十分狭窄。

1997年颁布的《城市地下空间开发利用管理规定》有关地下空间建筑物的所有权问题，第25条规定："地下工程应本着'谁投资、谁所有、谁受益、谁维护'的原则，允许建设单位对其投资开发建设的地下工程自营或者依法进行转让、租赁。"但该原则并未指明地下空间使用权与土地使用权以及地上建筑物的关系，并且对投资者关心的地下建筑物的权属登记及转让问题、连通问题、管理问题及政策优惠问题等都未作明确规定。

1995年原国家土地管理局《确定土地所有权和使用权的若干规定》第54条中对地下空间使用权有所涉及："地面与空中、地面与地下立体交叉使用土地的（楼房除外）土地使用权确定给地面使用者，空中与地下可确定为他项权利。上述两款中交叉用地，如属合法批准征用、划拨的，可按批准文件确定使用权，其他用地单位确定为他项权利。"

国土资源部《关于地下建筑物土地确权登记发证有关问题的复函》（国土资厅函〔2000〕171号）中对地下空间使用权确权、登记及发证有所涉及："地上地下建筑物同时开发而利用地下空间的，其地下空间权利可确定为土地使用权。在登记地下空间权利时，可将地下建筑物的用地面积计入整体建筑物面积，再按照相关权利人拥有的地下建筑物面积占整体面积的比例分摊土地面积。地上地下不是同时开发的地下空间部分，其土地权利确定为土地使用权，在登记时，地下空间使用面积由地下建筑物的垂直投影面积决定，并在备注栏中注明是地下空间使用权。""地下空间使用权在已有法律法规的允许范围内，可以进行出租、转让和抵押。"

《物权法》第十二章不仅专门明确了建设用地使用权的名称,还规定了建设用地使用权可以分别在土地的地表、地上或者地下设立。《物权法》并未采纳"空间权独立法",而是建立起与日本或中国台湾地区的"区分地上权"或"分层地上权"相类似的模式。

2007年9月28日《招标拍卖挂牌出让国有建设用地使用权规定》(国土资源部第39号令)(下称《规定》)将原11号令第六条、第九条、第十五条、第十七条中拟出让土地的"位置"一律修改为"界址、空间范围"。该《规定》从部门规章的层面,对地下空间使用权的出让、使用和登记行为做出最新的具体规定。

(2) 地方性的规范

上海、深圳、广州市都相应制定了有关地下空间规划与开发建设管理办法,规定地下建设项目的建设用地使用权出让应当采用招标、拍卖、挂牌和协议的方式,出让金根据区分层次、区别用途的原则,按照地上土地使用权出让金的一定比例收取,规定建成的地下空间可以单独划拨或者出让,也可以与地上建设用地使用权一并划拨或者出让。

杭州市对地下空间建设用地供地方式做了更具体的规定:"社会公共及地下停车库,用地单位利用自有土地开发建设并向社会提供公共服务的地下停车库,可以划拨方式供地,但不得进行分割转让、销售或长期租赁;单建地下工程属于经营性用途的,必须以招、拍、挂的方式出让;结建地下工程随地表建筑一并办理用地审批手续,已办理地表建设项目用地审批手续,方案设计批复已明确地下工程的,视同办理地下工程用地审批手续。依法批准实施的地下工程施工完成的,经房屋测绘和相关部门批准后,便可办理有偿使用手续和土地登记手续。地下空间依法用于商业、办公、娱乐、仓储等经营性用途的,地下一层土地出让金按基准地价相对应用途楼面地价的20%收取;地下二层的土地出让金按地下一层标准减半收取;地下三层土地出让金按地下二层标准减半收取,依此类推。地下空间建设用地使用权出让年限,按法律规定的用途确定,结建地下工程建设用地使用权出让终止年限与地表建设用地使用权出让终止年限一致。同一宗地下建设项目有两种以上供地方式、用途或两个以上使用权人的,可根据各自建筑面积按1∶1比例确认地下空间建设用地使用权面积。"

无锡市则明确采取"分层定价、分层设权"的方式规范地下空间的开发利用。土地价格"分层定价",负一层土地出让金按照其地上使用权成交楼面地价的50%确定,负二层按负一层的50%确定,并依此类推;对单建地下空间商业开发工程,负一层土地出让金按照所在区域区段基准地价对应用途楼面地价(容积率2.0)的50%确定,并依此类推。土地登记"分层设权",采用"分层设权"办法颁发国有土地使用证,土地使用权类型标注"地下"身份;地下空间商业开发工程的房屋产权凭地下空间商业开发工程的土地使用证办理。地下空间商业开发工程涉及产权分割登记的,参照地面土地使用权登记程序办理。地下空间使用权"分开出让",新建地下空间商业开发工程的国有土地使用权将采取公开出让方式,参照地上国有建设土地使用权审批程序操作。其中,单建地下空间商业开发工程单独操作,结建地下空间商业开发工程与地上工程捆绑操作;对批准后变更核准面积的,经规划重新核准后,按原出让地价补缴土地出让金。

第三节 土地产权制度

一、土地所有权制度

1. 土地所有制

土地所有制是指一个国家或地区在一定社会制度下占有和控制土地的形式,是关于所有权的经济制度,是土地制度的核心。土地所有权是土地所有制的核心问题,是全部土地经济关系的基础,决定着土地经济关系的社会经济性质和土地利用的效率和程度。

迄今为止,土地所有制经历了原始土地公有制、奴隶主和封建主土地所有制、资本主义国家所有与私人所有制和社会主义土地公有制等多种形式。

一个国家或地区的土地所有制结构也不尽相同。美国土地所有制结构形式为联邦政府土地所有制、地方政府土地所有制以及土地私人所有制并存。

根据《中华人民共和国宪法》和《土地管理法》规定,我国实行土地的社会主义公有制,即全民所有制(国有土地)和劳动群众集体所有制(集体土地)。

2. 国有土地所有制

根据我国土地管理法,国有土地包括:城市市区的土地;农村和城市郊区中依法没收、征用、征收、征购和收归国有的土地(依法划定或者确定为集体所有除外);矿藏、水流和国家未确定为集体所有的林地、草地、山岭、荒地、滩涂、河滩以及其他土地。

国有土地所有权属于全民所有,由国务院代表国家行使。但在实践中,我国从中央到地方五级政府,各级政府及其土地行政主管部门在土地管理方面的职责、土地收益和使用权限等关系上并不十分清晰,所有权主体或代表比较模糊。

3. 集体土地所有制

集体土地所有权范围包括:农村和城市郊区的土地,除由法律规定属于国家所有的以外,属于农民集体所有;宅基地和自留地、自留山,属于农民集体所有。《物权法》第五十八条规定:"集体所有的不动产范围包括法律规定属于集体所有的土地和森林、山岭、草原、荒地、滩涂。"

《物权法》第六十条和《土地管理法》第十条共同规定:"对于集体所有的土地和森林、山岭、草原、荒地、滩涂等,依照下列规定行使所有权:①属于村农民集体所有的,由村集体经济组织或者村民委员会代表集体行使所有权;②分别属于村内两个以上农民集体所有的,由村内各该集体经济组织或者村民小组代表集体行使所有权;③属于乡镇农民集体所有的,由乡镇集体经济组织代表集体行使所有权。"该所有制具有新型总有特征,即一定范围内的全体居民对总有财产享有完整而不可分割的所有权,行使最终支配权,且这种权利的享有主体带有强烈的身份特性。

但我国所有权尚存在主体虚化问题:①所有权主体集体经济组织完全有别于一般的人格化的民事主体,既不是法人,也不是其他非法人组织或自然人,法律性质不明晰;②集体土地归属虚化集体组织,往往会造成集体组织与集体成员的产权关系模糊,收益与处分权能不明晰;③所有权往往行政化,村委会常常代替主体决策,行驶所有权主体的权利;④"集体"有乡(镇)、村、村民小组(社)三级,三级归属导致三级管理,致使管理权限模糊,出现利益层级化。各层级土地管理者形成各自的利益导向,不利于农村土地的合理利用和有效管理。

二、城市土地使用权制度

土地使用权制度指在一定的土地所有制下,关于土地使用程序、条件和形式等方面的社会规范的总称,是土地产权制度的另一重要组成部分。土地使用制分为国有土地使用制和集体土地使用制。国有土地使用制包括城市建设用地使用权制度和国有农场使用权制度。集体土地使用权制度包括集体土地承包经营制度、集体建设用地使用权制度和宅基地使用权制度。

1. 土地有偿使用制度发展历程

我国土地使用权从无偿、无限期、无流动的"三无"制度经由不断改革,逐渐形成了完善的土地使用权有偿、有限期、有流动的"三有"制度。到目前为止,经历了如下几个关键的发展阶段:①20世纪80年代初征收土地使用费和城镇土地使用税;②1987年9月深圳开始土地使用权的有偿出让试点;③1987年11月上海颁布土地使用权出让转让条例;④1988年4月修改《宪法》和《土地管理法》明确规定土地使用权可以依法转让;⑤1990年国务院发布55号令《中华人民共和国城镇国有土地使用权出让转让暂行条例》,并于1994年通过了《中华人民共和国城市房地产管理法》以及其他相关法规规章和制度,不断修正、补充和完善土地使用权有偿出让转让制度;⑥2002年5月,国土资源部颁布的11号文《实行招标拍卖挂牌出让土地使用权的规定》、2003年6月11日发布的《协议出让国有土地使用权的规定》,以及2007年物权法颁布,使土地有偿使用制度全面推展,城市经营性用地和工业用地全部实行招拍挂制度。

2. 土地使用制度的基本内容

城市土地使用制度包括土地使用权划拨、出让、转让、作价入股、授权经营、出租、抵押和回收等一系列规范。我国城市土地市场的运行是在土地使用制度的框架下进行的。

(1) 土地使用权行政划拨

指县级以上人民政府依法批准的,在土地使用者交纳补偿、安置等费用后将该幅土地交付其使用,或者将土地使用权无偿交付给土地使用者使用的行为。它具有无偿、无流动和无限期使用的特点。对于①国家机关用地和军事用地;②城市基础设施用地和广义事业用地;③国家重点扶持的能源、交通、水利等项目用地;④法律行政法规规定的其他用地等,确属必需的,可以由县级以上人民政府依法批准划拨。

(2) 土地使用权出让

指国家以土地所有者身份将土地使用权在一定年限内让与土地使用者,并由土地使用者向国家支付土地使用权出让金的行为。土地使用权出让应签署土地出让合同,政府出让土地使用权可以采取补地价和协议、招标、拍卖、挂牌四种形式进行。各类用地的最高出让年限如下:居住用地70年;工业用地50年;教育、科技、文化、卫生和体育用地50年;商业、旅游、娱乐用地40年;综合与其他用地50年。

(3) 土地使用权转让

土地使用权转让是指土地使用者将土地使用权再转移的行为,包括出售、交换、赠与。土地使用权转让以后,原土地使用权受让人与国家所确定的权利义务关系,全部转让给新的受让人。原行政划拨的用地在补交地价签订有偿使用合同之前不得转让;未按土地出让合同规定的期限和条件投资开发、利用的土地不得转让。土地使用权转让时,地上建筑物与其他附属物随之转移。

(4) 土地使用权作价入股

土地出让转让使用权作价入股是指国家以一定年期的国有土地使用权作价,作为出资投入新设企业,该土地使用权由新设企业持有,并以依据土地管理法律法规关于出让土地使用权的规定转让、出租和抵押。土地使用权作价入股形成国家股股权,并按照国有资产投资主体由有批准权的人民政府土地管理部门委托有资格的国有持股单位统一持有。比如在国有企业改制过程中,所涉及的划拨土地使用权处置主要有四种,即出让、租赁、土地使用权作价出资(入股)(含授权经营)和保留划拨。

(5) 土地使用权授权经营

指国家根据需要,将一定年期的国有土地使用权作价后,授权给经国务院批准设立的国家控股公司、作为国家授权投资机构的国有独资公司或集团公司经营管理。被授权国有公司凭授权书,可以向其直属企业、控股企业、参股企业以作价入股或租赁等方式配置土地,企业应持土地使用权经营管理授权书和有关文件,按规定办理变更土地等登记手续。

国土资源部下发的《关于加强土地资产管理促进国有企业改革和发展的若干意见》(国土资〔2000〕433 号文),规定了授权经营土地使用权的权能,即以授权经营方式处置的土地使用权在使用年限内可以在集团公司直属企业、控股企业、参股企业之间转让,但改变用途或向集团以外单位或个人转让时,应经政府批准并补缴土地出让金。

上海市为盘活工商企业国有房地产,在企业改制中,选择土地使用权空转形式进行土地使用权的处理,即由房地局与改制企业集团确定土地出让面积和价格,签订土地使用权出让合同。此价格水平为:工业用地 1 000 元/平方米,商业用地 3 000 元/平方米。市财政局根据出让合同的出让金额,以转账支票方式将出让金直接划转给企业集团,企业集团记账后通过支票背书的方式向市房地局支付出让金。由于未发生资金真实支付故称为土地使用权空转,目前上海市国有大型工商业集团如上海新亚集团公司、上海华联集团公司、上海仪电控股集团公司和上海建材集团总公司等集团公司的土地权属性质为出让转让使用权土地,其实并非真正意义的出让性质,不过是实现了土地资产的入账,对土地资产和资源的有效配置并没有大的作用。

(6) 土地使用权的出租和抵押

土地使用权的出租,是土地所有者或占有者为获取租金将土地使用权连同建筑物及其他附着物向承租人租赁的行为。土地使用权的出租须签订租赁合同,租赁合同的签订不得违反国家有关法律、法规及土地使用权出让、转让管理办法的规定,双方当事人权益受国家法律保护。土地使用权的抵押,是土地使用权占有者作为抵押人为获取资金,将土地使用权同建筑物及其他附着物作为财产保证与提供资金的抵押权人签订抵押合同的行为。抵押期满或抵押期间,抵押人不能偿付债务或抵押人解散、破产的,抵押权人有权依照国家有关法律及抵押合同的规定处分抵押财产,并对处分所得有优先受偿权。

(7) 土地使用权的终止与收回

土地使用权的终止与收回由多种因素引起：出让、转让期满收回；不履行出让、转让合同规定而提前终止收回；正常履行合同规定,但因为公共利益提前终止收回；因自然灾害造成土地灭失而终止等。关于土地使用权使用期满土地收回及其地上物处置一直是法律修改的关注焦点。

 专 栏

土地出让年期届满处置

1990年《中华人民共和国城镇国有土地使用权出让与转让暂行条例》第40条规定:"土地使用权期满土地使用权及其地上建筑物、其他附属物所有权由国家无偿取得。土地使用权期满需续期的重新签订合同支付出让金,并办理登记。"

1994年7月5日通过,1995年1月1日实施的《中华人民共和国城市房地产管理法》第21条规定:"土地使用权出让合同约定的使用年限届满,土地使用者需要继续使用土地的,应当至少于届满前一年申请续期,经批准予以续期的,应当重新签订土地使用权出让合同,依照规定支付土地使用权出让金；未获批准的,土地使用权由国家无偿收回。"此法未提及土地使用权到期地上物处置问题。

《物权法》第149条规定:"住宅建设用地使用权期间届满的,自动续期。非住宅建设用地使用权期间届满后的续期,依照法律规定办理。该土地上的房屋及其他不动产的归属,有约定的,按照约定；没有约定或者约定不明确的,依照法律、行政法规的规定办理。"物权法对土地使用权到期作出了相对之前法律更加明确的规定：自动续期。但这仍然具有不确定性,如对如何"自动续期"、是否补交出让金、如何补等都没有具体细则。

2009年《土地管理法》修订草案总计49条新增法条。其中,住宅70年使用权到期后的处置规定修改为：按照国家有关规定自动续期。关于是否及怎样补交出让金仍然没有明确规定。国家对出让使用权期满土地及地上物处置问题细则规定尚需进一步深化。

目前,青岛和深圳等多个城市已有土地使用权到期续期案例。青岛阿里山小区的土地使用权续期,在业主交纳出让金时,以区域过去1年的平均地价为计算基准,折算到建筑面积大约是60%；深圳罗湖国际商业大厦的业主在续期时,政府按照公告基准地价的35%要求其补缴。可见,青岛和深圳政府实际操作中都认为土地期满续期是有偿的。深圳、青岛续期收费依据是当地的"公告基准地价",一般不过几百块、上千块,补交金额显著低于市场价格。虽然在理论上,某一时点的基准地价应该等同于市场价格,但在我国房地产价格不断高涨的背景下,因基准地价的更新不及时和基准地价水平的最终确定受到各种非市场因素的影响,使基准地价在客观上低于市场价格。

从法律视角分析,如果到期无偿使用,则70年年期约定等于一纸空文,其更大的弊端在于摧毁了我国尚已建立的国有建设用地使用权有偿使用制度,导致我国土地使用权又出现产权关系不清、土地使用权双轨制现象。这不仅会为土地使用权权利交易与

资产处置带来困惑,还会造成土地资源资产配置效率低下和土地权利体系混乱。

从经济视角分析,如果到期后住宅使用自动续期,不再缴纳土地出让金或地租,就意味着国家土地所有者权益在经济上没有得到体现,这与我国土地有偿使用制度改革的初衷以及地租理论发生背离。

因此,土地使用年期届满后,若继续使用土地,应该重新估算土地权利价值并重签合同,重新设定房地产权益,可采用按年补交地租或一次性交付地价或土地作价的方式形成共有产权模式。

三、集体土地使用权制度

集体土地使用权制度可分为集体土地承包经营权制度、集体建设用地使用权制度与宅基地使用权制度。

1. 集体土地承包经营权制度

1) 发展历程

(1) 生产合作社统一经营制

1952年土改完成后,我国农民同时拥有了土地所有权和经营使用权。1953—1957年的农业合作化将土地转为集体所有,实行统一经营使用,取消土地分红,按劳分配。

(2) "三级所有、队为基础"统一经营制

1958—1961年人民公社化运动对土地进行了更大范围的集中,实行集体统一经营。1962—1978年在纠正人民公社化运动错误的基础上进行了土地产权制度调整,实行"三级所有、队为基础"的产权制度,对土地产权主体之间的差别给予了尊重。该产权制度没有激励机制,绩效低下。

(3) 家庭联产承包责任制

1978年,安徽小岗村农民的家庭承包行为开启了我国农村集体土地制度的渐进式改革。通过废除农村人民公社,推行家庭联产承包制,即在土地集体所有制下,按照"人人有份,户户种田"的原则承包集体土地,实现了集体土地所有权和承包经营权的第一重分离,把土地生产经营自主权还给农民,极大地调动了农民的生产积极性。

(4) 土地承包经营权依法转让

承包制中土地不能流转使得小规模经营和农民入城的土地处置存在诸多问题。1988年修订后的《宪法》与《土地管理法》相继出台,消除了土地转包的法律障碍,规定承包农户所拥有的承包经营权可以有偿转让,从而实现了承包权与经营权的第二重分离,为经营权流转以及适度规模经营创造了制度条件。2007年10月颁布的《物权法》进一步明确了土地承包经营权为用益物权,明确了农地承包期限和农地承包权流转的规定。

(5) 土地承包经营权"三权分置"

为了进一步保障农民利益,发育农地市场,2019年1月1日实施的新版《农村土地承包法》规定:"承包方承包土地后,享有土地承包经营权,可以自己经营,也可以保留土地承包权,流转其承包地的土地经营权,由他人经营。"这标志着"三权分置"正式入法。同时,明确

了土地经营权人的权利和土地经营权的取得及流转方式、流转原则、流转合同、流转价款及保护等重要内容,建立了完备的集体农业土地承包经营权制度,为新型经营主体开展适度规模经营、发展现代农业创造了良好的法律环境。

2) 确权登记

根据我国的行政管理体系,在进行权利登记过程中,集体农地使用权登记依据2004版《土地管理法》,按照《土地登记办法》由原国土资源行政管理部门发放《集体土地使用证》,并载明集体农用地使用权。

2008年中央1号文件首次提出"加快建立土地承包经营权登记制度",2011年国家全面启动了对集体土地所有权和集体土地使用权进行确权登记工作,2013年中央一号文件提出了5年内完成农村土地承包经营权的确权登记颁证工作。《农村土地承包法》中规定,国家对耕地、林地和草地等实行统一登记,由农业部门颁发《农村土地承包经营权证书》,但在管理体制上尚待统一规范。

2014年,我国正式推进不动产统一登记制度,旨在结束不动产登记由不同部门各自负责的"九龙治水"局面,提高登记的效率和公信力,进一步强化产权保护,维护市场秩序。2015年开始施行的《不动产登记暂行条例》规定:"耕地、林地、草地等土地承包经营权依照该条例的规定办理登记,由县级以上地方人民政府确定一个部门为本行政区域的不动产登记机构,负责不动产登记工作,并接受上级人民政府不动产登记主管部门的指导、监督。不动产登记由不动产所在地的县级人民政府不动产登记机构办理;直辖市、设区的市人民政府可以确定本级不动产登记机构统一办理所属各区的不动产登记。"条例还规定,各级不动产登记机构登记的信息应当纳入统一的不动产登记信息管理基础平台。

2018年12月《不动产登记法》立法启动,不动产统一登记管理体制有待从立法上进一步规范与完善。

3) 核心内容

《农村土地承包法》规定国家实行农村土地承包经营制度。《物权法》规定土地承包经营权为用益物权。

(1) 土地承包经营权

土地承包经营权人依法对其承包经营的耕地、林地、草地等享有占有、使用和收益的权利,有权从事种植业、林业、畜牧业等农业生产。土地承包经营权是农地使用权主要形式。

(2) 三权分置

即集体土地所有权、集体土地承包权和集体土地经营权分别设置。农村土地承包后,集体土地的所有权性质不变,农村集体经济组织成员有权享有承包土地的权利。承包方承包土地后,享有土地承包经营权,可以自己经营,也可以保留土地承包权,流转其承包地的土地经营权,由他人经营。国家保护承包方依法、自愿、有偿流转土地经营权,保护土地经营权人的合法权益,任何组织和个人不得侵犯。

(3) 承包方式

农村土地承包方式主要有两种:一是家庭承包,即由来已久的家庭联产承包制;二为包括招标、拍卖等的其他方式承包。农村土地承包采取农村集体经济组织内部的家庭承包方式,不宜采取家庭承包方式的荒山、荒沟、荒丘和荒滩等农村土地,可以采取招标、拍卖、公开协商等方式承包。

(4) 承包期

农地承包期限：耕地为30年；草地为30～50年；林地为30～70年，特殊林木的林地承包期经国务院林业行政主管部门批准可以延长。新土地承包法中明确，为了给予农民稳定的土地承包经营预期，耕地承包期届满后再延长30年。

(5) 承包经营权流转

承包期内，发包方不得收回承包地。国家保护进城农户的土地承包经营权，不得以退出土地承包经营权作为农户进城落户的条件。承包土地不能买卖。土地经营权可依法自营、互换、出租、转让、入股和抵押等。承包经营权流转可向登记机构申请登记。未经登记，不得对抗善意第三人。

2. 集体建设用地使用权制度

1) 发展历程

20世纪60年代初期，党和政府虽对乡村企业用地和村民建房用地问题做出过规定，但乡村各项建设受经济条件的限制，发展缓慢，用地量不大。同时，由于当时为了完成工业化起步与推进需要大量资本积累，国家采取了"以农养工"的经济制度，通过牺牲农业来换取工业。因此，从全国来看，土地供需矛盾并不突出。

1978年，党的十一届三中全会以后，随着中国城乡经济体制改革的不断深入，农村集体经济迅速发展，随之而来的城乡各项建设尤其是乡、村企业建设和农民住宅建设飞速发展，土地需求量日益增加。由于我国法律不健全，对这些新的社会关系没有相应的法律规范和调整，再加上土地管理工作一时跟不上，实践中乱占、滥用土地的问题十分严重。为了加强乡(镇)村建设用地管理，国务院1982年2月13日颁布了《村镇建设用房管理条例》。1986年颁布的《土地管理法》又专门对乡(镇)村建设用地做出了明确的规定，为乡(镇)村建设用地管理提供了法律依据。

2004年版《土地管理法》第四十三条规定："任何单位和个人进行建设，需要使用土地的，必须依法申请使用国有土地。集体土地只能用于兴办乡镇企业、村民建设住宅或者乡(镇)村公共设施和公益事业建设等三类用地。"即集体土地不能直接进行经营性用地开发。原《土地管理法》第六十三条规定："农民集体使用权不得出让、转让或者出租用于非农业建设；符合土地利用总体规划并依法取得建设用地的企业，因破产、兼并等情形致使土地使用权依法发生转移的除外。"《担保法》规定："乡(镇)村企业的土地使用权不得单独抵押。以乡(镇)村企业的厂房等建筑物抵押的，其占用范围内的土地使用权同时抵押。"

2) 存在问题

根据产权理论，占有权、使用权、收益权和处分权是所有权的四大基本权能，而我国集体土地使用权长期以来存在使用权、处分权和收益权的三重限制：①使用权限制，集体土地上不能直接开发住宅、商办等经营性项目，必须先征收为国有；②处分权限制，集体建设用地不能出让、转让给集体经济组织外成员，不能单独抵押；③收益权限制，集体建设用地增值收益通过征收归属国家，土地增值收益在国家、集体、个人之间没有形成分享机制。

3) 入市试点

随着实践的不断发展和改革的不断深入，现行农村土地制度与社会主义市场经济体制不相适应、城市建设用地供不应求、农村集体经营性建设用地粗放、闲置利用等问题日益显现。为此,十八届三中全会《中共中央关于全面深化改革若干重大问题的决定》中提出建立城乡统一的建设用地市场,在符合规划和用途管制前提下,允许农村集体经营性建设用地(不含住宅与宅基地)出让、租赁、入股,实行与国有土地同等入市、同权同价,同时提出建立兼顾国家、集体、个人的土地增值收益分配机制。2015年1月,中共中央办公厅和国务院联合印发的《关于农村土地征收、集体经营性建设用地入市、宅基地制度改革试点工作的意见》中再次强调"要建立同权同价,流转顺畅,收益共享的入市制度",并决定在全国选取33个试点县地区。自此,探索集体经营性建设用地入市正式拉开了帷幕,并在探索入市主体、入市范围和途径、入市方式及入市土地增值收益分配机制等方面取得了一定成效。

农村集体经营性建设用地是指存量农村集体建设用地中,土地利用总体规划和城乡规划确定为工矿仓储、商服等经营性用途的土地。

(1) 入市主体

入市主体可以是代表其所有权的农民集体或由代表其所有权的农民集体委托授权的具有市场法人资格的土地股份合作社、土地专营公司等作为入市实施主体,代表集体行使所有权来将使用权进行出让。实践中,大部分试点均以村委会或乡镇集体经济组织作为集体经营性建设用地入市的主体,仅上海松江和浙江德清成立了农村股份经济合作社或联合社。上海松江2008年开始探索产权制度改革,即镇、村、队三级资产并为镇一级所有,成立镇级农民经济联合社,将集体经济组织实体化,统一管理;浙江德清在近五年内各村陆续成立村股份经济合作社,对集体资产进行统一管理。

(2) 入市范围和途径

① 就地入市:对符合规划、依法取得的存量农村集体经营性建设用地,具备开发建设所需要的基础设施等条件,明确在本村直接使用的,采取直接就地入市。② 调整入市:根据土地利用总体规划和土地整治规划,经市人民政府批准,在确保建设用地不增加,耕地数量不减少、质量有提高、复垦有保障的前提下,可将村庄内零星、分散的集体经营性建设用地按计划调整到本区范围内的产业集中区入市,调整范围仅限于本镇域。③ 整治入市:对历史形成的城中村集体建设用地,按照政府主导、多方参与的原则,依据批准的规划开展土地整治,对规划范围内各类土地统一进行整治、实施基础设施配套,依照规定完善用地手续,重新划分宗地和确定产权归属,并予以确权登记。对不予征收的,在优先保障城中村居民住房安置等用地后,属于经营性用途的集体建设用地,由农民集体入市。

(3) 入市方式

通过出让、出租等方式交由农村集体经济组织以外的单位或个人直接使用,使用者在取得农村集体建设用地之后还可以通过转让、互换、抵押的方式进行再次转让。

(4) 入市土地增值收益分配

农村集体经营性建设用地土地增值收益,是指农村集体经营性建设用地入市环节入市收入扣除取得成本和土地开发支出后的净收益,以及再转让环节的再转让收入扣除取得成本和土地开发支出后的净收益。土地增值收益分配类型包括两类:一是国家和集体农民之间的利益分配,具体来说就是确定土地增值收益调节金的比例,即国家在土地增值收益中所占的比例;二是集体和农民之间的增值收益分配问题,包括分配方式和分配比例两方面的问题,分配方式指通过现金直接分配或者是长期分红的形式,分配比例指留存集体和直接分配到农民手中的增值收益比例关系。

① 土地增值收益调节金(简称调节金)。是指按照建立同权同价、流转顺畅、收益共享的农村集体经营性建设用地入市制度的目标,在农村集体经营性建设用地入市及再转让环节,对土地增值收益收取的资金,以实现土地征收转用与集体经营性建设用地入市取得的土地增值收益在国家和集体之间分享比例的大体平衡。调节金原则上由农村集体经营性建设用地的出让方、出租方、作价入股方及再转让方缴纳,集体经营性建设用地入市,以土地总收益减去成本后所得的土地纯收益为征收基础。

试点情况:根据财政部制定的《农村集体经营性建设用地土地增值收益调节金征收使用管理暂行办法》,调节金的收取应以土地增值收益为基础。但在实际操作中,除江西余江、重庆大足和长春九台外,其他试点均以入市成交价作为计算调节金的基础,主要原因是利益相关各方意见不一,入市成本难以测定。国家设定的调节金比例为20%~50%。各地均根据入市土地的区位或用途设定了不同的调节金比例。除德清县、郫都区、大足区和泸县收取的调节金的最低比例低于20%外,其他地区的调节金比例都在20%~50%区间。一般来说,商服用地的调节金高于工业用地,原因在于前者的入市收益高于后者。但由于部分试点的调节金政策以入市总收益为计算基础,经过换算后可以看出,政府收取的调节金在扣除成本后的增值收益中所占比例悬殊较大,从16%到95%不等。这是因为在调整入市的情况下土地开发成本较高,增值收益有限,因此以总收益为基础的调节金实际在增值收益中占了较大比例,这种现象在浙江德清、上海松江尤为明显。而在西安高陵、江西余江、四川泸县和重庆大足等地,政府为了推进入市改革,所收取的调节金比例相对较低,甚至由政府承担税费或部分入市成本,增加了农民集体的收益。

② 集体和农民利益分配。集体和农民的利益分配可以采取集体留存、现金分配或两者相结合的方式。集体留存可以通过成立资产管理公司进行经营管理,每年分给农民一定红利,另外可以通过建设基础设施和公共服务设施,间接转移到集体组织成员中。现金分配即直接将集体和农民获得的收益按照农民所占股份发放给集体组织成员,由农民自行支配,一次性使农民增收。第三种方式即两者相结合,这除了涉及分配比例的确定,即现金发放多少比例、集体留存多少比例,还涉及集体留存部分的使用方式问题,例如集体留存部分可以全部由集体进行公共服务和基础设施建设等,也可以部分经营分红给农民,剩余部分由集体经济组织或村委会代表农民在全村内支配。

对于缴纳调节金后的土地增值收益在农村集体经济组织内部的分配方式,郫都区和余江县将大部分收益留存在集体,少部分直接分配给农户;高陵区、大足区和九台区则将大部分收益分配给农民;武进区和泸县采用了现金补偿加分红的收益分配方式;德清县和松江区则将全部收益留存在集体,每年向农民分红。土地增值收益在农村集体内部的分配属于基层自治,由各村民主决策,政府仅对其分配原则给出指导意见,具体分配比例和分配方式多由村委会通过召开村民会议等途径决定。

4) 入市制度

2019年十三届全国人大常委会第十二次会议通过的《中华人民共和国土地管理法修正案》(简称2019新修订《土地管理法》),破除了农村集体建设用地进入市场的法律障碍,删除了原第 43 条"任何单位或个人需要使用土地的必须使用国有土地"的规定,增加规定"农村集体建设用地在符合规划、依法登记,并经三分之二以上集体经济组织成员同意的情况下,可以通过出让、出租等方式交由农村集体经济组织以外的单位或个人直接使用,使用者在取得农村集体建设用地之后还可以通过转让、互换、抵押的方式进行再次转让。"这从法律上正式开启了农村集体建设用地使用权制度改革的新篇章,是重大的制度突破,结束了多年来集体建设用地不能与国有建设用地同权同价同等入市的二元体制,为推进城乡一体化发展扫清了制度障碍。

5)住宅建设

为增加租赁住房供应、构建购租并举的住房体系、拓宽集体经济组织和农民增收渠道,2017 年原国土资源部会同住房城乡建设部出台的《利用集体建设用地建设租赁住房试点方案》,确定在北京、上海、广州等 13 个城市开展利用集体建设用地建设租赁住房试点。通过改革试点,在试点城市成功运营一批集体租赁住房项目,完善利用集体建设用地建设租赁住房规则,形成一批可复制、可推广的改革成果,为构建城乡统一的建设用地市场提供支撑。

虽然政策规定集体土地上建成房屋只能持有、市场化租赁运营,不可出售。但从制度层面,这是国家首次开启集体住宅经营性用地开发先例。但是,集体土地上进行住宅商品房开发仍然没有放开,宅基地流转市场仍然没有建立。

3. 宅基地使用权制度

(1)宅基地使用权

宅基地是农村的农户或个人用作住宅基地而占有、利用本集体所有的土地,包括建了房屋的土地、建过房屋但已无上盖物或不能居住的土地和准备建房用的规划地三种类型。宅基地的所有权属于农村集体经济组织。历次《土地管理法》中都将宅基地归于集体建设用地的一种。近年来,随着经济的发展、城镇化进程的加快,人们对土地属性认识也进一步深化,宅基地作为特殊的住宅用地所担负的社会属性才日益突出。2007 年《物权法》将宅基地使用权单独列为一种用益物权,强调其作为住宅用地的特殊性,第 152 条明确规定:"宅基地使用权人依法对集体所有的土地享有占有和使用的权利,有权依法利用该土地建造住宅及其附属设施。"

(2)宅基地使用权确权与流转限制

2004 年《土地管理法》对宅基地进行了严格的规定:"农村村民一户只能拥有一处宅基地,其宅基地的面积不得超过省、自治区、直辖市规定的标准。农村村民建住宅,应当符合乡(镇)土地利用总体规划,并尽量使用原有的宅基地和村内空闲地。农村宅基地不可流转给本集体经济组织成员外的人员。农村村民出卖、出租住房后,再申请宅基地的,不予批准。"2004 年国务院《关于深化改革严格土地管理的决定》、国土资源部《关于加强农村宅基地管理的意见》明文禁止城镇居民在农村购置宅基地,严禁为城镇居民在农村购买和违法建造的住宅发放土地使用证。

2007 年《国务院办公厅关于严格执行有关农村集体建设用地法律和政策的通知》强调,"农村住宅用地只能分配给本村村民,城镇居民不得到农村购买宅基地、农民住宅或'小产权房',单位和个人不得非法租用、占用农民集体所有土地进行房地产开发"。我国《物权法》第

184 条和《担保法》第 37 条都规定,宅基地使用权不得用于抵押。

由此可见,我国法律限制宅基地市场化流转,流转仅限于本集体经济组织成员内部,非本集体经济组织成员不得取得宅基地使用权,尤其禁止城镇居民在农村取得宅基地。

(3) 宅基地自愿有偿退出与有偿使用

户籍制度改革背景下,农民进城居住使农村出现大量的闲置宅基地,由于其流转受到限制,导致了大量宅基地和农村房屋闲置,造成土地资源的浪费,宅基地制度改革势在必行。十八届三中全会通过的《中共中央关于全面深化改革若干重大问题的决定》明确提出:"保障农户宅基地用益物权,改革完善农村宅基地制度,选择若干试点,慎重稳妥推进农民住房财产权抵押、担保、转让,探索农民增加财产性收入渠道。"这一改革采取了"房地分离"的方式,将宅基地使用权和地上房屋作为各自独立的两类财产:宅基地使用权作为专属于集体成员的财产,系对成员提供的基本生活资料,处于保障目的之需,不得处分;但地上房屋属于农民的私有财产,该房屋所有权的四项权能应当予以完备,故而允许抵押、担保和转让。2015 年"三块地改革"中试点地区在宅基地自愿有偿退出、宅基地有偿使用、下放宅基地审批权限等方面进行了积极探索。

2019 年新修订《土地管理法》在原来一户一宅的基础上增加了户有所居的规定,明确人均土地少,不能保障一户拥有一处宅基地的地区,在充分尊重农民意愿的基础上采取措施保障农村村民实现户有所居,并允许已经进城落户的农村村民自愿有偿退出宅基地。同时,在总结试点经验的基础上,新《土地管理法》下放宅基地审批权限,明确农村村民住宅建设由乡镇人民政府审批。

(4) 宅基地三权分置

2018 年中央一号文件提出深化农村土地制度改革,并探索宅基地"所有权、资格权和使用权的三权分置"。适当放活宅基地使用权的流转,旨在促进闲置宅基地和农屋的再利用,通过"还权赋能",赋予农民包括收益和处分在内的权能,满足农民的财产性权利。2019 年新版土地法并未明确三权分置,现行法规下,宅基地使用权的流转仍没有真正"解禁",其流转仍然受到诸多限制,还存在着明显"弱物权"的特征,尚未赋予其完整的收益和处分权能。

第四节　土地征收与征用制度

一、土地征收与征用

1. 土地征收与征用概念

2004 年修正,2005 年公布实施的《宪法》修正案,将原有的《宪法》第十条第三款"国家为了公共利益的需要,可以依照法律规定对土地实行征用"修改为"国家为了公共利益的需要,可以依照法律规定对土地实行征收或者征用并给予补偿"。将原来的对土地实行"征用"改为"征收或者征用"。2004 年 8 月 28 日修改的《土地管理法》第二条第四款规定:"国家为了公共利益的需要,可以依法对土地实行征收或者征用并给予补偿。"这是修订后的《宪法》和《土地管理法》为了正确处理私有财产保护和公共利益需要、公民权利和国家权力之间的关系而确立的土地征收与征用制度,区分了土地征收与土地征用的概念差别,对我国的征地制度产生了巨大的影响。

土地征收是指国家基于公共利益的需要,依照法律所规定的权限与程序,强制性地将农民集体土地所有权收归国家所有并给予补偿的行为。

土地征用是指国家基于公共利益的需要,在特殊或紧急状态下,依照法律所规定的权限与程序,强制性地改变私人土地使用权并给予补偿,在使用完毕后再将土地归还集体的行为。

2. 土地征用与征收的异同

土地征收和土地征用这两个概念既有区别又有相同之处。两者的本质区别在于:征收是为政府取得财产所有权或其他物权,所有权发生了转移;征用是在特殊或紧急状态下对他人财产的强制使用,当特殊或紧急状态结束时,将被征用的财产返还原权利人。两者相同之处在于:①都是国家运用公权力对他人的土地权利予以强制剥夺,从而使他人的土地权利归于消灭或中止;②都必须依照法律规定权限,尤其是严格的土地征收和征用程序;③都需要给予合理公正和必要的补偿;④当其合法的土地权利因土地征收和征用受到侵害时,都可以向法院提起诉讼,通过正当途径寻求法律的救济。

二、土地征收制度

1. 内涵与特征

1) 土地征收内涵

土地征收制度是指国家为了公共利益需要,行使国家权利,强制取得集体土地所有权(征收)或使用权(征用),并给予相应补偿的各项行为规范总称。土地征收制度的要件包括:公共利益界定、征收程序、征收补偿范围与标准等。

土地征收制度中,征收的主体是国家,由法律授权的行政机关或组织代替行使,非法律授权的行政机关或组织都无权作为土地征收的主体。对不同的土地征收对象,法律规定了不同层级的征收主体。征收的客体或征收法律关系的相对人是集体所有权人。土地征收的标的是集体土地。

十八届三中全会明确提出了"缩小征地范围、规范征地程序、完善被征地农民合理规范的多元保障机制"这一土地征收制度改革方向,并在多个城市开展了征地制度改革试点进行探索。2015年推出农村土地征收、集体经营性建设用地入市、宅基地制度改革三块地改革试点,提出建立兼顾国家、集体、个人的土地增值收益分配机制,健全程序规范、补偿合理、保障多元的农村土地征收制度。

2019年新修订《中华人民共和国土地管理法》颁布,此次修改的重点是平衡好保障国家发展与维护农民权益的关系。关于土地征收主要修改内容包括三个方面:①明确界定土地征收的公共利益;②进一步规范征地程序;③完善对被征地农民合理、规范、多元的保障机制。

2) 征收制度特征

(1) 主体唯一性

土地征收主体必须是国家,只有国家才能充当土地征收征用主体。实际实施土地征收工作是各级人民政府和土地管理部门。任何单位或个人都不得以任何理由征收土地。

(2) 强制性

土地征收是国家行为，具有强制性，不是民事行为。土地征收征用法律关系的产生并非基于双方的自愿和一致，而是基于国家单方面的意志表示，无需被征土地的所有人同意。

(3) 补偿性

基于公平、正义原则，当国家牺牲无责任特定人的合法权益以满足其他社会成员的利益需求时，就必须对受损害的特定成员给予公平合理的补偿。

(4) 公共利益性

土地征收必须符合公共利益的需要。公共利益的合理界定是征收实践面临的最大问题，它直接关系到征收行为的合法性。

(5) 程序合规性

由于涉及财产与权益变更，土地征收过程必须严格按照法定权限、程序和标准实施。

2. 征收公共利益界定

"公共利益"是土地征收最重要的法律构成条件。公共利益是否界定明晰关系到国家征地权是否被滥用，原土地所有者的权益是否被侵害。

通常公共利益的界定可以采取概括式、列举式和排除式。概括式具有不确定性，适用于无法列举或难以列举的其他属于公共利益的范畴事项，从而使公共利益的内容具有适时的灵活性。列举式，即详细列举公共利益范围，有利于公共利益的判定，具有明确性和可操作性。如日本土地征收法就列举了35种可以启动土地征收的公共事业名目。排除式则是将非公共利益禁止在土地征收范围之外，通过反向排除使公共利益的界定进一步明确。

我国宪法虽提及公共利益，指出"国家为了公共利益的需要，可以依照法律规定对土地实行征收或者征用并给予补偿"，但对公共利益的具体内涵并未予以界定。新土地法修正案中则明确指出："为了保障国家安全、促进国民经济和社会发展等公共利益的需要，可以依法实施征收的情形包括：①国防和外交的需要；②由政府组织实施的能源、交通、水利等基础设施建设的需要；③由政府组织实施的科技、教育、文化、卫生、体育、环境和资源保护、防灾减灾、文物保护、社会福利及市政公用等公共事业的需要；④由政府组织实施的保障性安居工程、搬迁安置工程建设的需要；⑤在土地利用总体规划确定的城市建设用地范围内，由政府为实施城市规划而进行开发建设的需要；⑥法律、行政法规规定的其他公共利益的需要。"

3. 土地征收程序

在总结改革试点成果以及多年来土地管理实践成效的基础上，新土地管理法进一步规范征地程序："市、县人民政府申请征收土地的，应当开展拟征收土地现状调查，并将征收范围、土地现状、征收目的、补偿标准、安置方式和社会保障等主要内容在拟征收土地所在的集体经济组织范围内进行公告，听取被征地的农村集体经济组织和农民意见；市、县人民政府根据征求意见情况，必要时应当组织开展社会稳定风险评估；相关前期工作完成后，市、县人民政府应当组织有关部门与被征地农民、农村集体经济组织就补偿安置等签订协议，测算征地补偿安置费用并保证足额到位。"在土地征收的前置程序中加入了征求意见环节，并要求地方政府在征地前先与农民签订土地补偿安置协议,落实补偿安置资金,这对于保障被征地农民的知情权、参与权、监督权,以及推进土地征收效率都具有重要意义。结合土地征收制度改革试点政策和新土地法修正案相关规定,梳理土地征收基本步骤如下。

(1) 确定征收项目选址,宣传征地相关规定。

(2) 发布拟征地通告,将拟征地的用途、公益性、位置、补偿标准和安置途径等,以书面形式告知被征地农村集体经济组织。被征地农村集体经济组织对征收项目公共利益认定有异议的,需组织听证,确定是否属于公共利益范畴。

(3) 开展土地现状调查,并履行确认程序。对拟征土地的权属、地类、面积以及地上建(构)附着物种类、数量等现状进行调查,调查结果应与被征地农村集体经济组织、农户和地上建(构)附着物产权人确认。

(4) 拟订土地征收方案和征地补偿安置方案,并予以公告,征求被征地集体经济组织和农户的意见,依法进行修改完善。

(5) 与被征地集体经济组织、农民签订土地征收协议和征地补偿安置协议,对征地补偿安置予以确认。被征收土地的所有权人、使用权人应办理征收土地补偿登记手续。

(6) 开展社会稳定风险评估,落实征地补偿安置费用和社会保障费用。

(7) 区(县)国土房管局收集土地征收项目资料,组卷上报省级以上人民政府批准。

征收土地实行两级审批制度,即国务院和省级人民政府。建设占用土地,涉及农用地转为建设用地的,应办理农用地转用审批手续;征收基本农田,基本农田以外的耕地超过 35 公顷的,其他土地超过 70 公顷的,由国务院审批;其他用地和已经批准农用地转用范围内的具体项目,由省级人民政府审批并报国务院备案。申请征地不得化整为零,一个建设项目需要征收土地,应当根据总体设计一次申请批准。分期建设的项目,应当分期征地,不得先征待用。铁路、公路和输油、输水等管线建设需要征收土地的,可以分段申请批准,办理征地手续。

4. 征收补偿范围与标准

我国土地征收补偿存在两大问题。其一,补偿标准偏低。土地征收补偿费是按照土地征收前三年平均年产值的不超过 30 倍作为法律限额,没有考虑土地保障价值及对土地增值收益的合理分配,没有考虑土地的市场价值。其二,补偿范围窄。没有考虑因征收造成剩余土地面积变小无法再耕种原作物、所征收土地建设工厂或道路后对邻近土地收成的影响、因征收土地造成原有为了规模化经营而购买的机械化设备无法再使用以及一些基本必要的为征收而支出交通、通信和法律咨询费用等损失。如何合理提高征收补偿标准是土地征收制度改革的重要内容之一。

为此,2019 年新修订的土地法明确提出"征收土地按照被征收土地的原用途,兼顾国家、集体、个人合理分享土地增值收益",并对征收补偿具体进行了三方面的修改:①要求综合考虑土地产值、区位、供求关系以及经济社会发展水平等因素,综合评估确定区片综合地价,并按照被征收土地的原用途,兼顾国家、集体、个人合理分享土地增值收益,给予公平合理补偿;②重新界定补偿费用,指出"征地补偿安置费用包括土地补偿费、安置补助费、农民宅基地及房屋补偿、地上附着物和青苗的补偿费,以及被征地农民的社会保障费用等",单列了宅基地及房屋补偿费与社会保障费;③提出要通过安排一定数量的经营性建设用地或者物业,将被征收土地的农村居民纳入相应的医疗、养老社会保障体系等,切实保障被征地农民的长远生计。

征收补偿范围如下。

(1) 土地补偿费

该费用是指因国家征用土地对土地所有者失去土地所造成的收益损失而进行的补偿。土地补偿费归农村集体经济组织所有。原土地管理法规定土地补偿费为该耕地被征收前三年平均年产值的 6~10 倍。

2004 年 10 月国务院出台的《关于深化改革严格土地管理的决定》和同年 11 月国土资源部发布的《关于完善征地补偿安置制度的指导意见》,要求逐步制定各市县的统一年产值、年产值倍数和区片综合地价,以做到征地补偿同地同价。

新土地法进一步明确规定:"省、自治区、直辖市应当制订并公布区片综合地价,确定征收农用地的土地补偿费和安置补助费标准。区片综合地价标准应根据社会、经济发展水平适时调整。征收农用地以外的其他土地的补偿标准由省、自治区、直辖市规定。"

征地区片综合地价是规划征地范围内分片的土地征收补偿综合标准,原则上不包括地上附着物和青苗补偿费。区片综合地价应当考虑土地资源条件,土地产值、区位、供求关系,以及经济社会发展水平等因素综合评估确定,并按照被征收土地的原用途,兼顾国家、集体、个人合理分享土地增值收益,给予公平合理补偿。

(2) 青苗补偿费

该费用是指征地时,对被征土地上生长的农作物,如水稻、土豆、小麦、玉米和蔬菜等,所造成损失给予的一次性经济补偿费用。青苗补助费和其他地面附着物的补偿标准,须按各省、自治区、直辖市的规定执行。其中地上附着物及青苗补偿费归地上附着物及青苗的所有者所有。

(3) 农民宅基地及房屋补偿

该费用指农民合法拥有宅基地及其上房屋等各类设施的补偿费用。农民住房不再作为地上附着物补偿,而是作为专门的住房财产权给予公平合理补偿。征收宅基地和地上房屋,应当按照先补偿后搬迁、居住条件有改善的原则,采取重新安排宅基地建房、提供安置房或者货币补偿等方式给予公平合理补偿,保障被征地农民的居住权。

(4) 地上附着物补偿费

该费用包括被征收土地上的各种地上建筑物、构筑物,如房屋、道路、管线、水井和水渠等的拆迁费和恢复费,以及被征地上林木的砍伐费和补偿费。

(5) 安置补助费

该费用是指国家为了解决以土地为主要生产资料并取得生活来源的人口,因失去土地造成生活困难而给予的补助费用。安置补助标准是按照需要安置的农业人口数,即征收的耕地数量除以征地前被征收单位平均每人占有耕地的数量计算。每个需要安置的农业人口的安置补助费标准,一般为该耕地被征收前三年平均年产值的 4~6 倍。最高不得超过被征收前三年平均年产值的 15 倍。

如果按照这一规定所得土地补偿费和安置补助费,尚不能使需要安置的农民保持原有生活水平的,经省、自治区、直辖市人民政府批准,可以增加安置补助费。但是,土地补偿费和安置补助费的总和不得超过该土地被征收前三年平均年产值的30倍。若仍不能使被征地农民维持原有生活水平的,当地人民政府可以用国有土地有偿使用收入予以补贴。

(6) 社会保障费用

该费用是指国家为了保障失地农民长远基本生活而安排的补贴费用。集体土地不仅是集体的财产,在城乡社会保障制度二元分立的背景下,还承载了农民的生存保障功能。将集体土地征收后,农民必须重新择业、重新学习劳动技能。因此,征收集体土地的同时,应当强化国家的生存照顾义务,这是征收土地后解决失地农民社会保障问题的法理基础。

《物权法》第42条要求,征收集体所有的土地,应当安排被征地农民的社会保障费用,保障被征地农民的生活。新土地法修正案则要求市县人民政府应当将被征地农民纳入相应的养老社会保障体系,被征地农民的社会保障费用主要用于符合条件的被征地农民养老保险补贴。社会保障费用并不直接支付给集体经济组织或者被征地农民,各地往往通过将被征地农民纳入城乡社保,由地方政府承担一定比例的社保资金的方式保障被征地农民的生活。社会保障费用的缴纳标准往往通过地方政府规章或者文件的形式予以确定。

(7) 其他补偿费

该费用是除土地补偿费、安置补助费、农民宅基地及房屋补偿费、地上附着物和青苗补偿费、社会保障费以外的其他补偿费用,即因征地单位和被征收方所造成的其他方面损失而支付的费用,例如水利设施恢复费、搬迁费、误工费和基础设施恢复费等一系列费用,征收城市郊区的菜地时,用地单位应当按照国家有关规定缴纳新菜地开发建设基金。

三、土地征收补偿理论

1. 土地征收补偿原则

土地征收补偿必须依据土地价值与拆分损失大小,按照公平合理和权益保障的原则,对因征地而受损失的人给以货币或其他方式补偿。目前土地征收通常遵循以下三种补偿原则。

(1) 完全补偿原则

该原则从"所有权神圣不可侵犯"的观念出发,认为损失补偿的目的在于实现平等,而土地征收是对"法律面前一律平等"原则的破坏,为矫正这一不平等的财产权侵害,自然应当给予完全的补偿才符合公平正义的要求。从财产权保障来看,财产权因公益征用而被损害时,对其应给予完全补偿,使其能以该补偿重新取得与被征用标的物同等价值之物,以恢复被征用前同样的财产状况。

从生存权的保障来看,土地征收威胁到被征用人的生存,惟有给予包括一切附带损失的完全补偿,才能有效保障人民的生存权和生活权。为此,该原则主张补偿不仅限于征用的客体,而且还包括与该客体有直接或间接关联以及因此延伸的一切经济上和非经济上的利益。

(2) 不完全补偿原则

该原则从强调"所有权的社会义务性"出发,认为财产权应负有社会义务。为了调和权利剥夺和社会义务,该原则主张补偿应仅限于被征用财产的价值,至于难以量化的精神上的损失、生活权的损失等个人主观价值的损失,应当视为社会制约所造成的一般牺牲,个人有忍受的义务,不应予以补偿。至于可以量化的财产上的损失、迁移损失以及各种必要费用等具有客观价值而又能举证的具体损失,则应给予适当的补偿。

(3) 相当补偿原则

该原则认为,由于"特别牺牲"的标准是相对的、活动的,因此对于土地征用补偿应分别情况而采用完全补偿原则或不完全补偿原则。在多数情况下,本着宪法对财产权和平等原则的保障,就特别财产的征用侵害,应给予完全补偿,但在特殊情况下,可以准许给予不完全补偿。比如对于特定财产所给予的一般性限制,由于该限制财产权的内容在法律的权限之内,因此要求权利人接受低于客观价值的补偿并没有违反平等原则的要求。

纵观世界各国,土地征用补偿的原则各不相同,即使是同一国家,随着权利观念从权利私有化向权利社会化的转变,以及经济发展状况的不同,也有不同的规定。如德国、日本等国大多经历了从完全补偿至不完全补偿,至相当补偿的阶段。德国在一次世界大战前强调对财产权人充分的补偿,因而对于财产权人的损失,既包括对土地的通常价值的补偿(指物对任何人都能使用的价值以及对任何人都能产生及估价计算得出的便利及舒适的价值),又包括对于该物的特别价值的补偿(即除通常价值外,基于某种条件及关系才产生的价值)。人民遭到公权力的侵害而牺牲时,应给予被征收人任何可能损失的补偿,这种通常损失及特别损失的并列补偿,以市场经济的交易价值作为估价标准。第一次世界大战后,由于德国国内经济情况随着战争范围的扩大及时日的拖久而日益困难,对人民遭受的一切损失皆予以补偿已不可能,因此对土地征用的补偿采取不完全补偿的原则,认为被征收人不可以牺牲大众利益的代价取得不劳而获的利益,其补偿的是被征收物的收益价值,而非较高的、含有期待及投机性质的市价。然而这种补偿既然低于市价,则对于依赖该土地为生的人民,如以耕种为生的农民,势必无法以所获的补偿在区域内购买相当的土地,这就对被征收人产生了不公平。因此法院认为,若是被征收人是依赖被征收土地而生存时,则应按市价补偿,而其他的损失,只要是非投机性的价值也可得到补偿。二战后,进入相当补偿阶段,即以公平的市价(通常价值)进行补偿。待国内经济复兴后,又返回完全补偿的原则,即包括按照市价所确定的实体损失(土地及其附着物)、其他财产损失(与被征收实体无关,而因征收产生的直接及必然的损失)与特别不利损失。

就全世界的发展趋势来看,对于国家合法行为所造成的损失,其补偿范围与标准均呈日渐放宽之势,以便对人民所遭受的损失以更充分、更完全的补偿。特别是,一些发达国家如美国、英国等为了避免强制征收,更多的是采取同土地所有者合作或商议的形式获得土地,只有当协商不成时,才动用征地权。

2. 土地征收补偿学说

纵观世界各国对土地征用补偿理论,可以将其分为既得权说、恩惠说、公用征收说、社会职务说和特别牺牲说。具体内容如下。

(1) 既得权说

此说认为人民的既得权既然是合法取得的,就应当得到绝对的保障,即便是由公共利益的需要,使其遭受经济上的特别损失,也应当基于公平的原则给予补偿。此说是以自然法思想为基础,理论较为陈旧,而且对于既得权以外的权利所受到的损害,也未能说明补偿的理论依据。

(2) 恩惠说

此说强调国家统治权与团体利益的优越性,主张绝对的国家权力,以及法律万能和公益至上。此说认为个人没有与国家对抗的理由,甚至完全否认国家对私人有提供损失补偿的必要。国家侵害个人权利给予补偿,那完全是出于国家的恩惠。此说颇具专制色彩,难以说明现代的土地征用补偿制度。

(3) 公用征收说

此说认为国家法律固然有保障个人财产的一面,但也有授予国家征收私人财产权力的另一面,对于因公共利益的需要而作的合法征用,国家可以不承担法律责任,但是仍然应给予个人相当的补偿,以求公平合理。

(4) 社会职务说

此说摒弃权利天赋的观念,认为国家为了使各人尽其社会一分子的责任,首先应承认个人的权利,这是实现社会职务的手段。因为权利的本质具有义务性,人民的财产被征用后,国家酌量给予补偿,才能使其社会职务得以继续履行。

(5) 特别牺牲说

此说基于法的公平正义观念,认为国家的合法征地行为对人民权益所造成的损失与国家课以人民一般的负担不同,它是使无义务的特定人对国家所作的特别牺牲,这种特别牺牲应当由全体人民共同分担给其以补偿,才符合公平正义的精神。

以上几种学说,特别牺牲说在实际运用中比较容易被接受,也较有说服力,多数国家通常采用此理论对被征地主体进行相应的补偿。从这一学说可以看出,土地征用补偿作为一种调节的技术方式,将公民、法人及其他社会组织所受的特别牺牲分由全体人民共同负担。具体地说,就是当某特定人在公共利益需要的原则下,即在无可归责于其本身的情况下,遭受特别异常的牺牲时,基于公平正义的精神,应当由全体人民共同分担其牺牲,以调节其个人的损失。这样做的目的在于谋求国家公益和个人私益之间的协调,以达到法律生活的安定。

国外及其他地区土地征收补偿借鉴

(1) 日本土地征收补偿内容

日本政府认为因征地给私人财产权造成损失时,应既照顾公共利益又尊重私人财产权,对私人财产权等的损失进行赔偿。土地征收补偿的内容有六个方面。①征收损失补偿。即公共事业征用特定者的土地时,按被征用土地的经济价值即正常的市场价格计价赔偿。该价格主要是参考较近地区的交易价格确定的。即征用时的正常市价等于确定征用时邻近同类的土地交易价格所算定的相当价格乘以确定征用至实际征用间的物价指数变动。②残余地补偿。即因部分土地的征用而致使与其相连的未被征用的残余土地的价值减少,或因面积过小难以独立适当地使用该剩余畸零土地所给予的补偿。其补偿标准为:因征用减低的价值;残余地须新建、增建或改进通路、沟渠、围墙、栏栅及其他构造或须修缮、填土、挖土等所需的费用;残余地所有人可以申请将残余地一并征用。③通损赔偿。即土地被征用后，土地权利者由于必须迁到别处生活而产生的搬迁费和营业损失以及其他附着物的搬迁费用等附带损失。损失赔偿主要包括对征用土地上的建筑物、设备、树木等固定在土地上的物体的搬迁费用的赔偿，以及对搬迁建筑物时发生的其他费用损失和动产搬迁费用的赔偿。另外，对被征用者在收益上所受的损失也要赔偿，这种赔偿包括歇业赔偿、停业赔偿、营业规模缩小赔偿以及农业赔偿和渔业赔偿。④离职者赔偿。这是赔偿土地权利者的雇用人员因土地被征用而失业时发生的损失的赔偿制度。赔偿原则是在离职者寻找工作所需的期间内，向其支付不超过原工资的适当赔偿金。⑤少数残存者补偿。这是因大型公共事业如水库建设等使建设地区的社会本身遭到破坏，只有少数几家可能残存下来，这残存的几家由于原来的共同体被破坏了，在因脱离生活共同体而造成的损失很大时，应当采取重建生活的对策，所以要支付适当的赔偿以维持生活。⑥事业损失赔偿。这是一种在公共事业完成开工后造成的噪声、废气、水质污染等损害的赔偿，在确实可预见会发生损害的情况下，进行事前赔偿。

(2) 美国土地征收补偿内容

根据美国财产法，合理补偿是指赔偿所有者财产的公平市场价格，包括：①财产的现有价值和财产未来赢利的折现补偿，通常土地征收补偿是根据征收时点的土地市场价格补偿，同时充分考虑到土地可预期、可预见的未来价值；②因征地而导致邻近土地所有者经营损失的补偿。

(3) 加拿大土地征收补偿内容

在市场价格范畴内，补偿一般涉及以下几个方面。①被征用部分的补偿。必须依据土地的最高和最佳用途，根据当时的市场价格补偿。②有害或不良影响补偿。主要针对被征用地块剩余的非征地，因建设或公共工作对剩余部分造成的损害，可能还包括对个人或经营损失及其他相关损失的补偿。这种补偿不仅包括被征地，还包括受征地影响相邻地区的非征地。③干扰损失补偿。被征地所有者或承租人因不动产全部或部分征用，因混乱而造成的成本或开支补偿。④重新安置的困难补偿。

(4) 德国土地征收补偿内容

德国土地征收补偿包括：①土地或其他标的物的权利损失补偿，补偿标准为以土地以及其他标的物在征收机关裁定征收申请当日的移转价值或市场价值；②营业损失补偿，以在其他土地投资可获得的同等收益为标准；③征收标的物上的一切附带损失补偿；④邻接土地所有者经营者因征地受到影响所带来的损失补偿。

(5) 中国台湾地区土地征收补偿内容

中国台湾地区土地征收补偿的项目包括如下几个方面。①地价补偿。其补偿标准因法律规定有所不同，主要有已依法规定地价，其所有权未经移转者，依其法定地价；已依法规定地价，其所有权经过移转者，依其最后移转时的地价；未经依法规定地价者，其地价由该管市县地政机关估定；保留征收的土地应补偿的地价为征收时的地价。②改良物的补偿。土地改良物分为建筑物改良物和农作物改良物。建筑物改良物补偿额为原有房屋的重置价格，即以同样的改良物在评估时重新建筑需用的费额减去因时间经历所受损耗的数额。农作物改良物补偿的估定，如被征收时与其孳息成熟时期相距在一年以内的,按成熟时的孳息估定。此外,若被征收人对补偿建筑改良物或农作物改良物价额的估定有异议的该管市县地政机关应提交给标准地价评议委员会评定。③改良物的迁移费。若改良物所有人自愿迁移改良物时,应给予适当的迁移费,包括迁移过程中的全部费用。④接连地的损害补偿。其补偿金额不得超过接连地因受征收地使用影响而减低的地价额为限。

思 考 题

1. 简述土地制度的内涵及构成体系。
2. 解释土地产权内涵,并说明土地产权的类型及结构体系。
3. 简述土地发展权的内涵及其价值。
4. 简述我国城市和集体土地使用制度的核心内容,并说明其异同。
5. 解释土地征收与土地征用的异同
6. 列举土地征收补偿制度的内涵和特征。

第十四章 土地市场管理及相关制度

章前导读

> 土地市场管理体系是政府为了规范市场行为的重要手段;地价管理则是市场管理的重要技术手段;土地储备制度是土地一级市场即出让市场的管理制度;土地税收与金融制度是支撑市场交易的辅助性制度;土地价值包括土地资源使用价值与土地资产的经济价值(地价),土地资源资产价值核算制度是国家自然资源价值核算体系的重要组成内容,也是土地市场价值管理的一项内容。
>
> 本章重点掌握土地市场管理及相关制度体系、地价管理制度体系、土地储备制度内容、土地税收政策和土地金融制度体系;熟悉市场管理要素和任务、土地调控政策、城市土地金融制度和集体土地金融制度;了解土地资源资产价值核算内涵与方法。

第一节 土地市场管理制度

一、市场管理要素与任务

1. 土地市场管理要素

土地市场管理是指国家通过法律、技术、经济和行政等手段对土地市场进行监管、服务和调控的一系列管理体系。土地市场管理要素包括市场主体、市场客体、市场中介和交易行为。

(1) 客体管理

土地市场管理的客体是土地及其产权。对土地市场客体的管理主要是限制和允许进入市场的土地产权的范围。如规范划拨土地使用权目录、规范国有建设用地入市供地条件、规范集体建设用地入市供地条件、规范农村承包经营土地入市条件等。

(2) 主体管理

土地市场管理的主体是指土地交易双方。对土地市场客体的管理主要是限制和允许交易双方入市条件和规定。①土地使用权出让人和转让人的资格。土地使用权出让人只能是国家,其代表是经国家授权的各级政府。凡因土地使用权的出让、转让而享有土地使用权的境内外的公司、企业、其他组织和个人,均可成为城镇国有土地使用权的转让人。②土地使用权受让人的资格。作为土地使用权受让人的企业、其他组织或个人,不仅要有

正当的用地理由,还要有支付土地出让、转让费用的能力或筹资能力,以及相应的经营管理能力。

(3) 中介管理

包括:①对土地中介服务企业与个人进行严格的资质审查,即政府有关机构(房地产行政管理部门、国土资源管理部门、工商行政管理部门等)对从事土地中介服务的企业或个人进行资格审定和确认;②对土地中介服务企业与个人进行经常性的审查和监督。规范中介组织行为,加强从业人员的资格管理、中介机构的资质管理,实现行业自律,促进中介机构独立、客观公正从业,维护和保障广大人民群众的权益。

(4) 交易行为管理

规范交易程序与规则,实施对土地违法交易行为的处置。包括:①土地一级市场交易程序和规则。②土地二级市场交易程序与规则。2019年国务院办公厅发布《关于完善建设用地使用权转让、出租、抵押二级市场的指导意见》提出建立产权明晰、市场定价、信息集聚、交易安全及监管有效的土地二级市场,并具体规定了土地二级市场一系列交易规定。③土地交易价格管理。包括建立和颁布公示地价、进行交易价格管制等。

2. 土地市场管理目标

土地市场管理目标是充分发挥市场机制在土地资源配置中的基础性作用,建立主体平等、产权清晰、交易公平、规则一致和竞争有序的城乡统一和健康长效稳定的土地市场。现阶段目标是试点和实行集体建设用地有偿使用制度,推行集体土地使用权入市、入股、转让、出租和抵押。

3. 土地市场管理任务

土地市场管理任务包括土地市场服务、土地市场监管与土地市场调控。

土地市场服务指政府为规范市场制度和营造市场环境,促进市场交易行为公正、交易信息公开,而实施的一系列服务。具体包括建立土地储备制度、土地供应制度、建立土地交易与价格申报制度、建立土地市场信息管理与发布制度和建立土地登记与交易信息查询制度等。

土地市场信息与发布管理主要是对土地市场交易供求和价格信息的搜集、整理、分析、预测及发布等环节的管理。土地市场交易信息发布是政府对土地市场交易信息管理的重要方面。原国土资源部自1999年开始,要求在全国建立土地市场信息发布制度,包括公布土地供给信息、交易地块信息、土地市场价格信息及土地交易政策等各类信息。其中公示地价管理是土地信息与发布管理的不可或缺的内容,有其自身体系构架。

土地市场监管主要是对土地市场管理主客体、中介、交易行为等要素的全面监督和管理,并对违法违规行为实施相应奖惩与处置。

土地市场调控是指为了配合国家经济运行和解决土地市场失灵,通过法律手段、经济手段和行政手段,对土地市场供需、价格和交易行为制定的一系列政策及其举措。其主要目的是抑制土地投机,维护土地市场稳定,保护资源,优化土地资源配置及合理分配土地收益。

4. 土地市场管理手段

土地市场管理可以采用法律、行政、经济和技术四大手段。

法律手段是指国家通过制定和执行与土地相关的各种法律、法规,对土地市场进行法律监督,从而规范土地市场行为、维护土地市场稳定,达到土地市场管理的目的。我国与土地市场管理相关的主要法律包括《中华人民共和国土地管理法》《中华人民共和国城镇国有土地使用权出让和转让暂行条例》《中华人民共和国城市房地产管理法》《协议出让国有土地使用权的规定》《招标拍卖挂牌出让国有建设用地使用权规定》等。

经济手段是指国家运用跟土地相关的经济政策,通过对经济利益的调整而影响和调节土地市场活动,管理土地市场。经济手段包括:①税收政策,通过设置土地税种、调整税率,调节土地市场的需求量和需求结构。②财政政策,政府通过财政投资引导土地投资,调整投资方向和投资结构。③货币政策,通过调整存款准备金率、利率、贷款规模,间接调整土地市场。④价格政策,通过编制城市或农村基准地价和标定地价,进行地价动态监测、发布地价指数、制定协议出让最低价等形式影响土地价格,调整土地市场供需。⑤产业政策,通过土地供应环节落实国家的产业政策,调节土地市场供应方向。

行政手段则是指国家通过行政机关采取政策文件、指示、指标和规定等行政措施来调节和管理土地市场。由于土地资源的特殊性质,行政手段必然是土地市场管理最直接的手段。行政手段包括:①编制土地利用规划、城市规划和土地利用计划。②制定限制或禁止供地目录。③建立公示地价制度。④建立市场交易许可。⑤市场信息公开查询制度等。

技术手段指国家利用新的技术工具和方法为土地市场管理提供科学和及时的数据支撑。如建设土地登记与交易信息系统、房地产登记与交易信息系统、土地与房地产预警预测系统等各类数据库,运用大数据、人工智能、航空遥感、GPS、GIS、互联网和物联网等一系列先进技术手段进行土地市场服务、监管与调控。

5. 土地二级市场交易制度

目前我国以政府供应为主的土地一级市场已相对完善,而以市场主体之间转让、出租、抵押为主的土地二级市场发展相对滞后。2019年,国务院办公厅发布了《关于完善建设用地使用权转让、出租、抵押二级市场的指导意见》(以下简称《指导意见》),提出建立产权明晰、市场定价、信息集聚、交易安全和监管有效的土地二级市场,为完善我国土地二级市场的顶层设计,确立了一系列基础性、系统性制度安排。

1) 交易规则

围绕土地二级市场的转让、出租和抵押这三种主要的交易方式,基于产权的激励和市场的配置,明确了交易的形式和条件。

(1) 建设用地使用权转让

建设用地使用权转让形式规定。各类导致建设用地使用权转移的行为都应视为建设用地使用权转让,包括买卖、交换、赠与、出资以及司法处置、资产处置、法人或其他组织合并或分立等形式涉及的建设用地使用权转移。建设用地使用权转移的,地上建筑物、其他附着物所有权应一并转移。涉及房地产转让的,按照房地产转让相关法律法规规定,办理房地产转让相关手续。

不同权能建设用地使用权转让规定。以划拨方式取得的建设用地使用权转让,需经依法批准,土地用途符合《划拨用地目录》的,可不补缴土地出让价款,按转移登记办理;不符合《划拨用地目录》的,在符合规划的前提下,由受让方依法依规补缴土地出让价款。以出让方式取得的建设用地使用权转让,在符合法律法规规定和出让合同约定的前提下,应充分保障交易自由;原出让合同对转让条件另有约定的,从其约定。以作价出资或入股方式取得的建设用地使用权转让,参照以出让方式取得的建设用地使用权转让有关规定,不再报经原批准建设用地使用权作价出资或入股的机关批准;转让后,可保留为作价出资或入股方式,或直接变更为出让方式。

土地分割、合并后的地块转让规定。分割、合并后的地块应具备独立分宗条件,涉及公共配套设施建设和使用的,转让双方应在合同中明确有关权利义务。拟分割宗地已预售或存在多个权利主体的,应取得相关权利人同意,不得损害权利人合法权益。

(2) 建设用地使用权出租

以出让、租赁、作价出资或入股等有偿方式取得的建设用地使用权出租或转租的,不得违反法律法规和有偿使用合同的相关约定。以划拨方式取得的建设用地使用权出租的,应按照有关规定上缴租金中所含土地收益,纳入土地出让收入管理。宗地长期出租,或部分用于出租且可分割的,应依法补办出让、租赁等有偿使用手续。建立划拨建设用地使用权出租收益年度申报制度,出租人依法申报并缴纳相关收益的,不再另行单独办理划拨建设用地使用权出租的批准手续。

(3) 建设用地使用权抵押

不同权能建设用地使用权抵押的条件不同。以划拨方式取得的建设用地使用权可以依法依规设定抵押权,划拨土地抵押权实现时应优先缴纳土地出让收入。以出让、作价出资或入股等方式取得的建设用地使用权可以设定抵押权。以租赁方式取得的建设用地使用权,承租人在按规定支付土地租金并完成开发建设后,根据租赁合同约定,其地上建筑物、其他附着物连同土地可以依法一并抵押。

2) 交易程序

(1) 在市县自然资源主管部门现有的土地交易平台或机构的基础上搭建城乡统一的土地市场交易平台,汇集土地二级市场的交易信息,提供交易场所,大力推进线上交易。

(2) 优化交易流程,建立信息发布、达成意向、签订合同和交易监管的操作流程,同时明确相关规则,交易的双方可以自行协商交易,也可以委托平台公开交易。政府要加强交易的事中、事后监管,对于价格异常的,政府可以依法实行优先购买权,以维护市场平稳运行。

二、地价管理制度

1. 公示地价政策

建立公示地价管理制度有利于实现土地交易管制、实现土地价格管制,同时为土地市场交易提供参考。《中华人民共和国城市房地产管理法》32条规定:"基准地价、标定地价、各类房屋重置价应当定期并公布。"

《城镇土地估价规程》(GB/T 18508—2014)规定:基准地价一般两年更新一次,在土地市场发生重大变化或影响土地价格的种种因素发生重大变化后,必须进行基准地价更新,对原基准地价进行全面或局部调整。

1992年3月8日国家土地管理局令〔1992〕《划拨土地使用权管理暂行办法》第26条：划拨使用权补交出让金最低不得低于标定地价的40%。

2001年5月30日《关于加强国有土地资产管理的通知》规定：

(1) 国有土地使用权转让，转让双方必须如实申报成交价格。申报土地转让价格比标定地价低20%以上的，市、县人民政府可行使优先购买权。

(2) 要根据基准地价和标定地价，制定协议出让最低价标准。2003年6月5日21号令《协议出让国有土地使用权规定》第五条："有基准地价的地区，协议出让最低价不得低于出让地块所在级别基准地价的70%。"

(3) 建立全国地价动态监测信息系统，对全国重要城市地价水平动态变化情况进行监测。

2. 基准地价

1) 基准地价内涵

基准地价是指在城镇规划区范围内，现状利用和规划利用条件下，设定土地开发程度和设定容积率条件下，对不同级别土地或不同均质地域的土地按照商业、办公、住宅和工业等用途，分别评估在确定的某一时点上，按法定最高出让年限出让土地使用权的区域平均单位价格。基准地价具有全域性、分用途、平均性、有限期及时效性等特性。

2) 基准地价体系

基准地价体系主要由土地级别（区段）、土地级别（区段）地价、基准地价修正体系和标定地价四大体系构成。

(1) 土地级别（区段）

通过对土地价格影响因素以及土地价值空间分布特征的综合分析，评定的城镇土地不同级别范围或不同均质地域区段范围，以揭示城镇不同用途土地价格的空间分异规律。这里"段"特指商业路线段。

(2) 土地级别（区段）地价

即一定土地级别或区段范围、某一估价期日法定最高出让年期土地使用权、一定土地利用条件下的区域土地平均价格。

(3) 基准地价修正体系

将基准地价成果运用到宗地价格评估的一整套指标修正体系。包括不同用途，如，商、办、住宅和工业等用地的区域因素修正体系和个别因素修正体系。

(4) 标定地价

指一定等级或区段某类用途所选定的标准宗地的评估时点评估价格。标准宗地则是土地级别或区段内具有代表性、中庸性、稳定性和易操作性的地块。

3) 基准地价作用

反映城市土地价值的空间分布规律；城市土地资源与资产的配置参考；城市土地资产管理参考；城市土地价格管理与土地市场调控；城市房地产税征收（大宗评估）依据；城市土地使用税征收依据；评估出让底价管理（不得低于级别基准地价的80%）；协议出让最低价管理

依据(不得低于基准地价的70%);评估宗地价格依据;补交出让金依据;企业投资决策的依据。

4) 标定地价作用

为宗地和房地产价格评估提供依据;实施政府优先购买权(标定地价低20%以上);确定划拨用地补交出让金标准;企业清产核资和股份制改造中土地资产评估依据;对接地价动态监测体系。

3. 地价监测管理

城市地价动态监测管理是指根据城市土地市场的特点,通过设立地价监测点,收集、处理并生成系列的地价指标,对城市地价状况进行观测、描述、评价和管理的过程。

城市地价动态监测工作的主要目标和任务是调查城市地价的水平及变化趋势,形成季度和年度监测成果,实现对全国重点地区和主要城市地价水平和变动情况的实时监测,为社会提供客观、公正、合理的地价信息,为政府部门加强地价管理和进行土地宏观调控提供基础数据和决策依据。

城市地价动态监测的基本技术程序如下:①确定地价动态监测的范围;②建立以地价监测点为基础的数据源;③采集并处理监测数据;④根据检测目标建立地价动态监测指标体系;⑤计算各类地价监测指标;⑥对城市地价状况进行综合分析和评价;⑦编制城市地价动态监测报告;⑧发布城市地价动态监测信息。

4. 三位一体地价体系

2001年以来,我国城市已建立起完备的城市地价动态监测体系。然而,我国基准地价、标定地价与地价监测体系的协同与衔接缺失,造成大量工作重复和浪费。事实上,基准地价的定级成果可作为设定标准宗地和地价动态监测点的依据,地价动态监测数据则作为地价指数测算依据和基准地价更新的依据。基准地价以等级、区片和商业路线价为主,本质是反映城镇一定区域土地价格水平及其空间分布规律,能够在更宏观的方向上引导土地的空间利用和投资行为,并可作为大宗评估依据。标定地价作为标准宗地的价格,每年或每期评估,是具体的、稳定的、现势的,作为指导土地市场交易及土地价格评估和征地补偿的有力依据,也可作为差异性税种(如增值税及个人所得税)征收的依据。地价动态监测体系侧重地价指数测算和变动分析,反映土地市场价格的变化现状与趋势。

基准地价、标定地价、地价动态监测体系在作用、特点等方面应各有侧重、互为补充,构建三位一体的公示地价体系有利于建立与国际惯例相接轨并具有中国特色的地价公示制度。三者对接关系如图14-1所示。

三位一体公示地价体系的推进措施如下。

(1) 实现标准宗地与地价动态监测点体系统一

宗地和地价动态监测点应该遵循共同的选择原则和共同的选择标准,具有相同分布密度。总之,应该尽快实现两套宗地系统的完全统一。

(2) 规范标定地价评估和公示制度

将标定地价的评估任务分配到专业评估机构,由其独立完成全部标准宗地的地价评估工作,将评估结果报送地价管理部门。每个标准宗地由两家评估公司评估。地价管理部门

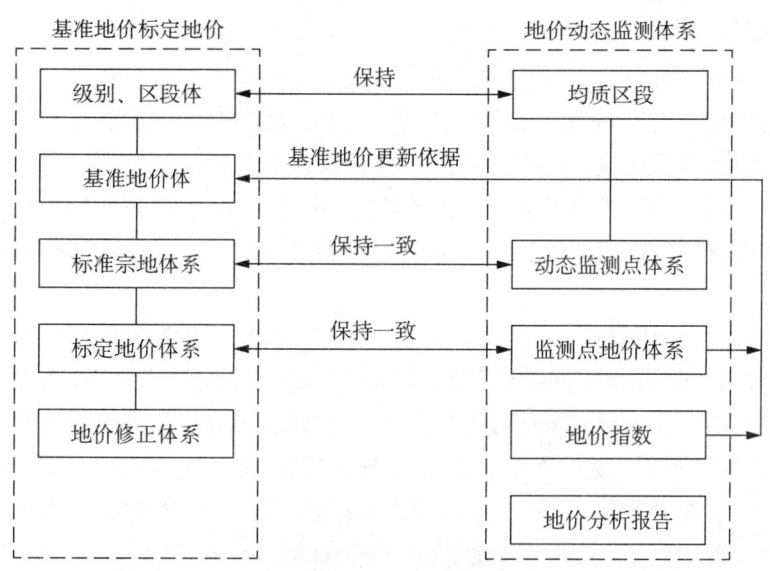

图 14-1 基准地价、标定地价与地价动态监测体系

负责组建标定地价评估专家委员会。委员会对各估价公司提交的地价评估成果进行评价和审议,确定标定地价成果后,面向全社会进行公示。

(3) 利用地价动态监测体系,实现基准地价更新

基准地价更新与地价动态监测体系的对接,需要分三步走:①根据基准地价级别和区片划分成果,建立标准宗地体系;②将新设定的标准宗地体系与新一轮地价监测点体系对接;③将监测点地价作为标定地价予以公示。

三、土地市场调控

1. 土地市场调控内涵与作用

2003 年下半年开始,在我国经济较快增长的同时出现了一些新矛盾,特别是固定资产投资膨胀、部分行业和地区盲目投资、低水平重复建设比较严重,违法违规占用耕地现象比较突出。为从源头上监管固定资产投资的数量和结构,遏制局部投资"过热"的势头,保障宏观经济的稳定运行,中央将土地市场调控政策作为国家宏观经济调控的重要手段,简称土地调控,并赋予原国土资源管理部门参与宏观调控的重要职责。

土地市场的调控政策主要有供给侧、需求侧和交易环节等三大方面调控政策构成。基于土地经济理论,供给侧的调控方法包括土地供地总量调控、供地结构调控、供地时序调控和供地方式调控等;需求侧调控的方法包括购地主体调控、购地资金调控、购地方式调控;交易环节的调控方法包括交易方式调控、交易税收调控、交易价格调控和指导等。

当前土地市场调控政策主要体现在土地供给政策中:①供地数量。在 2019 年,自然资源部《制定实施 2019 年住宅用地"五类"调控目标的通知》中提出,制定实施本年度住宅用地分类调控目标。各地需根据商品住房库存消化周期,结合本地土地市场实际,切实优化住宅用地供应,实施差别化调控政策,在上一年住宅用地供应分类调控目标基础上,调整确定2019 年住宅用地供应"五类"(显著增加、增加、持平、适当减少、减少直至暂停)调控目标。

②供地方式。自2016年以来,在中央"房住不炒"的指导思想下各城市实行"分类调控、因城施策",发挥地方政府能动性,对供地方式进行革新,推出各类保障房用地,如北京、上海分别试点集体土地建设"共有产权房"和租赁住房。③供地结构。在保障农业农村发展用地方面,新增建设用地计划要确定一定比例用于支持农村新产业、新业态发展;在促进房地产平稳健康发展方面,要对保障性住房用地应保尽保,对房价上涨压力大的城市合理增加土地供应、调整用地结构、提高住宅用地比例,对去库存压力大的三、四线城市减少或暂停住宅用地供应等。

土地市场调控的作用表现在:①调控经济增长。通过土地供应量和供应结构调节投资规模及投资方向,直接、有效地调控经济增长速度和增长方式;②调节经济结构。通过规范和调节土地利用,引导产业结构调整,促进产业结构优化升级;③调控经济布局。根据国家和区域经济社会发展战略,按照资源和区位比较优势,完善土地规划、土地利用总体规划等空间规划和专项规划,并制定相应的土地利用和供应政策,充分发挥市场配置资源的基础性作用,有效整合资源,优化空间布局,促进经济区域的分工协作和协调发展;④调控土地市场,熨平市场周期波动。

2. 土地调控与财政货币政策调控

财政政策和货币政策是宏观经济调控的两大手段。财政政策是指政府通过对财政收入和支出总量的调节来影响经济运行的政策,它包括财政收入政策和财政支出政策。货币政策指政府所有有关货币方面的规定和采取的影响金融变量的一切措施。土地政策是指以土地为实施对象,围绕土地储备、供应、转让和使用的所有政策的总称,它包括土地供应政策、土地税收政策、地价政策及土地金融政策等。严格意义上讲,土地政策与财政政策和货币政策并不是同一个划分标准下的分类。土地政策同后两者没有严格的界限,存在部分交叉。因此,土地政策作为宏观调控的新手段,仅是特定阶段国家赋予土地宏观管理在宏观经济调控中的特殊地位。

同时,我们要认识到,土地参与宏观调控的局限性。土地是基本生产要素之一,是进行固定资产投资的基础是政府财政收入的重要来源。土地市场调控通过直接改变土地的量和结构来调节投资,效果具有一定的刚性。从这一点来讲,土地政策对固定资产投资方向和投资结构的调整比财政政策和货币政策更直接有效。但是,土地毕竟不是影响宏观经济整体运行的基本变量,它的调控范围狭窄,只能辅助财政政策和货币政策实施宏观经济的调控结果。

上海土地市场调控政策

2017年4月11日,原上海市规土局发布《上海市国有建设用地使用权出让补充公告》,对临港、奉贤共计3幅地块的出让相关内容进行调整,决定采用"招标+挂牌"的组合方式出让,采用此方式将土地投向市场。此举是通过土地复合出让、强化用地交易资金的来源监管等举措严控投机。

采取这样的政策主要有两方面考虑：①是为了平抑地价，保持土地市场的平稳，开展有序的竞价；②是从上海发展特点来讲，上海城市管理今后的运营开发需要更多高品质、有实力的开发商，不仅仅成为城市开发商，更要成为城市运营商，不仅要从土地价格考虑综合实力，更要考虑企业开发、运营的综合实力。

在过去的5年时间中，上海积极应对经济发展新常态和资源环境紧缺的新形势，推进国土资源领域供给侧改革与优化土地要素配置、优化用地结构、优化空间管控政策充分结合，自2013年起提出"五量调控"土地新政，通过上海土地利用方式转变，促进城市发展方式、社会治理方式、政府工作方式转变。

一方面，上海对土地进行总量锁定。通过新一轮总体规划编制、划示"新三线"，定3200平方公里为上海建设用地的天花板，锁定了上海未来城市空间发展和土地利用的基本格局。另一方面，大力推进减量化工作。在保障战略新产业、重大基础设施、社会民生项目需求的基础上，建立新增经营性建设用地指标与现状低效建设用地减量化挂钩机制，年新增用地从"十二五"初期的每年40平方公里逐步降至2016年的16平方公里。预计到"十三五"末，全市将累计完成减量50平方公里。减量化复垦的土地将优先于生态建设。

上海在土地方面重视流量增效。推行工业用地弹性年期出让制度，实行土地全生命周期管理，优化房地产市场供应结构。按照"商品住房用地稳中有升、保障性住房用地确保供应、租赁住房用地大幅增加"的原则，在确保土地可持续供应的基础上，充分考虑市场需求，有序加大住宅土地供应，保障中小套型供应比例，调整优化商业办公规模布局，在就业密集、产城融合重点区域以及轨道交通站点周边区域推出租赁住房用地，构建租售并举的住房体系。

2017年4月21日，上海市规划国土资源局制定的《关于加强本市经营性用地出让管理的若干规定》对商办土地出让明确若干重大新规，通过精准调控经营性用地出让，意在强调商办与住宅应"各归其位"，鼓励房地产企业与机构投资者通过长期持有物业经营获利，而非依靠短期炒作房屋产权买卖获利。其核心条款包括以下几条。

① 出让合同中应明确办公用地不得建设公寓式办公；

② 出让合同中商业用地未经约定，不得建设公寓式酒店；

③ 出让合同约定办公、商业可售部分以层为单元进行销售；

④ 出让人应按照相关文件规定明确商业、办公物业的持有比例和持有年限，并载入土地出让合同；

⑤ 出让合同约定社区配套商业物业、商品住宅用地配套商业物业应整体持有；

⑥ 受让人在完成开发建设并领取房地产权证后，土地出让合同中约定持有的物业，在持有年限内不得转让；

⑦ 对商业、办公、商品住宅等经营性物业，应按照出让合同约定持有相应面积的房地产，不得整体、分割转让；

⑧ 按照土地出让合同约定的自持部分物业，应整体抵押，不得分割抵押；

第二节 土地储备制度

一、土地储备制度发展

1. 土地储备制度概念

(1) 土地储备制度内涵

土地储备制度是我国土地市场管理的核心和独特的制度。土地储备制度是指县级(含)以上国土资源主管部门为调控土地市场、促进土地资源合理利用,依法取得土地,组织前期开发、储存以备供应的制度。土地储备制度实质是由政府进行城市土地的统一取得、统一开发、统一储备,达到供地条件,再由政府统一经营和统一供应。即所谓一个口子进,一个口子出。土地出让相关行为不属于土地储备制度范畴,属于土地供应制度范畴。

通过土地储备制度的建立,实现了我国政府对土地一级市场的垄断。同时,土地储备制度也是政府实施土地供应的总量与结构控制、土地市场的政府调控、保障国有土地资源合理配置和国有土地资产最大化的重要手段。

土地储备工作统一归口国土资源主管部门管理,土地储备机构承担土地储备的具体实施工作。财政部门负责土地储备资金及形成资产的监管。

(2) 土地储备机构

发展初期,我国土地储备机构设立存在多种模式,有的依托土地部门或其他部门设置,有的直接依托政府设置,如成立由分管城建的副市长和副秘书长担任领导的土地储备管理委员会,有的依托区域开发独立设置,有的属于事业单位,有的属于政府部门,有的属于企业,有的政企合一,导致土地储备管理管理混乱,缺乏监督。

2018年颁布的《土地储备办法》明确规定,土地储备机构应为县级(含)以上人民政府批准成立、具有独立的法人资格、隶属于所在行政区划的国土资源主管部门、承担本行政辖区内土地储备工作的事业单位。且国土资源主管部门对土地储备机构实施名录制管理。市、县级国土资源主管部门应将符合规定的机构信息逐级上报至省级国土资源主管部门,经省级国土资源主管部门审核后报国土资源部,列入全国土地储备机构名录,并定期更新。

2. 土地储备制度发展过程

土地储备制度,在国外被称为"土地银行"。早在20世纪初,瑞典、瑞士、荷兰、英国和法国等国家就建立了土地银行制度。不同国家建立土地银行的目的虽然有所不同,但保证政府计划的实施和公共项目用地需求是其主要目标。

1996年,上海市建立了我国第一家土地储备机构——上海市土地发展中心;1997年8月杭州土地储备制度启动,其建设成果和经验在1999年全国土地集约利用市长研讨班上引起了强烈反响;1999年6月,国土资源部以内部通报形式转发了《杭州市土地收购储备实施办法》和《青岛市人民政府关于建立土地储备制度的通知》,并向全国推广杭州、青岛两市开展土地储备制度的经验;2001年4月30日,《国务院关于加强土地资产管理的通知》明确要求"有条件的地方政府实行土地收购储备制度",至此,众多城市纷纷处理土地储备机构,土地储备工作在全国迅速展开;2004年8月1日上海市颁布了《上海市土地储备办法》,率先于全国将土地储备制度进行了地方立法;2007年11月国土资源部、财政部、中国人民银行联合颁布《土地储备管理办法》,第一次将土地储备制度上升到法律层面,为我国土地储备制度的规范化运作提供了制度保障;2018年1月3日,为贯彻落实党的十九大精神,落实加强自然资源资产管理和防范风险的要求,进一步规范土地储备管理,增强政府对城乡统一建设用地市场的调控和保障能力,促进土地资源的高效配置和合理利用,根据《国务院关于加强国有土地资产管理的通知》(国发〔2001〕15号)、《国务院关于促进节约集约用地的通知》(国发〔2008〕3号)、《国务院关于加强地方政府性债务管理的意见》(国发〔2014〕43号)和《国务院办公厅关于规范国有土地使用权出让收支管理的通知》(国办发〔2006〕100号),由国土资源部、财政部、中国人民银行和中国银行业监督管理委员会联合修订了新一版《土地储备管理办法》。

二、土地储备范围

为了规范土地储备行为,2018年土地储备办法明确规定入库储备土地必须是产权清晰的土地。土地储备机构应对土地取得方式及程序的合规性、经济补偿、土地权利(包括用益物权和担保物权)等情况进行审核,并明确规定不得为了实施土地收储而强制征收土地,同时土地储备机构不实施土地征收行为。该规定划清了土地收储与土地征收的边界。

对于取得方式及程序不合规、补偿不到位、土地权属不清晰和应办理相关不动产登记手续而尚未办理的土地,不得入库储备。下列土地可以纳入土地储备范围。

(1)依法收回的国有土地。指土地行政管理部门依法收回的闲置土地;因实施城市规划而需收回的土地进行统一管理,并对有偿收回的土地进行补偿的土地;用地单位已经撤销或迁移的原划拨土地、破产企业的划拨土地、公路铁路等经核准报废的土地、未经批准机关同意连续两年未使用的土地及土地使用权届满依法收回的土地等。

(2)收购的土地。是指对城市里的存量土地包括过去行政划拨的土地、旧城改造、退二进三企业用地、搬迁以及其他原因需要改变用途进入市场的土地,由土地储备机构进行统一市场收购的土地。收购土地的补偿标准,由土地储备机构与土地使用权人根据土地评估结果协商,经同级国土资源主管部门和财政部门确认,或地方法规规定的其他机构确认。

(3)行使优先购买权取得的土地。通过政府对低价土地实施优先购买权取得的土地。

(4)已办理农用地转用、征收批准手续并完成征收的土地。是指将新增的城市建设用地,特别是在城市规划区范围内需要成片转用的建设用地,经土地行政主管部门依法报经批准后,办理了农转非和土地征收手续并完成征收的土地。

(5)其他依法取得的土地。

三、土地储备内容

由土地储备机构按照完成土地储备计划、储备土地入库、储备土地开发、土地储备等主要工作程序。

1. 编制土地储备计划

1）土地储备计划类型

三年土地储备滚动计划。根据国民经济和社会发展规划、国土规划、土地利用总体规划和城乡规划等，编制土地储备三年滚动计划，合理确定未来三年土地储备规模，对三年内可收储的土地资源，在总量、结构、布局及时序等方面做出统筹安排，优先储备空闲、低效利用等存量建设用地。

年度土地储备计划。根据城市建设发展和土地市场调控的需要，结合当地社会发展规划、土地储备三年滚动计划、年度土地供应计划和地方政府债务限额等因素，合理制定年度土地储备计划。

2）年度土地储备规划内容

（1）上年度末储备土地结转情况。含上年度末的拟收储土地[已纳入土地储备计划或经县级（含）以上人民政府批准，目前已启动收回、收购、征收等工作，但未取得完整产权的土地]及入库储备土地（指土地储备机构已取得完整产权，纳入储备土地库管理的土地的地块清单）。

（2）年度新增储备土地计划（含当年新增拟收储土地和新增入库储备土地规模及地块清单）。

（3）年度储备土地前期开发计划（含当年前期开发地块清单）。

（4）年度储备土地供应计划（含当年拟供应地块清单）。

（5）年度储备土地临时管护计划。

（6）年度土地储备资金需求总量。

2. 储备土地并入库

指由土地储备机构将分散在土地使用者手里的待开发土地通过收回、置换、收购等手段统一集中，并负责理清入库储备土地产权，评估入库储备土地的资产价值。建立政府土地储备库。

3. 储备土地开发

土地储备机构组织开展对储备土地必要的前期开发，为政府供应土地提供必要保障。储备土地的前期开发应按照该地块的规划，完成地块内的道路、供水、供电、供气、排水、通信及围挡等基础设施建设，并进行土地平整，满足必要的"通平"要求。具体工程要按照有关规定，选择工程勘察、设计、施工和监理等单位进行建设。前期开发工程施工期间，土地储备机构应对工程实施监督管理。工程完成后，土地储备机构应按规定组织开展验收或委托专业机构进行验收，并按有关规定报所属国土资源主管部门备案。

储备土地完成前期开发，并具备供应条件后，应纳入当地市、县土地供应计划，由市、县国土资源主管部门统一组织土地供应。供应已发证的储备土地之前，应收回并注销其不动产权证书及不动产登记证明，并在不动产登记簿中予以注销。

4. 储备土地储存

土地储备机构应对纳入储备的土地采取自行管护、委托管护、临时利用等方式进行管护；建立巡察制度，对侵害储备土地权利的行为要做到早发现、早制止、早处理。对储备土地的管护，可以由土地储备机构的内设机构负责，也可由土地储备机构按照相关规定选择管护单位。

在储备土地未供应前，土地储备机构可将储备土地或连同地上建（构）筑物，通过出租、临时使用等方式加以利用。储备土地的临时利用，一般不超过两年，且不能影响土地供应。

四、土地储备融资

城市土地储备需要大量资金加以支撑，建立有力的资金支持体系将是城市土地储备制度有效运行的先决条件。

2007年《土地储备管理办法》规定，土地储备机构可以持财政部门的贷款规模批准文件及同级人民政府批准的项目实施方案等书面材料，以政府储备土地设定抵押权，向当地商业银行及其他金融机构申请担保贷款。商业银行及其他金融机构应严格按照商业原则在批准的规模内发放土地储备贷款。抵押价值按照市场评估价值扣除应当上缴政府的土地出让收益确定，抵押程序参照划拨土地使用权抵押程序执行。土地储备贷款实行专款专用、封闭管理，不得挪用。

在城市开发建设与房地产大发展时期，为了土地收储与开发资金融通的方便，地方政府采用了地方政府融资平台与土地储备机构结合的投融资运营模式。以储备土地抵押，政府担保，贷款获得资金，融资平台实施土地一级开发，熟地出让后的地价收入归还贷款。这一模式导致地方政府隐性债务迅速扩张，2014年地方政府性债务高达15.4万亿元，很多地方土地储备贷款占比超70%。土地储备贷款风险和地方政府债务风险加大，且各种隐性债务风险无法测度和控制。

在此背景下，为了切断政府融资平台债务与地方政府性债务关联，显化和控制地方政府债务风险，2016年2月财综〔2006〕4号《关于规范土地储备和资金管理等相关问题的通知》规定，自2016年1月1日起，各地不得再向银行业金融机构举借土地储备贷款。土地储备机构新增土地储备项目所需资金，应当严格按照规定纳入政府性基金预算，从国有土地收益基金、土地出让收入和其他财政资金中统筹安排，不足部分在国家核定的债务限额内通过省级政府代发地方政府债券筹集资金解决。

2017年5月《关于进一步规范地方政府举债融资行为的通知》（财预〔2017〕50号）进一步规定土地储备专项债券成为土地储备机构非预算内资金的唯一来源。同时规定每个县级以上（含县级）法定行政区划原则上只能设置一个土地储备机构，并要求土地储备工作只能由纳入名录管理的土地储备机构承担，各类城投公司等其他机构一律不得再从事新增土地储备工作。

新政下，土地储备资金融通渠道由原来可采用收储土地抵押贷款、土地信托基金、融资平台融资及土地储备基金等多元化方式，已经转变为只能地方财政拨款（来源国有土地收益基金、土地出让收入和其他财政资金中统筹安排），不足部分发行土地储备专项债券的两种方式。

土地储备资金收支管理严格执行财政部、国土资源部关于土地储备资金财务管理的规定。土地储备资金通过政府预算安排，实行专款专用。

第三节　土地税收与金融制度

一、土地税收

1. 土地税收内涵与功能

土地税收是国家以土地为征收对象，通过政治权力，利用法律手段，从土地所有者或者土地使用者手中强制、固定地取得部分土地收益的一种税收。土地税收属于土地收益的二次分配。

土地税收具有抑制地价上涨，引导土地管理使用，调节土地收益分配和提供财政收入等作用。税收自古以来就是国家财政收入的重要来源，土地税收作为其中的重要组成部分是地方财政收入的重要力量。由于土地位置是固定的，土地税收是一种稳定的地方政府税收来源。

2. 土地税及相关税体系

按征税性质划分，土地税收可以分为财产税、收益税、行为税、资源税和所得税五大类；按照征税环节划分，土地税可以分为取得环节土地税收、保有环节土地税收和转移环节土地税收。依据与房地产的关联程度，可以分为与房地产直接相关的税种：房产税、城镇土地使用税、耕地占用税、土地增值税、契税等；与房地产直接相关的税种有印花税、增值税、城市维护建设税、教育费附加、企业所得税和个人所得税等。如表14-1所示。

表 14-1　土地与房地产相关税收体系一览表

税收种类 \ 征税环节	取得环节	保有环节	交易环节
财产税	—	房产税、城市房产税、房地产税	土地增值税 契税
资源税	—	城镇土地使用税	—
行为税	耕地占用税	—	印花税
收益税	—	—	增值税（租售收入）及附加
所得税	—	—	个人所得税、企业所得税

1) 土地取得环节

（1）耕地占用税

2018年12月29日第十三届全国人民代表大会常务委员会第七次会议通过《中华人民共和国耕地占用税法》，自2019年9月1日起施行，2007年12月1日国务院公布的《中华人民共和国耕地占用税暂行条例》同时废止。耕地占用税是国家对占用耕地或者从事其他非农业建设的单位和个人征收的一种税。根据最新的规定，纳税人是占用耕地建房或者从事非农业建设的单位或者个人；耕地占用税以纳税人实际占用的耕地面积为计税依据，按照规定的适用税额一次性征收，应纳税额为纳税人实际占用的耕地面积（平方米）乘以适用税额；对耕地占用税的税额和一些减免税政策有具体的规定。

(2) 耕地占用税税额

① 人均耕地不超过一亩的地区(以县、自治县、不设区的市、市辖区为单位,下同),每平方米为 10~50 元。上海最高,45 元,内蒙古、西藏等最低,12.5 元。

② 人均耕地超过一亩但不超过二亩的地区,每平方米为 8~40 元。

③ 人均耕地超过二亩但不超过三亩的地区,每平方米为 6~30 元。

人均耕地超过三亩的地区,每平方米为 5~25 元。

2) 土地持有环节

(1) 城镇土地使用税

1988 年 9 月 27 日国务院颁布根据《城镇土地使用税暂行条例》的规定,凡在城市、县城、建制镇和工矿区范围内的土地,土地使用税的征收对象面向国家所有和集体所有。2007 年、2019 年国务院对《中华人民共和国城镇土地使用税暂行条例》做了修改。纳税人是实际使用土地的单位和个人,单位包括国有企业、集体企业、私营企业、股份制企业、外商投资企业、外国企业以及其他企业和事业单位、社会团体、国家机关、军队以及其他单位;个人包括个体工商户以及其他个人。计税依据是纳税人实际占有的土地面积,由省、自治区、直辖市人民政府确定的单位组织测定的土地面积。在征收金额方面,城镇土地使用税分为四个层次,采用分类定级的幅度定额税率,大城市 0.5~30 元,中等城市 1.2~24 元,小城市 0.9~18 元,县城、建制镇、工矿区 0.6~12 元。省、自治区、直辖市人民政府,在上述税额幅度范围内,根据市政建设状况、经济繁华程度等条件,确定所辖地区的使用税额幅度。土地使用税是由土地所在地的税务机关征收,按年计算、分期缴纳。征税的具体期限由省、自治区和人民政府规定。纳税人缴纳土地使用税确有困难需要定期减免的,由县以上地方税务机关批准。这种做法实际上是为了调节不同地区、不同地段之间的级差收益,保持税负的平衡。土地使用税的征收机关是土地所在地的税务机关,按年计算,分期缴纳。

(2) 房产税

1986 年 9 月 15 日,国务院发布《中华人民共和国房产税暂行条例》,以城市、县城、建制镇和工矿区房产为课税对象,按照房屋计税价值或出租房屋的租金收入,向产权所有人征收的一种税。房产税采用比例税率:①按房产原值减除 10%~20% 后的余额计征,税率为 1.2%;②按房产出租的租金计征,税率为 12%。房产税对一些机关实行免税规定,共分为五类:国家机关、人民团体、军队自用的房产;由国家财政部门拨付事业经费的单位自用的房产;宗教寺庙、公园、名胜古迹自用的房产;个人所有非营业用的房产;经财政部批准免税的其他房产。房产税按年征收、分期缴纳。

(3) 房地产税

房地产税主要是针对物业持有环节所征收税种,目前国家正在立法及推行过程中。其改革方向是:①合并房产税、城市房产税、城镇土地增值税等,统一税收体系。②将存量住宅房地产纳入征税体系。③以房地产市场价值作为征税依据。④征税税率标准双向控制,即实现房地产价格与面积双控。改革策略和原则是"立法先行,充分授权,分步推进"。

房地产税具有三大功能:财政收入功能、社会公平功能、调节市场功能。财政收入功能体现为获取稳定、足额的财政收入,保障地方政府获取与其提供公共服务能力相匹配。社会公平功能体现为调节收入分配,调节房地产资源公平利用,促使多财产的富人和多占用房地产资源的富人承担较重的税负,促进当地公共福利的整体提升。市场调控职能体现为降低房价波幅,熨平房地产波动周期。

上海和重庆是房地产税征收率先试点的城市。2011年1月27日上海市印发《上海市开展对部分个人住房征收房地产税试点的暂行办法》。同日,重庆市印发《重庆市人民政府关于进行对部分个人住房征收房产税改革试点的暂行办法》。两地试点同时启动。上海房地产税调节的主要方向是本市居民二套房及非本市居民新购房,即"增量房",而不包括大部分居民居住的存量房。重庆市的征收对象为个人拥有的独栋商品住宅、个人新购的高档住房,以及在重庆市同时无户籍、无企业、无工作的个人新购的二套房,将限制高端市场作为调整的主要方向之一,对扭转消费者买大房、买贵房的调解作用比较明显。这次试点的适用税率,上海为0.6%,最低降低到0.4%。人均住房面积不到60平方米以下的免征。收入用途用于保障性住房建设等支出。

3) 土地交易环节

(1) 土地增值税

征收土地增值税的意义是加强政府对土地市场的宏观调控,保护国有土地的收益。依据《中华人民共和国土地增值税暂行条例》,征税对象是:①有偿转让我国境内国有土地使用权、地上建筑物及其他附着物产权并取得收益的单位和个人。②出让集体土地使用权、地上建筑物及其他附着物产权并取得收益的单位和个人(2019年土地增值税法征求意见稿)。征税范围包括有偿转让国有土地使用权、地上建筑物及其他附着物产权的行为,不包括继承、赠与等没有取得收入的房地产转让行为。计税依据是转让国有土地使用权、地上建筑物及其他附着物产权所取得的增值额。

增值额＝转让房地产收入－取得土地使用权所支付的金额－土地开发成本－
地上建筑物成本及相关费用－与转让房地产相关的税金－
财政部规定的扣除项目

土地增值税的征收税率实行30%、40%、50%和60%四级累进超额税率。

同时,税法还对下列十二种情况作出免征土地增值税的规定:建造出售增值额未超过扣除项目金额20%的普通标准住宅,免征;因国家建设需要依法征用、收回的房地产,免征;合作建房,建成后按比例分房自用的,暂免征收;房屋产权、土地使用权以继承、赠与方式无偿转让的,免征;个人之间互换住房,经当地税务机关核实,可以免征;个人销售住房,免征;房地产开发企业持有产权未发生转移的房产,不征;转让旧房增值额未超过扣除项目金额20%的,免征;对改建前的企业将国有土地、房屋权属转移、变更到改建后的企业,暂不征;投资主体存续的企业合并,房地产转移,暂不征;投资主体存续的企业分立,房地产转移,暂不征;企业改制重组时,发生房地产投资转移,暂不征。

(2) 增值税附加

是对应于增值税的一种附加税,按照增值税税额的一定比例征收的税。其纳税义务人与独立税相同,但是税率另有规定,是以增值税的存在和征收为前提和依据的。通常包括城建税、教育费附加、地方教育费附加等。

城建税。2011年1月8日《中华人民共和国城市维护建设税暂行条例》得到修订。它是一种具有受益性质的行为税,随"二税"(消费税、增值税)而附征,税款专用于城市公用事业和公共设施的维护与建设。城市维护建设税的征税范围包括城市、县城、建制镇以及税法规定征税的其他地区。税率按纳税人所在地分别规定为:市区7%,县城和镇5%,乡村1%。大中型工矿企业所在地不在城市市区、县城、建制镇的,税率为1%。

教育费附加。以纳税人实际缴纳的增值税、消费税的税额为计费依据。

$$应纳教育费附加 = (实际缴纳的增值税 + 消费税) \times 3\%$$

(3) 契税

1997年10月1日,《中华人民共和国契税暂行条例》实行,是以所有权发生转移的不动产为征税对象,向产权受让人征收的一种财产税。我国目前的"契税暂行条例"规定税率幅度为1%~3%,由省级人民政府在规定的幅度内确定适用税率。计税依据按照土地、房屋交易的不同情况确定,某些情况下可以依法适当减征或免征。契税的具体征税范围包括:①国有土地使用权出让;②土地使用权转让,包括出售、赠与和交换;③房屋买卖;④房屋赠与;⑤房屋交换。

契税的计税依据是:①国有土地使用权出让、土地使用权出售、房屋买卖的成交价格;②土地使用权赠与、房屋赠与,由征收机关参照土地使用权出售、房屋买卖的市场价格核定;③土地使用权交换、房屋交换,为所交换的土地使用权、房屋的价格的差额。

契税的免征或减征包括以下几种情况:①国家机关、事业单位、社会团体、军事单位承受土地、房屋用于办公、教学、医疗、科研和军事设施的,免征;②城镇职工按规定第一次购买公有住房的,免征;③因不可抗力灭失住房而重新购买住房的,酌情准予减征或者免征;④财政部规定的其他减征、免征契税的项目。

(4) 印花税

是对于经济活动、经济交往中书立、领受凭证的行为而征税,具体包括书立和零售房屋产权证、土地使用证、房地产租赁合同等行为。印花税实行比例税率或定额税率,在房产交易中,按交易价由0.75%~3.75%不等。2018年11月1日,财政部、国家税务总局《中华人民共和国印花税法(征求意见稿)》除证券交易印花税按1‰的税率保持不变,同时规定了六种免税情形。

(5) 企业所得税

企业所得税指纳税人每一纳税年度内房地产租金所得和转让房地产收入减去"准予扣除项目"后所得应该缴纳的税额。准予扣除项目包括成本、税金(含消费税、营业税、城市维护建设税、资源税及土地增值税等)。

(6) 个人所得税

个人所得税指个人房地产转让收入扣除"准予扣除项目"后应缴纳的税额。个人所得税是国家调控房地产市场的重要税收制度。税率在0~20%比例之间。

二、土地金融

1. 土地金融特征与分类

1) 土地金融概念

土地金融是指以土地为信用而进行的货币与资金的融通活动。包括土地抵押贷款、土地信托、土地保险和土地证券等各种融资方式。

土地金融目的是以最有效的方式、方法及工具,向社会筹集资金,用以支持和配合土地的开发、利用以及开展经营方面的资金融通,促进农业、工商服务业、房地产业等各行业的发展。

土地金融功能体现在以土地为信用通过政策许可的各种金融手段和工具,向社会筹集资金,用以支持国家与社会各项投资建设、生产与经营发展。包括:①支持与土地直接相关的土地与房地产的开发、利用、经营与服务业务;②支持政府基础设施与公益设施开发建设;③支持农业生产与经营业务;④支持工商服务业生产与经营;⑤支持土地交易、房地产交易、股权交易等各种产权交易。

2) 土地金融特点

土地金融具有安全性高、融资金额大、期限长、政策性强、流动性差和高风险性等特征。

(1) 安全性高

土地属于不动产,具有不可损毁特性和保值增值特性。以土地作为融资信用对于债权人而言,具有相对安全性。

(2) 融资金额大期限长

土地资产价值量大,信用等级高,可以获得高的融资额度和融资期限。与土地相关的土地一级开发、房地产开发或基础设施开发通常占用资金大,开发周期长,融资期限需求也长。

(3) 政策性强

土地资产量大,各行各业以土地为信用的融资总额高。土地金融关系国家金融体系安全。因此,国家对土地信贷的条件、许可、金额、利率和期限等在不同宏观背景下均有不同政策规定。

(4) 流动性差

土地资产高价值导致其市场交易流动性比较差,变现能力相对弱,进而带来融资的流动性和变现风险。

(5) 高风险性

在土地市场下行周期,土地市场供求波动和价格波动,将会产生土地金融的高风险。

3) 土地金融分类

根据土地所有权不同,土地金融分为国有城市土地金融和集体土地金融。城市土地金融指以城市土地使用权为信用而获得的资金融通。集体土地金融指以集体土地所有权或使用权为信用而获得的资金融通。

城市土地金融已经得到快速发展,主要有土地抵押、土地储备专项债券、土地收益基金、房地产(土地)权益基金、房地产(含土地)信托(基金)、房地产证券化及土地入股等多种方式。集体土地金融可分为集体土地承包经营权和集体建设用地融资。前者包括集体土地承包经营权抵押、集体土地信托、集体土地银行、集体土地入股等形式。农村土地承包经营权融资制度已经有了很大突破,但集体建设用地融资目前还面临制度与政策障碍,尚在试点中。

2. 城市土地金融制度

城市土地金融的主要模式是土地抵押;土地储备专项债以及土地收益基金是政府为土

地收储行为而建立的融资制度；土地基金、土地信托、土地证券化目前大都与房地产基金和信托等其他融资模式捆绑在一起，少有独立存在和运行。

(1) 建设用地使用权抵押

建设用地使用权是指利用土地营造建筑物、构筑物和其他设施的权利。建设用地使用权同农用地使用权相区别，是对土地进行非种植业、林业、畜牧业和渔业而从事建设的权利。城市建设用地使用权抵押是指债务人以土地使用权担保债务履行的法律行为。

2019年7月6日国务院办公厅发布《关于完善建设用地使用权转让、出租、抵押二级市场的指导意见》，进一步明确了不同权能建设用地使用权抵押的条件。以划拨方式取得的建设用地使用权可以依法依规设定抵押权，划拨土地抵押权实现时应优先缴纳土地出让收入；以出让、作价出资或入股等方式取得的建设用地使用权可以设定抵押权；以租赁方式取得的建设用地使用权，承租人在按规定支付土地租金并完成开发建设后，根据租赁合同约定，其地上建筑物、其他附着物连同土地可以依法一并抵押。放宽了对抵押权人的限制。自然人、企业均可作为抵押权人申请以建设用地使用权及其地上建筑物、其他附着物所有权办理不动产抵押相关手续，涉及企业之间债权债务合同的须符合有关法律法规的规定。鼓励探索允许不以公益为目的的养老、教育等社会领域企业以有偿取得的建设用地使用权、设施等财产进行抵押融资。

(2) 土地储备专项债

土地储备专项债是以政府土地储备融资为目的、以土地出让收益为还款来源的政府债券。2016年2月，《规范土地储备和资金管理等相关问题的通知》（财综〔2016〕4号）规定自2016年1月1日起，各地不得再向银行业金融机构举借土地储备贷款。土地储备机构新增土地储备项目所需资金，应当严格按照规定纳入政府性基金预算，从国有土地收益基金、土地出让收入和其他财政资金中统筹安排，不足部分在国家核定的债务限额内通过省级政府代发地方政府债券筹集资金解决。同年，财政部、国土资源部出台了《地方政府土地储备专项债券管理办法（试行）》明确土地储备融资需求应当通过省级政府发行地方政府债券方式解决，同时明确了土地储备专项债怎么借、怎么用、怎么还等具体要求。

土地储备专项债券的发行主体为各省、自治区、直辖市政府。土地储备专项债券纳入地方政府专项债务限额管理。各省土地储备专项债券的发行额度，不得突破地方政府专项债务限额的"天花板"。将债券偿还和资金管理责任一一对应到具体使用债券资金的市县政府。土地储备专项债券可根据项目区位特点、实施期限等因素综合确定，既可对应单一项目发行，也可对应同一地区多个项目集合发行。土地储备专项债券期限应当与土地储备项目期限相适应，原则上不超过5年，同时鼓励地方政府通过结构化创新合理设计债券期限结构。

(3) 国有土地收益基金

该基金为公益性基金。国办发〔2006〕100号《关于规范国有土地使用权出让收支管理的通知》规定，为加强土地调控，由财政部门从缴入地方国库的土地出让收入中，划出一定比例资金，用于建立国有土地收益基金，实行分账核算，具体比例由省、自治区、直辖市及计划单列市人民政府确定，并报送财政部和国土资源部备案。国有土地收益基金主要用于土地收购储备，即只能用于土地储备或公共基础设施建设等政府性的非营利行为，辅助政府实施与土地相关的政策，例如成片开发土地、旧城改造、改善城市的整体面貌等。

(4) 房地产(含土地)权益基金

房地产(含土地)权益基金是指从事土地、房地产项目收购、开发、管理和经营的集合投资制度,可以股份公司、有限合伙公司或契约型基金的形式存在。房地产权益基金可以持有几十到几百个房地产项目。通常以开放型基金方式发行,定期开放申购和赎回。

如某城市设立市小城镇发展基金,总规模 100 亿元。该基金是市政府引导下设立的有限合伙型投资基金。普通合伙人为国开行金融公司出资 80%,市政府出资 20%组成的市城镇发展投资基金管理公司;有限合伙人为市政府、国开金融、首创集团及部分央企、民企、海外资金。该市小城镇发展基金主要用于城镇土地开发、旧城改造、产业结构调整等项目,通常基金以入股方式参与具体项目投资建设。

(5) 房地产(含土地)信托基金

房地产投资信托(基金)(REITS)是指通过发行受益证券或者股票来进行募资,并将这些资金投入到房地产、土地或房地产开发、或房地产抵押贷款的专门投资模式,亦即房地产信托基金存在权益投资和信贷投资两种方式。房地产信托本质就是一种资产证券化产品。国外可以采用上市方式,目前国内尚未许可。我国房地产投资信托与房地产投资基金有不同,主要差别在于前者设定基金投资人不超过 200 份的限制。房地产信托(基金)参与者主要有四类:基金投资人(受益人)、信托基金管理人(信托公司或基金公司)、基金托管人(银行)以及投资项目运营机构。基金投资人以授权或者契约的方式将基金交由基金管理人管理运作,并对他们实施监督管理;基金管理人利用其专业的经营管理知识,对基金进行房地产置业投资决策与管理、土地与房地产开发投资与管理,力求获得高的投资收益;项目运营机构对项目进行物业管理或开发建设运营管理。房地产(土地)投资信托基金权益投资如图 14-2 所示。

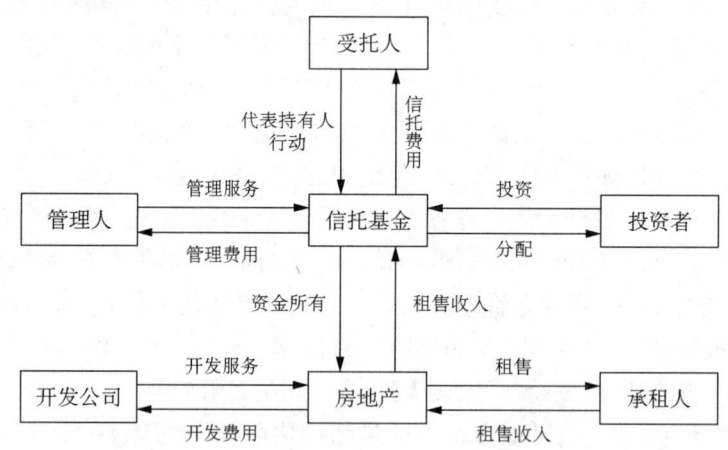

图 14-2 房地产(土地)投资信托基金权益投资

通过房地产(土地)投资信托基金的设立,将原本不易被拆分的房地产(土地)分割成若干个小的股权收益证明,通过金融机构对其进行信用评级,将投资者投资标的物的这一行为转化成投资入股分红的参与形式,实现了投资权益证券化,并将房地产(土地)转化成了具有高信用度、高流动性的证券,使资金需求者由此取得了想要的资金,实现了资金的融通,投资者也通过这种方式获得了投资报酬。

2004年开始,央行、证监会和银监会等开始房地产证券化方面的前期准备工作。证监会房地产投资信托基金专题研究小组也于2007年正式成立。2014年5月21日,中信证券发起"中信启航专项资产管理计划"("中信启航")在深交所综合交易平台挂牌交易。这是新《证券投资基金法》实施以来第一单非公开募集证券投资基金。中信启航总规模逾人民币50亿元,投资标的为北京中信证券大厦及深圳中信证券大厦。该产品通过中信证券所设立的子公司接收持有两座大厦房地产产权的两家全资子公司的全部股权,并对此进行不动产证券化业务,由中信金石基金管理有限公司管理。近几年,从世茂全国首单物业费资产证券化和世茂全国首单购房尾款资产证券化到前海万科公募REITs,各类ABS、CMBS、类REITs等产品陆续推出。2017年下半年开始,出现了符合国家政策导向的如长租公寓资产证券化产品,譬如2017年10月获批的新派长租公寓、碧桂园和保利地产租赁住房类REITs。

3. 集体土地金融制度

1) 集体土地抵押

(1) 集体承包土地经营权抵押

2019年,中共中央国务院颁布《关于坚持农业农村优先发展做好"三农"工作的若干意见》,允许承包土地的经营权担保融资。承包土地经营权抵押是在土地所有权、土地承包权、土地经营权"三权分置"的前提下,不改变土地所有权和土地承包权,以承包期限内的土地经营权进行抵押的行为,包括以家庭承包方式取得的耕地、林地、草地等土地经营权,以及以其他方式承包取得的荒山、荒沟、荒丘和荒滩等土地经营权。

根据取得方式不同,农地经营权采取不同的融资担保方式:①在三权分置下以家庭承包方式取得的农地经营权、受让方通过流转取得的农地经营权,抵押权主体为金融机构,需经承包方书面同意并向发包方备案;抵押权自担保合同设立时生效,可以向登记机构申请登记,未经登记,不得对抗善意第三人。②通过招标、拍卖、公开协商等其他方式取得的农地经营权,设立抵押权的前提条件是"依法登记取得权属证书",登记取得权证后,抵押权主体更为广泛,不限于金融机构,流转方式也更为多样化。

(2) 集体经营性建设用地使用权抵押

2016年,银监会联合国土资源部制定了《农村集体经营性建设用地使用权抵押贷款管理暂行办法》开展抵押试点。规定开展抵押贷款的农村集体经营性建设用地仅限于国家确定的15个入市改革试点县(市、区)地区,适用地类为工矿仓储、商服等经营性用途,取得方式为出让、租赁、作价出资(入股)方式入市的和具备入市条件的农村集体经营性建设用地使用权可以办理抵押贷款。集体经营性建设用地使用权抵押尚需相关法律进一步明晰。

2) 集体土地信托

集体土地信托指农民通过"委托代理"或"农地入股"等方式将土地承包经营权流转到其他主体,由其他主体将其所取得的农地权利委托给信托公司,信托公司按照信托合同约定管理,并支付委托人相应收益的行为。集体土地信托财产有三种类型:土地承包经营权、土地经营权、土地租赁权。信托的当事人通常包括委托人、受托人和受益人。现有土地信托的委托人表现出多样化的特点:既有农民专业合作社等组织,也有村集体、乡镇集体乃至区政府等机构。土地信托的受托人通常为信托公司。

2013年，中信信托与安徽省宿州市甬桥区政府合作，正式成立国内第一单农村土地信托计划。"中信—农村"土地承包经营权集合信托计划期限为12年，其A类信托单位发行5 400万份，其项目年收益率约在8%~9%，且土地增值的收益部分有70%都是农民获得。随后，北京信托、中铁信托、中航信托及华宝信托等信托公司在全国不同的地方陆续也开展了土地信托项目。"北京—江苏无锡"项目成立于2013年11月，名为"北京信托—无锡阳山镇桃园村农村土地承包经营权集合信托计划"，信托期限为15年。

中信信托采用的是"层层委托"结构，农民通过《转包合同》将土地承包经营权转包给村委会，村委会将转包取得的土地承包经营权通过《委托经营合同》委托给镇政府、区政府，区政府担任该信托计划的当事人，将5 400亩农地土地经营权集体信托流转给中信信托，流转后土地拟建设现代农业循环经济产业示范园，如图14-3所示。

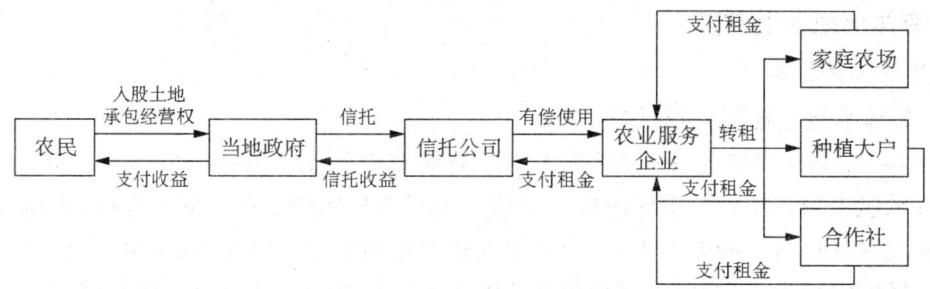

图14-3　中信信托模式流程图

北京信托采取的是"双合作社"（土地合作社＋专业合作社）的模式，农民将土地承包经营权作为财产入股给农村土地股份合作社，其进而将所持股权作为信托财产委托给北京信托；北京信托再按照事先的约定，将农业土地委托给农业种植专业合作社进行管理，表现为引入农业企业提供农产品加工、销售渠道建设、物流仓储等专业服务，如图14-4所示。

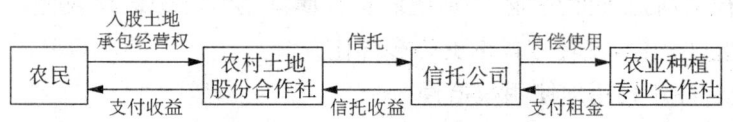

图14-4　北京信托模式流程图

集体土地信托的优点有以下几个方面：①土地流转模式引入了信托制度，故而在这种模式下，信托当事人的权利和义务在信托契约中明确列出并受到法律的约束。②土地使用权被产品化，由专业的土地信托机构或中介进行管理从而使得产品价格更契合市场。

目前土地信托仍处于起步阶段，存在较多的问题，如以农业盈利为核心的土地流转信托，由于农业产业风险性的影响，难以形成持续稳定的盈利能力，后续配套资金难以到位，面临较高的投资风险；我国的土地流转信托计划的期限通常在10~15年之间，土地期限的短期化与土地使用人的利润最大化目标存在着矛盾，容易导致土地使用人经营行为短期化。但毫无疑问，土地信托模式将金融资本引入农业经营领域，是农地金融的重要组成部分，探索土地信托模式下的农地"三权分置"政策，有助于破解农地金融的法律困境，实现农业发展的制度目标。

3) 农村土地银行

2016年国家颁布了《关于完善农村土地所有权承包权经营权分置办法的意见》,坚持土地集体所有权,稳定农户承包权,放活土地经营权,允许农村土地承包经营权依法流转与抵押,将有利于农村土地银行的构建。在我国建构土地银行制度,开展土地存贷业务有利于推动农业规模经营和集约经营;延展农地抵押贷款业务有利于土地经营者获取中长期信贷资金,促进农业发展。

土地银行本身有两个含义,一是土地存入租出的银行,另一是以土地经营为融资目的的货币银行。农村土地银行模式主要有三种:

(1) 纯金融型土地银行模式

指在政府许可或主导下专门为土地开发利用提供土地抵押贷款业务的银行。主要特点有:①它可以直接为农地权利人提供农地抵押中长期融资服务。比如,美国联邦农地银行是提供农村土地抵押贷款的核心金融组织,根据抵押农村土地地理位置、面积、质量等相关指标,对抵押农村土地价值进行评估,根据抵押土地评估价值高低,为农业经济主体提供5~40年不等期限的低息抵押贷款。②通过农地或农地抵押资产证券化为涉农金融机构提供再融资服务。如图14-5,德国土地银行的特点是发行土地债券。农村土地抵押信用合作社以社员抵押农村土地作为保障,发行农村土地债券,并在证券市场上出售,从而获得大量回笼资金。最后,社员购买农村土地抵押信用合作社发售的债券,并将此债券在证券市场上出售,盈亏由个人负担。

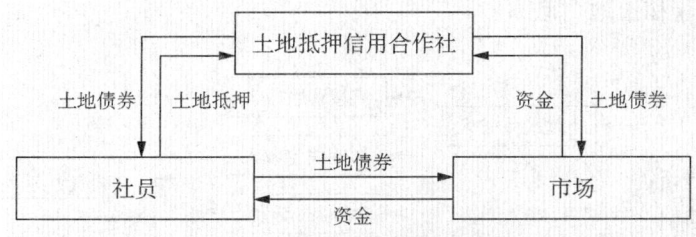

图14-5　德国土地银行模式图

(2) 土地信用合作社模式

即利用土地承包经营权抵押贷款或入股土地银行,实现土地保障功能,增加农民收入,呈现出以下的特点:①由于国家对土地进行统一规划,政府是土地银行的最大投资者。②土地银行是非盈利性质的机构。土地银行运行的利润只是赚取土地"存贷"的利息差。③充当土地流转的中介机构。此类土地银行不是真正的金融机构,只是参照银行运行模式经营土地,为农户提供土地"存入"或者入股的业务,为合作社、龙头企业或者种植大户等新型经营主体提供"贷出"土地或者融资的服务,提供共享信息平台,促进土地流转,优化资源配置。典型的土地信用合作社模式如宁夏平罗的土地信用合作社、山东诸城的土地银行中心、湖南鹊山的土地合作社和河南临颍的土地银行等。

4) 集体土地入股

集体土地入股是指农民将土地经营权量化为股权,入股组成股份公司或合作社从事农业生产与经营。土地入股,使得农民既是合作社经营的直接参与者,同时也是利益的共同所有者,实现了农村生产要素价值的显化,使土地产权清晰,所得利益直接,真正增加了农民财产性收入。2013年,党的十八届三中全会明确提出"允许农民以承包经营权入股发展农业产业化经营"。为贯彻落实中央要求,2015—2017年,农业农村部在黑龙江等7个省(市)开展了土地经营权入股发展农业产业化经营试点,入股农户29万多户,涉及土地面积90多万亩。初步统计,全国入股承包土地2 419万亩,比2012年增加了47%。

在推行土地入股实践中,目前还存在很多难题:①由于目前没有完善的入股机制与法律体系,农民的合法权益极易受到侵害;②企业在经营方面出现风险甚至破产清算时,农民和合作社的意见可能产生分歧,引发一系列的其他问题;③在入股过程中,耕地非农化、非粮化的现象加剧,必然会危及国家粮食生产与粮食安全;④在推行入股制度后,由于农民、第三方经营者和当地政府之间的资源信息不同享,根本利益不共通,容易出现一些特殊风险,如农民非理智性退社、农民"失业"、社会资本违法圈地从事非农业经营等问题。

三、土地财政

1. 土地财政内涵与分类

1)土地财政内涵

学术界对"土地财政"的内涵还没有统一界定。狭义土地财政指土地出让金收入。广义土地财政是指地方政府通过土地和房地产业所征收和获取的一切收入,包括土地税收收入、土地非税收入与土地隐形收入(图14-6)。进一步基于范围的不同,可将土地财政分为土地财政Ⅰ、土地财政Ⅱ和土地财政Ⅲ。

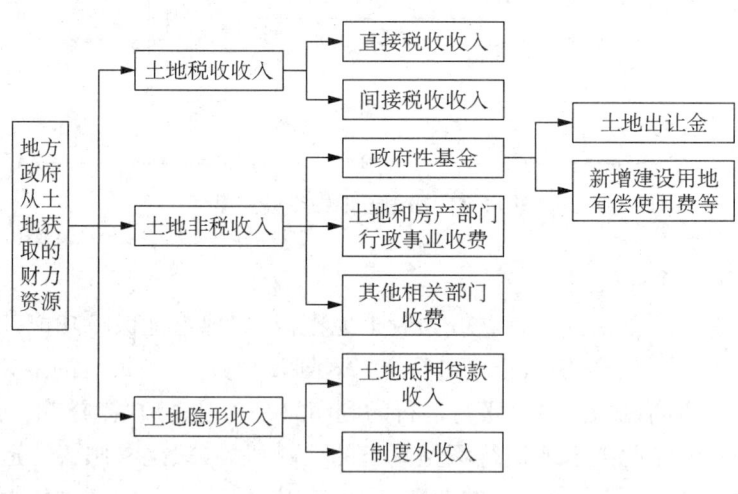

图14-6 土地财政内涵

2)土地财政分类

(1)土地财政Ⅰ

即土地税收收入,包括与土地直接和间接相关的税收收入。前者属于预算内收入。目前的财税体制涉及土地课税的税种有十多种,最直接的有五种,分别是:城镇土地使用税、土地增值税、耕地占用税、契税和房产税。与土地有关的间接税收主要有两种表现:以出让工业用地为代表的工业化带来的增值税和企业所得税,出让的同时使地区GDP增长;以土地扩张为代表的城市化带来的建筑业和房地产业的税收收入(如营业税、企业所得税、城市维护建设税以及纳入财政专户管理的教育费附加等)。为方便计算,采用的土地直接税收收入是五种税收之和,均属于地方财政收入,分别为城镇土地使用税、土地增值税、耕地占用税、房产税和契税。涉及的土地间接税收,选取了与土地开发最为密切的两个产业,房地产业增值税和附加,以及建筑业利税总额。

(2) 土地财政 II

在土地财政 I 的基础上加上"土地非税收入"构成土地财政 II。土地非税收入主要包括国有土地供应出让收入和国有土地使用权流转过程中的租赁和转让收入。例如:①政府以出让等方式配置国有土地使用权取得的全部土地价款,包括受让人支付的征地和拆迁补偿费用、土地前期开发费用和土地出让收益等。②新增建设用地土地有偿使用费。

"国有土地使用权出让收入"在学术界有一个更为广泛的名称为"土地出让金"。分税制改革明确了土地出让金归属于地方政府,列为预算外财政收入。土地出让金是土地非税收入的重要组成部分,来源主要有三个方面:①各级政府土地管理部门将土地使用权出让给土地使用者,按规定向受让人收取的土地出让的全部价款(指土地出让的交易总额);②当土地使用期满时,土地使用者需要续期而向土地管理部门缴纳的续期土地出让价款;③原通过行政划拨获得土地使用权的土地使用者,将土地使用权有偿转让、出租、抵押、作价入股和投资,按规定补交的土地出让价款。

(3) 土地财政 III

土地财政 III 为土地财政 II 加上土地隐形收入,是范围最广的概念。土地隐形收入,指除上述税收和非税收收入外,还包括政府通过土地资产获得的抵押贷款收入和制度外收入。地方政府通常以土地储备中心、政府性公司和开发区为载体向银行进行土地抵押,以此获得银行贷款,弥补地方财政资金的不足。

尽管土地隐形收入是不能忽视的重要因素,但由于数据获取上的困难性以及无法详细区分出哪些是土地储备中心或者政府性公司或者融资平台的抵押贷款收入而没有测算。

2. 土地财政形成原因

(1) 土地有偿制度改革形成土地财政

1988年,我国土地使用制度从无偿、无限期、无流动到有偿、有限期、有流动的改革,促成地方政府可以通过土地出让获得大量资金。尤其是采用"招拍挂"等出让形式,吸引买方激烈竞争从而获取高额的土地出让金,这也是我国以"经营土地"为特征的经济增长模式的根本源头。

(2) 城市建设与发展需要土地财政

我国城镇化快速发展时期,国家基本建设和城镇建设均需要快速发展,基础设施和公益设施建设需要巨量资金。仅仅依靠一般财政收入既无法提供资金保证,更难以形成资金的平衡。由于设施建设投资成本可以结转为土地成本并通过土地升值而形成投资回收通道,因此,国家与城市建设与土地财政自然形成了正向循环。在这个意义上,土地财政为我国基建与城镇化发展以及经济快速发展发挥了重要的无法替代的作用。

(3) 财税体制改革倒逼土地财政

1994年,国家实行了分税制改革,将我国的税收收入分为中央收入和地方收入两大类。1993年中央和地方的财政收入占全部财政收入的比重分别为22%和78%。而到了1994年,这一比重分别变为55.7%和44.3%,与分税制改革前相比,地方财政收入下降了30%。直接导致分税制改革后地方政府事权与财权不匹配,地方政府只能依靠土地出让金等预算外收入来进行地方经济发展与城市开发建设。2011年开始,地方财政收入开始超过中央财政收入,在2018年达到53.4%。纵观分税制改革之后二十余年的发展状况,地方财政收入的占比虽然有所上升,但是仍然不能满足地方发展经济的需要。

(4) 官员政绩考核强化土地财政

GDP和城市建设及形象工程开发是官员政绩考核体系的重要组成部分。地方政府需要通过加大土地开发力度,快速出售土地,发展房地产,获得土地财政,进行城市基础设施和公益设施建设,实施区域更新或新城开发;同时做大GDP和财政收入,显示政绩以获得晋升的机会。几乎可以说,土地财政是政绩提升的最短路径选择。

专栏

我国土地财政发展

(1) 土地财政整体变化状况

从图14-7可以看出,2001—2014年的14年间,土地直接税收呈稳步增长态势,占地方财政收入百分比从2001年的6.41%上升到了2014年的18.21%;土地间接税收占地方财政收入百分比尽管在2011年和2013年有略微下降,但总体上升态势平稳,从2001年的13.67%上升到了2014年的23.62%。由直接和间接税收组成的土地财政Ⅰ也呈现逐年稳步上升的态势。

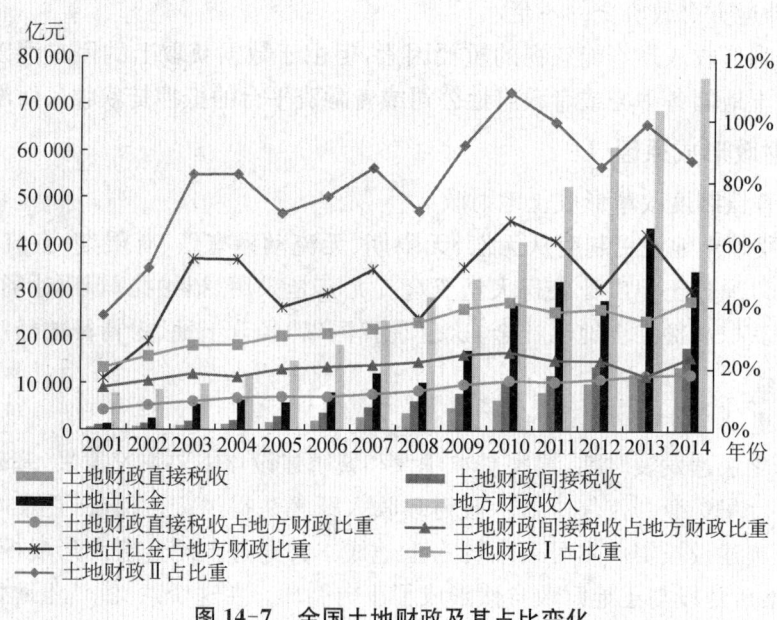

图14-7 全国土地财政及其占比变化

(2) 土地财政省市占比

根据人均GDP情况,将我国31个省(市)划分为:经济发达、中等发达和欠发达省区。其中,人均GDP大于25 000元/年的划为经济发达省区;人均GDP小于14 500元/年的划为经济欠发达省区;小于25 000元/年且大于14 500元/年的划为中等发达省区。土地出让金、土地财政Ⅰ和土地财政Ⅱ占比如表14-2所示。可见,14年间发达地区土地财政Ⅱ占财政收入平均比值高达89.4%,中等发达地区65.4%,欠发达地区68.5%。可见,土地财政对地方财政收入贡献之巨大,也使得地方政府对土地财政有足够的偏爱。

表14-2 2000—2014年我国各省区土地出让金与土地财政占财政收入比重历年均值

	地区	土地财政Ⅰ	土地财政Ⅱ	出让金
经济发达省区	上海	28.92%	55.72%	26.80%
	北京	34.41%	73.23%	38.82%
	天津	28.07%	85.97%	57.90%
	浙江	47.95%	140.23%	92.28%
	江苏	40.17%	114.87%	74.70%
	广东	28.35%	54.43%	26.07%
	山东	34.61%	89.87%	55.27%
	辽宁	37.88%	91.91%	54.03%
	福建	36.29%	98.61%	62.32%
	平均	35.18%	89.43%	54.24%
经济中等发达省区	内蒙古	27.45%	50.78%	23.34%
	吉林	30.89%	65.40%	34.52%
	河北	28.49%	76.74%	48.25%
	黑龙江	27.11%	51.82%	24.71%
	湖北	41.86%	93.82%	51.96%
	新疆	21.17%	39.33%	18.16%
	山西	17.20%	38.08%	20.88%
	重庆	41.09%	103.12%	62.03%
	河南	32.55%	67.39%	34.84%
	宁夏	28.82%	69.72%	40.90%
	陕西	25.58%	54.04%	28.47%
	海南	30.42%	73.27%	42.85%
	平均	29.39%	65.29%	35.91%
经济欠发达省区	湖南	34.18%	76.63%	42.44%
	青海	21.04%	40.78%	19.74%

(续表)

	地区	土地财政Ⅰ	土地财政Ⅱ	出让金
经济欠发达省区	江西	31.41%	86.05%	54.64%
	四川	36.31%	98.75%	62.45%
	安徽	35.51%	108.00%	72.49%
	广西	25.80%	64.01%	38.21%
	西藏	35.22%	51.57%	16.36%
	云南	24.42%	59.08%	34.66%
	甘肃	24.17%	48.80%	24.63%
	贵州	20.89%	50.98%	30.09%
	平均	28.89%	68.47%	39.57%

看 2016 年最新数据,我国城市土地出让金几乎一半省市占财政比值在 40% 以上,土地财政依赖度仍然较高。

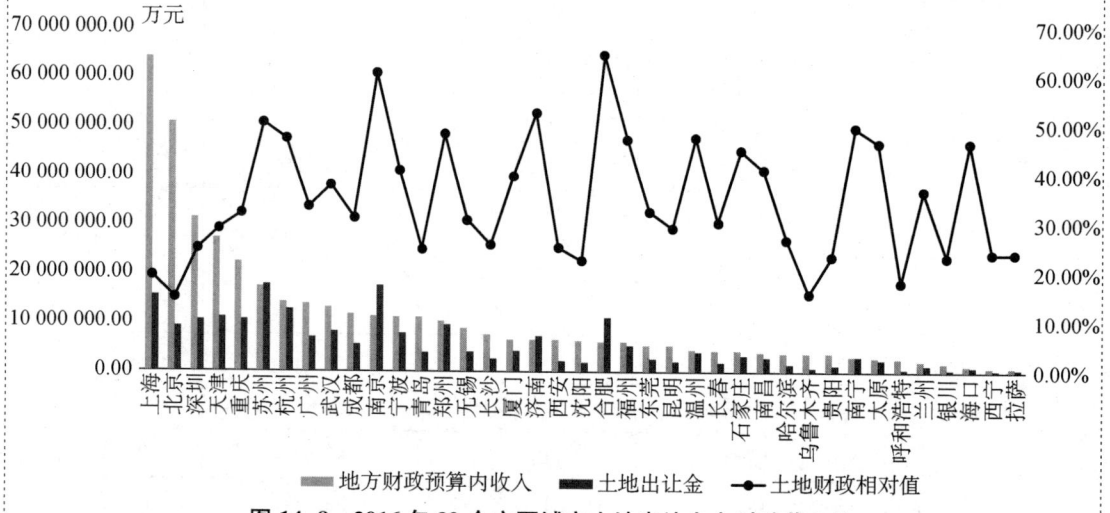

图 14-8　2016 年 39 个主要城市土地出让金占财政收入比

数据来源:《中国城市统计年鉴(2017)》《中国国土资源年鉴(2017)》《中国区域统计年鉴(2017)》

(3) 土地财政时空变化

由图 14-9、图 14-10 可见,经济发达省区的两类土地财政占当地财政的比重都要高于中等发达和欠发达省区。欠发达省区土地财政Ⅰ与中等发达省区接近持平,但是土地财政Ⅱ高于中等发达省区,中等发达省区是土地财政收入最低的区域。中等发达省区和欠发达省区的土地财政收入反差,可能与我国政策有关:①欠发达省区主要集在西部,而西部大开发政策早于中部崛起政策。受西部大开发政策影响,中央为西部地区带来了较多的投资项目,西部地区对土地需求旺盛;②为确保粮食安全,我国采取了严格的耕地保护政策,严格控制我国主粮产区非农化,严格的政策规定和违纪查处,影响了当地政府的土地出让收入。而这些耕地保护区域很多分布于中等发达省区,中等发达省区大都为粮食主产区,严格的土地用途管制措施对该类型区域土地非农化起到了较好的控制作用。

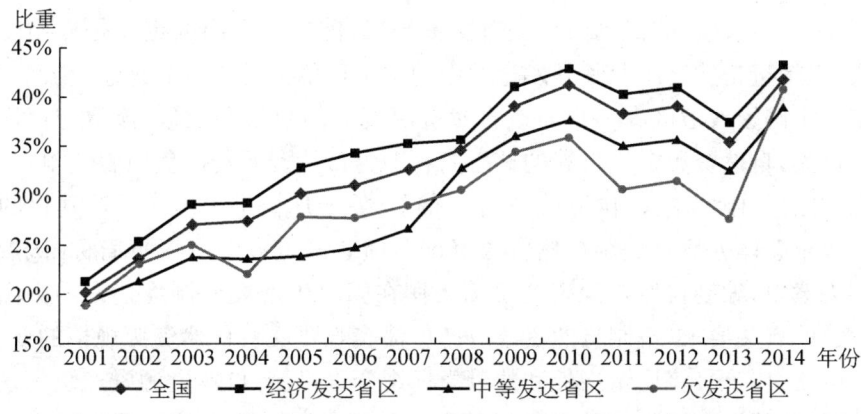

图 14-9 2001—2014 年三省区土地财政Ⅰ比重变化

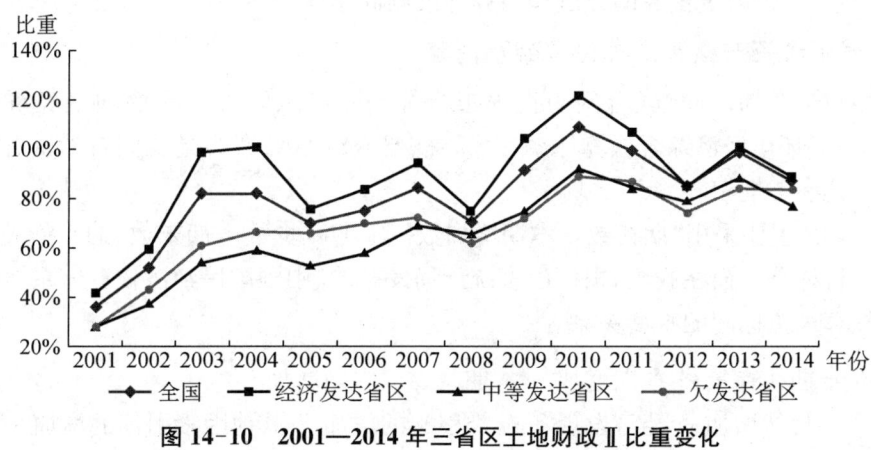

图 14-10 2001—2014 年三省区土地财政Ⅱ比重变化

第四节 土地资源资产价值核算制度

一、自然资源资产核算

1. 自然资源资产核算

自然资源资产核算,是对一定时间和空间内自然资源,在其真实调查统计和合理估价的基础上,从实物、价值和质量等方面,统计、核实和测算其总量和结构变化并反映其平衡状况,以及将资源资产纳入国民经济核算体系的活动。国外关于自然资源资产核算的研究较早,以"自然资源核算""资源环境核算"等表述为主。我国 2013 年以前的研究也多沿用自然资源核算等类似表述,但自十八届三中全会《中共中央关于全面深化改革若干重大问题的决定》(以下简称《决定》)指出"探索编制自然资源资产负债表,对领导干部实行自然资源资产离任审计,建立生态环境损害责任终身追究制"之后,我国的研究开始集中到"自然资源资产核算",并使用"自然资源资产负债表"这一概念。

2. 自然资源资产负债表

自然资源资产负债表的概念由我国首次提出,目前较为全面的定义是遵循资产负债表的逻辑范式,以计量自然资源及其开发过程中的生态环境损益为核心理念,全面、客观、系统地反映特定一个国家或地区在一定时空自然资源资产的数量与质量、流量与存量及平衡关系的表格。可见,自然资源资产核算的核心内容即为自然资源资产负债表编制。

继《决定》之后,中共中央、国务院先后发布了《关于加快推进生态文明建设的意见》《生态文明体制改革总体方案》《编制自然资源资产负债表试点方案》(以下简称《试点方案》)等一系列顶层方案,将编制自然资源资产负债表摆在国家生态文明制度建设的突出位置。根据《试点方案》的有关要求,编制自然资源资产负债表既要反映自然资源规模的变化,更要反映自然资源的质量状况,将质量指标和数量指标结合。目前,自然资源资产负债表的编制还处于探索阶段,自然资源资产负债表编制试点工作还是以主要自然资源实物量账户核算为主,对于自然资源价值量核算的方法和核算标准则尚未成型。

3. 自然资源资产核算的理论框架及内容

目前多数学者都认同,联合国与世界银行等国际组织联合撰写的国民经济核算体系(SNA2008)和《环境经济综合核算体系—核心框架》(SEEA2012)是我国自然资源资产负债表编撰的最佳参考框架。

SEEA2012 主要采用"期初数+本期增加数=本期减少数+期末数"的平衡关系框架对环境经济进行核算。而在我国,根据国家统计局发布的《中国国民经济核算体系 2016》,自然资源资产核算表指标间的平衡关系为:

期末存量=期初存量+本期增加-本期减少或本期增加
=自然增加+经济发现+分类引起的增加+其他因素引起的增加
=自然减少+经济使用+分类引起的减少+其他因素引起的减少

自然资源资产核算的内容包括自然资源资产实物量核算、价值量核算,以及质量(指数)核算。实物量核算、价值量核算和质量(指数)核算同等重要,三者缺一不可,互为基础、互为补充;自然资源资产核算还可分为存量核算和流量核算,前者着眼于静态而进行资源资产的存量核算,后者则着眼于动态而进行资源资产的流量核算或连续时段核算。

从表格账户构成来看,SEEA2012 将自然资源资产负债表分为矿产和能源资源资产账户、土地资源资产账户、土壤资源资产账户、木材资源资产账户、水生资源资产账户、其他生物资源资产账户和水资源资产账户等 7 个资源资产账户或资产负债表。《试点方案》结合我国自然资源资产管理中的问题和工作基础,明确现阶段我国自然资源资产负债表主要由土地资源资产负债表、林木资源资产负债表和水资源资产负债表构成,部分试点地区可结合当地实际探索编制矿产资源资产负债表。值得注意的是,SEEA2012 和 SNA2008 均只包含了资产账户,对于自然资源负债账户是否存在,在学界仍有较大争议。

二、土地资源资产核算

土地资源资产是最重要、最基础的自然资源资产,土地资源资产核算也是自然资源资产核算的重要组成部分,因此要在自然资源资产负债表中设置土地账户,对土地资产的实物量、价值量、质量(指数)从存量、流量两方面进行核算。目前,我国土地资源资产核算基本达成共识,即循序渐进以"先实物量再价值量、先存量再流量、先分类再综合"的思路开展。

土地资源资产分类核算的前提是地类的划分。由于不同的土地账户侧重点不同,所划分的地类也存在差异。国际上,联合国《SEEA 中心框架 2012》将土地分为陆地和内陆水域两大类,其中陆地包括土地利用的七种主要类别:农业用地、林业用地、水产养殖用地、房屋及相关土地、环境功能的维护和恢复用地、未另分类的其他用途的土地以及未用土地;内陆水域包括用于水产养殖及其设施的内陆水域,用于环境功能维护和恢复的内陆水域,未另分类的其他用途的内地水域和未用的内陆水域。如表 14-3 所示,详细列示了按土地利用类型分的土地价值核算。

土地资源资产实物量的核算,我国已有较好的调查数据基础。例如全国统一的《土地利用现状分类标准》和全国土地调查,为各类土地实物量及变化情况核算提供了依据。

表 14-3 联合国 SEEA2012 框架下的价值型土地账户(货币单位)

	土地利用类型								总计
	农业用地	林业用地	水产养殖用地	建筑及相关用地	环境功能维护或恢复用地	未另分类的其他用途的土地	未用土地	内陆水域	
期初土地存量价值	420 000	187 500		386 000	2 000				995 500
存量增加									
土地获得	3 500								3 500
重新分类		200		2 500					2 700
存量总增加	3 500	200		2 500					6 2000
存量减少									
土地处置		3 500							3 500
重新分类		1 250			200				1 450
存量总减少		4 750			200				4 950
重估价	18 250	15 350		65 000				98 600	
期末土地存量价值	441 750	198 300		453 500	1 800				1 095 350

土地资源资产价值核算则更为复杂。2019 年国务院发布的《关于统筹推进自然资源资产产权制度改革的指导意见》中强调"开展实物统计,探索价值量核算"。土地资源资产价值量的核算是当前的研究热点。

三、土地资源资产价值内涵与核算

1. 土地资源资产价值内涵

价值的哲学概念是"存在于客体对主体的作用和影响之中,是客体的属性和功能满足主体需要的一种功能或效用",可见价值的源泉在于功能或效用。而土地的功能既有经济功能,也包括社会功能和生态功能,因此土地的价值也应包括经济价值、社会价值、生态价值三个方面。

从土地经济学角度来看,土地作为自然、经济、社会综合体,具有资源和资产双重属性。土地资源是指一定技术条件和一定时间内可为人类利用的土地,强调其使用价值和效用特性;同时土地资源作为重要的自然资源,还具有公共产品的属性及社会价值属性。土地资产强调的是土地经济属性及其财产属性。经济学的资产是指特定经济主体所拥有或控制的、能够给其带来经济利益的经济资源,包括具有一定经济价值的实物资产和无形权利。土地资产的物质实体是土地资源,土地资源在所有权上有所归属,形成土地财产,其中具有市场交换价值的部分称作土地资产。

从会计学的角度来讲,中国自2007年1月1日起施行的《企业会计准则基本准则》第三章第二十条中将资产定义为:资产是指企业过去的交易或者事项形成的、由企业拥有或者控制的、预期会给企业带来经济利益的资源。从该定义出发,自然资源要成为资源资产,第一,必须能被特定主体所拥有或控制;第二,能为产权主体带来预期收益;第三,必须能以货币计量,即可以货币计量资产价值并在市场上实现。从国家自然资源资产负债表构建视角看,土地资源资产必须要有明确的所有权、控制权主体,并给主体带来经济、生态和社会效益,才能列入资源资产负债表之中。

因此,基于国家自然资源资产价值核算体系,土地资源资产价值具有资源价值和财产价值双重属性,亦即土地资源资产价值既包含土地资产的经济价值又包含土地资源的社会价值和生态价值。

2. 土地资源资产价值量核算

目前学者多认同土地资源资产价值量核算应包括经济价值量核算、社会价值量核算和生态价值量核算这三部分。但对于土地资源价值量的核算研究尚未成熟,尤其是对于土地社会价值、生态价值量的确定仍处在百家争鸣的阶段。

1)土地资源资产的经济价值核算

土地资产经济价值量核算。是对土地资产经济价值量计量、统计、核查的过程,是以货币为计量尺度,对资产持有主体资金运动的反映。土地资源资产的经济价值实际上就是土地买卖和土地租赁等关系的反映,根本上由土地资产的收益能力决定,通过土地投资、土地使用或市场交换得以实现。以耕地为例,耕地的经济价值是指耕地用于农业生产所获得的农产品的价值。由于经济产出功能多可以市场价格评估,也可利用现有基准地价、标定地价、地价监测等成果扩展,故可以通过收益还原法、市场比较法、成本法、假设开发法及基准地价修正法等方法求取。

2)土地资源资产的生态价值

土地资源资产的生态价值是其为人类生命安全、身心健康提供环境保障的生态服务功能下所产生的价值,如耕地的生态价值即包括调节气候、净化与美化环境、维持生物多样性等方面的价值。《试点方案》中也强调应"从生态文明建设要求和人民群众期盼出发,优先核算具有重要生态功能的自然资源,并在实践中不断完善核算体系"。可见,生态价值核算也将是党的十八大以来我国土地资源资产价值核算的重点内容。当前土地资源资产生态价值的研究主要以澳大利亚学者 Robert Costanza 等的核算方法为基础,通过修正我国陆地生态系统的单位面积服务价值系数,对耕地、湿地、森林等不同地类在涵养水源、气候调节、环境净化等方面的生态价值进行核算。也有学者探索应用 GIS 技术以及 Invest 等模型对资源的生态功能服务价值进行量化,再按照意愿支付等环境经济学的计算方法转化为价值量。

3) 土地资源资产的社会价值

土地资源的社会价值是其发挥为人类文化交流、知识传承等提供载体的社会服务功能所体现的价值,如耕地的社会价值主要包括提供就业保障、保障粮食安全和维护社会稳定等方面的价值。由于土地资源资产的生态服务、社会保障功能均具有外部性,故对于其价值的评估也多采用非市场方法,例如采用"实物量"直接替代和实物量价值系数折抵等。"实物量"直接替代是通过统计对应地类的存量、流量面积变化作为社会及生态资产量,体现社会、生态维度资产变化情况,也是当前自然资源资产审计采用的基本做法。"实物量"价值系数折抵则是通过研究社会和生态型土地实物量对区域发展的贡献度,按照一定折抵系数折算成经济量,用来衡量土地社会和生态资产规模。

4) 土地资源资产价值核算的难点

(1) 价值量难以确认

一方面,我国存在着大量的没有活跃市场甚至不能买卖的土地,如自然生态保留区中的土地,其价值评估将会是一个突出的难点;另一方面,土地资源价值的核算已并非单一经济价值的核算,更要体现其社会价值和生态价值,但由于价值评估方法尚不成熟,当前土地资源价值的评估仍主要体现在其经济价值,对社会价值和生态价值的核算结果往往差异较大,缺乏可比性和可靠性;同时,由于实际操作的限制,现有的价值评估结果也多反映静态的土地状况,而非动态的土地生态系统和环境变化;此外,如何将价值量货币化也是土地资源资产价值核算的难点问题之一。

(2) 报表的构成及格式尚未统一

目前土地资源资产价值核算还没有统一的分类方式及报表构成规范,也使得核算缺乏统一的基础。对于土地账户的分类及层级该如何考虑,需要设置哪些表格,表格的内容、列报格式又该进行如何设定,以及如何使土地资源资产价值核算适应领导干部自然资源资产离任审计的要求,都是需要研究的问题。

 专栏

国际自然资源价值核算体系

联合国 SEEA 核算体系。自然资源核算的理念、理论与方法产生于 20 世纪中叶的西方发达国家,是对传统经济增长方式反思的结果。其目的是要在经济增长中计入自然资源的消耗,以此来实现自然资源基础的保护与合理利用。

20世纪50年代,挪威、芬兰、荷兰等发达国家对自然资源核算开展了评估研究和实践探索,提出了资源资产核算、资源资产负债表以及绿色GDP等概念。20世纪60年代开始,国际社会开始进一步关注环境以及自然资源的核算。尤其是1993年联合国会同世界银行和国际货币基金组织在总结各国实践的基础上首次提出的"环境与经济国民核算体系",即SEEA,对自然资源核算体系的建立产生了巨大影响。SEEA建立的宗旨是:通过一系列的国民核算体系调整,把经济总量中被忽视的环境因素补充进来,形成符合可持续发展测度要求的经济总量。它通过扩展国民核算体系中对资产概念和分类的定义,建立涵盖各种自然资源与环境生态领域的卫星账表,将有关自然资源和环境的账表与传统的国民账户连接起来。随着SEEA的不断发展完善,当前已形成了SEEA2012,作为"基于20多年环境核算开发而发布的第一个综合性国际环境核算标准"。

具体而言,《环境经济核算体系(SEEA2012)中心框架》在明确各类自然资源定义和分类的基础上,设置了七组自然资源资产账户。这些资产账户包含实物量与价值量两大类核算表格,基本反映出了自然资源在生态与经济循环中的流转模式,即:期初存量—本期存量增加—本期存量减少—本期实物量与价格调整—期末存量。与此同时,SEEA2012还对两类主要环境活动(资源管理和环境保护)以账户形式进行了系统核算,并将单个自然资源的来源和用途以"资产来源=资产使用(占用)"的形式反映出来,已经具有资产负债表"来源=使用"的功能属性。

目前许多国家都基于SEEA,结合各自国家的环境资源特点,制定了相应的环境核算体系,例如德国的GEEA体系、加拿大的CSERA体系、澳大利亚的AEEA体系。此外,一些国家也已形成定期发布环境经济核算数据的制度。德国从2007年起不定期发布《环境资源经济和使用》报告;加拿大从2007年起每年发布《加拿大环境资源账户体系——自然资源资产账户》和《加拿大环境资源账户体系——实物流量账户》;澳大利亚从2014年起每年发布《澳大利亚环境经济账户》。各国通常都以SEEA为框架基础制定其自然资源资产核算体系,但在选择核算范围、计量单位、价值计量的属性和方法时,均根据本国环境资产的计量目标、重要程度及核算所依赖的基础数据获取的难易程度等进行了个性化选择。中国资产负债表研究与编制工作起步相对较晚,目前官方正式的资产负债表仍处于试编阶段,在编制的过程中也可参照国际化的标准体系,并结合本国的实际情况进行有益探索。

加拿大的土地资源资产价值核算加拿大的自然资源资产核算体系中,将土地价值经由货币计量反应在其环境核算体系CSERA体系中,并将土地价值账户扩展了除农、商、住以外的土地类型,如林地、公园。其价值量的评估也不仅有市场公允价值,更包含了间接推算价值,非公允价值等多种价值类型。对于没有估值数据来源的土地,如垃圾填埋场、自然保护区等具有巨大社会价值却难以用货币计量的土地,加拿大提出了三种价值评估方法:①偏好显示法,个人通过自己的支付偏好会间接显示出资源的部分价值。比如,旅行费用表明了个人支付娱乐服务的意愿大小,间接反映了资源的娱乐价值。②市场基础法,依赖于直接的、可观察到的市场交易来估计商品和服务的货币价值。例如,市场交易价格可以用来估算非用于市场交易目的的生态服务价值。③偏好陈述法,通过调查或访谈收集有关环境偏好的信息。此外,加拿大政府还提出,未来将进一步完善土地分类方式,以实现国家层面统一列报。

思 考 题

1. 简述土地市场管理的要素及管理手段。
2. 阐述基准地价、标定地价与地价动态监测体系之间的相互关系。
3. 简述土地市场调控的内涵和作用,并试举例说明。
4. 简述土地储备的程序和内容。
5. 列举我国在不同征税环节的土地税收,并简要说明其内容。
6. 简述土地金融的特点和分类。
7. 简述土地财政的内涵及分类。
8. 说明集体土地金融制度的主要模式。
9. 简述土地资源资产核算的内涵和思路。

第十五章 土地开发利用管制制度

章前导读

> 土地开发利用管理制度是政府为了规避市场失灵和土地利用外部性,而实行的一系列土地利用配置管理体系。土地用途管制是土地利用管制的直接和有效的行政手段;土地利用分区制度是土地用途管制的重要工具和技术手段;存量土地更新制度则是城镇化发展后期促进城市内部土地利用优化的重点制度。
>
> 本章重点掌握土地用途管制制度内涵与手段、土地利用分区原理和分区类型体系、城市土地更新方式、类型、模式和路径;熟悉土地更新制度发展和更新政策改革。

第一节 土地用途管制制度

一、土地用途管制内涵

1. 土地用途管制内涵

土地用途管制是指国家为保护土地资源的合理利用和经济、社会、环境的协调发展,通过编制土地利用规划划定土地用途区,确定土地使用条件,并要求土地所有者、使用者严格按照国家确定用途利用土地、实行用途变更许可的制度。

土地用途管制属于土地利用管制的一种类型,可以分为市地管制和农地管制。市地管制可以看作土地利用区划制度。农用地管制中主要实施农地农用、农地非农用制度,以严格控制农地特别是耕地的非农占用,切实保护基本农田和耕地。

我国土地用途管制制度源于耕地保护。改革开放以后,随着社会主义市场经济体制的深入推进,中国经济增长进入快车道,激发了大量建设用地需求,耕地无序占用现象非常严重。耕地减少和人口激增导致人地矛盾突出,为保障粮食安全,国家对建设占用耕地实行较为严格的控制,建立针对耕地特别是基本农田的严格保护制度,构成土地用途管制制度的基础。1997 年,中共中央、国务院联合下发文件《关于进一步加强土地管理切实保护耕地的通知》,首次提出"用途管制"。

1998 年修订的《土地管理法》第四条规定:"国家实行土地用途管制制度。国家编制土地利用总体规划,规定土地用途,将土地分为农用地、建设用地和未利用土地。严格限制农用地转为建设用地,控制建设用地总量,对耕地实施特殊保护。"这是我国法律上首次提出

"国家实行土地用途管制制度",并明确以土地利用总体规划中划分的农用地、建设用地和未利用地三大类为基础,严格限制农用地转为建设用地,控制建设用地总量,对耕地实行特殊保护。自此,土地用途管制制度成为土地管理的一项法定制度。为配合土地用途管制制度的实施,国家先后建立了土地利用年度计划、农用地转用审批、耕地占补平衡等一系列配套措施,初步遏制住了耕地被大量占用的态势,此时土地用途管制主要强调数量管控。

2. 土地用途管制产生基础

经济学基础。土地资源是人类生存的基础,保护土地资源是社会公共利益的具体体现。通过土地用途管制减少土地利用的外部负效应,实现土地资源生态与安全保护,使土地利用整体效益最大化,促进土地可持续利用。因此,恪守社会公共利益是实施土地用途管制的最高准则。

法学基础。国家拥有地权的最高管理权。从产权视角看,用途管制本质是对土地开发利用发展权的限制。美国土地区划控制的法律依据是土地的发展权属于国家。土地发展权在我国尚无法律规定,我国土地用途管制设立的法学基础源于国家最高行政管理权。

3. 土地用途管制内容

土地用途管制的主体是国家,客体是土地用途、数量、质量和空间布局。土地用途管制可以分为建设用地管制、农地管制以及农转非即农用地转建设用地的管制。

建设用地用途管制主要是管理城市建设用地范围、住宅、商办和工业等各种建设用地类型,农业用地用途管制主要管理耕地、园地、林地、牧草和水域等各种用途。其中耕地保护、基本农田保护是农业用途管制的重点。为严格控制农地特别是耕地的非农占用,切实保护基本农田和耕地,我国实行严格的农转非管制制度。

二、土地用途管制手段

1. 产权管制

土地用途登记。用途登记是土地用途管制的法律保障,我国目前正在全国范围内实施不动产登记。通过不动产登记,明确土地权利人的土地用途,并登记造册,这样既保障了权利人土地用途的权利,规定了其义务,又体现了土地用途的管制。登记为农业用地的,享有农业用地的利用权利,登记为耕地的享有耕地权,登记为林业用地的享有种植树木的权利,登记为建设用地的则享有土地上建筑的权利。

2. 规划管制

从规划管理视角来看,国土空间规划、土地用地分区规划、主体功能区划分和三线控制等各项规划均是用途管制的龙头,是用途管制的基本依据。用途管制则是落实规划的重要手段。

(1) 国土空间规划管制

所有与土地利用相关的法定规划,如土地使用规划、城乡建设规划、土地保护规划及土地利用计划等其他专项规划等都是土地用途管制的基本依据。国家最新构建的多规合一国土空间规划体系是各项规划的总抓手。

(2) 土地用途分区管制

土地分区是规划的一种方法。土地利用分区是指在土地适宜性基础上,结合经济社会发展需要,按照土地基本用途(主导用途)划分用途区域以及制定分区管制规则的行为。土地利用分区管制是土地用途管制的重要手段。分区管制规则包括每个用地区的土地利用方向(主导用途)和土地利用变更方向,同时制定土地利用程度与效益的管控指标。

基本农田保护区管制。区内土地主要用作基本农田和直接为基本农田服务的农田道路、水利、农田防护林及其他农业设施;禁止在基本农田保护区内进行非农建设和破坏基本农田的活动;在基本农田保护区内,一律不得安排非农建设项目,国家重点建设项目无法避开区内基本农田的,应经法定程序修改规划,并按规定严格审批用地。

城镇村建设用地区管制。区内土地主要用于城镇、农村居民点建设,与经批准的城市、建制镇、村庄和集镇规划相衔接;城镇村建设应以旧城改造为主,优先利用现有低效建设用地、闲置地和废弃地;区内农用地在批准改变用途之前,应当按现用途使用,不得荒芜。

独立工矿区管制。区内土地主要用于采矿业以及其他不宜在居民点内安排的用途;土地使用应符合经批准的工矿建设规划及相关规划,新增规模应按照国家规定的行业用地标准定额严格控制,严禁超标占地;应优先利用现有低效建设用地、闲置地和废弃地;区内农用地在批准改变用途之前,应当按现用途使用,不得荒芜。

生态环境安全控制区管制。区内土地以生态环境保护为主导用途;土地使用应符合经批准的相关规划;区内影响生态环境安全的土地,应在规划期间调整为适宜的用途;区内土地严禁进行与生态环境保护无关的开发建设活动,原有的各种生产、开发活动应逐步退出。

(3) 主体功能区管制

主体功能区划分是国土空间开发保护的基础制度,是其他规划在空间开发和布局的基本依据。按开发方式划分,国土空间划分为优化开发、重点开发、限制开发和禁止开发四大功能区域,其中"开发"特指大规模高强度的工业化城镇化开发;按开发内容划分,则分为城市化地区、农产品主产区和重点生态功能区;按层级划分,则分为国家和省级两个层面。为了将国家和省级层面主体功能区战略格局在市县层面落地,要进一步划定城镇空间、农业空间、生态空间"三区",和对应的城镇开发边界、永久基本农田保护红线、生态保护红线"三线"。

对于优化开发区域,要减少工矿建设空间和农村生活空间,适当扩大服务业、交通、城市居住和公共设施空间,扩大绿色生态空间,控制城市蔓延扩张、工业遍地开花和开发区过度分散;重点开发区域,应适度扩大先进制造业空间,扩大服务业、交通和城市居住等建设空间,扩大绿色生态空间,减少农村生活空间;作为农产品主产区的限制开发区域,应加强土地整治、实施土壤改良、控制开发强度、优化开发方式,发展循环农业;作为重点生态功能区的限制开发区域,应对各类开发活动进行严格管制,严格控制开发强度,城镇建设与工业开发要依托现有资源环境承载能力相对较强的城镇集中布局、据点式开发,禁止成片蔓延式扩张,原则上不再新建各类开发区和扩大现有工业开发区的面积,实行更加严格的产业准入环境标准;禁止开发区域要依据法律法规规定和相关规划实施强制性保护,严格控制人为因素对自然生态和文化自然遗产原真性、完整性的干扰,严禁不符合主体功能定位的各类开发活动,引导人口逐步有序转移,实现污染物"零排放",提高环境质量。

根据不同主体功能定位要求,合理确定城镇、农业、生态三类空间的适度规模和比例结构:城镇空间占比,要按照优化开发区域、重点开发区域和农产品主产区、重点生态功能区依次递减;农业空间占比,在农产品主产区的市县应高于50%;生态空间占比,在重点生态功能区的市县应高于50%。"三区三线"划分是国土规划的重要内容,"三区三线"管制是统一各类空间性规划用途管控的核心。从用途管制视角来看,三线控制的强制特征是用途管制红线。

3. 行政审批管制

我国实行以用途管制为中心的土地审批制度,包括农用地转用审批制度和建设项目用地审批制度。

(1) 农用地转用审批制度

国家严格限制农用地转为建设用地,凡是建设占用土地,涉及农用地转为建设用地的,都必须依法办理农用地转用审批手续。

审批权限。按照《土地管理法》有关规定,建设占用土地,农用地转为建设用地的审批权限如下:省、自治区、直辖市人民政府批准的道路、管线工程和大型基础设施建设项目,以及国务院批准的建设项目占用土地,涉及农用地转为建设用地,由国务院批准;在土地利用总体规划确定的城市和村庄、集镇建设用地规模范围内,为实施该规划而将农用地转为建设用地的,按土地利用年度计划分批次由原批准土地利用总体规划的机关批准;在已批准的农用地转用范围内,具体建设项目用地可以由市、县人民政府批准;上述以外的建设项目占用土地,涉及农用地转为建设用地的,由省、自治区、直辖市人民政府批准。

审查内容。一是农用地转用是否与土地利用总体规划明确的土地用途相符;二是农用地转用是否与土地利用年度计划及该计划下达的建设用地控制指标相符;三是农用地转用是否符合国家制定的建设用地供应政策。

审批流程。农用地转用必须符合相关规划,经确认可以用于建设的农用地,用地单位编制建设项目可行性论证并向建设部门提交用地申请,建设部门审查符合后颁发建设项目的《选址意见书》;再向同级国土资源局提出用地预审申请,核发《建设项目用地预审报告书》;用地单位凭《建设项目用地预审报告书》在建设部门、环保局等地办理立项、规划、环保许可等手续,并缴纳各项审批费用;再持以上审批文件,向原预审的国土资源局提出项目用地的正式申请;后由各级人民政府根据土地利用总体规划、城市建设总体规划和土地利用年度计划等对农用地转用方案进行审批。

(2) 建设项目用地预审制度

国土资源管理部门在建设项目审批、核准、备案阶段,依法对建设项目涉及的土地利用事项进行审查。

预审权限。用地预审实行分级管理,原则上,国家批准的项目由国土资源部预审,省级批准的项目由省国土资源厅预审,市级批准的项目和土地利用总体规划确定的市区、县城区范围内的项目用地由市国土资源局预审,其余项目由县级土地管理部门预审;市级以上预审的项目,由县级土地管理部门依据规划初审合格,出具预审意见后逐级上报预审。

审查内容。项目的选址是否与土地利用总体规划相符合,是否与国家供地政策和法律、法规规定的条件相符合;建设项目用地规模是否与建设用地指标的规定相符合;建设项目需占用耕地的,要确定补充耕地初步方案可行与否;征地补偿费用和矿山项目土地复垦资金的拟安排情况；建设项目用地牵扯到需要修改土地利用总体规划的，规划的修改方案、规划修改对规划实施影响评估报告等是否符合法律、法规的规定。

预审流程。由建设单位提出用地预审申请，报国土资源管理部门进行审批。

4. 用地指标管制

指标平衡管理是我国土地用途管制的重要管理方式和手段，也是我国独具特色的土地保护手段。主要包括新增建设用地指标管理制度、基本农田占补平衡制度和建设用地增减挂钩制度。

1) 新增建设用地指标管理

新增建设用地指标为新增建设占用农用地、未利用地，即农用地、未利用地转为建设用地的控制规模，包括新增建设用地总量和新增建设占用农用地及耕地指标。新增建设用地类型划分为城镇村建设用地指标和能源、交通、水利、矿山及军事设施等独立选址的重点建设项目用地指标。

我国对新增建设用地指标的管理实行"总量控制、统一分配、层层分解、指令性管理"体制。新增建设用地指标分配围绕土地的自然属性和社会属性来展开，旨在时间上和空间上进行合理的安排、平衡和分解，达到社会、经济和生态效益的综合最大化。对新增建设用地指标分配的管控，通过土地利用总体规划和土地利用年度计划来实现，实践中通常依据省域GDP、固定资产投资等反映经济发展水平的指标进行分解下达。从技术层面，即在土地利用总体规划中，依据上级规划确定的各项土地利用目标和管理政策措施，将新增建设用地指标通过测算分解到下级规划中。

2) 基本农田占补平衡制度

《基本农田保护条例》规定，基本农田是"根据一定时期人口和社会经济发展对农产品的需求，依据土地利用总体规划确定的不得占用的耕地"。基本农田保护是指为了保障国家粮食安全和经济社会的可持续发展，而采取行政、法律、技术或经济的方法对基本农田实施的特殊保护，应包含数量和质量双重保护。

自20世纪80年代以来，国家出台了一系列与基本农田保护相关的政策制度和法律法规，根据《中华人民共和国土地管理法》《基本农田保护条例》和国土资源部制定的有关规章中的规定，基本农田保护制度可以概括为八个方面：基本农田保护规划制度，基本农田保护区制度，占用基本农田审批制度，基本农田占补平衡制度，禁止破坏和闲置、荒芜基本农田制度，基本农田保护责任制度，基本农田地力建设和环境保护制度，基本农田监督检查制度。这八项制度中，基本农田占补平衡制度是核心和关键。

基本农田占补平衡是指"建设占用多少基本农田，就必须补划数量相等、质量相当的耕地，确保本行政区域内土地利用总体规划确定的基本农田面积不减少"。根据规定，非农建设占用耕地的，建设单位必须依法履行补充耕地义务，无法自行补充数量、质量相当耕地的，应当按规定足额缴纳耕地开垦费。地方各级政府负责组织实施土地整治，通过土地整理、复垦、开发等推进高标准农田建设，增加耕地数量、提升耕地质量，以县域自行平衡为主、省域内调剂为辅、国家适度统筹为补充，落实补充耕地任务。

实行省域内补充耕地指标调剂管理。县（市、区）政府无法在本行政辖区内实现耕地占补平衡的,可在市域内相邻的县(市、区)调剂补充;仍无法实现耕地占补平衡的,可在省域内资源条件相似的地区调剂补充。各省(自治区、直辖市)政府负责统筹落实本地区年度补充耕地任务,确保省域内建设占用耕地及时保质保量补充到位。

实施补充耕地国家统筹。根据各地资源环境承载状况、耕地后备资源条件、土地整治新增耕地潜力等,分类实施补充耕地国家统筹。耕地后备资源严重匮乏的直辖市,新增建设占用耕地后,新开垦耕地数量不足以补充所占耕地数量的,可向国务院申请国家统筹;资源环境条件严重约束、补充耕地能力严重不足的省份,对由于实施国家重大建设项目造成的补充耕地缺口,可向国务院申请国家统筹。经国务院批准后,有关省份按规定标准向中央财政缴纳跨省补充耕地资金,中央财政统筹安排落实国家统筹补充耕地任务所需经费,在耕地后备资源丰富省份落实补充耕地任务。

3) 建设用地增减挂钩制度

建设用地增减挂钩内涵。指在符合规划的基础上,将若干拟整理复垦为耕地的农村建设用地地块(即拆旧地块)和相等面积拟用于城镇建设的地块(即建新地块)进行置换,实现耕地总量不减少、建设用地总量不增加、城乡建设用地布局更加合理的目标。建设用地增减挂钩的本质一是盘活低效、空闲的建设用地,二是通过指标置换控制农转非用地指标。

建设用地增减挂钩模式。通过长期的试点探索,我国形成了两种典型增减挂钩模式:一是试点城市普遍采取的指标周转模式;二是重庆创新的地票交易模式。

(1) 指标周转模式。是指区县政府将符合条件的农村建设用地和城市周边的农用地共同组建为"挂钩"项目区,项目区由建新区(安置区和留用区)和拆旧区组成,区县政府通过周转指标的使用和归还,在保障农民利益不受损的前提下,推进建新区和拆旧区的土地置换。

指标周转模式的具体运作流程包括周转指标的获取、周转指标的使用与农民安置、周转指标的归还三个阶段。第一阶段,各区县国土部门以本地区的农村建设用地复垦潜力和城市建设用地需求为基础,结合本区域土地利用总体规划,编制"挂钩"专项规划和实施计划,并确定项目区(拆旧区、建新区和安置区)的规模、布局以及农民的补偿和安置标准。市国土部门根据全市总体情况向国土资源部申请"挂钩"周转指标,申请获得批准后,由国土资源部下发"挂钩"周转指标。第二阶段,获得周转指标后,区县国土部门筹措资金对拆旧区农民进行补偿安置,并将周转指标优先用于农民安置房和基础设施配套建设,节余的建设用地指标用于建新区工业发展和城市建设使用。第三阶段,区县国土部门需要在三年内完成对拆旧区农村建设用地的复垦工作,以归还先期使用的周转指标。

指标周转模式的运作具有"政府主导""自上而下""先用后补"等特点。

(2) 地票交易模式。地票就是将农村集体建设用地复垦为耕地后,产生的一种有偿用地指标。这种指标可以在农村土地交易所进行交易,以实现建设用地的城乡置换。

地票交易模式的运作包括地票的产生、地票的交易与农民补偿、地票的落地三个阶段。第一阶段,农村土地权利人(包括农村集体经济组织、农民家庭及拥有土地权属的其他组织)根据自身需求,将闲置的农村建设用地向区县国土部门提出复垦申请,由区县国土部门对申请复垦的地块和农村土地权利人的资格进行审核,并对符合复垦条件的土地予以批准并进行复垦,由市级国土部门进行验收,并对验收合格的地块下发"挂钩"指标凭证,即地票。第二阶段,获得地票的土地权利人将地票委托给区县国土部门进行操作,区县国土部门定期将本区域的地票投放到农村土地交易所;农村土地交易所将投入到本所的零散地票进行打包,并定期组织公开拍卖,出价高者购得地票,成交后的地票价款在扣除复垦成本、融资成本和管理成本后全部返还给农村土地权利人作为补偿。第三阶段,购得地票的土地权利人首先在全市规划区内(建设留用地)选择拟落地地块;对于拟落地地块,政府按照征地流程对其进行征收,并通过招拍挂方式出让土地,购得地票的权利人还需在此轮竞购中获胜,地票指标才可以最终落地,此时地票可冲抵新增建设用地有偿使用费和耕地开垦费。如果购得地票的权利人没能在此轮竞购中获胜,那么地票由政府原价收回。

地票交易模式下,购得地票是获取土地进行经营性开发建设的前提条件,地票交易模式的运作具有"市场主导""自下而上""先补后用"等特点。

三、国土空间用途管制

在中央政府强化土地用途管制后,地方政府为规避监管或实现耕地总体占补平衡,开始占用重要的生态用地,挤占绿色生态空间。为解决林地、草原、湿地等生态用地减少和被破坏等问题,中央有关部门逐步扩大对部分生态用地开展用途管制,依托各部门职责,按要素分门别类实行用途管制的制度逐渐建立。但此时各自分立、互不关联的管制体系与管制模式割裂了"山水林田湖草"等各要素生态系统之间的联系,对生态系统的整体性、系统性考虑不足,用途管制政策的协调性也不够。

21世纪以来,土地用途管制开始强化城乡建设用地空间管制,要求在市县乡土地利用总体规划中划定城乡建设用地规模边界、扩展边界和禁止建设边界,形成允许建设区、有条件建设区、限制建设区和禁止建设区,即"三界四区",并制定各区管制规则。同时,《城乡规划法》和《城市规划编制办法》(建设部令〔2006〕第146号)等也加强了城市规划区的空间管制,形成了对规划适宜建设区、限制建设区、禁止建设区,绿线、紫线、黄线和蓝线等"三区四线"的空间管制方法。土地用途管制从数量管控走向数量管控与空间管控并重。

党的十八届三中全会《关于全面深化改革若干重大问题的决定》中提出"建立空间规划体系,划定城镇空间、农业空间和生态空间开发管制界限,落实空间用途管制"。2017年党的十九大报告明确要求对全部国土空间均实现用途管制,标志着土地用途管制从平面正式走向立体空间、从割裂的单要素管制迈向"山水田林湖草"生命共同体的综合管制。

土地用途管制的核心是依据土地利用总体规划对土地用途转变实行严格控制,特别是各类非农建设占用耕地。林地用途管制的主要内容是严格限制林地转为建设用地,实行林地分级管理和森林面积占补平衡。水域岸线用途管制的主要内容是按照水功能区划严格分区管理,规范涉河建设项目审批,实现建设项目占用水利设施和水域岸线补偿制度。海域管理实施海洋功能区划制度,即海域使用必须符合海洋功能区划,严格管理填海等改变海域自然属性的用海活动,不得擅自改变海域用途,其实质是海域用途管制。总体而言,各类用途管制制度均是通过编制资源、空间利用规划或功能区划,划定功能用途区并确定限制开发利用条件,实行用途审批和变更许可制度,具有强制性。新的国土空间用途管制制度尚需进一步建设和完善。

党的十九大报告提出设立国有自然资源资产管理和自然生态监管机构,统一行使所有国土空间用途管制和生态保护修复职责。2018年第十三届全国人民代表大会将统一行使所有国土空间用途管制职责的职能正式授予新组建的自然资源部。2018年12月，中共中央国务院出台的《关于统一规划体系更好发挥国家发展规划战略导向作用的意见》提出"国家级空间规划以空间治理和空间结构优化为主要内容，是实施国土空间用途管制和生态保护修复的重要依据"。至此，国土空间用途管制的机构、依据、权责等内容基本明确，"国土空间用途管制"也提升到前所未有的国家战略层面。

第二节 土地利用分区制度

一、土地利用分区发展

中国土地利用分区思想的最早萌芽可追溯到春秋战国时期的《禹贡》等地理著作，文中视山川和不同的土壤制订贡物和赋税，将全国划分为九州，可视之为世界上最早的土地利用区划著作。20世纪30年代初(1933年)，金陵大学卜凯教授编著了《中国土地利用》，拉开了中国现代土地利用分区研究的序幕。1933年至今，土地利用分区大体经历了3个阶段，分别为1994年以前的初创期、1994—1999年的发展期和1999年至今的逐步完善期。

(1) 初创期：1994年以前，偏重自然属性分区

这一阶段区划研究大致以1960年为界，开始是由国外机关(太平洋国际学会)资助并由国外学者主持进行的。其中，美国卜凯教授基于中国实地考察结果，探讨了地势、气候、土壤、耕地面积、土地利用及土地肥力等问题，并将全国划分为小麦和水稻两大农业地带及八大农区。由卜凯教授编著的《中国土地利用》一书至今对研究者仍有一定的参考价值。

1963年以后，开始了以中国官方机构和研究人员为主的研究。1958—1960年，我国在全国范围内开展第一次土壤普查工作。在此基础上，全国土壤普查办公室主编了《全国土地利用现状区划》，将农业用地作为分区对象，从土壤类型及其所处的自然环境条件选取分区指标。将全国划分4个一级区，反映了全国土地利用最主要的地域差异；12个二级区，反映了农林牧等部门不同的地域组合和生产水平的差别；54个三级区和128个四级区，反映了作物组合或牧畜组合、种植方式或放牧方式，以及存在的关键问题等方面的差异性。

初创期的工作主要是服务于大农业生产需求，土地利用分区理论方面的研究着重从土地利用的自然属性出发，阐述土地利用分区的概念、内容、分区原则、分区指标体系以及分级系统。

(2) 发展期：1994—1999年，综合自然、社会、经济属性分区

随着社会经济发展的需要，土地利用分区开始综合考虑土地利用影响的社会经济因素，其中包括确定国民经济各部门用地的合理分配、结构和布局形式等。20世纪90年代初期，吴传钧等在《1∶100万中国土地利用图》的基础上，将全国土地划分为4个一级区，17个二级区，一级区反映中国水、热条件和土地利用结构最大的地域差异；二级区反映中国各地区因自然、社会经济条件及历史发展过程不同而形成的不同土地利用结构和利用水平等最基本的地域差异。

1998年修订的《土地管理法》规定国家实行"土地用途管制制度"，并进一步规定"县级

土地利用总体规划应当划分土地利用分区,明确土地用途"。此后,土地利用分区与土地用途管制制度结合,出现了土地用途分区,用以对土地数量与质量进行严格管理,保护耕地资源,促进区域经济、社会和环境的协调可持续发展。

(3) 完善期:1999 年至今,分区广泛应用

土地利用分区开始关注生态环境因素,并将其与自然、社会经济条件等综合考虑,一并作为土地利用分区的重要依据。另外,随着工业化和城镇化加速发展,政府各部门对土地空间的管控意识也逐步加强。但由于各部门的规划目标和思路、分类标准、分区划定方法以及规划期限等具有差异,土地利用分区出现了结构和布局的混乱局面。例如,土地利用规划中突出地域分区和用地分区,国民经济与社会发展规划提出主体功能区,城市规划中提出中心城区等,交通、水利、旅游、环保等部门也都对空间分区有不同涉及。2018 年 3 月国务院机构改革,将几个部委的规划职能整合到一起,新组建自然资源部。规定由自然资源部统一编制国土空间规划和行使所有国土空间用途管制职责,从最顶层的组织体制上保证对土地利用分区理论和方法作进一步深化和统一。

在国外,最早的区划思想可以追溯到 1885 年美国加利福尼亚州 Modesto 城市对洗衣店的控制。但直到 1916 年纽约通过"纽约市用地区划条例",用地区划(zoning)才真正作为规则开始使用。1920 年,美国已经有 35 个城市制定了区划法令。早先的区划主要源于对社会因素的考虑,后来逐渐综合考虑环境和社会因素。同时,随着规划控制观念的变化,区划法令逐渐富于弹性,区划管理措施从消极的"控制"转变为积极的"发展引导"。

二、土地利用分区内涵与原理

1) 分区内涵

土地利用分区是指依据土地的自然、社会经济条件的差异规律、土地类型与土地利用方向的相对一致性划分土地利用的基本单元(地域或用地类型),并制定各分区单元土地利用主导方向及限制条件、管理措施的过程。土地利用分区制度是政府对土地利用进行管理的重要手段。

土地利用分区综合考虑了自然基础、社会经济条件以及生态环境,在各种空间尺度的地区内,根据不同区域发展战略、现状和潜力、资源环境承载力和土地利用适宜性,将区域划分为若干用地单元,并针对不同单元提出土地利用调控指标和措施,实行差别化管理。因此,土地利用分区具有综合性、层次性、易操作性和差别化管控的特点。

2) 分区原理

(1) 地域分异理论

地域分异是指自然地理环境整体及其组成要素,在空间上的某个方向保持特征的相对一致性,而在另一确定方向表现出明显的差异和有规律的变化。地域分异规律(又称空间地理规律)就是反映自然综合体地域分异的客观规律。地域分异规律作为自然地理学极其重要的基本理论,是认识土地综合体分布与分异规律性的重要途径,也是进行土地利用分区的基础,对于合理利用土地资源,因地制宜进行用地布局有指导作用。

就土地利用而言,由于区域内的自然和社会经济条件存在着客观差异,土地利用受自然和社会经济条件影响也具有区域差异性,表现为土地质量、土地利用方式及结构、土地承载

力与利用潜力,以及土地适宜性与利用方向的不同。同时,这些属性在一定的范围内又具有相对一致性。因此,可以通过将土地利用相似度高的单元合并、差异大的单元分开,实现同一个区划内具有良好的均质性和较高的相似度,不同的区划之间具有明显的差异。这种合并与区分的过程正是地域分异规律的体现,也是土地利用分区最为本质的内容。

(2) 外部性理论

外部性是指为了实现自身目标做出的行为,使他人和社会获得意外的收益或者给其带来意外的麻烦或损害。无论是正的外部性(外部经济)还是负的外部性(外部不经济),均不计入行为人的效益或费用。但外部不经济的存在,意味着整个社会的总效益没有实现最大化,市场资源没能实现最优配置。因此,需要政府干预市场,通过政府对某些行为进行管制或通过市场经济的手段将外部经济内部化,以消除或最大限度地减少外部的不经济。

外部性经济问题也是城市经济和土地利用经济中的重要议题。在编制城市规划、土地利用规划以及城市环境保护等方面的公共政策时,都需要运用到外部性经济的理论和方法。

土地利用分区控制便是针对土地利用外部性的最为重要的公共政策之一,为了避免或减少土地利用的负外部效果,需要对土地进行分区并实行分区管控。从外部经济效益视角研究土地空间分异利用,通过土地利用分区,避免不同土地利用类型相互损害以致降低土地利用整体效益,实现减少土地利用的外部不经济的目标。

3) 分区作用

划分土地利用分区,并根据不同区域的特点因地制宜地确定不同土地利用区的发展方向和途径,有助于实现土地资源优化配置、合理利用土地,处理好整体与局部的关系,发挥区域优势,促进区域内土地资源利用和经济、社会、环境协调发展。具体表现在以下几个方面。

(1) 有利于揭示土地利用区位与地域分异规律。分区结果能直接反映特定区位土地空间的主要用途,区位间的分异和分布规律。依据分区单元而制定的主导用途、限制条件和管理措施,不但有助于发挥土地利用的区位优势,优化土地利用的空间结构,还能促进生产与建设的区域化和专业化。

(2) 有利于土地利用差别化管控和用途管制。土地利用分区是实现土地利用用途管制的基础。在不同分区单元分别确定差异化的土地利用方向、限制条件和管理措施,因地制宜地实行差别化管控,既保证了土地利用的区位效益和规划的科学性,又易于规划的实施、管理和操作。

(3) 有助于避免土地利用负外部性。个人或部门的经济活动的外部性影响有时候是有损害的,如工厂生产造成周围环境的污染、机场建设与运行对附近居民造成噪声污染、高层建筑的建设造成周围建筑日照和通风受到影响等。市场行为自身的逐利性导致行为人为了自身利益造成负外部性效果从而对社会产生一定的危害,以至土地利用总效益降低,土地资源无法得到有效配置和实现可持续利用。这种情况可以通过进行土地利用分区并制定相应管制条件加以避免。

(4) 有助于提高规划弹性。土地利用总体规划是在划分土地利用区的基础上进行的,土地利用分区能使总体规划富于弹性和应变能力。土地利用分区具有综合性和层次性的特点,能够把握不同尺度空间下区域土地利用发展的总体结构,有助于提高规划的弹性,增强规划应变能力,对宏观的土地利用活动和土地利用战略目标的实现有重要作用。

三、土地利用分区类型

1. 分区类型

在土地利用分区研究中,一般将土地利用分区分为地域分区(按地域划分)和用地分区(用地类型划分)两个大类。在实际区划中,基于不同的分区视角或分区目的,土地利用分区具有多种类型。包括从区域土地利用视角划分的土地利用综合分区,从国土空间开发保护视角进行划分的主体功能分区,按照土地合理用途进行划分的土地利用用途分区,针对城市土地开发利用而划分的土地利用设计分区,以及按照差异化分区目的划分的土地利用整理分区、土地利用承载力分区和土地空间开发适宜性分区等。如表15-1所示。

表15-1 土地利用分区类型对比

分区视角	分区类型	空间尺度	分区内容	分区任务
区域土地利用	土地利用综合分区	大尺度（国家）	东部地区（京津冀鲁区、苏浙沪区、闽粤琼区）、中部地区（晋豫区、湘鄂赣皖区）、西部地区（西北区、西南区、青藏区）、东北地区	明确各区域土地利用管理的重点,并确定各地域土地利用基本方针及土地利用结构调整原则
国土空间开发保护	主体功能分区	大、中尺度（国家、省级）	优化开发区域、重点开发区、限制开发区域、禁止开发区域	控制和引导土地利用的主导功能,形成合理的土地开发利用模式
土地用途分类	土地利用用途分区	中、小尺度（地、县、乡级）	基本农田保护区、一般农地区、城镇村建设用地区、独立工矿区、风景旅游用地区、生态环境安全控制区、自然与文化遗产保护区、林业用地区、牧业用地区	指导土地合理利用,强化土地用途管制
城市土地利用	土地利用设计分区	中、小尺度（省、地、县级）	根据各城市实际特点分区	指导城市土地资源利用,控制各分区单元土地使用性质及使用强度
差异化的分区目的	土地利用整理分区	较小尺度（县、乡级）	优先整理区、重点整理区、适度整理区、生态型整理区、优化调整区	明确区域土地整理的主要类型与方向,制定适合实际情况的土地整理标准
差异化的分区目的	土地利用承载力分区	较小尺度（县、乡级）	超载区、平衡区、盈余区	明确区域内土地承载力分异情况,确定合理的土地利用结构和强度要求
差异化的分区目的	土地利用适宜性分区	较小尺度（县、乡级）	优先开发区、适度开发区、控制开发区、适度保护区、优先保护区、备用地区域	明确区域内土地利用的比较优势,确定合理的土地利用结构

2. 土地利用综合分区

土地利用综合分区,是指根据区域发展战略,依据区域自然条件差异、经济发展区域差异、主导产业发展差异、城镇发展差异、土地利用类型分布、土地适宜性、土地需求和供应潜力等相关要素,保持县、乡或村的行政界线的完整性,将地区分成若干土地综合地域。明确各区域土地利用管理的重点,并确定各地域的土地利用基本方针及土地利用结构调整原则。土地利用综合分区属于对应国家和省级规划的大空间尺度区划。

《全国土地利用总体规划纲要(2006—2020年)》根据各地资源条件、土地利用现状、经济社会发展阶段和区域发展战略定位的差异,将我国东部地区、中部地区、西部地区以及东北地区四大片区划分成了九个土地利用区。东部包括京津冀鲁区、苏浙沪区、闽粤琼区,中部地区包括晋豫区、湘鄂皖赣区,西部地区包括西北区、西南区、青藏区,东北地区单列。

3. 主体功能分区

主体功能分区,是指在对不同区域的资源环境承载能力、现有开发强度以及未来发展潜力等要素进行综合分析的基础上,以自然环境要素、社会经济发展水平、生态系统特征以及人类活动形式的空间分异为依据,划分出具有某种特定主体功能的地域空间。主体功能主要是指地域在大区域中承担的主要功能,而不是承担的具体功能,其可通过开发导向得以体现。

1) 主体功能区划分

我国的主体功能区分为国家和省级两个层次。据《全国主体功能区规划》(国发〔2010〕46号)规定,根据全国整体发展规划及各地具体情况,全国范围的国土空间按开发方式分为优化开发区域、重点开发区域、限制开发区域和禁止开发区域。

(1) 优化开发区域。指经济比较发达、人口比较密集、开发强度较高和资源环境问题更加突出,需要优化进行工业化城镇化开发的城市化地区。

(2) 重点开发区域。指有一定经济基础、资源环境承载能力较强、发展潜力较大、集聚人口和经济的条件较好,需要重点进行工业化城镇化开发的城市化地区。

优化开发和重点开发区域都属于城市化地区,开发内容总体上相同,开发强度和开发方式不同。

(3) 限制开发区域。分为两类:一类是农产品主产区,即耕地较多、农业发展条件较好,尽管也适宜工业化城镇化开发,但从保障国家农产品安全以及满足人民永续发展的需要的角度出发,必须把增强农业综合生产能力作为发展的首要任务,需要限制进行大规模高强度工业化城镇化开发的地区;另一类是重点生态功能区,即生态系统脆弱或生态功能重要,资源环境承载能力较弱,不具备大规模高强度工业化城镇化开发的条件,必须把增强生态产品生产能力作为首要任务,需要限制进行大规模高强度工业化城镇化开发的地区。

(4) 禁止开发区域。指依法设立的各级各类自然文化资源保护区域,以及其他禁止进行工业化城镇化开发、需要特殊保护的重点生态功能区。国家层面禁止开发区域,包括国家级自然保护区、世界文化自然遗产、国家级风景名胜区、国家森林公园和国家地质公园。省级层面禁止开发区域,包括省级及以下各级各类自然文化资源保护区域、重要水源地以及其他省级人民政府根据需要确定的禁止开发区域。

2) 三区三线

"三区三线"是实现主体功能区战略精准落地的重要手段,是空间规划的核心内容。2014年国家发展改革委、国土资源部、环境保护部和住房城乡建设部联合发布《关于开展市县"多规合一"试点工作的通知》(发改规划〔2014〕1971号),明确提出空间规划要"划定城市开发边界、永久基本农田红线和生态保护红线,形成合理的城镇、农业、生态空间布局"。

(1) 城镇空间。指以城镇居民生产生活为主体功能的国土空间,包括城镇建设空间和工矿建设空间,以及部分乡级政府驻地的开发建设空间。

(2) 农业空间。指以农业生产和农村居民生活为主体功能,承担农产品生产和农村生活功能的国土空间,主要包括永久基本农田、一般农田等农业生产用地以及村庄等农村生活用地。

(3) 生态空间。指具有自然属性、以提供生态服务或生态产品为主体功能的国土空间,包括森林、草原、湿地、河流、湖泊、滩涂、荒地和荒漠等。

(4) 城市开发边界。指为了合理引导城镇、工业园区发展,有效保护耕地与生态环境,基于地形条件、自然生态、环境容量等因素,划定的一条或多条闭合边界,包括现有建成区和未来建设预留空间。在划定城市开发边界时,因地制宜分成三种具体形式:①城市开发边界,主要划定中心城区及组团的开发边界;②城镇开发边界,包括中心城、新城、镇(街道)以及独立建设用地的开发边界,是数量最多的类型;③城乡开发边界,包括城市、城镇和村庄等建设用地边界。

(5) 永久基本农田保护红线。是指按照一定时期人口和社会经济发展对农产品的需求,依法确定的不得占用、不得开发、需要永久性保护的耕地空间边界。

(6) 生态保护红线。是指在生态空间范围内具有特殊重要生态功能、必须强制性严格保护的区域边界,是保障和维护国家生态安全的底线和生命线。

4. 土地利用用途分区

土地利用用途分区,是指按照土地主导用途的不同所划分的用地区,属于中小尺度空间分区。每个用地区类型的确定是以土地主导用途为主,并不表示其中的用地类型是单一的,允许有少量零星的其他非主导用途的用地类型出现。

为指导土地合理利用,强化土地用途管制,国土资源部颁布《县级土地利用总体规划编制规程》(TD/T 1024—2010),规定我国土地规划用途分类采用三级分类体系。第一级划分为农用地、建设用地和其他土地三大类用地类型。第二级,农用地细分耕地、园地、林地、牧草地和其他农用地;建设用地细分城乡建设用地、交通水利用地和其他建设用地;其他土地细分为水域和自然保留地。部分二级分类还可继续细分,如耕地可分为水田、水浇地和旱地。此为第三级分类。

将各种用途的土地进行合并或区分,便形成了特定的土地用途区。一般包括基本农田保护区、一般农地区、城镇村建设用地区、独立工矿区、风景旅游用地区、生态环境安全控制区、自然与文化遗产保护区、林业用地区及牧业用地区等类型。

主要土地用途区的含义、分区原则简单说明如下。

(1) 基本农田保护区

基本农田保护区是为对基本农田进行特殊保护和管理划定的区域。

① 划入基本农田保护区的土地包括:经国务院主管部门或者县级以上地方人民政府批准确定的粮、棉、油和蔬菜生产基地内的耕地;有良好的水利与水土保持设施的耕地,正在改

造或已列入改造规划的中、低产田,农业科研、教学试验田,集中连片程度较高的耕地,相邻城镇间、城市组团间和交通干线间绿色隔离带中的耕地;为基本农田生产和建设服务的农村道路、农田水利、农田防护林和其他农业设施,以及农田之间的零星土地。

② 不应划入基本农田保护区的土地有:已列入生态保护与建设实施项目的退耕还林、还草、还湖(河)耕地;已列入城镇村建设用地区、独立工矿区等土地用途区的土地原则上不再划入基本农田保护区。

(2) 城镇村建设用地区

城镇村建设用地区是为城镇(城市和建制镇,含各类开发区和园区,下同)和农村居民点(村庄和集镇,下同)建设需要划定的土地用途区。

① 划入城镇村建设用地区的土地包括:现有的城市、建制镇、集镇和中心村建设用地;规划预留城市、建制镇、集镇和中心村建设用地;开发区(工业园区)等现状及规划预留的建设用地。

② 不得划入城镇村建设用地区的土地:规划期间应整理、复垦的城镇、村庄和集镇用地。

(3) 独立工矿区

独立工矿区是指为独立于城镇村之外的建设发展需要划定的土地用途区。

① 应划入独立工矿区的土地:独立于城镇村建设用地区之外、规划期间不改变用途的采矿、能源、化工、环保等建设用地(已划入其他土地用途区的除外);独立于城镇村建设用地区之外,规划期间已列入规划的采矿、能源、化工和环保等建设用地(已划入其他土地用途区的除外)。

② 不得划入独立工矿区的土地:已列入城镇范围内的开发区(工业园区);应整理、复垦为非建设用地的土地。

(4) 生态环境安全控制区

生态环境安全控制区是指基于维护生态环境安全需要进行土地利用特殊控制的区域,主要包括河湖及蓄滞洪区、滨海防患区、重要水源保护区及地质灾害危险区等。

应划入生态环境安全控制区的土地有:主要河湖及其蓄滞洪区滨海防患区、重要水源保护区、地质灾害危险区和其他为维护生态环境安全需要进行特殊控制的区域。

四、土地利用设计分区

(1) 设计分区概念

土地利用设计分区(zorning),是指为了合理安排城市内部各项活动,有效利用城市土地资源和公共基础设施,将城市界限里一定范围内的土地划分成不同的用途区,并且规定每一用途区的使用性质和使用强度的一种法定措施。用地区划最早产生于 19 世纪 80 年代的德国。最初的目的是通过高度分区的办法实现对各分区土地使用的管制。当时的用地区划将城市分成若干高度区,用以控制建筑物的绝对高度,并规定在工业区中不准建住宅等。真正区划法还是在 20 世纪中叶美国城市过度的土地开发热潮中诞生的。欧美区划法是将城市一定范围的土地划分成不同的用途区,规定其使用性质和使用强度的立法措施。

土地区划管理规则最早出现的三种土地使用管理方法分别是:①建筑高度限制(1909

年);②建筑物退后(1912年);③土地使用性质控制(1915年)。

(2) 使用性质管制

美国将城市土地分成21类,根据共同的功能及对外界的影响程度,建立了18个"使用组别",并分别规定了在居住用途区、商业用途区和工业用途区中允许设立的使用组别的相容性。

中国台湾地区则将土地使用建筑分成44组,在各类用地中分别规定了许可组别、须经台北当局核准的许可组别和部分许可或有条件许可组别。如表15-2所示。

表15-2　中国台湾地区土地使用区划规则示例

组别排序	组别名称	住宅区		商业区		工业区		行政区	文教区	仓库区	风景区	农业区	保护区
		住1 住2	住3 住4	商1 商2	商3 商4	工1 工2	工3						
3	教育设施	□○	○○	○○	○○	□	◇	○	○	□	■	◇	◇

○许可组别　■须经台北当局核准　□部分许可或有条件许可　◇包括○和□

(3) 容积率、高度与建筑密度管制

上海为了改善城市中心城区环境,2003年10月底通过了《上海市城市规划条例修正案》,规定中心城区建设应与人口疏解、功能提升、环境改善和景观优化相结合,实行两增两减,即降低建筑高度,降低容积率,增加绿地,增加开敞空间。并规定环线内住宅最高容积率不超过2.5,综合用地容积率不超过4,办公用地容积率不超过3.5,内外环线高层建筑容积率不超过2,外环线以外的住宅和商用楼容积率也较之前有所下降,详见表15-3所示。上海市2011年公布了最新修订的《上海市城市规划管理技术规定》,规定各区位建筑密度和建筑容积率仍按照如表15-3所示的控制标准执行。

表15-3　建筑密度和建筑容积率控制指标表

区位 建筑容量 类型		中心城(外环线以内地区)				中心城外(外环线以外地区)					
		内环线以内		内外环线之间		新城		中心镇		一般镇和其他地区	
		D	FAR	D	FAR	D	FAR	D	FAR	D	FAR
低层独立式住宅		20%	0.4	18%	0.35	18%	0.3	18%	0.3	18%	0.3
其他低层居住建筑		30%	0.9	27%	0.8	25%	0.7	25%	0.7	25%	0.7
居住建筑(含酒店式公寓)	多层	33%	1.8	30%	1.6	30%	1.4	30%	1.0	30%	1.0
	高层	25%	2.5	25%	2.0	25%	1.8				
商业、办公建筑(含旅馆建筑、公寓式办公建筑)	多层	50%	2.0	50%	1.8	50%	1.6	40%	1.2	40%	1.2
	高层	50%	4.0	45%	3.5	40%	2.5				

(续表)

区位 建筑容量 类型		中心城（外环线以内地区）				中心城外（外环线以外地区）					
		内环线以内		内外环线之间		新城		中心镇		一般镇和 其他地区	
		D	FAR	D	FAR	D	FAR	D	FAR	D	FAR
工业建筑（一般通用厂房）仓储建筑	低层	60%	1.2	50%	1.0	40%	1.0	40%	1.0	40%	1.0
	多层	45%	2.0	40%	1.6	35%	1.2	35%	1.2	35%	1.2
	高层	30%	3.0	30%	2.0	—	—	—	—	—	—
公共绿地		按照建设部《公园内部用地比例》的规定执行									

注：1. D—建筑密度，FAR—建筑容积率；
2. 本表仅适用于未编制详细规划的、小于或等于3万平方米的单一基地；
3. 本表规定的指标为上限。

（4）控制性详规及法定图则管制

城市控制性详细规划、法定图则都是针对城市土地使用规划管理制定的具有一定法律效应的法定文件。其实质是根据已经批准的城市总体规划、分区规划，对一定区域内各区片的土地利用性质、开发强度、公共配套设施、道路交通、市政设施及城市设计等方面做出详细控制规定，是城市土地设计管制的重要手段。

香港地区的法定图则分为"分区计划大纲图""发展审批地区图"及"市区重建局发展计划图"，它们是根据不同地区的发展阶段和管控要求，分别制定的不同类型的法定图则。香港地区对城市建设的控制并非仅依靠法定图则，而是通过法定图则与地方设计通则相配合的方式实现。例如，香港地区"分区计划大纲图"的图则中仅对土地的使用性质作出了规定，"分区计划大纲图"的注释部分也仅对土地兼容性进行了说明，而其他关于城市建设的详细控制要求均在以《香港规划标准与准则》为主的地方设计通则中进行了明确的规定。

深圳的法定图则体系的建立主要借鉴了香港法定图则的经验。法定图则的成果包括文本和图表两部分，明确了街坊编号、地块编号、用地性质、用地面积和容积率等内容。

"三区三线"实践

近两年，国务院和住建部分别下发了《省级空间规划试点方案》和《关于城市总体规划编制试点的指导意见》，宁夏、海南、江苏、浙江、沈阳、南京、厦门、广州和深圳等试点省市以及北京和上海等已完成总体规划审批的城市，均在积极探索"三区三线"的划定。各试点省市以"生态优先、科学划定、底线控制、上下结合"为原则，将"三线"以矢量化方式定界落地，对"三区"进行差异化评价，划分适宜性等级，综合考虑不同功能的目标定位、各类保护底线、经济社会发展目标，并最终形成差异化管控的机制。

"三区三线"划定的主流做法是,城市开发边界、永久基本农田保护红线和生态保护红线"三线"划定不重叠,"三区"根据主体功能区确定的主体功能,通过资源环境承载力评价与国土开发适宜性评价(以下简称"双评价"),结合主体功能、地方特点以及空间发展战略,形成城镇、农业、生态功能为主导、互不重叠的空间。如图15-1所示。

但由于各试点省市情况各异,部分省市为了实现未来功能的转换,对"三区"重叠的区域进行了弹性预控。因此,空间分区划分除了主流的"三线三区"划法以外,还有"三区两线""三区四线""两区三线"以及"两区一线"等多种模式,如表15-4所示。

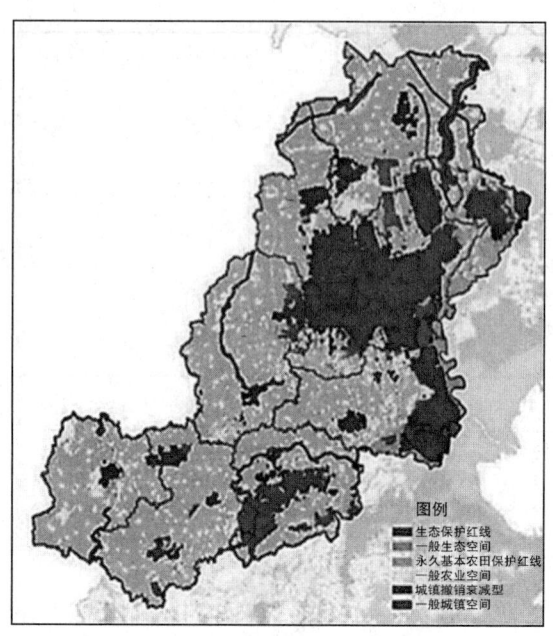

图 15-1 青岛胶州市"三区三线"划定初步方案①

表 15-4 试点省市空间分区划定

试点地区	划分模式	具体内容
深圳、成都等大部分试点省市	三区三线	划定城市开发边界、永久基本农田红线和生态保护红线,形成城镇、农业、生态空间布局
北京、福州等	三区两线	在三区三线的基础上,将永久基本农田保护红线并入生态保护红线。北京远期(2050年)将实现生态控制线和城市开发边界"两线合一"
上海	三区四线	在三区三线的基础上,增加了文物保护控制线
厦门	两区三线	在三区三线的基础上,将生态空间和农业空间统一划入生态控制区
南京	两区一线	仅划定生态控制线与城市开发边界,并进行合一,将农业空间并入生态空间

---

① 图片来源:商桐.基于"三区三线"划定的新时期村庄分类研究——以青岛胶州市为例[A].中国城市规划学会、杭州市人民政府.共享与品质——2018中国城市规划年会论文集(18 乡村规划)[C].中国城市规划学会、杭州市人民政府:中国城市规划学会,2018:10.

第三节　城市存量土地更新制度

一、土地更新制度发展与问题

根据推动制度变迁的力量主体不同,可以把制度变迁分为"自下而上"的制度变迁和"自上而下"的制度变迁。所谓"自下而上"的制度变迁,是指由个人或一群人,受新制度获利机会的引诱,自发倡导、组织和实现的制度变迁,又称为诱致性制度变迁。所谓"自上而下"的制度变迁,是指由政府充当第一行动集团,以政府命令和法律形式引入和实行的制度变迁,又称为强制性制度变迁。我国土地更新制度发展可以分为三个阶段。第一阶段始于土地有偿使用制度改革,呈现强制性制度变迁特点;第二阶段始于土地储备制度建立,呈现为强制性制度变迁特点;第三阶段始于转型期制度优化,呈现诱发式制度变迁特点。

1) 第一阶段:制度协议与补地价为主

土地有偿使用制度变革属于国家的一项大制度变革,呈现出典型的强制性制度变迁特点。土地有偿使用制度改革明晰了出让转让土地使用权的权能,将效率低下的计划配置资源的方式转向市场竞争机制配置,发挥了市场的多元化盘活的作用,提高了土地配置效率。然而,土地有偿使用制度初始实行时期,主要通过协议出让和补偿地价方式出让,满足了土地使用权人权益和盘活土地的制度需求,却忽略了土地所有者的收益权和土地供应的政府管控权,导致土地盘活过程中,国有土地资产收益大量流失,制度供给明显缺失合理和公平。

2) 第二阶段:土地收储为主

土地储备制度实施来源于政府公权力的强制干预,亦属强制性制度变迁。通过全国实施土地储备制度,政府收回了盘活土地的处置权和土地增值的收益权。这一时期,存量土地重建盘活以政府为主导。同时规定:非经营性用地变更为经营性用地亦须纳入招拍挂市场。严格的管控制度,虽然提升了土地一级市场的公开和透明,但也赋予了国家政府垄断土地供应的权利和路径,阻碍了市场机制对存量土地再利用的配置作用,形成相对无效率的产权结构安排。同时,在确保土地增值收益收归国有的同时,还剥夺了原使用权人的利益。制度不足使得城市更新和土地最高最佳使用的调节力量无法通过潜在的巨大市场发挥作用。于是出现了大量违规现象,如旧城区和旧厂房改商业、工厂改旅馆公寓、住宅沿街开店、公寓内办学办公、学校破墙经营三产和厂房出租办公等。盘活缺乏制度监控,呈现土地资产流失和缺失公平的一种表现形态。这一时期,产权人的权益过度占有和被过度占有同时存在。

3) 第三阶段:多种更新路径创新

这一阶段,土地更新盘活创新主要体现两大主要方向。

(1) 盘活路径,政府主导的土地收储单一路径向多元化模式和多样化路径转变

土地储备制度下,土地实现了"一个口子进,一个口子出",避免了多头供地的格局,但这种模式下政府处于强势地位,扮演着运动员和裁判员的双重角色。抑制了原土地使用权人通过自行用途改变、拆除重建等方式进行二次开发的意愿,使得土地运作方式单一,不适应市场需求,阻碍了多种路径实施土地盘活的可能。为此,我国众多城市都在积极探索土地回

购、土地、房地产或项目转让、容积率挖潜、增资扩建、用地功能转变、自行开发或部分转让、土地或房产分割转让、提高配套比例等各种盘活路径。实践中,存量土地盘活路径已经开始由政府主导的土地收储单一方式向多主体参与的多元化模式和多样化路径转变。

(2) 土地再开发增值收益由归属政府向公私分享转变

土地收储制度下土地增值收益归属于政府,原土地使用权人只能收到现状条件的房地产补偿。可以说,政府利用土地收储制度垄断了土地增值收益,使得土地规划条件改变后的巨大价值增值被政府全部攫取。这种方式忽略了原土地使用权人本应享有的土地发展权,导致公平和效率的缺失,在实践中越来越难以取得原土地使用权人的更新合作。因此,大部分城市政策在此方面开始突破,通过设计不同的利益分配机制,旨在允许原土地使用权人共享土地增值收益,以激励其盘活意愿。

需要指出的是,各地出台的盘活政策不尽一致,产权流转方式及利益分配各城市自行一套。国家土地更新顶层制度供给仍然滞后,相关政策尚需协同。

二、存量土地更新方式与类型

1) 更新方式

城市土地使用权是指载于土地使用权证的、受法律和规划条件严格规制的权利要素。具体包括:证载土地使用权人、土地用途、土地强度、土地使用年期,以及国家法律法规赋予的产权处置权限和收益权限。

城市存量土地更新过程中,通常会涉及土地要素和建筑要素两个维度的变化。土地维度的要素有土地产权人、土地用途和土地强度三种方式;建筑维度的变化要素有建筑结构、建筑功能二种方式。建筑维度与土地维度变动互相组合,可推导出六种存量土地更新方式,即综合改造、强度挖潜、功能改变、用途变更、市场流转和土地重建,如表15-5所示。

表15-5 城市存量土地更新方式

土地产权维度	建筑结构维度	建筑结构不变		建筑结构改变
		功能不变	功能改变	拆除重建
使用权人不变	用途不变	综合改造	功能改变	土地重建
	用途改变	—	用途变更	
	用地强度改变	强度挖潜		
使用权人改变		—	市场流转	

(1) 综合改造。指土地产权及建筑结构与使用功能均不发生改变,主要对建筑及其附属设施进行修缮和改造。

(2) 强度挖潜。指规划许可下,土地容积率等强度改变,原有建筑结构、建筑功能、土地性质不变。

(3) 功能改变。指建筑结构、土地性质和产权人不变,而建筑功能改变、使用人改变和建筑内外装修改变,俗称"三变三不变"方式。该方式运作中土地证载用途不发生变化,但建筑功能与原用途不同,如老工业厂房改建为商办用房。

(4) 用途变更。指土地性质改变,建筑功能改变,建筑结构不变。即证载土地用途变更,通常需要补交出让金。

(5) 土地重建。原有地块建筑物全部拆平,按照规划指标,重新建造新建筑。如果使用权人不变则称自行开发。

(6) 市场流转。指产权人改变,建筑结构、建筑功能和土地用途不变。实质就是房地产或土地转让。

2) 更新类型

基于不同性质的更新对象可以分为不同更新类型,包括旧城区(棚户区)更新、历史风貌保护区更新、老工业等其他零星用地更新、工业园区更新以及成片重建区域(含园区成片转型区域)、城中村、社区更新等。

三、存量土地更新模式与路径

根据运营主体的不同,城市土地更新模式可以分为政府主导、开发商主导和公私合作三种主要模式。

根据产权处置流转主体关系及流转方式,城市土地更新存在多种路径,如图15-2。图中实线表示制度许可路径,虚线表示制度改革创新路径;图中的文字序列含义分别是:①自行改造、功能改变或用途变更;②第三方租赁经营;③政府收储出让;④产权转让及开发;⑤自行开发;⑥合作开发;⑦土地分割转让;⑧市场收购开发。

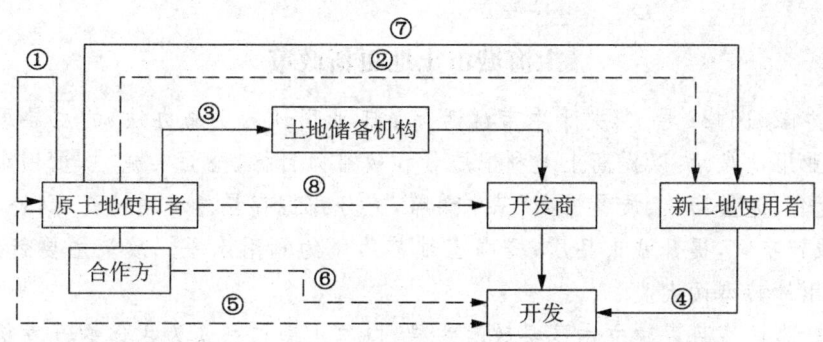

图 15-2 城市存量土地更新主体、产权流转方式与路径

实践中,不同城市更新类型往往有其相应的更新方式、运作模式与路径,如表15-6所示。

表 15-6 城市土地更新类型、方式与运营模式与路径一览

更新类型	城市更新方式	更新运营模式			
		政府主导	产权人主导	投资商主导	多方合作
旧城区更新(棚户区)	土地重建	收储出让	委托或自行开发	收购开发	委托开发
历史风貌保护区更新	综合改造	产权与功能不变,多种模式,多方参与(静安别墅)			
	功能改变	—	自行改变,免交地价	置换收购,免交地价	—

(续表)

更新类型	城市更新方式	更新运营模式			
		政府主导	产权人主导	投资商主导	多方合作
历史风貌保护区更新	用途改变	—	自行转型,补交地价	收购转性,补交地价	—
	留改拆	政府引导:置换或收购,拆除部分原样开发或疏解			
零星工业等用地更新	综合改造		增加容积率补交地价		
	功能改变		自行改变,免交地价	租赁经营,免交地价	—
	用途改变	—	自行转型,补交地价	收购转性,补交地价	—
	土地重建	收储出让	自行开发	收购开发	合作开发
工业整体区域	土地重建	收储出让	产权人联合体开发	收购开发	联合开发
其他成片重建区域更新	土地重建	收储出让	产权人联合体开发	收购开发	联合开发
城中村更新	土地重建	收储出让	集体经济组织为主体,亦可合作开发。定向挂牌出让		

专栏

上海城市土地更新政策

沪府办〔2016〕22号文《关于本市盘活存量工业用地的实施办法》的主导思想是:本市存量工业用地盘活,以提高土地利用质量和效益为目标,全面实施"总量锁定、增量递减、存量优化、流量增效、质量提高"基本策略,充分挖掘存量建设用地资源,完善城市功能,优化城市空间,提升城市品质,提高土地节约集约利用水平。政策主要针对整体转型和零星用地转型两大类。

整体转型区域可以建立由区县政府主导、以原土地权利人为主体的开发机制,按照"统筹规划、公益优先"的要求,优先保障公益性设施建设,后进行经营性开发,按照规划实施存量工业用地的整体转型。涉及其他存量建设用地的,可以参照存量工业用地一并实施整体转型。整体转型区域内土地权利人分散的,可以通过商议的方式明确权利义务后,建立以区县政府主导、原土地权利人参与的联合开发体,实施区域整体转型开发。划入整体转型区域的存量工业用地,原土地权利人不得单独实施开发。各区县政府确定的重要特定区域(如黄浦江两岸、城市公共活动中心、历史文化风貌保护区等),以土地收储后公开出让为主,也可实施区域整体转型开发。整体转型区域与零星用地存量开发分别针对用途转换类型制订了开发房地产的持有比例、补缴出让金标准以及零星用地自行开发时需完成的公益补偿和整体区域转型对区域公共空间的配置要求。主要政策如表15-7所示。

表 15-7　上海工业用地整体转型区域与零星用地存量开发主要更新政策

工业转换用途类别	使用限制	利益分配	零星用地公益补偿	整体区域转型公共空间要求
研发总部产业类	转型自用	补地价。不低于工业基准价150%	10%用地或15%房屋上交政府	绿地及公共空间占比不低于15%；公共服务设施不低于10%；道路间距200以下，支路网密度6公里/平方公里
研发总部通用类	自持70%	补地价。不低于办公基准价70%		
商办	工业区自持50%；特定区域自持100%；零星用地自持60%	补地价。不低于商办基准价100%		
科教研养老	不得分割转让，全持有自用或经营	未明确是否补地价		

思 考 题

1. 简述土地用途管制的内涵和主要内容。
2. 简述我国土地产权管制、规划管制、行政审批管制和用地指标管制的主要手段。
3. 简要说明国土空间用途管制的核心内容。
4. 何谓土地利用综合分区、主体功能分区和土地利用用途分区？
5. 概括土地利用分区的类型，并对其从内容、尺度等方面进行对比。
6. 简述存量土地更新的方式及类型。
7. 试绘图说明城市存量土地更新的模式与路径，并举例说明各类型城市所适用的模式。
8. 简述存量土地更新政策改革的方向。

第十六章 土地管理体制

土地管理体制是土地管理行政组织结构保障体系。土地管理行政组织架构及其职责规定随着国民经济和社会发展、国家行政机关改制和国家资源利用管理战略的变化,一直处于不断变化中。

本章重点掌握土地管理体制内涵、我国土地管理体制发展过程与现状、土地管理的三种模式;熟悉土地管理相关职能机构及其职责;了解自然资源部的机构设置及职能。

第一节 土地管理体制类型及发展

一、土地管理体制界定与类型

1. 土地行政管理体制界定

体制是国家机关,企事业单位的机构设置,隶属关系和权力划分等方面的具体体系和组织制度的总称。土地管理体制指土地管理机构的行政组织构架、权力划分、管理职能等具体体系与组织制度的总称。亦称土地行政管理制度。

2. 土地管理体制类型

根据土地事务管理机构统一程度,土地管理体制可以分为三种类型:分散管理体制、专门管理体制与综合管理体制。

(1) 分散管理模式

指中央政府没有统一的土地管理机构。地籍调查、土地等级、地产交易等土地管理事务分属不同部门,是一种多部门管理模式。澳大利亚、德国、法国、加拿大、比利时和冰岛均属于此模式。

(2) 专门管理模式

指中央政府设置专门的土地管理机构管理土地事务。如俄罗斯设立联邦地籍局,英国设立皇家土地登记局,新加坡设立新加坡土地局。

(3) 综合管理模式

指中央政府设立综合部门实施对多类资源的统一管理,土地仅是其中一类管理对象。如美国内务部、日本国土交通省、蒙古自然资源部、韩国建设交通部、柬埔寨土地管理城市规划建设部、泰国农业与合作部、印度农村发展部、约旦财政部等,都下设了土地管理机构实施土地资源的管理。

二、我国土地管理体制发展

1949年以来,中国土地管理体制大体经过了分散管理模式、专门管理模式到综合管理模式的三个阶段。

1) 分散管理模式阶段

1949年7月制定的《中央人民政府组织法》规定,政务院内务部下设的地政局,作为全国土地管理机构统一管理土地相关的工作。以后随着政府管理部门分工的细化,土地管理工作逐渐向各个部门分散。1952年城市基建规划移交建筑工程部;1954年国家撤销地政局,在农业部设土地利用总局;1956年将土地利用总局与有关部门工作人员集中组合成立农垦部;城市房地产管理移交新成立的城市服务部;内务部仅保留土地遗留问题处理;等等。

1982年又确定农牧渔业部设置土地管理局,行使国务院授权归口管理全国土地职能。但由于受旧体制的阻碍、干扰和影响,土地管理工作混乱,不能真正起到统管的作用。

2) 专门管理模式阶段

1986年,针对全国土地资源紧缺情况,在国务院100次常务会议上,确定全国城乡土地资源统一管理体制,决定成立直属国务院的土地管理机构——国家土地管理局,负责全国土地、城乡地政的统一管理工作。从此,我国土地管理由多头分散管理转变为集中统一专门管理。并在我国形成了中央、省、市(地)、县(市)、乡(镇)五级土地管理体制。

3) 综合管理模式阶段

(1) 国土资源部实施土地、海洋、矿产资源统一管理

1998年国务院机构改革,组建了中华人民共和国国土资源部。国土资源部是由主管土地资源、矿产资源、海洋资源等自然资源的规划、管理、保护与合理利用的国务院组成部门。至此,我国从陆地到海洋,从土地到矿产,实行了集中统一的管理。

(2) 建立土地垂直管理体系

2003年年底,我国决定取消省以下的土地分级管理体系,实行省以下土地垂直管理体制,即省级以下土地管理部门的官员将主要由上级土地管理部门管理。事实上,1986年面临改革开放后的第一次圈地浪潮,我国自上而下成立了专门的土地管理机构,开始实行城乡土地统一管理。进入20世纪90年代,面对第二次圈地浪潮,建设用地的主要审批权开始上收到中央和省级政府来行使,实行集中化的分级管理。这一次改革则实现了土地管理机构人事权力的上收。土地管理体制发生的几次变革,深刻反映了作为发展中的人口大国和土地资源紧缺国家,我国在土地资源利用和管理上面临的一系列深层次矛盾和冲突。

在实践中,地方政府承担的土地资源公共管理职能和国有土地资产管理职能要由地方政府土地管理部门来具体执行,这就决定了地方土地管理部门处于地方政府和上级土地管理部门不同工作目标的聚焦点上。在分级管理体制下,一方面,地方土地管理部门在业务上受上级土地管理部门的指导,在分级土地利用总体规划控制下,按照上级核定的用地计划指标,安排建设用地,保护开发补充耕地,执行土地资源利用公共管理职能;另一方面,地方土地管理部门还要按照地方政府的经济社会发展规划和实际需要保障各类建设用地,按照地

方政府的要求代行国有土地资产管理职能。

由于作为地方政府的一个职能部门,地方土地管理部门主要领导人的人事任免权在本级地方政府,因此,地方土地管理部门不得不完全听命于本级地方政府,土地管理部门自上而下的规划管制、计划控制、用地审批等管理措施的落实受到严重干扰。实际上,许多违法用地都得到了当地方政府及其土地管理部门的事前默许,甚至一些地方政府的土地管理部门在本级政府的压力下和用地者合谋变相转用、占用耕地。实行省以下垂直管理,目的是通过强化部门的条条管理,以此来约束地方政府的行为。

当然,实行省以下垂直管理,可能会加大条条和块块之间一些新的摩擦。比如,在建设用地审批方面,由于中央政府和省级政府拥有主要的用地审批权和人事权,在部门垂直管理的监督约束下,如何提高用地审批效率,及时、有效、合理地保障各类建设用地,这类问题如果处理不当就有可能成为新的矛盾焦点。

(3) 土地督察制度全面推进

2004年10月,《国务院关于深化改革严格土地管理的决定》(国发〔2004〕28号)正式提出建立国家土地督察制度;2006年7月,国务院办公厅印发《关于建立国家土地督察制度有关问题的通知》(国办发〔2006〕50号),决定建立国家土地督察制度,由国务院授权国土资源部代表国务院对各省、自治区、直辖市,以及计划单列市人民政府土地利用和管理情况进行监督检查。设立国家土地总督察、副总督察,负责组织实施国家土地督察制度。在国土资源部设立国家土地总督察办公室,向地方派驻9个国家土地督察局,代表国家土地总督察履行监督检查职责。2008年,国务院起草《国家土地督察条例》,进一步加强对土地违规违法严重地区和突出性问题的专项督察力度,保持土地督察高压态势,遏制影响耕地保护和土地调控政策落实的土地违规违法行为,主要包括擅自调整土地利用总体规划、非法占用耕地和基本农田进行非农建设、未批先用及违反土地供应政策等行为。

(4) 自然资源部实施国土资源全面集中统一管理

2018年国务院再次进行机构改革,以国土资源部为基础,并入水、森林、草原等其他自然资源的监管职责,组建自然资源部,形成了国土范围内土地、海洋、矿产、水资源、森林和草原等全部自然资源从调查、确权登记、评价、规划、利用、保护、修复和管理的全面集中化统一管理。

第二节 土地管理组织架构与职能分工

一、自然资源部机构设置

原国家土地管理局机构设置:原国家土地管理局机构设置为一室六司,即办公室、计划财务司、政策法规与监督司、地籍管理司、土地利用规划司、建设用地管理司、科技宣教司。

原国土资源部机构设置:原国土资源部设14个职能司,包括办公厅、政策法规司、规划司、财务司、耕地保护司、地籍管理司、土地利用管理司、矿产开发管理司、矿产开发储量司、地质勘探司、地质环境司、执法监察局、国际合作与科技司和人才教育司。

现自然资源部机构设置：现自然资源部内设27个厅、司局，包括办公厅、综合司、法规司、自然资源调查监测司、自然资源确权登记局、自然资源所有者权益司、自然资源开发利用司、国土空间规划局、国土空间用途管制司、国土空间生态修复司、耕地保护监督司、地质勘查管理司、矿业权管理司、矿产资源保护监督司、海洋战略规划与经济司、海域海岛管理司、海洋预警监测司、国土测绘司、地理信息管理司、国家自然资源总督察办公室、执法局、科技发展司、国际合作司(海洋权益司)、财务与资金运用司、人事司、机关党委和离退休干部局。

自然资源部的职能转变：①落实中央关于统一行使全民所有自然资源资产所有者职责，统一行使所有国土空间用途管制和生态保护修复职责的要求，强化顶层设计，发挥国土空间规划的管控作用，为保护和合理开发利用自然资源提供科学指引。②进一步精简下放有关行政审批事项、强化监管力度，充分发挥市场对资源配置的决定性作用，更好发挥政府作用，强化自然资源管理规则、标准、制度的约束性作用，推进自然资源确权登记和评估的便民高效。

二、土地管理职能与组织架构

1. 原土地管理职能

（1）拟定土地管理的法律法规，发布土地资源管理的规章，负责有关行政复议，研究拟定管理、保护与合理利用土地资源政策，制定土地资源管理的技术标准、规程、规范和方法。

（2）监督检查各级国土资源主管部门行政执法和土地资源规划执行的情况，依法保护土地资源所有者和使用者的合法权益，承办并组织调解重大权属纠纷，查处重大违法案件。

（3）组织编制和实施国土规划、土地利用总体规划、土地利用计划、土地后备资源开发规划和其他专项规划；参与报国务院审批的城市总体规划的审核、指导，审核地方土地利用总体规划。

（4）拟定实施耕地保护和鼓励耕地开发的政策，实施土地用途管制，组织基本农田保护，指导未利用土地开发、土地整理、土地复垦和开发耕地的监督工作，确保耕地面积只能增加不能减少。承担报国务院审批的各类用地的审查、报批工作。

（5）制定地籍管理办法和地籍管理技术规程，组织土地资源调查、地籍调查、土地统计和动态监测，指导土地确权、城乡地籍、土地定级、登记等工作。

（6）拟定并组织实施土地使用权出让、租赁、作价出资、转让、交易和政府收购管理办法，制定国有土地使用权划拨使用目录指南和乡(镇)村用地管理办法，指导农村集体非农土地使用权的流转管理。加强土地市场的管理，制定土地市场管理法规和制度。

（7）指导基准地价、标定地价评测，审定评估机构从事土地评估的资格，确认土地使用权价格；制定土地定级、估价标准。

（8）组织开展对外合作和交流；进行土地管理宣传、教育和技术培训。

2. 新土地管理职能

在新建自然资源部的统一架构下，土地管理从土地资源调查审核，产权认定到国土空间规划、用途管制和保护的不同方面由自然资源部内设各司局分类管理。与土地管理相关的主要司局部门有10个，其相关职责如下。

(1) 法规司。承担土地及其他自然资源有关法律法规草案和规章起草工作。承担有关规范性文件合法性审查和清理工作。组织开展法治宣传教育。承担行政复议、行政应诉有关工作。

(2) 自然资源调查监测司。拟订土地及其他自然资源调查监测评价的指标体系和统计标准,建立自然资源定期调查监测评价制度。定期组织实施全国性土地资源基础调查、变更调查、动态监测和分析评价。承担自然资源调查监测评价成果的汇交、管理、维护、发布、共享和利用监督。

(3) 自然资源确权登记局。拟订土地及其他自然资源和不动产统一确权登记、权籍调查、不动产测绘、争议调处、成果应用的制度、标准、规范。承担指导监督全国自然资源和不动产确权登记工作。建立健全全国土地资源和不动产登记信息管理基础平台,管理登记资料。负责国务院确定的重点国有林区、国务院批准项目用海用岛、中央和国家机关不动产确权登记发证等专项登记工作。

(4) 自然资源所有者权益司。拟订全民所有自然资源资产管理政策,建立全民所有自然资源资产统计制度,承担自然资源资产价值评估和资产核算工作。编制全民所有自然资源资产负债表,拟订相关考核标准。拟订全民所有自然资源资产划拨、出让、租赁、作价出资和土地储备政策。承担报国务院审批的改制企业的国有土地资产处置。

(5) 自然资源开发利用司。拟订自然资源资产有偿使用制度并监督实施,建立自然资源市场交易规则和交易平台,组织开展自然资源市场调控。负责自然资源市场监督管理和动态监测,建立自然资源市场信用体系。建立政府公示自然资源价格体系,组织开展自然资源分等定级价格评估。拟订自然资源开发利用标准,开展评价考核,指导节约集约利用。

(6) 国土空间规划局。拟订国土空间规划相关政策,承担建立空间规划体系工作并监督实施。组织编制全国国土空间规划和相关专项规划并监督实施。承担报国务院审批的地方国土空间规划的审核、报批工作,指导和审核涉及国土空间开发利用的国家重大专项规划。开展国土空间开发适宜性评价,建立国土空间规划实施监测、评估和预警体系。

(7) 国土空间用途管制司。拟订国土空间用途管制制度规范和技术标准。提出土地、海洋年度利用计划并组织实施。组织拟订耕地、林地、草地、湿地、海域和海岛等国土空间用途转用政策,指导建设项目用地预审工作。承担报国务院审批的各类土地用途转用的审核、报批工作。拟订开展城乡规划管理等用途管制政策并监督实施。

(8) 国土空间生态修复司。承担国土空间生态修复政策研究工作,拟订国土空间生态修复规划。承担国土空间综合整治、土地整理复垦、矿山地质环境恢复治理、海洋生态、海域海岸带和海岛修复等工作。承担生态保护补偿相关工作。指导地方国土空间生态修复工作。

(9) 耕地保护监督司。拟订并实施耕地保护政策,组织实施耕地保护责任目标考核和永久基本农田特殊保护,负责永久基本农田划定、占用和补划的监督管理。承担耕地占补平衡管理工作。承担土地征收征用管理工作。负责耕地保护政策与林地、草地、湿地等土地资源保护政策的衔接。

(10) 国家自然资源总督察办公室、执法局。根据中央授权,对地方政府落实党中央、国务院关于土地及其他自然资源和国土空间规划的重大方针政策、决策部署及法律法规执行情况进行督察。查处土地资源开发利用和国土空间规划及测绘重大违法案件。指导地方有关行政执法工作。

思 考 题

1. 何谓土地管理体制？简述我国土地管理体制发展历程和发展方向。
2. 简述土地管理体制的类型。
3. 总结概括新土地管理组织架构中的部门和其职能。

参 考 文 献

[1] 何芳.城市土地经济与利用[M].2版.上海:同济大学出版社,2009.
[2] 歌德伯戈,钦洛依.城市土地经济学[M].国家土地管理局科技宣教司,译,北京:中国人民大学出版社,1990.
[3] 伊利,莫尔豪斯.土地经济学原理[M].滕维藻,译.北京:商务印书馆,1982.
[4] 胡佛.区域经济学导论[M].王翼龙,译.上海:远东出版社,1992.
[5] 杨庆媛,龙拥军,王成.土地经济学[M].北京:科学出版社,2018.
[6] 曲福田,诸培新.土地经济学[M].北京:中国农业出版社,2015.
[7] 毕宝德.土地经济学[M].北京:中国人民大学出版社,2015.
[8] 黄桐城,黄碧云.城市土地经济学[M].上海:上海交通大学出版社,1998.
[9] 王克强,王洪卫,刘红梅.土地经济学[M].上海:上海财经大学出版社,2014.
[10] 吴次芳,宋戈.土地利用学[M].北京:科学出版社,2008.
[11] 刘书楷,曲福田.土地经济学[M].北京:中国农业出版社,2004.
[12] 卢新海.城市土地管理与经营[M].北京:科学出版社,2006.
[13] 周诚.土地经济学原理[M].北京:商务印书馆,2003.
[14] 周京奎.城市土地经济学[M].北京:北京大学出版社,2007.
[15] 张琦.城市经济学[M].北京:经济日报出版社,2007.
[16] 周江.城市土地管理[M].北京:中国发展出版社,2007.
[17] 何芳.城市土地再利用产权处置与利益分配研究——城市存量土地盘活理论与实践[M].北京:科学出版社,2014.
[18] 吴次芳,杨雪峰,鲍海君.土地政治学[M].杭州:浙江人民出版社,2014.
[19] 何芳.城市土地集约利用潜力与评价[M].上海:同济大学出版社,2004.
[20] 安虎森.新区域经济学[M].3版.沈阳:东北财经大学出版社,2015.
[21] 郑捷奋.城市轨道交通与周边房地产价值关系研究[D].北京:清华大学,2004.
[22] 任春洋.美国公共交通导向发展模式(TOD)的理论发展脉络分析[J].国际城市规划,2010,25(04):92-99.
[23] 王京元,郑贤,莫一魁.轨道交通 TOD 开发密度分区构建及容积率确定——以深圳市轨道交通 3 号线为例[J].城市规划,2011,35(04):30-35.
[24] BRIAN J L B.商业中心与零售业布局[M].王德,译.上海:同济大学出版社,2006.
[25] 郭崇义.商业布局与区位决策[M].北京:中国商业出版社,2008.
[26] 岳晓武.小产权房应当分类处理[J].中国土地,2009(4).
[27] 温锋华,许学强,李立勋.西方国家办公空间研究综述[J].世界地理研究,2008(02).

[28] 戴德胜,姚迪.总部办公区位分布与选址规律研究[J].现代城市研究,2006(06).
[29] 刘彦随,郑伟元.中国土地可持续利用论[M].北京:科学出版社,2008.
[30] 何芳.我国土地储备制度创新探讨[J].改革与战略,2007(11).
[31] 甘藏春.构建中国特色的土地政策参与宏观调控体系[J].中国土地,2008(01).
[32] 何芳.二手地交易方式及风险辨析[J].中国房地产,2006(12).
[33] 刘端阳,沈超.城市商业布局规划初探[J].财经研究,2008(5).
[34] 张建华.关于购物中心的选址研究[J].市场观察,2006(7).
[35] 王巨祥.推进农村集体土地收益分配制度改革[J].江苏农业经济,2009(2).
[36] 柴彦威.城市空间[M].北京:科学出版社,2000.
[37] 冯长春,杨志威.欧美城市土地利用理论研究述评[J].国外城市规划,1998(1).
[38] 徐巨州.现实主义的城市土地利用与发展观[J].城市规划,1999(1).
[39] 王修信.城市建筑可持续发展战略初探[J].城市研究,1999(1).
[40] 城市规划与建设编写组.世界大城市规划与建设[M].上海:同济大学出版社,1989.
[41] 邹德慈.容积率研究[J].城市规划,1994(1).
[42] 阳建强,吴明伟.现代城市更新[M].南京:东南大学出版社,1999.
[43] 吴海洋,周建春.城市土地价格调查与集约利用潜力评价[J].中国土地,2000(5).
[44] 杜建人.日本城市研究[M].上海:上海交通大学出版社,1996.
[45] 潘海啸.城市空间的解构[J].城市规划汇刊,1999(4).
[46] 王凯.城市规划与城市土地利用问题综述与思考[J].城市规划,1998(1).
[47] 杜边俊一.日本和美国的土地利用规制[J].国外城市规划,1994(2).
[48] 顾朝林,等.集聚与扩散——城市空间结构新论[M].南京:东南大学出版社2000.
[49] 赵和生.城市规划与城市发展[M].南京:东南大学出版社,1999.
[50] 段进.城市空间发展论[M].江苏:江苏科技出版社,1999.
[51] 吕玉印.城市发展的经济学分析[M].上海:上海三联书店,2000.
[52] 张曾芳,张龙平.运行与嬗变[M].南京:东南大学出版社,2000.
[53] 中国统计局.2000年中国统计年鉴[M].北京:中国统计出版社,2001.
[54] 马克伟.土地大辞典[M].长春:长春出版社,1991.
[55] 丁健.现代城市经济[M].上海:同济大学出版社,2001.
[56] 李林林,靳相木,吴次芳.国土空间规划立法的逻辑路径与基本问题[J].中国土地科学,2019,33(01):1-8.
[57] 国土资源部.关于建立国土空间规划体系并监督实施的若干意见[S].2019.
[58] 约翰内斯·耶格,谢富胜,汪家腾.城市地租理论:调节学派的视角[J].当代经济研究,2017(02).
[59] 周立群,张红星.从农地到市地:地租性质、来源及演变——城市地租的性质与定价的政治经济学思考[J].经济学家,2010(12).
[60] 全世文,胡历芳,曾寅初,等.论中国农村土地的过度资本化[J].中国农村经济,2018(07).
[61] 胡国俊.上海土地复合利用方式创新研究[J].科学发展,2016,88(3):46-55.

[62] 李辉,王良健.土地资源配置的效率损失与优化途径[J].中国土地科学,2015,29(07).

[63] 任平,周介铭,杨存建.农村土地资源集约利用及空间配置模式探讨——基于城乡建设用地增减挂钩视角[J].河南农业科学,2010(08).

[64] 王明友.从马克思经济学原理看市场在资源配置中的决定作用[J].北京工业大学学报:社会科学版,2015(2).

[65] 周诚.论土地增值及其政策取向[J].经济研究,1994(11).

[66] 何芳,易媛.住宅用地价格决定的周期嬗变特征与调控靶向研究[J].上海经济研究,2018(07).

[67] 王巍巍.我国城市化进程中的土地增值研究[D].北京:中国地质大学,2011.

[68] 何芳.建立集体建设用地有偿使用制度[J].探索与争鸣,2014(02).

[69] 郑和园,黄金龙.集体经营性建设用地入市中地方政府的角色定位——以农民权益保护为视角[J].河南科技大学学报(社会科学版),2016,34(04).

[70] 岳永兵.集体经营性建设用地调整入市模式对比分析[J].中国国土资源经济,2018,31(06).

[71] 杨岩枫.政府规制视角下的集体经营性建设用地土地市场研究[D].北京:中国地质大学,2017.

[72] 廖什.经济空间秩序:经济财货与地理间的关系[M].王守礼,译.北京:商务印书馆,1995.

[73] 花海燕,田玲.基于商圈饱和度的城市商圈结构优化研究——以四川省成都市为例[J].国土资源科技管理,2019,36(01).

[74] 李凯.商业地产项目选址研究[D].重庆:重庆大学,2010.

[75] 曾锵.零售商圈吸引力:基于雷利法则和赫夫模型的实证研究[J].财贸经济,2010(04).

[76] 孙良静.基于商圈理论的商业地产项目定位研究[D].重庆:重庆大学,2015.

[77] 闵新闻.商业地产策划招商运营一册通[M].北京:人民邮电出版社,2018.

[78] 何芳.低效工业用地市场化退出的制度供给改革[J].土地科学动态,2016(5).

[79] 郑红玉,黄建洪,卓跃飞,等.土地混合利用测度研究进展[J].中国土地科学,2019,33(3).

[80] 梁琦.产业集聚论[M].北京:中国商务出版社,2004.

[81] 库兹涅茨.各国的经济增长——总产值和生产结构[M].北京:商务印书馆,1985.

[82] 钱纳里,赛尔昆因.发展的形式——1950—1970[M].北京:经济科学出版社,1988.

[83] 库兹涅茨.现代经济增长[M].北京经济学院出版社,1989.

[84] 乔晓楠,张欣.美国产业结构变迁及其启示——反思配第-克拉克定律[J].高校理论战线,2012(12).

[85] 李元.我国第三产业及内部结构动态变化实证研究[D].长春:吉林大学,2014.

[86] 查贵勇.上海产业结构变迁与经济增长关系的实证分析[J].当代经济管理,2014,36(02).

[87] 何芳,龙国举,范华.国家集体农民利益均衡分配:集体经营性建设用地入市调节金设定研究[J].农业经济问题,2019(6).

[88] 纪学朋,黄贤金,陈逸,等.基于陆海统筹视角的国土空间开发建设适宜性评价——以辽宁省为例[J].自然资源学报,2019,34(3).

[89] 王书华,毛汉英.土地综合承载力指标体系设计及评价——中国东部沿海地区案例研究[J].自然资源学报,2001,16(3).

[90] 国土资源部.国土资源环境承载力评价技术要求(试行)[S].2016.

[91] 浙江省自然资源厅.浙江省市县国土空间总体规划编制要点(征求意见稿)[S].2019.

[92] 湖南省自然资源厅.湖南省市县空间规划实施评估技术指南(试行)[S].2019.

[93] 湖南省自然资源厅.湖南省资源环境承载能力和国土空间开发适宜性评价技术指南(试行)[S].2019.

[94] 自然资源部.资源环境承载能力和国土空间开发适宜性评价技术指南(征求意见稿)[S].2019.

[95] 德姆塞茨.关于产权的理论.财产权利与制度变迁[M].上海:上海三联书店,1991.

[96] 傅小龙,曹舒璇.从产权功能看中国农地产权的缺陷[J].北方经贸,2009(1).

[97] 巴泽尔.产权的经济分析[M].上海:上海人民出版社,1997.

[98] 布罗姆利.经济利益与经济制度[M].上海:上海三联书店,1996.

[99] 何芳,谢意.容积率奖励与转移的规划制度与交易机制探析[J].城市规划学刊,2018(3).

[100] 单赛卖.精明增长研究综述[J].价值工程,2010(28).

[101] 覃俊瀚.历史街区保护视角下的容积转移制度研究规划师[J],2013,29(s1).

[102] 黎明月,吴璟,郑思齐.容积率奖励在我国保障性住房建设中的应用与创新[J].现代城市研究,2014(11).

[103] 孔含笑,沈镭,钟帅,等.关于自然资源核算的研究进展与争议问题[J].自然资源学报,2016,31(3).

[104] 何芳.资源紧约束背景下城市更新和城乡土地使用方式研究[J].上海土地,2018(1).

[105] 封志明,杨艳昭,陈玥.国家资产负债表研究进展及其对自然资源资产负债表编制的启示[J].资源科学,2015,37(9).

[106] 张秋琴,吴春岐.国外自然资源核算评估经验及启示[J].中国土地,2019(02).

[107] 刘馨.后工业化城市土地资源资产核算路径思考——以上海市为例[J].中国土地,2018(05).

[108] 黄征学,蒋仁开,吴九兴.国土空间用途管制的演进历程、发展趋势与政策创新[J].中国土地科学,2019,33(6).

[109] 黄贤金.美丽中国与国土空间用途管制[J].中国地质大学学报(社会科学版),2018,18(6).

[110] 王向东,张恒义,刘卫东.论土地利用规划分区的科学化[J].经济地理,2015,35(1).

[111] 国土资源部人力资源开发中心,国土资源部咨询研究中心,浙江大学土地与国家发展研究院.中国节地发展报告(2018)[M].北京:地质出版社,2018.